JIANMING GUOJI SIFA

简明国际私法

汤 诤◎著

中国政法大学出版社

2024·北京

声　明　1. 版权所有，侵权必究。

2. 如有缺页、倒装问题，由出版社负责退换。

图书在版编目（CIP）数据

简明国际私法 / 汤诤著.—北京：中国政法大学出版社，2024.1
ISBN 978-7-5764-1197-3

Ⅰ.①简… Ⅱ.①汤… Ⅲ.①国际私法 Ⅳ.①D997

中国版本图书馆CIP数据核字(2024)第018808号

出 版 者	中国政法大学出版社
地　　址	北京市海淀区西土城路25号
邮　　箱	fadapress@163.com
网　　址	http://www.cuplpress.com（网络实名：中国政法大学出版社）
电　　话	010-58908435(第一编辑部) 58908334(邮购部)
承　　印	保定市中画美凯印刷有限公司
开　　本	720mm×960mm　1/16
印　　张	20.75
字　　数	395千字
版　　次	2024年1月第1版
印　　次	2024年1月第1次印刷
印　　数	1~3000册
定　　价	72.00元

前言 | Preface

我研究国际私法大约有二十年了。虽然只是初通门径，但多少有一些心得。学界对国际私法似乎存在普遍共识，那就是这一部门法"难""玄""不接地气"。这大概和国际私法定位模糊相关。首先，国际私法虽然名曰"国际"且为"私法"，但是从法源上看，多是国家立法机关采用国内立法的方式处理涉外法律关系中私人主体权利义务的问题，而执行主体，也是各个国家的国内法院，实则与长期国际交往中形成的处理国家之间关系的国际法并不相干。但是，立法机关立法，以及法院解释适用法律，常会遇到与外国主权相关的问题。国家权力机关通常也会在遵守国际规则的前提下行事。因此国际法的基本原则，如国际礼让、对等互惠、公共政策、主权平等，常常以指导原则的形式出现在国际私法的立法与判决中。此外，法院在确定涉外案件管辖权以及外国判决的承认与执行问题时，除了考虑当事人的私人权利，还有考虑国家间管辖权的分配，以及司法层面的国际合作。因此，国际私法跨越了国际法和国内法，公法与私法的界限。这使得国际私法的学习与研究长期处于一个无法准确定性的尴尬局面。而在法学研究日益专业化、精细化、类型化的今天，无法定性容易成为一门学科发展的障碍。

其次，国际私法长期被认为是一种"技术法"。它通常采用"价值无涉"的技术标准，寻找涉外法律关系的准据法与管辖法院。而纯技术问题，对于法学研究而言，通常被学术界认为是较为低端的技巧问题，缺乏形而上的高度；对于学生而言，则失之枯燥，不够有趣。不幸的是，国际私法教学又常用到"系属公式"、"连结点"等术语，加强其技术性外观。因此许多学生视国际私法为枯燥的纯技术性法律，渐渐失去了进一步钻研的兴趣，在一定程度上导致了国际私法研究青黄不接、后继无人的局面。

再次，国际私法是处理涉外民商事法律关系的法，而涉外民商事法律关系范围甚广，包括债权、物权、婚姻家庭与继承、破产、信托、票据、证券、人身权、知识产权、海商海事等方方面面。适用国际私法解决具体问题，常常需要相关实体法的基础知识。精通某一领域国际私法，往往需要既是国际私法专家，又是该领域实体法专家。因此，很少有国际私法专家能精通所有的国际私法问题。

民商事问题所涉范围甚广，各门类实体法差别巨大，导致国际私法专家在涉及某一专门性国际私法的问题上难以对话。比如，研究知识产权的国际私法学者与研究跨国儿童诱拐的国际私法学者就难以进行有效的交流。国际私法的广泛性和专业性，也为国际私法的初学者造成了学习的障碍。因此有人认为国际私法不应当作为一个独立的部门法，而是应当分散在各个民商法部门法中，作为其涉外问题进行教学。如合同法最后一章为涉外合同冲突法；侵权法最后学习涉外侵权法律问题。而管辖权和外国判决承认与执行问题则应该在民事诉讼法中作为涉外民事诉讼规则的一部分统一讲授。

我在英国进行国际私法教学近十五年，也访问了德国、法国、西班牙、荷兰、比利时、美国等国家。我观察过中外国际私法研究与教学的差异，并感到以上障碍在各国普遍存在。因为这些障碍是国际私法内在特性导致的，而非一国一地或一校的教学问题。我同时观察到，很多毕业生进入涉外商事服务或者涉外法律实务界工作，通常会接触到很多国际私法的相关问题，并在具体实务中惊讶于国际私法的实用性和趣味性。事实上，国际私法的实用性很强。很多国际私法的原则和理论是在实务中被发现并提炼出来的，在实践中更容易领悟。因此，虽然障碍无法消除，但是我们的教学也许可以采用一种更加有趣、有效且易懂的方式，让初学者可以不那么费力地掌握国际私法的基本原理。

这就是我写这本书的初衷。这不是一本传统的国际私法教材。它并不全面涵盖国际私法的所有问题，也不提供学术界普遍认可的标准答案。很多内容仅是我个人的观点或见解，可能一些学界同仁会表示反对。由于我在英国和欧盟任教多年，书中很多内容有明显的英国法和欧盟法的痕迹。我主要的研究方向是涉外民商事问题，因此本书家庭法方面的内容较少。这也不能算一本专著，因为它不是对某一个特定具体问题的深入研究，也没有进行任何理论突破的野心。这更不是实务指南，它不注重对某一个或者几个国家的国际私法法律规则作技术性的教义解释，它选择案例的目的和讲授方式更注重故事情节而非实务技巧。以上这些瑕疵我认为是客观存在的。这本书汇集了我给本科生和硕士生上课的讲义，以专题的形式，呈现国际私法的一些规则和原理。大道至简。我希望这本书可以以不那么难懂的方式，引领初学者入门。本书不讲解国际私法中艰深的哲学问题，而是尽量用直白的语言和真实的案例讲解国际私法一般原则。出于这个目的，为了不影响阅读的流畅，我极大地精简了注释。如果读者看了这本书后，认为国际私法不是那么高深莫测，有的读者甚至愿意进一步钻研，便达到了我写这本书的初衷。

汤诤

2022 年 4 月 25 日　武昌珞珈山

目录 | Contents

第一章 什么是国际私法 ········· 1
 第一节 涉外民商事纠纷与国际私法 ········· 1
 第二节 国际私法的调整对象 ········· 6
 第三节 国际私法的性质 ········· 10

第二章 管辖权的基本原理 ········· 16
 第一节 管辖权概述 ········· 16
 第二节 涉外管辖权原则 ········· 17
 第三节 涉外管辖权规则 ········· 20
 第四节 国际统一管辖规则 ········· 27

第三章 专属管辖 ········· 31
 第一节 专属管辖概述 ········· 31
 第二节 不动产纠纷 ········· 33
 第三节 知识产权的确权 ········· 38
 第四节 专属管辖的冲突 ········· 42

第四章 协议管辖 ········· 46
 第一节 意思自治概述 ········· 46
 第二节 法院选择条款的类型 ········· 47
 第三节 范围与解释 ········· 50
 第四节 法院选择条款的独立性 ········· 51
 第五节 法院选择条款的有效性 ········· 52
 第六节 法院选择条款的效力 ········· 57

第五章 对被告的属人管辖——国际私法上的"家" 59
- 第一节 概述 59
- 第二节 国籍 60
- 第三节 住所 60
- 第四节 惯常居所 67
- 第五节 公司 73

第六章 涉外合同和侵权案件的特别管辖权 76
- 第一节 识别难题 76
- 第二节 跨国合同的特别管辖权 80
- 第三节 跨国侵权的特别管辖权 87

第七章 管辖权冲突 96
- 第一节 管辖权冲突概述 96
- 第二节 禁止平行诉讼 98
- 第三节 非方便法院原则 102
- 第四节 禁诉令 108
- 第五节 管辖权冲突的中国实践 114

第八章 临时措施 121
- 第一节 临时措施的概念 121
- 第二节 临时措施的管辖权 123
- 第三节 临时措施的域外效力 126
- 第四节 域外临时措施的执行 129

第九章 域外送达和取证 131
- 第一节 域外送达 131
- 第二节 域外取证 138

第十章 外国判决的承认与执行 146
- 第一节 外国判决承认和执行的基本理论 146
- 第二节 中国对外国判决的承认和执行 150
- 第三节 欧盟内部判决的承认与执行 157
- 第四节 判决承认与执行的国际公约 163

目 录

第十一章　准据法 …………………………………………………………… 171
　　第一节　准据法的基本概念 ……………………………………………… 171
　　第二节　识别 ……………………………………………………………… 174
　　第三节　先决问题 ………………………………………………………… 179
　　第四节　反致和转致 ……………………………………………………… 181
　　第五节　外国法的查明 …………………………………………………… 184
　　第六节　外国法的限制 …………………………………………………… 188

第十二章　涉外合同法律适用法 …………………………………………… 193
　　第一节　意思自治 ………………………………………………………… 193
　　第二节　合同的法定准据法 ……………………………………………… 206
　　第三节　强制性规则 ……………………………………………………… 215

第十三章　涉外消费合同 …………………………………………………… 225
　　第一节　国际私法与弱者权利保护 ……………………………………… 225
　　第二节　定义消费者 ……………………………………………………… 227
　　第三节　受保护消费合同的范围 ………………………………………… 232
　　第四节　保护性国际私法规则 …………………………………………… 235
　　第五节　保护性国际私法的功能 ………………………………………… 237

第十四章　跨国侵权的准据法 ……………………………………………… 239
　　第一节　侵权准据法概述 ………………………………………………… 239
　　第二节　涉外侵权准据法立法趋势 ……………………………………… 248

第十五章　不当得利和无因管理 …………………………………………… 252
　　第一节　不当得利 ………………………………………………………… 252
　　第二节　无因管理 ………………………………………………………… 259

第十六章　物权 ……………………………………………………………… 263
　　第一节　物的识别与定性 ………………………………………………… 263
　　第二节　物之所在地 ……………………………………………………… 265
　　第三节　不动产物权的准据法 …………………………………………… 267
　　第四节　动产物权的准据法 ……………………………………………… 269
　　第五节　债的让与 ………………………………………………………… 271

第十七章　跨国婚姻 ··· 273
第一节　跨国婚姻概述 ··· 273
第二节　结婚的形式要件 ·· 274
第三节　结婚行为能力 ··· 278
第四节　结婚意思表示 ··· 283
第五节　多配偶婚姻 ·· 284
第六节　同性婚姻 ··· 287

第十八章　涉外离婚 ··· 291
第一节　协议离婚的国际私法问题 ·· 292
第二节　宗教离婚 ··· 294
第三节　诉讼离婚的国际私法问题 ·· 295
第四节　后婚姻义务 ·· 299

第十九章　继承 ··· 302
第一节　法定继承 ··· 302
第二节　遗嘱继承 ··· 304
第三节　无人继承遗产的归属 ·· 307
第四节　继承的转致与先决问题 ··· 308

第二十章　儿童 ··· 310
第一节　跨国儿童诱拐 ··· 310
第二节　跨国代孕 ··· 314

第一章 什么是国际私法

第一节 涉外民商事纠纷与国际私法

一、涉外民商事纠纷中的特殊法律问题

在进入法律细节之前，我们要对国际私法有一个大致的了解。这个法是做什么用的呢？

我们很多人的生活重心，局限在一个国家、一个城市、一个社区，但是这不代表着我们和外面的世界是隔绝的。我们使用法国化妆品，佩戴瑞士手表，穿着耐克的运动鞋，吃着肯德基和麦当劳。我们会去香港购物，去韩国整容，去美国留学，去欧洲旅游。我们会使用因特网，在亚马逊和 eBay 上海淘。我们的校园里有国际教师和国际留学生，和我们一起研究、学习、成为朋友。我们毕业后可能会在外资公司工作，或者被派驻外国。我们服务的公司可能深度参与全球业务，在世界各地都有商业伙伴和客户。我们在工作和生活中可能会邂逅外国爱人，进入跨国婚姻的殿堂。如此种种，都涉及了外国的人、物、行为。我们有意无意地建立了跨国的民商事关系，同时有了涉外的法律权利和义务。

国际私法是以解决涉外民商事关系中的权利与义务为目的的法律，这个权利和义务与纯国内的不同。当一个法律关系纯属一国内部事务，我们直接按照这个国家制定的法律规则便可以知道我们应当做什么和怎么做。如果对方侵犯了我们的权利，我们可以直接到本国法院去起诉。但是当一个法律关系具有跨国性质，我们可能无法直接适用本国法或者到本国法院寻求帮助。

跨国性质的民商事关系，同时涉及了多个国家，和这些国家的法律体系都存在一定程度的关联。比如中国居民张三通过亚马逊购买美国公司出售的手提电脑，这个商品有质量问题，张三使用了几周后就坏了。这个案件涉及中国和美国，中国法院和美国法院可能都有权审理案件，可能涉及中美两国的法院和法律的冲突。因为被告是美国公司，张三能否直接在中国法院起诉，还是必须远赴美国到美国法院提起诉讼？如果张三可以在中国起诉，那么法院应当根据中国的合同法进行审判，还是需要适用美国法律？如果张三在中国胜诉，张三如何要求美国公司执行中国判决并实际支付赔偿？如果中国法院没有权力管辖这个案件，张三如何主张权利？

跨国民商事争端相关的一系列法律问题就是国际私法要讨论的问题。当然，跨国民商事争端解决方法不但包括诉讼，也包括调解和仲裁。调解是由一个中立的、有经验的、通常是德高望重的独立第三方，协助当事人有效谈判，以期达成和解。仲裁是将争端交给中立的、非国家权力机构的第三方，对争端进行裁决，当事人均受裁决结果的约束。广义的国际私法包括所有这些涉外民商事争端解决方式及其产生的法律问题，狭义的国际私法仅关注跨国诉讼中产生的法律问题。本书对国际私法的范围做狭义理解，仅关注跨国诉讼中的特殊法律问题。跨国诉讼中可能出现哪些特殊的法律问题呢？下文将按照诉讼流程，对国际私法涉及的主要内容一一展开探讨。

二、跨国诉讼流程

（一）确定管辖权

在跨国诉讼中，法院首先要考虑管辖权的问题，也就是法院有没有权力审理这个跨国案件。对于一个跨国诉讼案件而言，如果法院和案件没有任何联系，这个案件纯粹属于外国案件，法院可能没有理由对案件行使管辖权。即使案件和法院所在地有一定的联系，但是如果案件的主要事实发生在国外，或者涉及外国的重大利益，法院行使司法管辖权可能并不合适。对于作为中国居民的张三而言，他必定希望在中国法院解决争端，因为在中国法院诉讼对他而言更为方便，诉讼成本更低、司法体系更为熟悉。由于《中华人民共和国民事诉讼法》（以下简称《民事诉讼法》）规定的地域管辖权范围较广，若诉讼标的物位于中国，和中国产生了实质性联系，法院即可行使管辖权。[1]

当然，如果张三在美国旅游时通过美国亚马逊购买商品，并邮寄交付到张三在美国的临时地址，电脑在美国被发现故障，案件主要事实都发生在美国。美国公司在网站上声明商品不邮寄往美国之外的地址，中国法院是否应当考虑以非方便法院为理由拒绝行使管辖权呢？[2] 如果中国法院行使管辖权，对于美国被告而言能否因为缺乏可预见性而不适当，最终影响判决在美国的承认和执行？如果中国法院拒绝行使管辖权，中国公民张三是否只能到美国法院寻求救济，高昂的境外诉讼费用是否造成实际维权的困难？在这种情况下，如何平衡被告的可预见性和原告寻求救济的权利？这些也是国际管辖权需要考虑的问题。

---

[1]《民事诉讼法》第276条。
[2]《最高人民法院关于适用〈中华人民共和国民事诉讼法〉的解释》，法释〔2022〕11号，第530条。

(二) 送达司法文书

法院确定管辖权后，需要通知被告参加诉讼。[1] 将法律文书送达给被告，是保护被告正当程序权利的重要步骤。只有进行了合法有效的送达，诉讼程序才能继续进行，即使被告拒绝出庭，法院也可以缺席判决。在张三案中，如果中国法院有管辖权，法院需要将司法文书送达给美国公司，这就涉及域外送达的问题，法院需要确定美国公司的真实身份和地址。如果美国公司在中国有办事处或者代表机构，法院可以直接向该办事处或代表机构送达文书；如果美国公司在中国没有办事处或代表机构，送达的常规途径是：对案件行使管辖权的我国的中级人民法院可以将请求书、司法文书转送高级人民法院转最高人民法院，由最高人民法院转交司法部，再由司法部转交给美国司法部代为送达。

以上送达方式非常缓慢，没有效率且成功率低。如果被告所在国的法律允许，更快捷的方式是对被告通过 EMS 直接邮寄送达。由于张三在网上订购商品，如果张三有该网络公司的电子邮箱，甚至已经使用该邮箱和该公司进行过交涉，利用电子邮件对美国被告进行送达可能被一些美国法院接受。[2] 如果以上送达方式均失败了，我国法院也可以通过网络、美国地方性报纸等方式公告，60 日后视为送达完成，可以开始诉讼程序。[3] 但是，德国、日本、俄罗斯、中国等大陆法系国家，不允许外国法院或者国家机关将司法文书直接送达给本国被告。在这种情况下，原告别无选择，只能进行漫长繁琐的司法协助送达程序，一个涉外案件在送达被告这一环节拖延数年并不鲜见。

(三) 事实查明与域外取证

在诉讼程序开始后，法院需要查明事实，适用法律，对当事人的权利义务进行审判。在涉外案件中，查明事实可能涉及域外取证的问题。本案中的标的物手提电脑已经位于中国，取证并不困难。如果证据位于美国，由于美国采取当事人中心主义立场，外国律师被允许为外国诉讼程序进入美国取得证据。但是很多大陆法系国家，如德国、法国、中国，采用职权主义立场，认为出于协助民事诉讼目的的取证是法院职权范围内的事，是国家的主权行为，不允许外国法官、公职人员、律师到本地取证，外国法院或者律师在这些国家调查取证需要经过司法协

---

[1] 在实践上送达可能发生在管辖权最终确定之前。原告起诉后即刻向被告进行送达，在送达成功后诉讼程序正式开始，被告可以提出管辖权抗辩。

[2] 1965 年订于海牙的《关于向国外送达民事或商事司法文书和司法外文书公约》为域外送达提供了司法合作框架，现有 82 个缔约国。中国和美国都是公约缔约国，可以按照公约规定的途径相互送达司法文书。但是中国声明反对第 10 条规定的邮件送达，而美国未作此声明。因此中国对美国当事人可以邮寄送达，而美国对中国当事人不能邮寄送达。

[3] 《民事诉讼法》第 283 条。

助程序。如果中国的诉讼案件需要到德国取证，则需要受理涉外民事案件的法院将取证请求书转送省高院转最高法院，由最高法院送司法部转给德国司法部，再由德国司法部转送适格的德国地方法院代为取证，最后将取得的证据原路返回交由原请求法院。[1]

（四）确定"准据法"

法院查明事实之后需要适用法律做出判决。但是，由于案件涉及多个国家，每个国家都有相关的国内法，法院首先需要确定根据哪个国家实体法的具体规定对当事人实体权利和义务进行审判，也就是确定涉外案件的"准据法"，这就是法律适用问题。只有确定了准据法，法院才能适用该法进行判决。在张三案中，如果中国法院审判案件，中国法院需要根据《中华人民共和国涉外民事关系法律适用法》（以下简称《法律适用法》）中的规则，确定涉外合同的准据法。因为本合同是消费合同，根据《法律适用法》第42条，应当适用消费者经常居所地法律；如果消费者选择适用商品提供地法律，或者经营者在消费者经常居所地没有从事相关经营活动的，适用商品提供地法律。美国公司通过亚马逊在中国市场出售商品，广义上讲应当属于在中国从事经营活动，不妨碍中国法得以适用。但是，如果张三选择适用美国法，即使张三在中国法院起诉，中国法院仍有可能适用美国法作为准据法审理案件。

（五）查明外国法

如果法官认为外国法律而非本国法律是涉外案件实体问题的准据法，法官并不能直接适用外国法。因为法官都是本国法律的专家，却不是外国法的专家。在适用外国法之前，法官需要确定外国法的内容和解释，以便正确理解和适用外国法，这便是外国法的查明。查明外国法常常会遇到路径、可信度、时间和成本方面的问题。在英国，外国法在法院被作为事实问题处理，也就是说，主张适用外国法的当事人有义务满足盖然性举证标准，证明外国法的内容。中国对外国法的性质没有进行清楚的界定，从原则上说，外国法可以由法官依职权查明，也可以由当事人提供证明，[2] 这便赋予了外国法混合性质。在张三案中，如果当事人同意适用美国法，则当事人需要提供外国法；如果当事人没有选择，而中国法院主张适用美国法，则中国法院需要根据法律允许的途径查明美国法的内容；如果外国法无法查明，法院通常根据本国法作出判决。

---

[1] 1970年订于海牙的《关于从国外调取民事或商事证据的公约》建立了域外取证的司法合作框架。

[2]《法律适用法》第10条。《最高法院关于适用〈涉外民事关系法律适用法〉若干问题的解释（一）》第15条规定，法官可以通过当事人提供、国际条约规定的途径、法律专家出具意见这三条路径依职权查明外国法。

（六）判决承认与执行

法院作出判决后，判决需要得到执行。中国法院的判决只有在中国才有直接的强制执行力。对外国被告执行判决，只能通过三条途径实现：第一，外国被告配合中国法院主动执行；第二，外国被告有财产位于中国境内，可以直接由中国法院执行；第三，对被告或其财产有实际控制的外国法院协助中国法院执行判决。在实践中，很少有境外被告主动配合执行。如果该被告在中国境内没有财产，大多执行都需要外国法院提供司法协助。在上文张三案中，如果中国法院判决美国公司承担合同违约的赔偿责任，而美国被告不予执行，张三需要申请美国法院协助执行。不幸的是，中国和美国并未签订司法协助协议或者加入相关公约，美国法院只能根据美国国内法，确定中国判决是否符合美国法中承认和执行外国判决的条件。

站在国际层面，由于国内法对承认和执行外国判决的规定各不相同，且不乏非常严苛的条件，在缺乏覆盖大多国家的、全面完整的外国判决的承认与执行的国际框架的前提下，外国判决的承认与执行存在许多不确定性。为了解决跨国执行难的问题，国际贸易的主要国家和国际组织进行了诸多努力。海牙国际私法会议是致力于制定统一国际私法的国际组织，该组织于2005年和2019年分别通过了《选择法院协议公约》和《民商事案件外国判决的承认与执行公约》（以下简称《海牙判决公约》），这两个公约要求成员国原则上承认和执行其他成员国法院作出的民商事判决。但是参与这两个公约的国家数量有限，限制了公约在实践中发挥更大的效力。

管辖权	→	程序问题	→	适用法	→	判决执行
·去哪个法院起诉		·送达 ·取证		·确定准据法 ·查明外国法		·判决能否在外国获得承认和执行

涉外民事诉讼流程图

以上便是跨国民商事诉讼的完整流程。我们可以看出，相比国内案件，涉外民商事案件会牵涉许多额外的法律问题，这些就是国际私法需要解决的问题。传统上，国际私法的内容根据涉外民商事诉讼的流程，被分成三个大的部分，分别为：涉外管辖权与诉讼程序、法律适用、外国判决的承认与执行。这些就是本书具体讲解的内容。

第二节 国际私法的调整对象

一、涉外民商事法律体系的冲突

我国的通说认为国际私法调整的对象是涉外民商事关系,[1] 这个观点受到了一些学者的质疑。[2] 首先,国际私法的范围如果包括管辖权与涉外诉讼程序、法律适用、外国判决的承认和执行,那么国际私法的调整对象便不只包括当事人之间的法律关系,还包括当事人的诉讼行为与法院的行为。管辖权与诉讼程序,以及外国判决的承认和执行,都属于涉外诉讼的程序问题。将涉外民商事关系作为法的调整对象,实质上排除了程序关系,而程序关系是国际私法的重要调整对象。其次,即使国际私法的目的是实现涉外民商事实体权利,且法律适用与实体权利密切相关,但是法律适用法并不直接规定实体权利和义务,而是确定可以调整涉外民商事实体权利的内国法律。法律适用法的直接调整对象是实体法律的冲突,法律适用法必须结合特定国家的实体准据法,才能调整涉外民商事关系。因此,法律适用法仅间接调整涉外民商事关系。当然,国际私法的调整对象和国际私法的定义及范围有关。如果采用大国际私法定义,将国际私法的范围扩大到国际民商事统一实体法,那么国际私法的调整对象也将相应地改变,因为国际民商事统一实体法直接调整跨国民商事关系。

本书将国际私法的范围限定于涉外民商事关系涉及的管辖与程序、法律适用、外国判决的承认与执行,在此前提下,国际私法的调整对象是涉外民商事关系中法律体系的冲突。法律体系应当做广义理解,包括含管辖权、送达、取证、执行判决在内的司法制度,以及调整实体权利的实体法。由于实体法冲突不一定要在诉讼中才能出现,很多时候涉外民事关系主体并无诉讼意图,仅希望确定本人在涉外关系中的法律地位和权利保障,也需要解决实体法律冲突,因此国际私法的调整对象不但包括涉外诉讼中出现的司法程序的冲突,也包括可能无关诉讼的涉外民事关系中的实体法的冲突。

二、"涉外"民商事关系

"涉外"是中国特有的术语,指的是民商事关系具有与外国相关联的因素,英语适用的术语多为"跨境"(cross-border)或者"跨国"(transnational)。我国对"涉外"因素的认定采取"三要素说",也就是诉讼的主体、客体、内容必须有一个因素与域外有联系。当事人一方或双方是外国公民、法人、其他组织或

---

[1] 韩德培主编:《中国冲突法研究》,武汉大学出版社1993年版,第163页。
[2] 沈涓:《国际私法调整对象及相关问题再探讨》,载《环球法律评论》2022年第5期。

者无国籍人,或者经常居所地在境外的;标的物位于境外的;产生、变更或消灭民事关系的法律事实发生在境外的,都可以构成"涉外"诉讼。[1]"三要素说"的范围很广。事实上,有的诉讼存在以上涉外因素,但是这些涉外因素并不会对法律关系发生实质性影响,例如,一方当事人拥有外国国籍,但是在过去的十年间在中国长期居住,没有返回国籍国,已经取得中国永久居留权,在中国有住所。[2]此人与另一个中国主体签订了在中国履行的商事合同。此时,当事人之间的法律关系是商事关系而非人身关系,拥有中国住所的外国籍当事人并不会使法律关系及诉讼程序产生实质性改变。又如当事人均为中国公司,双方签订在中国境内履行的合同,但是合同通过服务器位于新加坡的互联网站签订,合同签订地从技术上看在外国。在这种情况下,虽然产生法律关系的事实发生在境外,但是很难说该合同属于涉外合同。只有法律关系的实质性因素与外国有联系时,才能将法律关系定性为"涉外"关系,相关的诉讼才能作为"涉外"诉讼处理。

要理解"涉外"或者"跨境"这一概念,还需要理解何为国际私法中的"国"或者"国境"。国际私法处理的是相互独立法域的管辖权和实体法的冲突,以及独立法域的法院之间的合作和协助问题。因此,国际私法不仅适用于两个主权"国家"之间的法律冲突,也适用于一个主权国家内部不同"法域"之间的法律冲突。在联邦制国家,如美国、德国、加拿大等,各联邦州或省有自己独立的司法和立法权,同一个国家内部也会发生管辖权和法律冲突。在权力下放的单一制国家,例如英国,管辖权和法律冲突也会出现在英格兰与威尔士、苏格兰和爱尔兰之间。中国虽然属于单一制国家,但是"一国两制"使得内地、香港、澳门之间存在法律冲突。因为特殊的历史原因,法律冲突也存在于祖国大陆和我国台湾地区之间。因此国际私法存在的根源,在于存在不同的"法域",而非不同的"国家"。只要有相互独立、自治的法域存在,就会存在国际私法。因此,形容国际私法调整对象的最准确的术语应当是"跨境","境"指的是"法域"的边境。国际私法语境下的"涉外"或"跨国"这样的术语,也应当做"跨境"理解。

三、"民商事"法律关系

民商事法律关系就是平等主体之间的权利与义务关系,简言之就是"私法"性质的关系,与公法关系相对。大陆法系国家在国际私法成文立法中通常明确排除公法关系,如欧盟的《关于合同之债法律适用的第593/2008号条例》(以下

---

[1]《最高人民法院关于适用〈中华人民共和国民事诉讼法〉的解释》第520条;《最高法院关于适用〈涉外民事关系法律适用法〉若干问题的解释(一)》第1条。
[2]《中华人民共和国民法典》(以下简称《民法典》)第25条。

简称《罗马Ⅰ条例》)[1]、《关于非合同之债法律适用的第864/2007号条例》(以下简称《罗马Ⅱ条例》)[2]、《关于民商事管辖权与判决的承认及执行的第1215/2012号条例》(以下简称《布鲁塞尔Ⅰ修正条例》)[3]以及海牙国际私法会议2019年《海牙判决公约》[4]均将适用范围限定在"民商事领域"(civil and commercial matters),并明确排除"税收、海关或行政事务"(revenue, custom and administrative matters)。虽然普通法系国家很少清晰定义公法,但是对于外国国家权力机关针对其管治下的个人或组织行使国家治理权的诉讼,美国、英国以及英联邦国家在实践上均采取了拒绝管辖的做法。[5]国际私法的"公法禁忌"表明公法问题被排除在国际私法的调整范围之外。

但是,"民商事"领域的范围在实践上难以确定。公权力逐渐渗入私法关系的范畴,导致私法和公法的界限日益模糊。随着20世纪科学技术的变革、商业组织规模的扩展和权力的扩大,不正当竞争、垄断、证券欺诈、内部交易、侵犯劳动者利益、侵犯消费者权益等违反市场准则的行为时有发生,国家因此加强了对市场行为的监管和调控,以刑法、行政法、社会法等公法干预商事行为。这些公法性规范和商事法律关系紧密交织在一起,为国际私法的适用范围带来了难题。除了公私法混合日益常见之外,民商事行为很难完全不涉及公法内容。例如合同、物权行为常涉及登记、公示;购买金融机构一定比例的股权需要主管部门批准;对于某些特殊产品或技术的出口要获得主管部门许可等。如果涉外合同标的物生产地要求出口许可,无法获得许可造成合同违约,违约之诉将无法回避出口许可这一公法问题。

除此之外,"民商事"本身就是一个法律概念,各国法律对民商事范围的界定均有不同。从司法制度上看,有的国家存在民事、行政和刑事法院或法庭;有的国家却只存在民事和刑事法院或法庭,并没有专门的行政法院或者行政法庭,导致大量行政案件由民事法庭解决。此外,行政法庭和刑事法庭也可能作出民商

---

[1] Regulation (EC) No 593/2008 of the European Parliament and of the Council of 17 June 2008 on the law applicable to contractual obligations (Rome I), [2008] OJ L 177/6, Art 1 (1).

[2] Regulation (EC) No 864/2007 of the European Parliament and of the Council of 11 July 2007 on the law applicable to non-contractual obligations (Rome II), [2007] OJ L 199/40, Art 1 (1).

[3] Regulation (EU) No 1215/2012 of the European Parliament and of the Council of 12 December 2012 on jurisdiction and the recognition and enforcement of judgments in civil and commercial matters, [2012] OJ L 351/1, Art 1 (1).

[4] Convention of 2 July 2019 on the Recognition and Enforcement of Foreign Judgments in Civil or Commercial Matters, Art 1 (1).

[5] F. A. Mann, "The International Enforcement of Public Rights", *New York University Journal of International Law and Politics*, Vol. 19, 1987, p. 604.

事判决。因此，法院或者法庭的命名或性质并不是确定诉讼性质以及其所涉法律关系性质的决定性因素。[1] 从实体法的类别上看，普通法系国家通常将实体法区分为"民事"和"刑事"两大类，"民事"包括除了刑事之外的所有法律关系，如宪法、行政法、税法等。[2] 但是这不能代表普通法系国家允许外国税务机关通过本国的法院收缴税款，或者允许本国法院适用外国行政处罚法帮助外国行政机关惩罚当地居民，因此法律关系是否被当地法律划分为"民事"关系亦非决定性因素。最后，各国实体法对同一法律关系的定性亦有不同。例如政府为公共事务签订的采购或工程合同，在法国法中属于行政行为，在德国法中却属于私法行为，而有的国家允许政府选择将此行为视作公权力还是私法行为处理。[3] 对于此类合同产生的诉讼是否属于"民商事"的判断，涉及不同国家实体法律适用的问题，但是国际私法如果仅限于"民商事"领域，在确定一个法律关系属于"民商事"关系之前便无法适用国际私法为其定性。换言之，法院不宜适用外国法确定案件是否属于民商事法律关系，而应当根据法院地法判断涉外案件的性质。

法院地法律无明确规定的涉外关系是否定性为"民商事"，需要根据具体个案的因素确定。"主体说"认为，公法关系的主体双方或一方必须为国家或政府机构。[4] 但是，随着经济社会的发展，国家从事的活动日益复杂化、多元化。国家除了承担统治职能外，还可能从事普通商事活动，也可能造成民事侵权。因此，以国家为主体的行为，可能是统治权行为，也可能是私人性质的行为。主体说无法反映当今国家的复合性职能，已经被大多国家和国际组织摒弃。如旨在促进跨国民商事判决的承认与执行的《海牙判决公约》明确指出，国家作为当事方并不能直接排除公约的适用。[5] 公约的官方解释文件进一步说明，判决是否属于民商事性质与当事人身份无关。[6]

另一个判断标准是"目的说"。诉讼属于公法还是私法性质，取决于其目的：诉讼是为了保护公共正义，还是仅仅为受伤害的私人提供补偿。[7] 以保护国家公共利益和政府利益为目的提起的诉讼为公法诉讼，以保护个体权利为目的

---

[1] Report on the Brussels Convention by Professor Peter Schlosser (OJ 1979 C 59/71), para. 23.

[2] Schlosser Report, para 24.

[3] Schlosser Report, para 25.

[4] 参见中国大百科全书出版社编辑部编：《中国大百科全书·法学卷》，中国大百科全书出版社1984年版，第80页。

[5] 《承认与执行外国民商事判决公约》（2019年）第2条第4款。

[6] See Francisco Garcimartin & Geneviève Saumier, *Explanatory Report on the 2019 HCCH Judgments Convention*, HCCH, 2020, para 30.

[7] *Huntington v. Attrill*, 146 U.S. 657 (1892), 676.

的诉讼为私法诉讼。[1]虽然"目的说"在大多数情况下可以适用，但是也有例外情况。第一，有的诉讼可能会有双重目的。国家可能会为了惩罚违反公共利益的行为，同时为了保护私人利益提起诉讼，如没收内部交易非法所得归还投资人，或者为消费者群体提起公益诉讼。[2] 第二，国家可能作为平等商事主体参与涉外商事活动并对相关纠纷提起诉讼。诉讼目的是保护国家的利益，但是诉讼的内容却是以国家为一方当事人的商事合同，采取目的说将此类诉讼定性为公法诉讼则明显不当。

因此，更加合适的做法应当是将"目的说"和"主体说"相结合。公法和私法最重要的区别是，公法关系包括权力机关行使统治权和管理权的行为，这是私法关系中不可能存在的权力。换言之，公法关系是国家和个人之间的服从与权属关系，授予、明确、规范、限制政府的公权力是公法的重要内容。[3] 诉讼的目的如果是为了实现国家的统治和管理权，就应当定性为公法诉讼；如果是为了实现平等主体之间的私权，则定性为民商事诉讼。

第三节 国际私法的性质

一、国际法与国内法之争
（一）国际法说

在我国传统的法律部门中，国际私法被视为国际法的一个分支，因为国际私法调整的社会关系超越了单一国家的范围。虽然国际私法的目的在于实现私主体在涉外民商事关系中的实体权利，但是无法避免涉及国家之间的主权分配问题。例如，当一个涉外民商事法律关系同时涉及中国和美国，两个国家均有利益利用本国的法律规范规制该法律关系。国际私法确定管辖权和准据法的规则直接解决的是私人之间权利义务的问题，但是间接涉及中美两国在涉外民商事领域的权力划分。因此，国际私法和调整主权国家间关系的国际公法密切相关。国际公法的很多原则和制度同时构成了国际私法的基本原则，例如国际礼让、平等互惠。此外，国际条约和惯例也形成了国际私法的重要渊源。[4]

国际法说存在明显的缺陷。首先，国际私法虽然超越了国界，但是实质处理

---

[1] *Att. Gen.*（*U. K.*）*v. Heinemann Publishers Australia Pty. Ltd.*，78 A. L. R. 449, 456（1988）.

[2] *Wisconsin v. Pelican Ins. Co.*，127 U. S. 265, 290（1888）；*Huntington v. Attrill*，（1893）A. C. 150, 157-58（PC. 1892）.

[3] P. B Carter, "Transnational recognition and enforcement of foreign public laws", *Cambridge Law Journal*, Vol. 48, 1989, p. 423, 427.

[4] 国际上支持此观点的代表人物包括德国的萨维尼、巴尔，法国的魏斯，意大利的孟西尼。

的是平等民商事主体之间的权利义务问题，而非主权国家之间的关系。民商事关系即使存在涉外因素，但是归根到底涉及的是私人主体的利益，并非国家利益。随着国际民商事交往的日益频繁，国家对涉外民商事行为的限制日益弱化。国家在涉外民商事关系中扮演的角色，从管制涉外民商事交往，转变为保护涉外民商事权利。在大多仅涉及私人权利义务的情形下，国家并不强制性地行使权力，而是允许当事人自由选择管辖法院和法律。因此，国际私法在通常情形下并未涉及国家间硬性的权力划分，国家也并不认为大多涉外民商事关系涉及主权问题。仅在特殊情形下，涉外民商事交往触及某些国家的公共政策和根本性利益，这些国家才有强烈的行使权力的要求。这些情形通常并非纯粹的民事关系，而多介于公法和私法的交叉地带。并非涉外民商事关系本身，而是其中涉及的公法性问题，导致国家权力的介入。仅就国际私法而言，国家间的公法性关系并非其最本质的特征。

其次，国际私法的渊源也不能决定国际私法的国际法性质。第一，虽然国际上存在统一国际私法的国际条约，但是这些条约的数量和范围有限。海牙国际私法会议是致力于统一国际私法的主要国际组织。但是截至目前，海牙国际私法会议仅通过了39个国际私法方面的公约，且不涉及国际民商事管辖权和法律适用这两大核心问题，绝大多数公约的成员国并不多。国家主要通过国内法制定国际私法规则，因此国内法才是当今国际私法的主要渊源。其次，即使国际上存在以国际私法为内容的国际条约，也不足以将国际私法的性质转化为国际法。因为国际私法仅是条约的内容，这个内容可以通过国内法制定，也可以通过条约的形式达成国际协调统一。如《联合国国际货物销售合同公约》以国际条约的形式统一了国际货物买卖的合同法，但是并没有将合同法转化为国际法。同理，虽然欧盟以超国家立法的方式统一了成员国内部的国际私法，也同样在一定程度上统一了消费者保护法、专利法、竞争法、数据法，但是没有人因此将这些统一实体法的内容视为国际法。

（二）国内法说

国内法说认为国际私法属于国内法，是各国根据本国政策的需要自行制定的规范有涉外因素的民商事关系的法律。主权国家有权独立地根据本国的国家利益和对外政策，制定本国的国际私法，将其纳入国内法律体系。国际私法始于国内立法和国内司法判例，属于国内法。在跨国民商事交往日渐频繁后，出现了国际私法条约，但是条约只是以一种另外的立法模式规定统一的国际私法规则，并不足以将国际私法这一部门法的性质变为国际法。国际私法条约没有国际性执行机关，需要各国将其转化成国内法利用国内司法体系实施，此外也缺乏证据证明国际私法领域存在国际惯例。虽然一些国际私法原则，如意思自治、不动产所在地、最密切联系原则被大多国家接受，但是并没有证据证明国家出于国际义务而非本国利益和司法效率的需要而自愿采纳这些原则。[1]

（三）折衷说

很多学者希望兼顾国际私法国际法和国内法的特征，提出了多种折衷说。第一个是"二元论"，认为国际私法既有国际法性质，又有国内法性质，因此属于国际法和国内法之间的独立法律部门。[2] 第二种为"变化论"，认为当今国际私法主要是国内法，但是随着国际私法统一化的推进，将增加国际法的因素，最终成为国际法。[3] 第三种虽然认为国际私法是国际法，但是采取的是广义国际法说，认为国际法应当做广义理解，包括调整一切超越国界的社会关系的总和，不但包括国家间关系，也包括私人间的关系。[4] 第四种则是更进一步，在传统国际法和国内法之间搭建桥梁，提出系统性的"跨国法"学说，将所有跨国因素的法律关系，不论其法源为国际还是国内，性质属于公法还是私法，均作为跨国法研究的内容，而国际私法自然是跨国法的子系统。[5]

这几种学说均希望在绝对国际法和国内法之争中寻找平衡。虽然改变当前国际法和国内法的严格界分和国际私法的本质特性相符合，但是广义国际法以及晚近出现的跨国法，并未完全被国际法学界接纳，也未能得到充分发展。国际上对国际法的认识仍然以国际公法为主，不论作为独立的法律部门、变化中的法律部门还是广义上的国际法分支，均无法将国际私法纳入现存的国际法体系。

（四）本书观点：特殊国内法说

如果按照当今国际主流观点将国际法做狭义理解，国际私法划分为国内法更加合理。但是国际私法是一种特殊国内法，国际私法调整的是涉外民事关系中法律体系冲突的问题。也就是说，国际私法调整的客体涉及多个国家。在制定和适用国际私法时，立法机关和司法机关考虑的因素除了本国的民事和商事政策，还包括其他国家的政策和利益，以及国家间交往应当遵守的国际法习惯和原则。因此，国际私法是将国家间关系作为考虑因素之一的法律，是具有国际性质的国内法。国际私法的视角维度跨越了单一国家的主权范围，对国际私法的正确理解和

---

[1] 普通法系国家学者大多支持国内法说，代表人物包括戴西、莫里斯、斯多里。中国著名国际法学家周鲠生、费宗祎也持这一看法。

[2] 沈涓：《国际私法调整对象及相关问题再探讨》，载《环球法律评论》2022年第5期。

[3] 黄世席：《国际私法性质的哲学分析》，载《中国青年政治学院学报》2001年第5期。

[4] 金明：《试论国际私法的国际法性质——兼评"国内法"论者的主要观点》，载《清华法学》2007年第4期。

[5] Phillip C. Jessup, *Transnational Law*, New Haven: Yale University Press, 1956, pp. 2-3；徐国健：《运用系统论研究国际私法——兼论国际私法性质、名称》，载《武汉大学学报（社会科学版）》1987年第3期。

适用要求立法和司法工作者利用国内法的方法和工具，解决涉外民商事关系中平等主体的权利义务问题，同时拥有超越纯国内法的国际视野，合理协调国际利益。

二、实体法与程序法之争

国际私法中的管辖权、特殊诉讼程序、判决的承认与执行都是程序法，这一点没有太多争议。争议最大的是法律适用法的性质，究竟属于实体法、程序法或其他。持实体法观点的学者认为，第一，区分实体与程序的重要标准在于法律调整的社会关系为实体关系还是程序关系。法律适用法的作用在于规范人在涉外民商事活动中的行为，最终明确当事人的实体权利义务，因此属于实体法。[1] 第二，法律适用法类似于"准用性规范"，其性质应当按照所处的法律环境确定。法律适用法存在的法律环境是确定涉外民商事实体问题，因此法律适用法应当属于实体法。但是反对者也提出法律性质的确定需要考虑法律的直接调整对象，而非间接调整对象，甚至法的目的和作用，否则容易混淆部门法的区别。[2] 例如程序法的作用是通过直接调整诉讼程序达到实现实体权利的目的，也可以说间接调整实体权利，但是不能说程序法都是实体法。

持程序法观点的学者认为，法律适用法通过程序性的指引确定准据法，因此是实现实体权利的"手续"或"流程"。[3] 但是法律适用法并不调整诉讼关系，且与诉讼程序不一定相关。涉外民商事关系当事人可能完全没有诉讼意图，但是需要法律适用法确定自己的权利和义务，预测和防范风险。因此，如果将程序法理解为调整司法诉讼程序的法律，法律适用法也不同于程序法。

因此，最合适的观点是法律适用法既非实体法也非程序法，但同时兼具实体法的法律效果以及程序法的手段指引，是介于实体和程序之间的一种特殊的法律。[4] 事实上，对于实体和程序的区分国际上并无统一标准。有的国家，如英国，其法院传统上习惯将程序问题扩大化，将所有不希望适用外国法的问题定性为程序问题。因此，以一个抽象的定义或标准严格划分实体和程序并无必要，而应当根据具体问题的具体目的进行划分。对于法律适用法而言，定性为实体法或程序法主要影响两个问题，第一是外国冲突规范的适用，也就是反致和转致的问

---

[1] 谢石松：《国际私法的调整对象、范围及性质问题新论》，载《法学评论》2007年第4期。

[2] 李双元、宁敏、熊之才：《关于国际私法的几个理论问题》，载《中国国际私法与比较法年刊》2000年第0期。

[3] 张仲伯：《国际私法学》，中国政法大学出版社2007年版，第11页；沈涓：《国际私法调整对象及相关问题再探讨》，载《环球法律评论》2022年第5期。

[4] 董立坤：《国际私法论》，法律出版社2000年版，第7~8页。

题。[1] 外国法的适用仅限于实体法，而程序法则严格遵守法院地法原则。但是法律适用法中存在转致或反致，也就是法院适用本国法律适用规范确定某一外国法为准据法，但是认为准据法包括直接调整实体权利的实体法和法律适用法，并适用该外国法律适用法，最终确定第三国或者本国实体法律为准据法。将法律适用法定性为程序法直接和转致发生矛盾，但是反致和转致的存在也不能说明法律适用法是实体法。事实上，反致和转致清楚地区别了实体法和法律适用法，并适用了外国法律适用法而非实体法，这也说明了法律适用法区别于普通实体法和程序法的特殊性。第二是外国强制性规则的适用。有的国家有明确的法律和案例，允许适用非准据法的外国强制性规则。外国强制性规则是一种结合冲突规范和实体法的规则，强制性规则中的冲突规范部分给予该规则域外效力，适用非准据法外国强制性规则实质上适用了外国法中的冲突规范。这是另一冲突规范不同于普通程序法和实体法的证据。

三、公法与私法之争

国际私法中的程序法部分调整的是诉讼程序的权利和义务，由法官在诉讼程序中适用，大多学者认为属于公法。[2] 属于公法或私法的争议焦点仍然集中于法律适用法。认为法律适用法是程序法的学者自然将其定性为公法，[3] 而持实体法说的学者将其定性为私法。[4]

区分公法和私法的学说包括"权利说"——调整不平等的管理与服从关系的法律是公法，调整平等主体之间关系的是私法；"目的说"——维护公共利益的法律是公法，维护私人利益的法律是私法；"法律关系说"——调整国家与国家，国家与私主体之间公权关系的为公法，调整私主体之间的私权关系的为私法。即使大多学者均认为是公法的程序法，也可以存在调整平等主体关系、维护私人利益的法律。例如民事诉讼法不仅规制法院等公权力主体的审判行为，也调整当事人的诉讼权利和义务，以及当事人之间的诉讼关系。换言之，即使民事诉讼法这样公认的程序法，也具有公法和私法二重属性。[5]

因此国际私法的公私法性质也需要从多个角度和层面全方位探究。国际私法中管辖权、域外送达和取证、外国判决的承认和执行这些程序法，规范法院对当事人的审判和司法行政权力，属于调整国家和私人不平等主体之间的管治行为；

---

[1] 转至见下文第十章。

[2] 韩德培主编：《国际私法》，武汉大学出版社1989年版，第38~39页。

[3] 陈安主编：《国际经济法论丛》（第1卷），法律出版社1998年版，第27页；沈涓：《国际私法调整对象及相关问题再探讨》，载《环球法律评论》2022年第5期。

[4] 谢石松：《国际私法的调整对象、范围及性质问题新论》，载《法学评论》2007年第3期。

[5] 毕玉谦主编：《民事诉讼法学》，中国政法大学出版社2021年版，第24页。

但是允许当事人合意选择法院、选择送达方式等规范，调整平等主体之间的合意行为，具有私法性质。法律适用法亦如此。法律适用法规制了法官的行为，使得法官不得对所有涉外案件直接适用法院地法，而必须根据法律适用法确定案件准据法。但是法律适用法同时结合所指示的实体法调整平等主体之间的关系，维护私人利益。此外，法律适用法的许多规则可以为当事人通过意思自治排除，具有明显的私法性质。因此，法律适用法也应当具有公法和私法的双重属性。

第二章 管辖权的基本原理

第一节 管辖权概述

管辖权是一个笼统的集合概念，字义上可以指所有机构的职责范围与权限。比如我们去政府机构办事，该政府部门说：这个不归我管。其所指便是该机构的"管辖权"。国际私法上的管辖权主要是指法院受理和审判涉外案件的权力，也称"司法管辖权"。

国际法对涉外司法管辖权并没有明文的限制，原则上各国可以根据本国利益的需要，自主确定本国法院对涉外民商事案件的管辖权。但是纵观各国立法，几乎没有国家无差别地管辖所有存在涉外因素的案件。换言之，各国均为本国法院审判涉外民商事案件设置了一定的条件，这些条件构成了涉外管辖权规则。为什么法院不能受理和审判所有涉外民商事案件？换句话说，为什么国家设置管辖权规则，限制本国法院行使涉外司法管辖权？对于这个问题，如果逆向思考，答案便一目了然。如果国家不限制涉外司法管辖权，便可能出现诸多不利后果，由此可总结限制涉外司法管辖权的如下几点原因。

首先，如果每个国家的法院都受理所有原告提交的诉讼，那么一个原告就可以选择在世界上任何一个国家起诉被告，将同一个争议交由多个法院审理，甚至在一个国家败诉后再到另一个国家提起相同诉讼，直到最终获胜或者被告精疲力竭。而被告在诉讼中处于结构性不利地位，他无法选择是否、何时、在何地进行诉讼，而只能对原告的诉讼做出回应。保护被告是国家限制司法管辖权的第一个原因。

其次，涉外管辖权规则有助于本国法院在行使管辖权时维护国际礼让和尊重他国主权。有的涉外民商事案件和某个国家有非常密切的联系，这个国家便会希望由本国法院审判该案件，同时认为其他国家的法院审理该案不合适，甚至是对本国主权的无礼冒犯。典型例子是土地所有权争端。因为土地是国家领土的组成部分，此类争端即使出现在私人之间，也难以避免地涉及国家对领土享有的独占的控制权。国家认为外国法院无权认定本国土地的归属问题。出于主权和礼让，大多数国家的法院也会拒绝对其他国家的土地或其他不动产物权进行审判。

再次，法院关注司法效率问题。法院希望可以高效运作，法官希望可以快速便捷地审判案件。高效审判需要法官和律师具有专业技能、当事人愿意合作、证据容易取得、判决可以执行。涉外案件中，当事人很可能身在境外，且与法院地没有人身、财产方面的依附关系。如果外国被告不愿意合作，拒不出庭，法院诚然可以缺席审判，却面临判决可能无法得到执行的尴尬局面。长此以往，损害的是法院的权威与公信力。此外，如果审判案件所需要的证据和证人均在国外，强行行使管辖权将面临境外取证、证人出庭、信息出境等难题，当事人可能面临高昂的取证费用。对此类案件行使管辖权缺乏效率，不但不利于保护双方当事人的利益，也浪费法院地的司法资源。

最后，"契约必须遵守"。如果双方当事人自愿承诺将未来的争端交予指定国家的法院管辖，同时承诺不到其他国家的法院提起诉讼。如果一方当事人违反对管辖权的约定到承诺排除的法院起诉，法院不尊重当事人的合意而行使管辖权，实则既鼓励当事人违反合同，也违反了现代市场经济的基本精神。

出于以上原因，国家不允许法院对所有案件不加区分、不附条件地行使管辖权。每个国家都存在涉外司法管辖规则，要求法院仅对满足法定前提条件的案件行使管辖权。

第二节 涉外管辖权原则

一、涉外司法管辖权的国际法原则

国际习惯法上是否存在涉外司法管辖权原则尚存争议。美国教授威廉·道奇（William S. Dodge）认为各国的涉外司法管辖权实践千差万别，很多国家的实践在外国看来是过度管辖，例如法国根据当事人国籍建立的属人管辖；德国和中国根据与诉讼无关之物建立的对人管辖；普通法系根据被告在领土的短暂"出现"行使管辖权。即便如此，外国从未根据任何国际法原则进行抗议，而仅仅根据本国的国内法拒绝承认和执行相关判决。换言之，管辖权的"过度"属于国内法的问题，并没有违反国际法。各国可以根据本国的司法传统和利益需要制定涉外司法管辖权，不受国际习惯法原则的约束。[1]

事实上，虽然各国的管辖权"规则"和"制度"差异很大，但是并不代表各国在制定这些规则时没有遵循一定的"原则"。例如，每个国家都允许法院根据法院地与被告的"属人联系"建立管辖权。虽然具体的属人连结点各有不同，

---

[1] William S. Dodge, Anthea Roberts, & Paul Stephan, *Jurisdiction to Adjudicate Under Customary International Law*, Opinio Juris（Sept. 11, 2018）, available at http：//opiniojuris.org/2018/09/11/33646/.

但是这些规则均遵循抽象的"属人原则"。又如,大多国家均要求涉外案件和法院地有一定的"实际联系"。这个联系可能是被告与法院空间上的联系,如普通法系基于"出现"的管辖权;可以是行为与法院的联系,如合同签订地、合同履行地、侵权行为发生地;也可以是物与法院的联系。虽然规则千变万化,但是都反映了行使管辖权的法院需要和案件具有"实际联系"的要求。

当然,国家遵守这些原则是否出于国际法义务,并没有有力的证据。但是很多国家在建立管辖权规则时,不但考虑了诉讼效率等本国利益需要,也考虑了国际社会的通行做法以及国际礼让问题。对国际利益的考虑是出于自愿还是出于义务,的确难以证明。如果各国在建立本国司法管辖权制度之初并无国际法义务的约束,仅考虑了本国利益和需要,那么这些原则是否已经经过大多国家的长期实践和法律确信,是否已经形成了国际习惯法原则呢?对于这个问题,持反对意见的学者并未提出强有力的反驳,仅指出持支持意见的学者应当经过全面的实证研究,证明涉外司法管辖权的国际习惯法原则存在。换言之,对于司法管辖权是否存在国际习惯法原则这个问题,现阶段不存在充分的研究和证据。

不考虑国际习惯法原则这一存在争议的问题,纵观各国的立法和实践,我们可以总结出几条较有普遍性的涉外司法管辖权原则。换言之,虽然各国管辖权的具体规则并不相同,但是其司法管辖权实践普遍遵循几个共同的基本原则。

二、主权原则

涉外管辖权的第一个基本原则是主权原则。国家对涉及本国主权利益和国家尊严的问题,立法宣称本国法院是唯一享有审判权的主体,同时不承认其他国家的法院有审判与本国相关的此类案件的权力。当然,各国的管辖权规则仅对本国法院有约束力而无法约束其他国家。这种单方面的立法在国际社会没有实质性的约束作用。如果没有国际合作,一个国家并无权阻止另一个国家的法院受理并审判类似案件。因此本质上出于保护主权原则而制定的"专属管辖"规则对于其他国家仅是一个没有法律效力的"声明"。但是事实上,在专属管辖问题上发生的管辖权争议并不多见,这是因为其他国家也有同样的利益需要保护。出于国际礼让及对等原则,大多国家会限制本国法院审判外国主权相关问题,以期获得同等礼让。主权原则往往运用于涉及不动产物权、行政决定的案件,[1] 前者关乎国家领土,后者涉及政府尊严。

三、基于被告的属人原则

大多国家允许本国法院对本国被告行使管辖权。属人原则有如下理由。第

---

[1] 行政决定相关案件包括公司的成立与解散、专利的有效性、注册商标的有效性、结婚与离婚的决定、公共注册信息等,这些问题均需要行政机关行使行政权力并做出决定。

一，管辖权体现的是法院对当事人行使权力。由于法院是原告选择的，原告自愿服从法院的权力，而被告处于服从权力的被动状态，因此法院对被告行使权力需要理由。如果被告和一个国家有属人联系，二者就建立了一种持续稳定的法律关系。国家对被告有管治的权力，被告对国家有效忠并服从的义务。基于此，国家对本国被告有当然的管辖权。

第二，法院对本国被告行使管辖权在涉外诉讼语境下实现的是对本国被告的保护。涉外诉讼涉及多国当事人，必然有当事人要到外国参与诉讼。国家对本国居民除了享有权力之外，也有保护的义务。基于此，本国居民可以得到在"家"应诉的权利，而不会因为本国法院无法管辖而被诉至遥远陌生的他乡。当然，保护被告和保护本国居民并不完全是一回事，因为本国居民既可能是原告也可能是被告。如果每个国家仅接受基于被告的属人原则，那么本国居民在作为原告时将不得不出国起诉。而有的案件的主要事实都发生在本国境内，出国诉讼既增添了诉讼的成本，又提高了审判的难度，还无法保护本国原告的利益。基于被告的属人原则，并非主权原则之外唯一的管辖权原则。

四、意思自治原则

如果当事人合意选择到指定国家的法院诉讼并放弃到其他法院诉讼的权利，要求当事人履行契约则是解决争端最有效的方法，同时也最符合契约自由的精神。允许当事人自由选择适格的法院，可以降低跨国民商事活动的不确定性和商事风险。

当然，将意思自治原则运用于管辖权领域，允许私人决定国家司法机关的权力范围，对国家权力是一个不小的挑战。特别是对于当事人合意排除管辖权的法院而言，尊重意思自治意味着要求该法院根据私人意愿放弃国家法律赋予的管辖权。因此，很多国家早期并不接受管辖权领域的意思自治原则，这一点在普通法系国家表现得尤为明显。英国法院在存在法院选择协议的情况下仍然考虑被选择的法院是否是"方便法院"的问题。[1] 美国法院也需要考察被选择法院是否会给持反对意见的当事人带来巨大的程序性的困难，甚至否定其诉诸司法的权利。[2] 但是随着经贸自由化的发展，国家权力在私人诉讼领域进一步限缩。处理商事问题的法院已经将其职能从商事活动的监管者和控制者，转变为商事活动的支持者和协助者。仅在涉及第三方或者公共利益的案件中，国家对私人的管辖权协议存在必要的限制。此外，当事人选择法院的自由也是国家权力赋予的。从这个角度讲，管辖权意思自治并非允许私人意志凌驾于国家意志之上，而是国家

---

[1] The Eleftheria [1970] P 94; The El Amria [1981] 2 Lloyds Rep 119.
[2] M/S Bremen v. Zapata Off-Shore Co., 407 U.S. 1 (1972).

在权衡各自利益之后赋予私人的权利,允许意思自治也反映了国家意志。2005年海牙《选择法院协议公约》已经以国际条约的形式承认了管辖权领域的意思自治原则。

五、实际联系原则

如果跨国争端和某个国家存在实际联系,这个国家便有理由管辖该争端。实际联系原则的理由如下。第一,如果涉外民商事争端和国家有实际联系,该争端可能涉及该国的利益,对该国产生影响,该国有理由对此争端行使管辖权。第二,如果案件和国家有空间上客观存在的实际联系,例如引起争议的主要事实或行为发生在该国境内、争议标的位于该国境内、当事人位于该国境内,行使管辖权符合"属地原则",也就是国家有权对发生在本国领域内的行为、事件、人和物行使权力。第三,当案件和国家有实际联系时,通常争议相关的证据和证人也位于该国境内,该国法院审判此案件将较为方便和富有效率。第四,民事关系行为人有自主决定行为地点、方式的权利,因此行为人可以自由决定行为应当和哪些国家发生实际联系,双方当事人均应当合理预见相关国家有管辖权。

实际联系原则是大多数国家均接受的管辖权原则,但也是存在最多不确定性和多样性的原则。这是因为虽然大多国家要求管辖权基于实际联系,但是对于什么样的联系属于实际联系,以及什么样程度的联系可以使管辖权合理行使有着非常不同的理解。实际联系可能是客观的,如行为发生地、物之所在地,也可能是主观的,如被告有意将自己置于该国司法权力范围之内;可能是属地的,如行为发生在该国境内;也可能是远程的,如被告在外国的行为对该国造成了影响。基于不同的理解,各国建立了不同的管辖权规则,造成了管辖权规则的冲突。

第三节 涉外管辖权规则

一、管辖权规则概述

虽然司法管辖权原则存在相似性,但是司法管辖权的规则却存在极大的国别差异。在司法管辖权领域,国际上缺乏统一规则。实践上普通法系和大陆法系根据不同的法理设计了不同的涉外民商事案件的管辖制度和管辖权规则。

(一)大陆法系的管辖权规则

大陆法系的管辖权的具体连结点和管辖权基础由立法明确规定。大陆法系的涉外管辖权大体可以分为以下几类。第一,专属管辖权。国家认为有的问题和国家主权或者根本利益紧密相关,不应当由外国法院管辖,更不应允许当事人协议排除,如位于本国的不动产物权争议、本国行政机关作出的公共登记或者决定相关的争议等。对于此类争端,立法明文规定必须由本国法院行使管辖权。第二,协议管辖。如果当事人合意选择一国法院，该国法院通常可以行使管辖权。第三，一般管辖权。国家出于保护本国被告的目的，可以基于被告住所地、惯常居所地等属人连结点，对以本国居民为被告的案件行使管辖权。第四，特别管辖权。根据实际联系原则，国家为不同类型的争议设置特别的客观连结点。如果本国法院满足连结点的条件，本国法院即可行使管辖权。第五，保护性管辖权。这是源于欧洲大陆国家的管辖权规则，允许法院出于保护本国弱势当事人的目的行使管辖权。

由于存在多种不同类型的管辖权，大陆法系国家在实践上通常需要经过一定的顺序来确定可以适用的管辖权规则。这个顺序被称为管辖权规则的效力位阶。在这个位阶体系中居于首位的是专属管辖。如果存在专属管辖的情形，则无需考虑其他管辖权规则，直接适用专属管辖规则。因为专属管辖涉及国家主权，是所有管辖权规则中级别最高、不能减损或放弃的管辖权。如果不存在专属管辖的适用情形，则考虑保护性管辖。也就是说，是否存在需要法律特别保护的弱者，如消费者、劳动者、被保险人等。值得注意的是，保护性管辖属于新型的管辖权类型，很多国家并不存在保护性管辖规则。如果不适用保护性管辖，则考虑是否存在有效的排他性法院选择条款。如果当事人合意选择唯一的管辖法院，出于"契约必须遵守"的原则，被选择的法院应当行使排他的管辖权。如果不存在排他性合意管辖，则原告有权根据"原告就被告"的一般管辖规则、客观连结点的特别管辖规则、非排他协议管辖规则，根据自身利益的需要任意选择有管辖权的法院提起诉讼。

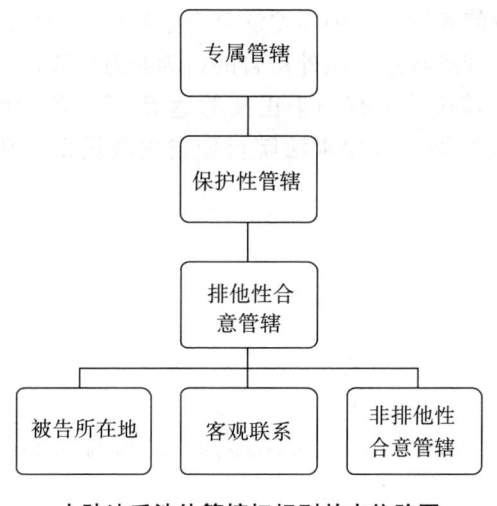

大陆法系涉外管辖权规则效力位阶图

(二) 普通法系的管辖权规则

普通法系把管辖权分为"对物的管辖"（jurisdiction in rem）和"对人的管辖"（jurisdiction in personam）。对物的诉讼以位于法院地的物为诉讼对象，要求法院确定财产的所有权和其他权利，判决效力及于任何人。普通法系对物诉讼的范围很小。如英国法上针对船舶、飞行器或与之有关的货物等才能提起对物诉讼，而非包括所有物。对物诉讼被认为是需要当地人组成陪审团、与当地有实际联系的诉讼。因此物之所在地法院拥有排他的管辖权。

对人的诉讼是当事人之间的权利义务纠纷。由于人有流动性，对人的权利的审判不需要当地成员组成陪审团，凡是可以强迫被告出庭应诉的法院均可能审判对人诉讼的案件。[1] 普通法系出于实用性的目的，将"有效控制"作为管辖权的重要条件。国家对人的有效控制通常以领土为界。对于法院而言，如果传票可以有效地发送给被告，便视为法院对被告可以有效行使权利。法院可以当然地对位于本国领域内的人发送传票，因此对人的管辖又分为对领域内的人的管辖和对领域外的人的管辖。历史上，只要被告"位于"本国境内，普通法系国家的法院就有权不考虑管辖是否合理，而直接传唤被告。即使被告临时到该国度假、演出、参会，甚至飞机过境，法院都因合法送达传票而拥有管辖权。当然，现代社会人员的流动性增强，这一管辖权规则也得到了更新。域内送达不限于出现在境内的被告，也包括在境内拥有住所或者惯常居所的被告。由于此类管辖权可能过于宽泛，且不考虑争议和法院地的实际联系，可能造成行使管辖权不合理的情况，被告可以因为案件的"自然法院"或审判案件更加方便的法院位于他国而提起管辖权异议，也就是"非方便法院"原则。

对领域外的人行使管辖权，则需要法官考虑管辖权行使的合理性。合理性要素主要包括案件和本国的联系、域外被告的行为和意思表示、本国法院审判案件的难易程度、行使管辖权是否有利于正义的达成。[2] 美国的"正当程序原则"和英国的"方便法院"原则均要求法院行使自由裁量权，判断对域外被告行使管辖权的合理性。

---

[1] Alex Mills, *Party Autonomy in Private International Law*, Cambridge University Press, 2018, pp. 32-33.

[2] Jonathan Harris & Collins of Mapesbury, *Dicey, Morris and Collins on the Conflict of Laws*, 16th ed., Sweet & Maxwell, 2022, para 11-102.

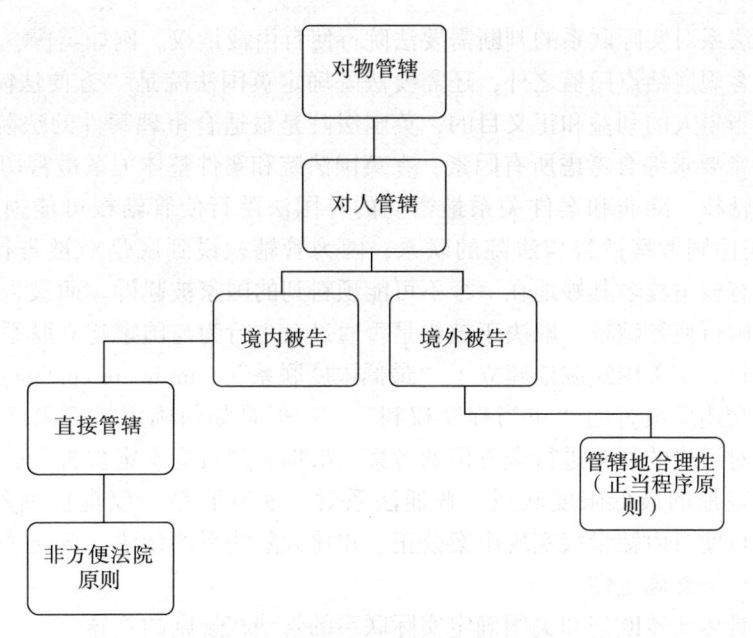

```
                    ┌──────────┐
                    │ 对物管辖 │
                    └────┬─────┘
                         │
                    ┌────┴─────┐
                    │ 对人管辖 │
                    └────┬─────┘
              ┌──────────┴──────────┐
         ┌────┴─────┐          ┌────┴─────┐
         │ 境内被告 │          │ 境外被告 │
         └────┬─────┘          └────┬─────┘
         ┌────┴─────┐          ┌────┴─────────┐
         │ 直接管辖 │          │ 管辖地合理性 │
         └────┬─────┘          │ （正当程序原 │
         ┌────┴─────┐          │     则）     │
         │非方便法院│          └──────────────┘
         │   原则   │
         └──────────┘
```

普通法系涉外管辖权规则效力位阶图

二、确定实际联系的管辖权规则

（一）大陆法系和普通法系的规则比较

对于如何判断一个国家与案件是否有实际联系，大陆法系通常考察案件事实是否与法院地有客观的、物理上的联系，并设置一系列的连结点。比如合同争议由合同成立地、履行地、违约地或者标的物所在地法院管辖；侵权争议由侵权行为发生地或损害结果发生地法院管辖；物权争议由物之所在地法院管辖。客观连结点由立法者预先指定，法官仅有非常有限的解释连结点所在地的权力。因此大陆法系语境中的密切联系通常较容易判断。当然各个国家选取的具体连结点可能不同。有的国家为涉外民商事诉讼设置了宽泛的连结点，目的是保证本国法院对大多和本国有联系的案件行使管辖权。例如中国现行《民事诉讼法》允许中国法院基于以下任一连结点对涉外合同行使管辖权，包括合同签订地、履行地、标的物所在地、被告可供扣押财产所在地、被告代表机构所在地、其他适当联系。[1] 为了保证管辖权的确定性，欧盟则仅允许引发争议的合同义务履行地的法院行使管辖权。[2]

---

[1]《民事诉讼法》第276条。
[2]《布鲁塞尔I修正条例》第7条第1款。

普通法系对实际联系的判断需要法院行使自由裁量权。例如英国，除了案件满足一个客观连结点门槛之外，还需要法院确定英国法院是"方便法院"，也就是考虑到当事人的利益和正义目的，英国法院是最适合审理案件的法院。"方便法院"通常要求综合考虑所有因素，在英国法院和案件整体关系最密切时法院才能行使管辖权，除非和案件关系最密切的外国法院行使管辖权可能损害正义目的。[1] 美国则考察被告与法院的联系，因为管辖权说到底是对被告行使权力。任何人都有权不莫名其妙地在一个不可能预料到的国家被起诉。而被告是否可能预料到某国行使管辖权，取决于被告是否通过自主行为与国家建立联系。对于外国被告，只有与美国法院地建立了"最低限度联系"（minimum contact），行使管辖权才不会违反被告的"正当程序权利"。[2] 但是如何确定最低限度联系仍然需要法院对被告的行为进行全方位的考察，根据客观行为确定被告是否主观上建立了和法院地的最低限度联系。普通法系对"实际联系"仅提供抽象的标准，通过法院行使自由裁量权实现个案公正。相比大陆法系的做法，普通法系的方法普遍灵活而缺乏确定性。

下文具体比较欧盟和美国确定实际联系的管辖权规则的差异。

(二) 欧盟和美国管辖权规则比较

1. 欧盟的客观连结点。欧盟通过《布鲁塞尔I修正条例》对实际联系建立了连结点。对于合同，欧盟选择引起争议的义务履行地为实际联系连结点。[3] 这是因为虽然合同可能在 A 国签署，B 国履行，但是相比签署，履行才是合同关系的核心，也是当事人签署合同的最终目的。履行也通常是最容易发生争议的环节。合同的履行对履行地造成直接的社会影响，在这里当事人获取合同权利、履行合同义务并对第三方造成影响。至于侵权，欧盟选择侵权行为发生地或损害结果发生地为连结点。[4] 侵权行为对违法行为发生的国家以及权利受到侵害的国家，造成的影响最大。

欧盟对连结点的选择遵循了几个原则。第一，连结点和案件有密切的联系，而不仅仅是实际联系。因为欧盟认为基于被告的属人原则才是管辖权最基本的原则，而实际联系只能是例外。出于保护被告的目的，实际联系应当作狭义解释，只有在其他法院的管辖权的确合理且必要时才能要求被告出国应诉。第二，这些

---

[1] Jonathan Harris & Collins of Mapesbury, *Dicey, Morris and Collins on the Conflict of Laws*, 16th ed., Sweet & Maxwell, 2022, para 11-102.

[2] International Shoe Co. v. Washington, 326 U.S. 310 (1945).

[3] 《布鲁塞尔I修正条例》第7条第1款。

[4] 《布鲁塞尔I修正条例》第7条第2款；Case 21/76, Bier v. Mines de Potasse d'Alsace [1976] ECR 1735.

连结点均有较强的确定性，且容易查明。但是欧盟并不考虑个案的需要。假设在某个具体案件中，当事人争讼的问题是合同是否有效成立，那么和争议联系最密切的国家是当事人采取措施签订合同的地方而非合同的履行地。但是欧盟合同签订地的法院并不能改变《布鲁塞尔Ⅰ修正条例》设置的连结点而行使管辖权。即使合同履行地和争议关系不大，也不能因为认为审判不方便或者联系不够密切而拒绝行使管辖权。

2. 美国的"最低限度联系"。对于"最低限度联系"的考察，需要适用客观标准，考察被告在美国法院地是否有持续的、系统的联系。如果外国制造商与美国公司签订长期合同为后者提供零配件，则建立了持续、系统的联系。在这种情况下，法院可以对外国被告的任何行为行使管辖权，即使所诉的行为与外国被告在法院地的行为没有关联。这就是美国法上的"一般管辖权"（general jurisdiction）。当不存在持续的、系统的联系，程度更弱的联系需要足以证明被告"有意识地"将自己置于美国法院管辖之下，才能满足"最低限度联系"测验。例如，一个人在加拿大边境开枪，射伤了一个美国境内的美国人。这个人明白自己行为的后果发生在美国，不会对美国法院行使权力感到惊讶。同理，为报社写稿诽谤一个美国居民，[1] 或者出售一件商品并邮寄给居住在美国的消费者，都可与美国建立"最低限度联系"。这就是美国法中的"特别管辖权"（specific jurisdiction）。

3. 欧美管辖权规则比较。欧美确定实际联系的方式不同，但是实际功用却并非完全不一致。合同约定的履行地为被告认可且知晓，而侵权结果发生地通常可以为被告预见。换句话说，欧盟的连结点大多可以满足美国"最低限度联系"的条件。下面以美国"汉堡王案"（Burger King Corp. v. Rudzewicz）为例，分析美国与欧盟确定实际联系的不同方式在合同领域的实际效果。[2]

  被告是一个密歇根商人，他通过汉堡王密歇根办公室与汉堡王位于佛罗里达的总部签订特许权经营协议。按照约定，该名商人将获得汉堡王总部的授权在密歇根经营一家汉堡王餐馆，并给汉堡王总公司支付许可费。合同约定佛罗里达法律为准据法。该商人没有按合同支付特许权使用费，汉堡王在佛罗里达提起违约之诉。

美国法院认为该商人有意识地与佛罗里达的公司签订合同，选择适用佛州法

---

[1] Keeton v. Hustler Magazine, Inc., 465 U.S. 770 (1984).
[2] Burger King Corp. v. Rudzewicz, 471 U.S. 462 (1985).

律调整该合同，且特许权适用费应当在佛州支付。这些事实均说明该商人有意识地以佛州为目标地，与佛州建立了"最低限度联系"。美国法上管辖权基于被告主观上与法院地建立的联系，因此佛州法院有管辖权。根据欧盟法律，管辖权取决于案件事实与法院地的客观联系。由于合同履行地在佛州，佛州法院有管辖权。[1]

但是，美国的"一般管辖权"的管辖范围可能很广。例如"福莫诉希尔顿国际酒店案"（Frummer v. Hilton Hotels International, Inc.）。[2]

> 被告是希尔顿酒店的英国子公司，在纽约有一个负责房间预定和公关的长期中介。原告在纽约就发生在伦敦酒店的一起事故对希尔顿酒店的英国子公司提起侵权和违约之诉。

纽约法院认为被告与纽约有持续的、系统的联系，即使所诉事由和被告在美国的活动全无关联，纽约法院仍然对被告行使了管辖权。美国法上的"一般管辖权"的作用等同于将外国被告当作本地被告处理。

从另一个角度看，并非所有满足欧盟连结点的案件都满足美国的"最低限度联系"标准。例如，英国制造商出口产品给德国经销商，并知道该经销商会向整个欧洲大陆销售商品。如果商品造成法国消费者人身伤害，法国法院作为损害发生地将有管辖权。但是美国法院曾在一个类似的案件中拒绝行使管辖权，因为仅仅可能预测到商品会被卖到法院地并不足以证明被告"有意识地"将自己置于美国法院管辖之下，"最低限度联系"需要被告的行为"指向"（target）美国。[3] 而在合同领域，满足美国"最低限度联系"的案件可能无法满足欧盟的硬性连结点。例如上面所说的"汉堡王案"，如果争议焦点并非支付费用，而是汉堡王总部没有提供合格的培训，那么相关责任的履行地便在迈阿密，如果适用欧盟标准，佛州法院便没有管辖权。

有一种流行认识是美国法院用极低的标准对外国被告行使管辖权。这种管辖

---

〔1〕 为了理解方便，这里简化了欧盟法律。根据《布鲁塞尔 I 修订条例》第 7 条第 1 款，合同履行地在法律上定义为销售合同的送货地（place of delivery）和服务合同的服务提供地（place where services are provided）。对于其它合同而言，合同履行地是与争议相关的合同责任的履行地。如果争议是支付，那么支付地便是合同履行地。而支付是一个法律概念。在英美法系，支付发生在债权人所在地；在大陆法系，如德国，支付发生在债务人所在地。如果在汉堡王案中适用欧盟法，因为特许经营合同不属于买卖或服务合同，而且发生争议的责任是加盟商支付特许权使用费，那么根据美国法，支付发生在债权人所在地，也就是佛罗里达，佛州仍然有管辖权。

〔2〕 Frummer v. Hilton Hotels International, Inc., 19 N. Y. 2d 533 (1967).

〔3〕 Nicastro v. McIntyre Mach. America., Ltd., 987 A. 2d 575 (N. J. 2010).

权被赋予了一个带贬义的术语"长臂管辖"（long-arm jurisdiction）。有的学者认为长臂管辖出于保护美国原告的目的，允许美国法院不适度地扩张管辖权。其实从以上分析可以看出，这些对美国"长臂管辖"的流行看法并不准确。虽然美国的"一般管辖权"容易扩大化，但是在被告和美国并未建立持续、系统的联系的情况下，美国法院并非轻易地扩展管辖权。"最低限度联系"的目的也不是为了使美国法院更容易对外国被告行使管辖权，而是为了保护被告，要求美国法院只有在满足美国宪法中的正当程序原则的前提下才能对外国被告行使管辖权。而仅当被告有意识地、主动地与美国建立了相关联系，把美国作为行为的"目标"，"最低限度联系"才得以建立。在侵权领域，相比欧盟仅看结果不看过程的做法，美国的"最低限度联系"反而起到了保护被告的作用。在合同领域，美国的管辖权却较欧盟为广，这是因为欧盟将合同连结点限制在合同履行地。而美国仍然通过客观事实考察被告的主观目的，便可能给予非合同履行地法院管辖权。欧美的差异，在于对跨国管辖权程序正义的哲学解读。美国的涉外管辖权，考虑的是保护外国被告的"正当程序权利"（due process rights），欧盟考虑更多的则是对原告诉诸法院权利（access to justice）的保护。美国管辖权注重给予法院自由裁量权，欧盟则更加重视法律的确定性和欧盟内部法律的统一。我们可以看到欧盟立法中略带僵化的确定性和美国判例中难以捉摸的灵活性。正是因为欧美在法哲学层面的根本差别，国际管辖权的统一进程才那么漫长和艰难。[1]

第四节 国际统一管辖规则

一、统一管辖规则的必要性

由于国际上不存在统一的管辖权规则，大多国家均以单边国内立法的方式建立本国的管辖权规则。在涉外民商事案件中，由于案件涉及多个国家，这些国家的法院根据本国法律行使管辖权，很容易出现管辖权冲突。例如，根据中国法，中国作为合同签订地对涉外合同纠纷有管辖权。[2] 根据德国法，当被告住所地在欧盟境内，合同履行地有管辖权。[3] 如果中国当事人起诉德国被告违反国际货物买卖合同，合同在中国签订，在德国履行，那么中国和德国均有管辖权，构成管辖权冲突。如果中国原告恶意滥用程序，可能同时在中国和德国起诉被告，给被告造成困扰。而由于中国和德国并不存在司法合作协议，可能出现两个法院

---

[1] 海牙国际私法会议曾做出在国际层面统一管辖权的努力，但是最终没有成功。
[2] 《民事诉讼法》第 276 条。
[3] 《布鲁塞尔 I 补充条例》第 7 条第 1 款。

均行使管辖权的情况，不但造成了诉讼资源的浪费，也可能形成两个互相冲突的判决而给判决的承认和执行带来困难。

二、海牙国际私法会议的国际私法工作

有效解决管辖冲突的方法之一是统一涉外民商事管辖权规则。海牙国际私法会议在此项目上做了多年努力。1992年，基于美国的提议，海牙国际私法会议开始了统一司法管辖权和促成外国民商事判决承认和执行两项工作。然而，在国际层面统一管辖权规则非常困难。主要原因在于以欧盟和美国为代表的两大法系出于管辖权法理的分歧，在一些重要的问题上无法达成共识。在国际管辖权公约谈判之前，欧洲经济共同体已经在成员国内部建立了非常成功的统一管辖权规则，也就是统一成员国内部管辖权和判决承认与执行的《布鲁塞尔公约》，以及适用于欧洲自由贸易联盟的《卢加诺公约》。欧盟希望将管辖权的欧洲模式复制到海牙公约中。但是美国希望国际性管辖权公约可以满足美国利益，或者至少不和美国传统管辖权制度相冲突。

欧盟模式和美国模式有几个根本区别。第一，欧盟模式适用事先设计的管辖权规则和连结点，使得任何案件均存在少数几个有管辖权的法院，且假设被公约授权的任何法院都是合理的法院。原告有权在这几个预先设置的法院中进行选择，而法院通常没有权力因为管辖不合理或者审判困难而拒绝行使管辖权。而美国的模式恰恰相反。美国允许法院在确定被告和法院地建立了"最低限度联系"的前提下行使管辖权。"最低限度联系"由法院自由裁量，行使管辖权必须满足保护被告正当程序权利这一条件。因此，美国模式是"基于自由裁量"的模式，和欧盟"基于客观连结点"的模式不同。

第二，欧盟模式中被告住所地之外的法院需要根据"客观连结点"建立管辖权，也就是考察争议本身和法院地的联系。[1]而美国"特别管辖权"则根据被告和法院地的"客观性主观联系"行使管辖权。"客观性主观联系"指的是用客观事实推测被告的主观意图，也就是被告是否主观上将自己置于美国法院的管辖中。"最低限度联系"就是判断"主观联系"的客观标准。上文已经讲过，美国的标准有时候比欧盟更为严格。因为即使争议与法院地的客观联系存在，如果被告无法预测到法院将行使管辖权，则行使管辖权侵犯了被告的正当程序权利。如"世界大众汽车公司诉伍德森案"（World-wide Volkswagen Corp. v. Woodson），原告在纽约购买了大众汽车，在俄克拉荷马州发生事故，并在俄州起诉生产商、进口商、经销商和车行。如果适用《布鲁塞尔公约》，俄州是"侵权行为发生地"，对所有被告均有管辖权。但是由于经销商和车行仅在纽约进行商业活动，

---

[1] Case 21/76, Bier v. Mines de Potasse d' Alsace [1976] ECR 1735.

和俄州没有建立"最低限度联系",无法预测到俄州法院将行使管辖权,因此俄州法院没有管辖权。[1] 因此,美国代表团提出,欧盟基于客观连结点的管辖权规则和美国保护被告的"正当程序权利"原则相冲突,也就是违反了美国宪法保护的一项人权。[2]

第三,欧盟对美国的"一般管辖权"也深恶痛绝。在谈判中,欧盟致力于排除美国的"一般管辖权",因为一般管辖权允许法院对和法院地没有客观联系的案件行使管辖权。而美国支持"一般管辖权"的理由是,在被告和法院地发生系统的、持续的联系的前提下,被告和法院地之间的联系已经达到了质的变化,被告可以被视作广义上的法院地居民。海牙特别委员会1999年草案并没有接受"一般管辖权"。海牙特别委员会在2000年的修正草案第18条提出:"即使被告在缔约国境内有惯常居所,在争议与该国没有实际联系的情况下,该国国内的管辖权规则仍然不应当适用。"修正草案实际上排除了美国的"一般管辖权"。

此外,在公约谈判过程中,美国认为国际统一管辖权公约应当是"混合型公约"(mixed convention),也就是公约设置允许行使管辖权的白色清单、拒绝行使管辖权的黑色清单,以及由缔约国法院在白色和黑色清单以外自由决定是否行使管辖权的灰色清单。1999年海牙特别委员会发布了《民商事管辖权和外国判决公约(草案)》(以下简称《草案》),该草案技术上是"混合型公约"。《草案》第18条允许缔约国在公约不存在许可和禁止性规定的前提下利用国内法行使管辖权。但是制定者实质上并未给予美国所期待的灵活性,而是对于管辖权的许可性规则进行了过于细致完整的规定,没有给予可以适用国内法的灰色清单提供足够的空间。特别是使得符合美国管辖权精神的"基于行动的管辖权"(activity-based jurisdiction)失去了适用的空间。因此,《草案》从立法技术到立法精神,均属于遵循欧盟模式的"双重公约"。美国对《草案》持反对态度,但是海牙国际私法会议为了促成《草案》的通过,采取了"少数服从多数"的投票机制,拥有大量成员国和司法合作伙伴的欧盟在投票中占据了绝对优势。可惜投票机制虽然使得《草案》得以通过,却无法帮助公约取得成功。美国认为公约草案违反了美国宪法原则,继而拒绝继续进行原管辖权公约的谈判。2002年,美国建议缩小管辖权项目的范围,仅就有可能达成协议的问题继续谈判。由于各国在排他法院选择协议的规则上有较大的相似性,合意容易达成,于是就形成了2005年《法院选择协议公约》。

---

〔1〕 World-wide Volkswagen Co v. Woodson, 444 US 286 (1980).

〔2〕 Arthur T. Von Mehren, "Drafting a Convention on International Jurisdiction and the Effects of Foreign Judgments Acceptable World-wide: Can the Hague Conference Project Succeed", *American Journal of Comparative Law*, vol. 49, 2001, pp. 191, 196.

2011年，海牙国际私法会议认为《法院选择协议公约》范围较窄，考虑重启全面谈判。但是由于管辖权问题的分歧难以达成，海牙国际私法会议最终决定仅就判决承认和执行问题制定全面的公约，而不统一管辖权规则。在此基础上，2019年海牙国际私法会议采纳了《外国民商事判决的承认与执行公约》（以下简称《判决公约》）。《判决公约》对管辖权不作硬性规定，仅列举大量的许可性管辖权原则作为承认和执行外国判决的条件，称为"间接管辖权"。间接管辖权的范围非常宽泛，因为公约希望将大多现存的管辖权规则囊括其中，这有助于大多外国判决原则上得到承认和执行。

《判决公约》之后，海牙国际私法会议的工作重心又转移到了管辖权问题上。2021年，海牙国际私法会议建立了工作组，首要工作是建立处理平行诉讼的统一管辖权规则。该工作正在进行中。

可以看出，国际统一管辖权规则并未十分成功。究其原因在于两大法系的司法管辖权遵守截然不同的法理基础和法律原则，难以达成共识。相比之下，区域性的统一反而更加成功。最典型的例子是欧盟统一欧盟成员国管辖权的"布鲁塞尔家族"立法。[1] 欧盟成员国内部统一管辖权之所以可以成功，是因为欧盟初始成员国有相似的法律文化和立法背景、紧密的经济联系和商事往来，以及在国际层面难以达成的互信和合作。出于经济合作目的，初始6个成员国愿意进行妥协，达成共识。这就形成了最初的欧共体《布鲁塞尔公约》。之后随着欧盟进一步扩大，加入的新成员国大多也有着相似的法律背景，加入公约的难度并不大。虽然英国和爱尔兰属于普通法系国家，但是两个国家在加入欧盟时需要同意受现有公约的约束。欧盟内部大市场的吸引力，使得原本有着不同法律文化的国家同意接受欧盟管辖权公约。欧盟特殊的地缘因素、政治经济背景和立法历史，使得欧盟最终形成了适用于28个成员国的统一管辖权规则。[2] 这些特殊的条件都是国际性统一规则无法具备的。

---

[1] 包括原《布鲁塞尔公约》《卢加诺公约》《布鲁塞尔 I 条例》《布鲁塞尔 II 条例》《布鲁塞尔 IIa 条例》。以及现行的民商事管辖权《布鲁塞尔 I 修正条例》和家事管辖权的《布鲁塞尔 IIa 修正条例》。

[2] 这是在英国脱欧之前。在英国脱欧后，欧盟管辖权规则仅适用于27个成员国。

# 第三章 专属管辖

第一节 专属管辖概述

一、专属管辖的概念

在大陆法系管辖权规则效力位阶中，排第一位的管辖权规则是专属管辖。专属管辖常被认为是最直接、争议最少、最容易适用的管辖权规则，因此关于专属管辖的讨论也最少。专属管辖往往直接关系一个国家的公共秩序和重大利益，反映了国家在民商事关系管辖权上最强的国家意志。简言之，专属管辖权是一国法院对涉外民商事案件享有的独占的、排他的管辖权。专属管辖旨在排除外国法院对同一法律关系进行管辖的可能。

专属管辖一旦确立，便产生三个法律后果。第一，它是最高位阶的管辖权规则，具有超过其他管辖权规则的效力。例如，被告住所地在珠海，涉诉房产位于澳门。虽然珠海法院对被告享有管辖权，但是由于案件涉及不动产，澳门法院对案件具有专属管辖权，珠海法院不能基于被告住所地行使管辖权。第二，它排除了当事人意思自治的权利。当事人不得合意选择其他法院解决争端，而排除专属管辖的适用。第三，涉及专属管辖的关联案件不得在其他法院合并审理。

普通法系没有和大陆法系相同的专属管辖概念。但是在长期实践中，普通法系法院针对一些特殊类型的案件通过判例法建立了类似专属管辖的规则，表现在如果连结点在法院地，法院有管辖权；如果连结点在外国，法院没有管辖权。[1] 理论上此类规则的积极效力和普通地域管辖权相似，也存在自由裁量权的行使，但是实践上法院通常不会拒绝管辖权。更重要的是消极效力，也就是在特定案件和外国有相应联系时，法院将尊重其他国家的专属利益，拒绝行使管辖权。普通法系针对不动产、公权力行为（包括授予知识产权、公司成立解散、其他商事登

---

〔1〕 Eg. *Dicey, Morris and Collins on the Conflict of Laws*, 16th ed., Sweet & Maxwell, 2022, rule 137 and 138 on immovable property.

记等）建立的规则产生了和大陆法系专属管辖类似的效果。[1]

二、专属管辖的理论基础

（一）保护主权和重大公共利益

大陆法系学者通常认为专属管辖和主权相关。例如国家对本国领土拥有排他的权力，领土和国家主权息息相关。由于不动产属于领土的不可分割的部分，便引申为不动产归属和国家主权相关，国家对位于本国领域内的不动产享有排他的管辖权。又如公权力行为涉及国家权力部门行使国家管治权的行为。根据主权独立和平等的原则，外国法院无权对该行为的效力作出审判。各国均应当遵循"国家行为"理论，尊重外国的公权力行为。

但是对于专属管辖的"主权"基础，一些学者提出了反对意见。首先，不动产关乎"主权"，往往仅存于想象中和传统观念里。土地私有化允许私人买卖土地，使得不动产物权的取得和转让成为一个私权问题，并不存在国家治理问题。外国法院审判不动产物权转让，审理的核心是私权，并未涉及国家内部政策和治理。拥有不动产所有权的，不论是本国公民或者外国人，均不存在任何国家权力的行使或者对公共利益的损害。尽管不动产物权纠纷的专属管辖得到了国际范围内的认可和尊重，但是理由却并不充分。[2]

其次，有学者认为，虽然公权力行为属于公法行为，但是也需要区分不同的类型。有的公共登记、注册行为并不对权力客体作实质性审查，而仅是私人权利形成并公示的一个形式要件，该公权力行为不能等同于国家行为。如果公权力行为保护的客体和对象均为私权，该行为应当视为服务私权的行为，而非行使国家管治权的主权行为。[3]

当然，国家主权的范围不宜过大，因此专属管辖如果难以证明和主权相关，也可以用重大公共利益来解释。不动产物权虽然是私权，但是一旦确定即产生对世效力，影响到非特定社会成员的利益，也将与不动产所在地的经济秩序和交易安全产生密切的联系。因此，虽然领土主权的理由在现代经济社会已经缺乏足够的说服力，但是不动产物权无疑关系不动产所在地的重要公共利益。同理，即使公权力行为仅是形式要件且为"服务"私权而行使，但是公共登记产生的公示效力目的在于保护其他社会成员、维持正常经济秩序，其也与行为发生地的重要

---

[1] Ralf Michaels, "Two Paradigms of Jurisdiction", *Michigan Journal of International Law*, vol. 27, 2006, pp. 1003, 1011.

[2] Benedetta Ubertazzi, *Exclusive Jurisdiction in Intellectual Property*, Mohr Siebeck, 2012, pp. 7-10；向在胜：《中国涉外民事专属管辖权的法理检视与规则重构》，载《法商研究》2023年第1期。

[3] Benedetta Ubertazzi, "Intellectual Property Rights and Exclulsive (Subject Matter) Jurisdiction: Between Private and Public International Law", *Marquette Intellectual Property Law Review*, vol. 15, 2011, pp. 372-373.

公共利益密切相关。

（二）有效控制和审判效率

学者也试图从实用性角度解释专属管辖权。这些学者认为拒绝管辖位于外国领土的不动产物权以及公共登记有效性问题，最重要的原因并非侵犯不动产所在国的主权，而在于执行困难。不动产所在地对于本国领域内的物享有绝对有效的控制权，可以有效地实施对不动产物权的保护。此外，大多不动产确权或者公共登记判决作出后，需要当地行政机关变更登记。因此只有对不动产或者作出公权力行为的机关实行有效控制的国家，才可以有效行使管辖权。[1]

基于实用性的另一个衍生的理由是审判效率。例如不动产物权上的争端，有时需要现场勘察和评估。出于查明事实的便利，最合适的法院应当是不动产所在地。公共登记的有效性要求法院审查公权力机构所在地的强制性规则和公法性标准，可能需要考虑登记地的社会经济状况，适用外国公法审查外国行政行为的合法性对于外国法院而言非常困难。[2]

虽然有效控制和审判效率可以说明特定地域的法院更适合审判，但是却不足以成为排除当事人自治和外国法院管辖权的理由。并非只有专属管辖范围内的案件才会面临执行困难。很多外国民商事判决，包括合同和侵权，在没有司法互助的情况下都会产生执行难题。因为执行困难而适用专属管辖并没有很强的说服力。

第二节 不动产纠纷

不动产所在国通常认为不动产涉及本国领土，外国权力机关不得干涉。此外，不动产物权需要到不动产所在国行政机关登记，当地的行政执法人员或者警察可以方便地执行判决。不论基于主权还是方便，不动产所在国对涉外不动产物权纠纷拥有专属管辖权。

一、"不动产纠纷"的范围

值得注意的是，专属管辖权仅适用于不动产物权相关案件，而非所有涉及不动产的案件。我国《民事诉讼法》第34条第1项规定："因不动产纠纷提起的诉讼，由不动产所在地人民法院管辖。"这一条款用语十分宽泛，从语义上看不动产纠纷似乎可以包括所有涉及不动产的纠纷。但是有的纠纷虽然涉及不动产，却

---

［1］ P Jenard, "Report on the Convention on Jurisdiction and the Enforcement of Judgments in Civil and Commercial Matters"（Jenard Report）［1979］OJ C59/35.

［2］ Voda v. Cordis Co., 476 F. 3d 887（2007）.

不能定性为不动产纠纷，而应当定性为普通合同或者侵权纠纷。如房屋买卖争议，如果仅涉及合同的成立和形式要件，而非不动产物权的内容、范围、所有权的归属，则不适用专属管辖，而应当作为合同争议确定管辖权。因为后者虽然涉及不动产，但是不关乎不动产的权属。争议的焦点是平等主体之间约束当事人行为的合意是否达成且有法律效力，而不是不动产物权的对世效力和排他效力。同理，如果纠纷的内容是被告损害原告的不动产，或者被告的不动产致人损害，则应当定性为侵权案件，而非不动产纠纷案件，不适用专属管辖。[1] 因此，专属管辖权的"不动产纠纷"应当理解为不动产物权纠纷。《最高人民法院关于适用〈中华人民共和国民事诉讼法〉的解释》第28条第1款进一步明确："民事诉讼法第三十四条第一项规定的不动产纠纷是指因不动产的权利确认、分割、相邻关系等引起的物权纠纷。"[2] 欧盟《布鲁塞尔I修正条例》第24条第1款清楚地将专属管辖的范围限制在"不动产物权"范围内。

（一）物权保护之诉

即便如此，因为物权和债权的紧密联系，物权纠纷实则是个不清晰的概念。虽然物权是对世权，而债权对相对人有效，但是在实践中物权纠纷往往牵涉债权请求。狭义的物权指人对物的支配和获得利益的权利，至于他人对物负有不可侵害的义务，则是物权产生的结果，不属于物权本身的内容。[3] 但是广义的物权不但包括物的范围、内容、地位、状况、所有权等对世权利，也包括为权利人的物权提出附带保护的诉讼。[4] 而物权保护之诉，往往存在相对人。原告请求法院确认不动产的所有权，并要求非法占有人排除妨害，按照广义定义应当属于不动产物权之诉。但是对非法占有人的请求根据权利因素划分，实则属于债权。

欧盟法院在实践上采用了广义观点，例如"艾尔美斯物业服务有限公司案"（Ellmes Property Services Ltd. v. SP）。[5]

> 艾尔美斯物业服务公司是一家英国公司，和奥地利公司SP共有位于奥地利的一栋公寓楼。共有合同约定该公寓大楼以"居住"为用途。艾尔美斯公司将其一所公寓出租给游客。SP起诉要求艾尔美斯停止"旅游用途"，

---

[1] Francisco Garcimartin & Genevieve Saumier, Explanatory Report of Convention of 2 July 2019 on the Recognition and Enforcement of Foreign Judgments in Civil or Commercial Matters, para 235.

[2] 该条第2款同时规定："农村土地承包经营合同纠纷、房屋租赁合同纠纷、建设工程施工合同纠纷、政策性房屋买卖合同纠纷，按照不动产纠纷确定管辖。"换言之，有的涉及不动产的合同纠纷虽然应当定性为合同，但是因为特殊政策仍然适用不动产专属管辖权。

[3] 余能斌、马俊驹主编：《现代民法学》，武汉大学出版社1995年版，第551页。

[4] Case C-433/19 Ellmes Property Services Ltd. v. SP, ECLI：EU：C：2020：900, para 24.

[5] Case C-433/19 Ellmes Property Services Ltd. v. SP, ECLI：EU：C：2020：900.

理由是它与建筑物的指定用途相悖，且未经其他共有人同意，侵犯了 SP 的共同所有权。SP 认为本案为不动产物权之诉，奥地利法院有专属管辖权。一审法院以该诉讼为违约之诉为由，拒绝管辖。二审法院认为对共有物的指定用途属于共有人的物权。奥地利最高法院认为共同所有权是物权。对共有财产的指定用途源于共有人之间的合同，构成共有人权利的一部分。奥地利最高法院请求欧盟法院对不动产物权之诉的范围提供裁决。如果共有人试图禁止另一共有人变更共有财产的用途，该诉讼属于物权之诉还是债权之诉。

欧盟法院认为不动产物权之诉不但包括以不动产物权为内容的确权之诉，也包括为物权人的权利提供保护的诉讼。对物和对人之诉的区别是前者是对世权，后者是相对权。共有权是物权，且根据奥地利法律，对共有物之用途的约定属于物权内容之一。要求另一共有人停止侵犯其他共有人物权的诉讼属于物权之诉。至于合同约定的共有物用途是否是物权，则由各成员国法院根据本国法律进行判断。如果根据成员国法律，共有人不但可以依据合同指定用途对抗其他共有人，也可以约束非合同相对方的第三人，则属于物权。为保护物权提出的诉讼是物权之诉。

（二）边际因素的排除

物权保护之诉属于广义的物权之诉。但是几乎所有涉及标的物的诉讼都有保护物权的目的。欧盟法院认为专属管辖排除了原告选择有实际联系法院的权利，排除了意思自治，且影响了其他国家的管辖权，因此需要做限缩解释。有的诉讼虽然有物权保护的目的，该目的却并非诉讼的主要目的，仅具有边际意义。此类诉讼不属于专属管辖语境下的不动产物权之诉。例如欧盟法院"上奥地利省诉杰克能源供应公司案"（Land Oberosterreich v. CEZ）的判决认为，虽然相邻权也是不动产物权，但是原告的排除妨害请求目的是预防对相邻权的实际侵犯，不动产物权仅是边际因素，不适用专属管辖。[1]

> 上奥地利省是一块农业用地的所有者。这片土地距离一个由捷克能源供应公司在捷克境内运营的核电站约 60 公里。因为发电站目前产生的辐射造成的土壤污染风险超过了正常水平，对该省土地的正常使用造成了持久的干扰，于是上奥地利省在奥地利起诉捷克能源供应公司，命令捷克公司停止滋扰。而捷克公司认为，该诉讼属于损害赔偿性质的诉讼，不属于和不动产相关的诉讼，奥地利法院没有管辖权。

---

[1] Case C-343/04 Land Oberosterreich v. CEZ [2006] ECR I-4557.

欧盟法院认为，专属管辖给予一国法院排他的权力，且可以限制行为人选择法院的自由，因此不能扩大解释。出于专属管辖的目的和理由，不动产专属管辖权不包括涉及不动产物权的所有诉讼，仅限于确定不动产范围、内容、所有权或占有权、诉讼客体是不动产物权的诉讼。因此，出于防止损害发生提出的排除妨害的诉讼，诉讼客体并非不动产物权。虽然侵犯相邻权的行为属于对不动产物权的侵犯，但是诉讼客体的不动产性质微不足道。

出于同样的理由，欧盟法院裁决由于物权受到侵犯而提起的不当得利返还之诉也不适用专属管辖。在"雷伯诉古伯"（Lieber v. Gobel）案中，原告向被告转移房产，9年后被法院宣告无效。原告向被告要求这9年内居住的费用。由于案件的客体并非房产的所有权，而是不当得利返还请求，物权问题仅为边际因素，关于不动产物权的专属管辖权不能适用。[1] 自然人缺乏行为能力处分不动产的案件也被定性为行为能力而非不动产物权问题。在"施耐德案"（Proceedings brought by Schneider）中，原告是无完全行为能力的匈牙利人施耐德先生。匈牙利法院为他安排了一个监护人，施耐德不能自由处置他的财产，除非得到监护人的同意和法院的授权。2009年，施耐德的母亲去世，他继承了位于保加利亚的部分房产。在监护人的批准下，施耐德向保加利亚索菲亚地区法院申请授权出售他的房产份额，以支付他在匈牙利的医疗保健和住宿费用。欧盟法院认为保加利亚法院对此非诉讼程序没有专属管辖权，因为本案的核心问题是自然人的法律行为能力，而非不动产物权。[2]

（三）因合同无效而变更不动产登记

在实践中，很多不动产物权的取得、失去或变更基于合同。合同无效、撤销或违约之诉往往会造成物权的变更。此类诉讼便可能出现债权和物权两个诉讼请求。例如"施密特案"（Wolfgang Schmidt v. Christiane Schmidt）。[3]

> 施密特是住所在奥地利的公民，在维也纳有房产。2013年11月14日，施密特通过公证将房产赠与其女儿，当日完成了不动产所有权登记。其女儿一直居住在德国。事实上，施密特已于2013年5月被发现有严重的精神问题，次年法院为其指定监护人。其监护人代表施密特在奥地利提起诉讼，要求宣布赠与无效并变更不动产登记。其女儿认为奥地利法院没有管辖权，因为诉讼的内容为合同而非物权。

---

[1] Case C-292/93 Lieber v. Gobel [1994] ECR I-2535.

[2] Case C-386/12 Proceedings brought by Schneider [2013] ECLI 633.

[3] Case C-417/15 Wolfgang Schmidt v. Christiane Schmidt, ECLI：EU：C：2016：881.

欧盟法院认为原告提出了两个诉求。第一个是赠与合同无效，这明显是合同问题，即使合同标的为不动产也无法改变法律关系的性质。合同标的的性质与合同效力无关。第二个变更登记请求基于合同之诉的结果，但是产生对世效力，属于物权问题。奥地利法院对变更不动产登记请求有专属管辖权。德国法院作为被告住所地对合同之诉有管辖权。由于两个诉求是根据同一事实对同一被告提出的，有紧密的联系，根据奥地利法，奥地利法院可以将其合并审理。因此奥地利法院根据不动产物权专属管辖也获得了对产生物权变动原因的债权之诉的管辖权。

二、不动产租赁

（一）欧盟实践

不动产租赁是否也应当适用专属管辖？欧盟将针对不动产物权的专属管辖权扩大到不动产租赁，因为承租人对租用的不动产有排他性的占有、使用、收益的权利，租赁呈现出物权的特征。欧盟将专属管辖的范围扩大到不动产租赁，主要出于"方便"的考虑，因为不动产租赁包含复杂的社会关系和社会治理考量。不动产所在地通常对于租赁制定特别的强制性规则，如土地税的缴纳义务、控制租金、保护租户权利等。[1] 不动产所在地的法院审判案件最合适和方便。但是，最方便的法院并不是一个强大到足以排除外国法院管辖权的理由。

由于租赁基于合同成立，本质是债权，不动产租赁和合同纠纷之间的区别比较难判断。欧盟法院在"桑德斯诉范德普特"（Sanders v. Van der Putte）案中，对不动产租赁做了狭义解释，认为只有和不动产物权特征相关的案件才属于专属管辖的范围，如驱逐承租人、侵犯承租人排他地占有不动产的权利、承租人的转租权。[2] 但是，在另一个案件中，欧盟法院将专属管辖扩大适用于支付租金、住房维修以及承租人损坏房屋的赔偿。这些都是没有物权特征而明确属于合同责任的案件。[3] 此外，欧盟专门将6个月以下的短期租赁排除在专属管辖之外。但是从理论上看，短期租赁和长期租赁的法律性质相同。可见，将专属管辖适用于不动产租赁仍然有许多理论上和实践上的困难之处。

（二）中国实践

中国曾将不动产租赁排除在专属管辖之外。最高人民法院在1986年曾对北京市高级人民法院的案件请示发回《最高人民法院关于房屋租赁纠纷如何确定管辖问题的批复》，指出："凡在租赁关系存续期间发生的房屋修缮、租金、腾退

---

[1] Case C-307/19 Obala i lučice d. o. o. v. NLB Leasing d. o. o., ECLI：EU：C：2021：236.

[2] Sanders v. Van der Putte［1977］ECR 2383.

[3] Case 241/83 Rosler v. Rottwinkel［1985］ECR 99.

等纠纷，一般应由房屋所在地法院管辖，个别由被告所在地管辖更符合'两便'原则的，也可由被告户籍地或居所地法院管辖。这样并不有悖法律规定，重要的是便于受理的法院查明案情和执行判决，从而正确、及时地审结案件。"彼时我国并未将不动产租赁纳入专属管辖的范围，只是根据"两便"原则，认为不动产所在地法院基于合同履行有管辖权，且审理此类纠纷更方便，所以一般应当由之管辖。

最高法院后来明确将专属管辖的范围扩大，使之包含不动产租赁合同纠纷。《最高法院关于适用〈民事诉讼法〉若干问题的解释》第28条规定，不动产纠纷指因不动产的确权、分割、相邻关系等引起的"物权纠纷"。但是，房屋租赁合同纠纷按照不动产纠纷确定管辖。因此，虽然不动产租赁纠纷不属于物权纠纷，但是在我国属于专属管辖的适用范围。

第三节　知识产权的确权

一、知识产权确权专属管辖的原因

知识产权，特别是专利或商标这种需要经由国家机关登记或者注册才能存在的权利有两个特征。第一是地域性。也就是说，知识产权只有在成立地才存在并有效。第二是公权力参与。专利或商标需要国家机关进行公共登记或注册。换言之，如果争议焦点是专利的有效性，那么被告并不是侵犯专利的私人主体，而是登记专利的国家机关。出于主权平等，国家不允许外国法院审判本国国家机关行使国家治理权的案件。出于国际礼让和"国家行为原则"（acts of state doctrine），法院需要假设外国国家行为均是合法且有效的。再次，如果外国法院判决专利无效，外国法院并无权力要求登记地国的行政机关变更登记，判决将无法得到执行。因此，对于登记生效的知识产权的确权问题，只能由登记地国的法院行使专属管辖权。

专利或商标确权案件的专属管辖已经被多个国家采纳。虽然中国原《民事诉讼法》没有相关规定，但其主要原因并非是中国允许外国法院审判中国专利确权案件，而是中国采用"双轨制"，将专利或商标确权问题定性为行政案件，由行政机关和行政法院管辖。由于"公法禁忌"把行政问题排除在国际私法范围之外，各国的行政机关和行政法院只有权裁判本国境内的行政案件，并不存在同民商事程序类似的涉外管辖权。因此，中国法院对外国知识产权确权没有管辖权，也不容许外国法院裁判中国知识产权的有效性问题。2023年《民事诉讼法》修订，第279条第2款明文将在中国领域内审查授予的知识产权有效性纠纷纳入了专属管辖的范围。

二、侵权或合同案件中的确权问题

（一）问题的提出

专利确权可能出现的实践难点在于确权往往不会作为单一诉求被独立提出，而是作为侵权或合同案件的关联问题或者抗辩理由出现。如 A 公司起诉 B 公司侵犯专利权，B 公司以 A 公司的专利无效为由抗辩。C 公司起诉 D 公司违反专利特许权使用合同，D 公司要求法院判定专利的范围。在这些案件中，法院在对侵权或者合同责任作出判决之前，需要首先确定专利的权属问题，包括专利的内容、范围、有效性等。如果被告侵犯的是外国专利，原告在被告住所地提起侵权之诉，则会遭遇到侵权案件和确权案件管辖权不一致的情况。如美国公司起诉中国公司侵犯其在德国的专利，为了便利判决的承认与执行，美国公司在中国法院提起诉讼。但是中国公司主张德国专利无效。中国法院作为被告住所地法院，对侵权案件有管辖权，而德国法院对专利确权有专属管辖权。此时，中国法院是否可以认为专利确权问题不是案件的主要诉因，而是一个附带性的问题或者先决问题，因此不应当适用专属管辖权，而应当由审理侵权的法院合并审理？或者中国法院必须将案件分割成两个独立诉因，要求德国法院先行确定专利有效性，之后中国法院再继续审理侵权问题？

（二）绝对属地主义

关于这一问题，国际上有多种做法。美国曾将专利确权的属地原则扩大化，拒绝对所有侵犯外国专利权的案件行使管辖权。例如"沃达诉柯蒂斯案"（Voda v. Cordis Co.）。[1]

> 沃达是居住在美国俄克拉荷马州的一个医生，在美国、德国、法国、意大利拥有专利。柯蒂斯是美国公司，在这些国家有关联公司。沃达认为柯蒂斯利用其关联公司侵犯了沃达在美国以及这些欧洲国家的专利。沃达不愿意在每个国家去逐一起诉，于是请求美国法院对外国专利侵权一并作出判决。

联邦巡回法院拒绝了原告的请求。法院认为专利的地域性是国际公认的原则。外国专利侵权完全发生在外国领域内，与外国政府利益关系密切，美国法院审判外国专利侵权并不方便。因此，联邦法院认为专利授予国对专利侵权也有排他管辖权。虽然当事人均为美国人，联邦法院仍然拒绝对外国专利侵权之诉行使管辖权。这是一个很有争议的判决，因为法院的理由似乎混淆了非方便法院原则和排他管辖权。即使因为专利的地域性，专利授予国也同时是侵权发生地，该国

---

[1] Voda v. Cordis Co., 476 F. 3d 887 (2007).

和侵权之诉联系最密切，也并不代表专利侵权是涉及重要的公共政策、主权保护或国家行为的问题。

（三）有条件的属地主义

英国曾经采取"有条件的属地主义"的做法。"硬币控制公司诉苏佐国际案"（Coin Controls v. Suzo International (UK) Ltd.）便是相关案件。[1]

原告在英国、德国和西班牙拥有游戏机硬币分配装置三项欧洲专利。被告是荷兰母公司及其在英国、德国和荷兰的子公司。子公司在这些地区制造侵犯专利的产品，母公司为侵权提供财物支持。原告在英国法院起诉荷兰公司和它在英国、德国和荷兰的三个子公司。

英国法院认为法院对外国专利侵权可以基于被告所在地行使管辖权，但是如果案件同时涉及确权问题，法院应该拒绝对整个案件行使管辖权，而由对专利确权有专属管辖的法院审判整个案件，包括确权和侵权问题。此种做法将确权和侵权作为不可分割的硬币的两面。由于侵权侵犯的是外国专利，专利的有效是侵权成立的必要前提。专利仅在其注册地有效，也只能在那里被侵犯。所以应当由专利注册地合并审判同一个专利的确权和侵权问题。该做法的思维方法体现了英国"方便法院"的考量。但是如果仅因为存在专利确权问题就拒绝对侵权问题进行管辖，可能会为被告滥用确权抗辩妨碍法院行使管辖权提供便利。

（四）程序分割法

欧盟采取管辖权分割法，允许对侵权有管辖权的法院审理外国专利侵权之诉，但是保留授予专利国法院对专利确权问题的专属管辖权。如果专利确权以先决问题的形式出现，受理专利侵权的法院应中止诉讼程序，等待授予专利国的法院就确权问题作出裁决，之后再继续对侵权诉讼的审理。这个方法在"GAT诉卢克案"（GAT v. Luk）中得到确认。[2]

争讼双方均为德国公司。原告卢克在法国拥有一项专利。卢克诉称GAT侵犯了它的法国专利。GAT在德国法院提起否定性确认之诉，请求宣布侵权不成立，且涉诉专利无效。德国法院请求欧盟法院对专利确权专属管辖的范围作出解释：专属管辖适用于以专利确权为主要诉因的案件，还是也包括专利有效性作为先决问题或抗辩理由的债权案件。

---

［1］ Coin Controls v. Suzo International (UK) Ltd. ［1999］Ch 33.
［2］ Case C-4/03 GAT v. Luk, ［2006］ECR I-06509.

欧盟法院认为不论专利确权作为单独诉由、先决问题或抗辩理由提出，均适用专属管辖。因此德国法院对专利侵权有管辖权，但是法国法院对所有和专利的登记和有效性相关的问题有专属管辖权。德国法院无权判断涉诉法国专利是否无效，这个问题必须由法国法院作出判决。在法国确权判决做出后，德国法院将根据此判决裁判确认之诉。

该做法在理论上非常严谨，但是在实践上可能会拖延诉讼程序、提高诉讼成本。特别是许多国家之间欠缺高效司法协助，等待专利授予国完成确权可能需要很长时间。最严重的是，在跨国公司有组织地侵犯专利的情况下，原告将没有可能在一个国家的法院里解决所有的侵权问题。典型案例是"罗氏诉普莱密斯案"（Roche v. Primus）。[1]

原告是美国公司，拥有一项欧洲专利。被告是总部在荷兰的集团公司，在多国有子公司。基于总公司统一的政策，集团位于美国、比利时、德国、法国、英国、瑞士、奥地利和瑞典的子公司分别侵犯了原告拥有的欧洲专利在子公司所在国的国家专利。原告试图在一个成员国起诉所有被告，因为欧盟《布鲁塞尔I条例》规定，如果多个案件紧密相关，在一个成员国起诉有利于案件有效审判并避免不可调和的判决，任何一个被告住所地的法院有权将针对外国被告的关联诉讼合并审判。被告之一，也就是集团的总公司，位于荷兰，而总公司的政策是各子公司共同侵权的核心原因，原告认为总公司住所地是案件有最密切联系的地点，在荷兰对所有被告提起侵权之诉。

欧盟法院认为，荷兰法院仅对侵犯荷兰专利的案件有管辖权，对子公司侵犯其他成员国的同族专利没有管辖权。虽然对共同被告侵犯同族国家专利的合并审判有利于提高诉讼效率，但是如果允许原告在一个国家起诉公司集团及其子公司侵犯多国专利，一旦任何被告提起确权抗辩，原侵权程序就不得不中止，需待确权问题在专利授予国先行解决。合并诉讼仍然无法达到原告期待的效率。加上同族的国家专利在法律上是相互独立的国家专利权，相关诉讼并非关联诉讼，集团公司多国侵犯同族专利的案件无法合并审判，原告只能在各个专利授予国逐一起诉。

（五）"一揽子管辖"

另外有学者建议采用仅约束当事人的"一揽子管辖"。也就是侵权法院可以审理外国专利确权问题，但裁决仅约束侵权案件的当事人。这种做法有程序上的

---

[1] Case C-539/03 Roche v. Primus [2006] I-06535.

便利，但是确权很多时候是侵权案件的关键性问题。确权之后，侵权问题便迎刃而解。任由侵权法院确权是否可能造成择地诉讼？如果确权结果最后和专属法院的判决不同，是否影响了当事人的正当程序权利？如果侵权法院认定专利无效，之后专属法院认定专利有效，侵权案件的被告是否相对于第三方获得了不公平的市场特权？因此，虽然国际上均承认登记地或者注册地对专利或商标的确权有专属管辖权，对于同时包含确权和侵权案件的管辖权却没有统一做法。

第四节 专属管辖的冲突

一、冲突产生的原因

对于国际普遍接受的专属管辖规则，例如对不动产物权、公共注册、知识产权确权的专属管辖，通常较少出现管辖冲突。在这些问题上，各国适用同样的标准制定专属管辖权，同时拒绝对属于他国专属管辖的案件行使管辖权。但其并不代表专属管辖的冲突一定不存在。首先，虽然各国适用的专属管辖规则大体相同，但是对专属管辖的内容、范围的解释却存在差异。例如不动产物权纠纷就存在狭义和广义的差别。知识产权确权的专属管辖是否包括先决问题或抗辩理由也存在差异。如诉讼请求是关于位于 A 国的租赁，A 国法院将此定性为物权之诉，而 B 国法院将此定性为债权之诉，则仍可能产生管辖冲突。

其次，在特殊情形下，一个案件可能同时满足两个国家的专属管辖规则。如要求法院确权的不动产是一块横跨德国和奥地利边境的房屋，德国和奥地利法院均对此有管辖权。严格地说，各法院仅对本国领域内的不动产有权确权，但是房屋作为一个整体，由所有人拥有完全的所有权，并不便于分割成德国不动产和奥地利不动产而分别确权。此时就出现了专属管辖的冲突。此外，两个不同类型的专属管辖亦可发生冲突。这种冲突通常是法律竞合形成的冲突。如对不动产的继承。被继承人死亡时的住所地可能对继承适用专属管辖，而不动产所在国可能要求对不动产物权实行专属管辖，因此造成专属管辖冲突。

最后，专属管辖冲突更可能出现在国际上并无基本共识的问题中。由于每个国家对国家主权和公共利益的定位不同，各国在专属管辖权问题上也存在差异。如公司决定的有效性、遗产继承、甚至特殊合同，有的国家将其纳入专属管辖范围，有的国家则认为虽然此类案件可能需要强行适用本国法律，和本国有最密切的联系，或者在本国诉讼更为便利，但是仅说明本国法院是最适合审判案件，或者审判案件最方便的法院，并不足以强制性排除其他法院的管辖权。对于此类问题，更容易产生专属管辖的冲突。

二、存在争议的专属管辖权

(一) 特殊的涉外合同

我国对涉外专属管辖权的法律规定并不清晰。《民事诉讼法》中对国内案件专属管辖权的规定是否适用涉外案件没有清楚的解释。但是《民事诉讼法》涉外编要求中国法院对中外合资经营合同、中外合作经营合同和中外合作勘探开发自然资源合同这三类涉外经济合同行使专属管辖权。[1] 该做法在国际上非常少见。这三类合同与我国的国家主权并无直接关系。虽然我国对此三类企业有一些管制措施,导致中国法中某些规则的强制性适用,但是实体法的强制性适用不影响当事人自主选择解决争端的外国法院或者仲裁机构,也不代表外国法院审理此类合同案件一定会忽略我国的强制性规则,或者侵犯我国主权和社会公共利益。[2]

(二) 继承

专属管辖的争议也出现在继承问题上。大多国家对遗产继承不适用专属管辖,但是法国法是一个例外,其要求被继承人死亡时的住所地法院对继承行使专属管辖权。[3] 我国《民事诉讼法》国内诉讼部分对继承适用专属管辖,给予被继承人死亡时的住所地或者主要财产所在地的法院专属管辖权,[4] 但是该条款是否适用涉外继承尚存争议。[5] 现代社会的流动性大大提高了涉外继承的不确定性。虽然涉外继承不可避免地和人的身份以及财产的所在地存在关联,但是继承人和被继承人的身份、被继承的财产等都可能处于流动状态。这些要素和一个国家的密切关联,无法排除其他国家的利益相关。被继承的财产也有动产和不动产之分,不同财产的管理、清算、分割等均有不同。继承因此有很大的灵活性,无法机械地规定只有一个法院有权管辖。我国《民事诉讼法》也意识到了继承的特点,提供了两个可替代的专属管辖连结点。换言之,管辖法院并不唯一。但是这并不符合涉外民事专属管辖的特征和目的。[6] 在涉外民事诉讼中,专属管辖的功能便是不承认其他国家法院对案件管辖的合法性。因此,越来越多的学者呼吁,取消对涉外继承的专属管辖权。

---

[1]《民事诉讼法》第 279 (3) 条。

[2] 向在胜:《中国涉外民事专属管辖权的法理检视与规则重构》,载《法商研究》2023 年第 1 期;秦瑢:《浅议我国三类特殊涉外经济合同纠纷专属管辖条款》,载《法制与经济》2014 年第 6 期。

[3] 法国《新民事诉讼法典》第 45 条。

[4]《民事诉讼法》第 34 条。

[5] 刘力:《涉外继承案件专属管辖考》,载《现代法学》2009 年第 2 期。

[6] 占善刚:《略论专属地域管辖适用之特质》,载《法学评论》2002 年第 5 期。

（三）公司决策的有效性

欧盟《布鲁塞尔 I 修正条例》将公司决定的有效性交给公司所在地法院专属管辖。公司决策虽然是在公司所在地作出，当地法律也是与公司决策程序、公司成员责任、公司行为能力最密切相关的法律，但是这些理由仅说明在公司所在地进行诉讼最便利，却不是排除其他法院管辖权的原因。与公司决策有效性相关的案件并不关系公司所在地的主权，或者重大公共利益。因为大多数国家并没有此类专属管辖权，即使欧盟将公司决策的有效性纳入专属管辖范围，如果此类案件的当事人到非成员国起诉或者应诉，非欧盟成员国法院不一定会因为欧盟将此类案件列为专属管辖而主动适用国际礼让放弃管辖权。

三、专属管辖冲突的类型

（一）专属管辖与一般管辖的冲突

专属管辖冲突最常见的形式是一国的专属管辖与另一国的一般管辖发生冲突。如房屋租赁之诉在不动产所在地适用不动产物权专属管辖，在被告住所地被视为合同债权争端；非法入侵不动产的排除妨害和赔偿损失之诉，在不动产所在地被定性为不动产物权纠纷，在被告住所地被定性为侵权纠纷；中国法院对在中国履行的"三合"合同专属管辖，但是合同中存在选择法院条款，被选择外国法院根据国内法对合同争议有协议管辖权；被继承人死亡时住所地对继承有专属管辖，但是遗产所在地国家按照各自国内法可以对境内被继承财产进行一般管辖。

如果不存在跨国司法合作，根据国内法对纠纷享有一般管辖权的国家完全可以行使管辖权。认为对纠纷有专属管辖的国家无法禁止其他国家的法院行使管辖权，而且根据司法的被动性，在原告没有在本国提起诉讼时，法院不能主动行使管辖权。专属管辖国唯一能做的是在外国判决作出后拒绝承认和执行。当然，享有一般管辖权的国家可能存在某种机制，如普通法系的"非方便法院原则"，使得法院可以行使自由裁量权拒绝行使管辖权，而外国的专属管辖权可以是考虑的因素之一。在存在司法合作机制的国家之间，专属管辖相对一般管辖有绝对的优先权。在另一个国家享有专属管辖权时，其他国家必须自动放弃管辖权。[1]

（二）专属管辖与专属管辖的冲突

如果两个国家根据国内法对同一个案件均享有专属管辖权，那么就存在专属管辖之间的冲突。在不存在国际司法合作的前提下，专属管辖之间的冲突和专属管辖与一般管辖的冲突并不存在"质"的区别。只要法院根据国内法有管辖权，则可以行使管辖权，无需考虑另一个国家的专属管辖权。另一个对同一案件有专

---

[1] Case C-288/92 Ferdinand M. J. J. Duijnstee v. Lodewijk Goderbauer [1983] ECR 03663, para 15.

属管辖的国家没有办法干涉他国行使管辖权，除非最终判决要求在他国得到承认和执行。唯一不同的是，在法院享有专属管辖时，法院将无权使用自由裁量权拒绝行使管辖权。在存在司法合作的国家之间，因为管辖冲突存在于同一位阶的管辖权之间，可能的解决办法是根据"先诉原则"，由先受理的法院行使管辖权。[1]

四、专属管辖评析

专属管辖有几个重要的缺陷。第一，从实用性看，在缺乏国际统一管辖权规则和司法合作的前提下，专属管辖的目的是否可以达成，取决于外国法院的配合。如果外国法院不主动适用国际礼让，即使本国立法给予本国法院专属管辖，也无法阻止外国法院行使管辖权。[2] 当然，本国法院可以根据对标的物的实际控制拒绝承认和执行外国违反专属管辖的判决。但是，该做法对于实现专属管辖的目的作用有限。首先，判决的承认和执行和否认法院对相关事项的管辖权，是两个不同的问题。理论上讲，法院可以因为被告与法院地有实质性属人联系而行使对被告的所有权力，即使相关争议涉及外国不动产或者经外国公共登记的权利。判决最终能否得到承认，仅出于实用性考虑，而非管辖权的根本原则。其次，有的判决并不需要标的物所在地的法院协助执行。如果案件被外国法院定性为债权纠纷，而法院对被告有属人管辖，法院可以通过对被告的控制执行判决。

第二，因为主权平等，没有国家可以要求其它国家不得行使管辖权。专属管辖单方面宣布排除外国管辖权，这种特殊的做法，本应作为涉外管辖权的例外存在。也就是说只有当相关案件涉及国家主权或者重大公共利益时，才能适用专属管辖权。[3] 但是，很多国家将专属管辖权扩大化，仅仅出于"最密切联系"、本国法直接适用、方便审判等原因，制定专属管辖权。该做法与专属管辖的性质不符。专属管辖的范围应当限缩，仅适用于主权和重大公共利益领域，实用性和审判效率不应当作为专属管辖的依据。

---

[1] 刘阳：《涉外不动产专属管辖研究：以欧洲法院判例为视角》，载《南海法学》2022年第2期。
[2] 向在胜：《中国涉外民事专属管辖权的法理检视与规则重构》，载《法商研究》2023年第1期。
[3] 韩德培主编：《国际私法》，高等教育出版社、北京大学出版社2014年第3版，第489页。

第四章 协议管辖

第一节 意思自治概述

国际私法19世纪以来最重要的发展是将意思自治确定为基本原则。意思自治允许国际民商事关系的主体自行确定其权利和义务，包括适用哪个国家的法律作为当事人法律关系的准据法、采用何种方式解决争端以及在哪个国家解决争端（也就是管辖权问题）。因此，涉外海事商事合同中常常可见各种争端解决条款，包括选择法律条款、选择法院条款、仲裁条款、调解条款等。以前调解并非涉外民事争端解决的主要方式，但是很多国家大力发展调解，联合国业已出台《联合国关于调解所产生的国际和解协议公约》（简称《新加坡调解公约》）。可以预测，日后调解的运用会逐渐增加。

意思自治在管辖权上体现为法院选择协议。当事人对已发生和将来可能发生的民商事争议可以选择管辖法院，该选择的效力通常被法院认可。承认管辖权上的意思自治，实际上给予了民商事活动中的个人通过合意改变国家管辖权的权利。国家为何授予私人主体如此重要的权利？历史上，大陆法系和普通法系均认为司法管辖权是国家特有的权力，并不承认个人在司法管辖权上的自治。[1] 美国最高法院在1874年的判决中认为，当事人合意选择法院是试图推翻公共权力机关管辖权的不当企图，当事人拥有到法律授权的法院起诉的权利，而此项权利是法定且不可放弃的。[2] 英国法院在19世纪的判决中仍然认为当事人不得通过合同使法院获得其本不具有的管辖权。[3] 意大利认为如果当事人之一是意大利国民，排除意大利法院管辖权是不被允许的。[4] 但是，随着各国对私人利益保护的日益增强，涉外民商事司法管辖权与公共权力之间的密切联系逐渐消融，为

---

[1] Kill v. Hollister, (1746) 95 ER 532.
[2] Home Insurance Co. v. Morse, 87 US 445 (1847).
[3] The British Wagon Co. v. Gray, [1896] 1 QB 35 (CA).
[4] Italian Code of Civil Procedure 1942, Art 2.

私人的意思自治发挥更大作用开辟了空间。各国行使涉外民事管辖权的重心，从原来的实施国家权力转向保护当事人的权利。如果涉外民事管辖被视为私人权利问题，那么当事人自然有权通过合意选择或排除法院管辖。

意思自治反映了国家权力在民商事领域的逐渐退让。国家在自由主义主导的国际商业活动中，在不涉及国家安全和第三方利益的前提下，不再过度干涉民商事活动，允许私人主体自由处理自己的权利和义务。意思自治是合同自由原则在国际私法上的体现。对于涉外民商事法律关系而言，意思自治可以为当事人的权利义务提供确定性，有利于提高商事活动的效率、降低商业风险和成本。这种制度安排从全局的角度看，对国家经济发展是有利的。因此，意思自治原则在每个国家都得以确立，成为国际上适用面最广、相似程度最高、认可度最高的国际私法原则。

但是，如果我们以为一旦有了法院选择条款，当事人就不会在管辖权问题上发生纠纷就大错特错了。事实上，在各国采纳意思自治原则之后，实践上又出现了针对意思自治本身的争端。具体到法院选择条款上，如果一方当事人不同意执行此条款，该当事人会针对该条款的排他性、适用范围、合法性、有效性等问题发出一系列的攻击。下文将着重分析这些问题。

第二节 法院选择条款的类型

一、法院选择条款的排他性

法院选择条款大体可以分为两类：排他性条款和非排他性条款。前者在授予被选择的法院管辖权的同时，排除其他法院的管辖权。后者仅给予被选择的法院管辖权，不影响其他法院的管辖权。比如一个合同条款表明："当事人的纠纷将由中国法院审判，而其它法院没有管辖权。"我们此时便知道当事人的合意是使中国法院成为唯一有管辖权的法院，在任何其它法院起诉都是对约定的违反。如果条款内容为："中国法院对争议有非排他的管辖权。"那么当事人仅仅希望中国法院作为有管辖权的法院"之一"而非"唯一"。这个区别在实践上非常重要，因为它直接决定原告的诉权是受到法院选择条款的限制还是被条款扩张。我们称前者为排他性管辖条款，后者为非排他性管辖条款。

但是，很多合同并未用清晰的语言表达其"排他性"。比如合同规定："双方同意将争议交由中国法院审判。"该条款可以排除中国法院之外的其他法院的管辖权吗？如果原告在英国起诉，是否违反了合同？对于这种表意不清的法院选择条款，法院必须依赖一些法定假设来确定排他性。在这个问题上，欧盟和美国呈现了巨大的差别。欧盟采取"排他假设"，认为所有未作说明的管辖条款均具有排他性;[1] 而美国采取"非排他假设",认为所有此类条款均没有排除其他法院管辖权的意图。[2]

欧美在排他性问题上的差别反映了二者不同的价值取向。欧盟统一了单一市场内部的管辖权规则,要用极高的确定性消除成员国之间的管辖权冲突。由于欧盟管辖权规则由欧盟立法者统一制定,它更为关注的不是保护单一成员国的司法主权,而是成员国之间的协调合作。只有排他管辖权才能确定地指向唯一的一个法院,满足欧盟在管辖权问题上的立法需求。但是美国并未和外国形成管辖权方面的合作关系,美国注重的不是管辖权的确定性和唯一性,而是美国的司法主权。毋庸置疑,给予当事人权利排除美国法院本有的管辖权涉及美国的司法主权,因此这种权利只能是例外。当事人如果希望达到排除美国法院管辖权的目的,则必须清晰表明此意愿。美国的做法更多地反映了国家对主权的保护和对私人权利的限制。

欧美法上的区别在实践上会导致冲突。假设美国公司与德国公司签订合同,并约定"所有争端交由德国法院管辖"。如果美国公司在美国就合同争议起诉德国公司,美国法院将认为该法院选择条款是"非排他性条款",从而受理案件。如果德国公司就同样的争议在德国起诉,德国法院却将认为这是排他性条款,也会受理此案,形成管辖权冲突。相反,如果条款约定:"争端将由美国法院审判。"如果美国公司在美国法院起诉,由于管辖权条款是非排他的,美国法院可能因为非方便法院原则拒绝行使管辖权。[3] 而德国法院却可能因为"排他性假设",认为美国法院才是唯一有管辖权的法院,也拒绝行使管辖权,造成管辖权消极冲突。海牙国际私法会议在《法院选择协议公约》中统一采用"排他性假设",以期在国际范围内协调冲突。[4] 可惜该公约暂时没有对美国生效。

我国《民事诉讼法》对法院选择条款的排他性未作规定。但是最高人民法院2021年印发的《全国法院涉外商事海事审判工作座谈会会议纪要》第一次明

---

[1] 《布鲁塞尔Ⅰ修正条例》第25条第1款。

[2] John F. Coyle, "Interpreting Forum Selection Clauses", *Iowa Law Review*, vol. 104, 2019, p. 1791, p. 1795; Quinones v. Swiss Bank Corp. (Overseas), S. A., 509 So. 2d pp. 273, 274-75 (Fla. 1987); Shoppes Ltd. P'ship v. Conn, 829 So. 2d 356, 358 (Fla. 5th DCA 2002).

[3] 即使是排他管辖条款,美国法院也可能以公共政策、程序正义等为由拒绝行使管辖权,只是非排他条款使得拒绝行使管辖权更加容易。新加坡法院在2012年的案件 Orchard Capital I Ltd. v. Ravindra Kumar Jhunjhunwala [2012] SGCA 16 中双方约定了香港法院的非排他管辖权。原告向新加坡法院起诉,被告提出管辖权抗辩,主张管辖权条款表明双方认为香港法院更为适当。新加坡上诉法院经过"非方便法院分析"认为本案并无证据证明香港法院明显较新加坡法院更为合适,因而拒绝根据非排他管辖条款放弃管辖权。

[4] Convention of 2005 on Choice of Court Agreements, Art 3 (b).

确地采用了"排他性推定"。该纪要指出"……未约定该管辖协议为非排他性管辖协议的,应推定该管辖协议为排他性管辖协议。"[1]

二、不典型管辖权协议

涉外商事合同中也常出现不典型的法院选择协议,比如当事人合意选择多个法院,同时排除了其他法院的管辖权。此类条款被称为"复杂性非排他管辖协议"。当事人可以到任何一个被选择的法院中提起诉讼。也有学者将此类条款称为"排他性的非排他法院选择条款"。[2] 换句话说,该条款对内是非排他性的,因为有两个法院根据不同的情形可以行使管辖权;但是对外是排他性的,因为未被选择的法院将没有管辖权。

更加复杂的是替代性管辖权协议。例如欧盟案例"米斯诉格拉斯塔尔"(Meeth v. Glacetal) 涉及的管辖权条款约定:"如果德国买方起诉法国卖方,则只有法国法院才有管辖权;如果法国卖方起诉德国买方,则只有德国法院才有管辖权。"[3] 虽然欧盟针对管辖协议的立法采取的是单数形式,但是并不代表欧盟仅允许协议选择单个法院。出于意思自治的基本原则、尊重当事人的意愿、尊重商事习惯,欧盟法院承认此类管辖协议的有效性。但是,此类法院选择条款属于排他性还是非排他性条款呢?严格地说,此类条款对外和对内都是排他性的,因为虽然有两个法院可供选择,但是这两个法院的关系不是并存的而是交替的。也就是在一个场景中,一个当事人并不能任意选择这两个法院中的任意一个提起诉讼,而是只能根据合同约定,到唯一的法院起诉。该条款的解释事实上并不困难。根据文义,该条款可以分割成两个子条款。任何一个子条款都是一个典型的排他性法院选择条款。也就是一方当事人运用该条款进行诉讼,只有一个被选择的法院有管辖权,排除了其他法院的管辖权。因此,分割法可以很容易地将此类条款定性为排他性条款。但是,从功能上看,排他性管辖条款可以预防平行诉讼,因为在任何情况下都只有一个法院有管辖权。但是替代性管辖条款并没有此功能。在上文"米斯案"中,如果德国公司在法国起诉,而法国公司在德国起诉,就会出现两个法院均有管辖权的情况。

三、非对称管辖协议

非对称管辖协议明确约定一方当事人可以在多个国家任意选择法院提起诉讼,而另一方当事人仅能向一个特定国家的法院提起诉讼。此类条款通常出现在银行的金融服务合同中。例如荷兰银行(ABN-AMRO)的标准格式合同包含的

---

〔1〕《全国法院涉外商事海事审判工作座谈会会议纪要》第1条。

〔2〕M. Keyes, BA Marshall, "Jurisdiction Agreements—Exclusive, Optional and Asymmetrical", *Journal of Private International Law*, vol. 11, 2015, p. 345, pp. 357-358.

〔3〕Case 23/78 *Meeth v. Glacetal* [1978] ECR 02133.

法院选择条款的内容为："客户同意在根西岛提起所有诉讼。本银行保留在客户所在地法院或者任何其他有管辖权的法院对客户提起诉讼的权利。"[1]

此类协议的效力在实践中存在争议。法国法院在多个案件中以违反公平原则为由，拒绝承认此类条款的效力。[2] 而英国法院大多遵循合同自由的原则，如果非对称法院选择条款签订时不存在欺诈、错误、胁迫等事由，法院将承认非对称条款的效力。[3] 我国最高法院 2021 年发布的《全国法院涉外商事海事审判工作座谈会会议纪要》也承认非对称管辖协议的效力。该纪要指出："……当事人以显失公平为由主张该管辖协议无效的，人民法院不予支持。"[4]

非对称管辖协议是否应当无效涉及几个方面的考虑。首先，如果该协议是双方当事人经过平等协商、合意签订的，那么法律不应当干涉。因为法律应当做的是保护当事人的权利不受侵犯，而非保证当事人不做任何放弃自己利益的决定。如果在签订合同的过程中，存在欺诈、胁迫等使一方违背自己意愿接受非对称管辖协议，受欺诈、胁迫的一方有权撤销该条款。这符合合同法的一般原理。在普通的商事合同中，当事人谈判能力平等，可以假设条款有效，除非一方当事人提出相反证明。但是，在明显存在力量不对等的情况下，如消费者合同和劳动合同，法律应当对弱势群体倾向性保护。如果强势方提供的格式条款中存在非对称管辖协议，对弱势方的权利有损害，那么此条款应当无效，除非强势方可以证明该条款是双方经过平等谈判而签订的。

第三节 范围与解释

一、文义解释方法

法院选择条款的范围是否涵盖双方的争端？这主要发生在争端性质属于非合同争议的情况，比如与合同有关的侵权和不当得利。此时，反对适用法院选择条款的一方会强调，该条款仅适用于合同争议。对于管辖条款范围的解释，大多国家适用的是"文义分析法"，也就是研究合同条款使用的词汇。如果条款注明"所有合同中发生的争议"（in/within the contract），"合同项下的争议"（under

---

[1] 根西岛是英国的王权属地之一，位于英吉利海峡靠近法国海岸线的海峡群岛之中，同周围一些小岛组成了"根西行政区"，首府为圣彼得港。

[2] Madame X v. Societe Banque Prive Edmond de Rothschild, Cass civ, 1ere, 26 Sep 2012; Danne Holdings v. Credit Suisse Cass civ 1ere, 25 March 2015; Credit Suisse II Cass. Civ. 1e, 7 Feb 2018; Saint-Joseph Cass. Civ. 1e, 3 Oct 22018.

[3] Commerzbank AG v. Liquimar Tankers Management Inc. [2017] 1 WLR 3497.

[4] 《全国法院涉外商事海事审判工作座谈会会议纪要》第 2 条。

the contract)、"合同中发生的争议"（out of the contract），则该管辖权条款仅包含合同争议。如果条款中使用的语言是"与合同相关的争议"（in relation to the contract/in connection with the contract），则可能包括一切与合同有关的争议，不论争议性质为合同还是侵权。

二、商业常识解释方法

在 2007 年的"菲娜信托公司案"（Fiona Trust v. Privalov）中，英国上议院（House of Lords）摈弃了传统文义解释方法，对于管辖范围不明的仲裁条款采用了创造性的"商业常识"解释方法。[1]

> 原告认为合同是对方当事人通过贿赂原告的高管达成的，要求撤销合同。合同中有一个仲裁条款允许任何一方当事人选择将"合同下发生的争议"（disputes arising under the contract）提交仲裁。原告认为该案不应当提交仲裁，因为经由贿赂等非法手段获得合同是侵权行为，并非"合同下的争议"，因此排除在仲裁条款的范围之外。

法院认为传统的文义解释方法太过技术化，并不符合商业现实。商人通常不懂得合同和非合同这种法律概念的区分。在签署仲裁条款时，商人的目的是使用该条款解决所有争端而不论争端的性质是什么。此外，基于语言的判断对于语言能力的要求很高，可能会有不同的理解。因此，法院将所有的仲裁条款均作扩大解释，除非当事人明确约定该条款仅适用于合同性质的争议，仲裁条款将涵盖当事人之间所有类型的争端。这个解释方法同样可用于法院选择条款。

第四节　法院选择条款的独立性

反对执行法院选择条款的一方如果主张合同自始无效，则可能会辩称：因为主合同无效，作为合同条款之一的法院选择条款也应当无效。该原告可能到未被选择的法院提起诉讼。这个法院是否应当行使管辖权？这个问题在"意大利牙具公司案"（Benincasa v. Dentalkit）中得到了解答。[2]

> 意大利公民本尼卡萨和意大利牙具公司签订特许经营合同。本尼卡萨将获得授权在德国慕尼黑开设和经营一家牙具商店，出售意大利牙具公司的产

---

[1] Fiona Trust & Holding Corp. v. Privalov [2007] UKHL 40.

[2] Case C-269/95 Benincasa v. Dentalkit [1997] ECR I-03767.

品。合同包括法院选择条款，双方选择意大利法院为管辖法院。发生争议后，本尼卡萨要求德国法院宣布合同无效。并主张由于主合同无效，意大利法院管辖条款也应当无效，因此德国法院有管辖权。

欧盟法院认为，管辖权条款应当视作独立于主合同的条款，合同无效不得直接导致管辖权条款无效。这就是"分割原则"（severability/separability）。该原则后来被许多国家以及国际组织的国际私法立法采纳，包括欧盟的《布鲁塞尔Ⅰ修正条例》[1]和海牙国际私法会议的《选择法院协议公约》。[2]

分割原则的主要目的是实现司法效率。各国法院承认选择法院条款，主要是为了给司法诉讼程序提供便利，减少在管辖权问题上的不确定性与诉累。如果合同无效之诉必然导致管辖权条款的效力不明，则所有关于合同效力的案件都可能直接挑战管辖权条款，导致管辖权的不确定和诉讼风险的增加，也为原告逃避管辖条款开了绿灯。原告可以较轻易地将合同无效作为一个诉由提出，从而避免执行管辖条款。其次，站在"商业常识"角度，商人签订管辖条款希望的是到选择的法院解决所有争端，不论争端的内容是关于合同的效力，还是合同的履行。再次，合同是否有效，需要由法院确定，而法院确定合同有效之前，需要行使管辖权。如果不假设所有管辖条款有效，那么法院将在确定合同有效和确定管辖权之间陷入程序中的两难。因此，分割原则使管辖条款成为独立于主合同的特殊条款，是最符合程序效率的做法。

第五节 法院选择条款的有效性

一、形式有效性

拒绝执行管辖条款的当事人可能会直接辩称管辖条款无效。法院选择条款需要同时满足形式合法性和实质合法性。形式合法性考察的是直观证明条款内容和当事人合意的外在形式要件，例如大多国家的法律要求法院选择条款以"书面的"形式做出。在现代新型通讯方式变得发达之后，通过电信网络（如电邮、微信、网页等）签订的合同是否能视作"书面合同"呢？联合国国际贸易法委员会1996年颁布的《电子商务示范法》采用了"功能等同"标准（functioning equivalent），即只要电子合同的功能与书面合同相同，比如都为合同的内容和当事人的合意提供了持续的、可以核实的证据，那么电子合同可以视为书面合同。

---

[1]《布鲁塞尔Ⅰ修正条例》第25条第5款。

[2]《选择法院协议公约》第3条第1款d项。

我国《民法典》第 469 条第 3 款也对书面做了广义理解，认为"以电子数据交换、电子邮件等方式能够有形地表现所载内容，并可以随时调取查用的数据电文，视为书面形式。"欧盟《布鲁塞尔Ⅰ修正条例》同样表明："任何电子方式的通信，只要为协议提供了持久的记录就可以等同于'书面'形式。"[1] 海牙《法院选择公约》也承认"任何形式的通信只要可以使得信息在日后可以获得"便满足法院选择条款的形式要件。[2]

值得一提的是，欧盟曾经要求"书面形式"必须是可以证明双方当事人都同意该条款的形式。因此，管辖权条款必须有双方的签名。[3] 此外，"书面形式"必须是可以引起当事人注意的形式。如著名的"萨洛蒂案"（Estasis Salotti di Colzani Aimo v. RUWA Polstereimaschinen GmbH）。[4]

> 当事人签署了书面合同并在合同正面签名。合同印在公司信纸上，合同背面是公司的通用条款，里面包含管辖权条款。合同正面没有语句指引当事人阅读背面条款。

欧洲法院认为管辖条款没有满足"书面"的要求。虽然它形式上是书面的，但是它没有符合书面形式希望达到的目的：保护当事人的知情权并证明当事人对合同条款知情同意。

"萨洛蒂案"判决对管辖权的书面形式要求过于严格，适用该判决可能造成如下结果：虽然管辖权条款的确是书面记录的，但是如果缺乏签名或者明确语句指引对方留意不在非签字页的管辖条款，即使对方有足够的机会可以查看管辖条款并真实地表示同意，管辖条款仍然不符合形式有效性的要求。这个结果并不符合现代商事习惯和商业常识。因此，欧盟法院后来对书面形式的要求出现了松动。在之后的一个案件中，一方当事人的一般条款中包含法院选择条款，并作为确认合同的附件提供给了对方。欧盟法院并不认为该条款必然不满足"书面"形式。[5]

但是，不满足书面形式的管辖条款是否一定无效呢？各国对此有不同做法。

---

[1]《布鲁塞尔Ⅰ修正条例》第 25 条第 1 款。

[2]《法院选择协议公约》第 3（c）（ii）条。

[3] Case 71/83 Partenreederei ms Tilly Russ v. NV Haven & Vervoerbedrijf Nova [1984] ECR 2417, para 16.

[4] Case 24/76 Estasis Salotti di Colzani Aimo v. RUWA Polstereimaschinen GmbH [1976] ECR 1831.

[5] Case C-25/76 Galeries Segoura Sprl v. Firma Rahim Bonakdarian [1976] ECR 1851.

我国《民事诉讼法》明确规定管辖权条款必须以"书面协议"的方式做出。[1]而欧盟对管辖权条款的形式合法性规定则更加灵活。在书面形式之外，法律还承认另外三种形式。第一，如果当事人口头达成法院选择协议，但是之后用书面形式确认。确认的书面文件可以当作书面条款处理，在法律上使得管辖权条款符合形式要求。在"伯格霍弗案"（Berghoefer）中，法院选择条款打印在提单背面，提单上只有承运人的签名，但是欧盟法院认为，如果管辖权条款口头达成，之后被一方书面确认，而另一方并未反对，则该法院选择条款符合形式要件。[2]

第二，如果管辖权条款缔结的形式符合当事人的交易习惯，则形式有效。例如，当事人有长期的合作关系，已经形成了交易习惯。每次签订合同，仅书面签署几个谈判的主要条款，例如货物类别、质量标准、数量、价格、发货时间、付款方式，而其他条款均使用甲方标准条款。那么即使某一个管辖权协议并不存在欧盟法律所指的"书面形式"，该协议形式上仍然有效，因为它符合当事人的交易习惯。"依维柯菲亚特案"（Iveco Fiat）中的管辖条款包含在已经过期的书面合同中。当事人在合同中约定，该合同只能书面续约。合同过了有效期后，当事人并未书面续约，而是继续履行合同。欧盟法院认为管辖条款继续有效，因为当事人默认了原书面条款的效力。[3]另一种解释是，该条款符合当事人之间业已形成的交易习惯。除非一方当事人明确反对继续使用相同的管辖条款，否则只要当事人之间的合同关系继续，该管辖条款就应当继续有效。

第三，如果管辖权条款的形式符合国际普遍尊重的商事习惯，则也具有形式合法性。例如国际海运合同中，承运人给托运人提单作为物权凭证，但是提单背面通常有管辖权条款。这个条款事先由承运人单方拟定，托运人无法发表意见，但是由于这是国际海上运输合同订立的常见形式，已经形成国际惯例，因此不能直接认为该条款无效。在"MSG案"中，一方当事人根据口头订立的租船合同向另一方发送商业确认书，其中包含预先印制的管辖权条款。收到确认书的另一方当事人没有作出反应。欧盟法院认为，如果这种行为符合当事人从事的国际贸易或者商业领域的通行惯例，且双方知道或理应知道这一惯例，则管辖权条款具有形式合法性。[4]

二、实质合法性

即使管辖条款符合形式要件，它还需要具有实质合法性。实质合法性包括两个方面。第一，当事人意思表示真实，不存在欺诈、胁迫、趁人之危等使对方在

---

[1]《民事诉讼法》第 35 条。
[2] Case 221/84 Berghoefer［1985］ECR 2699, para 15-16.
[3] Case 313/85 Iveco Fiat［1986］ECR 3337.
[4] Case C-106/95 MSG［1997］ECR I-911, para 20.

违反真实意思表示的情况下签订合同的情况。意思表示真实往往涉及一个国家的公共政策，因此很难统一。中国对法院选择条款实质合法性的认定没有清楚的规定。大多法院直接适用《民法典》中关于合同有效性的一般规定。这个做法实际上等同于将法院地法作为法院选择条款实质合法性的准据法。但是适用法院地法可能造成挑选法院的现象。拒绝履行法院选择条款的一方可以到国内法最可能使得条款无效的国家提起诉讼，容易造成法院选择条款失去应有的效力。

第二，法律对于协议管辖的适用范围、选择法院的条件等提出额外的条件和要求。典型例子是我国《民事诉讼法》第 35 条要求协议选择的法院必须是"……被告住所地、合同履行地、合同签订地、原告住所地、标的物所在地等与争议有实际联系的地点的法院……"换言之，中国不允许当事人选择与案件没有联系的中立法院。这种做法虽然可以防止当事人将涉及中国利益的案件提交到外国法院，但是同时也限制了中国法院的管辖权。特别是中国建立了国际商事法庭，希望成为"一带一路"沿线国家争议解决的中心，对被选择法院"实际联系"的要求无疑会成为实现这一目的的法律障碍。

欧盟内部虽然统一了法院选择条款的形式合法性，但是实质合法性的统一却从未提上日程。合同的实质合法性在各国国内法中存在巨大差异。统一法院选择条款的实质合法性，就意味着统一了欧盟的合同法，而欧盟立法者并无政治野心去完成这个艰难的任务。因此，欧盟只能借助统一准据法的方式，以期在法院选择条款实质合法性的问题上达到某种程度的一致。[1]《布鲁塞尔 I 修正条例》要求对于法院选择条款的形式合法性，适用被选择法院地国的国内法。而"国内法"在法院选择条款实质合法性问题上，包括当地的冲突法规范。换句话说，为了达成欧盟内部判决的统一，欧盟立法者对这个问题适用了"转致"。如当事人选择了法国法院，假设法国法适用合同签订地法确定合同条款的有效性，那么法院选择条款的有效性由合同签订地法而非法国合同法确定。

实质合法性是海牙国际私法协会《选择法院协议公约》谈判时的主要难点之一。由于会员国无法达成一致，该公约最终并没有达成专门针对实质合法性的法律选择条款。但是，该公约并非完全忽略了法院选择条款实质合法性的问题，而是针对不同特殊情形下可能出现的实质合法性问题制定专门的法律适用规则。例如，根据该公约，被选择的法院可以因为法院选择条款在本国法下无效而决定不行使管辖权；[2] 未被选择的缔约国法院也可以因为法院选择条款在被选择法

---

[1] 《布鲁塞尔 I 修正条例》第 25 条第 1 款。
[2] 海牙《选择法院协议公约》第 5 条第 1 款。

院国无效而行使管辖。[1]此外,未被选择的缔约国法院可以因为本国法律认为一方当事人缺乏缔结选择法院条款的能力,或者执行法院选择条款将导致明显不公或可能严重违反本国公共政策而行使管辖权。[2]

三、审判管辖权条款的管辖法院

最后的一个问题是,哪个国家的法院有权审查管辖条款的有效性。国际私法中古老的管辖权自治原则(competence-competence)给予被选择的法院管辖权。合同授权说为该原则的理论依据之一。我们假设当事人选择法院,目的是让被选择的法院解决双方的所有争议,包括对选择法院条款的争议,即被选择法院的自裁管辖权符合合同授权。合同授权说的逻辑缺陷在于,当事人是否真正地选择了该法院是当前争议的核心。因此存在授权与否是待定的,而非确定的。允许被选择法院自裁,其实并非基于合同授权,而是基于审判的必要性和程序便利。若非如此,一方当事人任意对选择法院条款提起异议就会导致双方必须到具有法定管辖权的法院先行解决管辖条款有效性的问题,势必为正常诉讼程序造成困扰,极大地损害选择法院条款希望达到的确定性的目标。出于司法效率的考虑,管辖权自治原则允许被选择法院裁判自己是否具有管辖权。

那么被选择的法院是否是唯一可以确定管辖权条款有效性的法院呢?如果未被选择的法院绝对无权审查管辖权条款的有效性,将可能发生不利后果。如果合同一方当事人处于劣势,另一方采取欺诈、胁迫、趁人之危等手段迫使他签订法院选择条款,同时选择对弱势方而言非常不方便或者有其他不利因素的法院,那么强迫弱势方去该法院主张条款无效是不公平的。强势方在单方面选择法院时,可以参考被选择法院的国内法,采取"竞次策略"(race to the bottom)选择对弱势方合同权益保护最不完善、最可能判决此类法院选择条款有效的法院,剥夺弱势方的权利。这种例子当然是极端的,但是可以表明给予被选择的法院唯一的排他管辖权可能对拒绝履行法院选择条款一方造成的困扰。

如果其他未被选择的法院也有管辖权,会不会造成拒绝履行法院选择条款的一方过于轻易地挑选可能使管辖协议无效的法院,从而损害管辖条款的确定性呢?这个风险是存在的。国际上的管辖权统一规则通常采取三种方式降低风险。第一,统一法院选择条款的有效性标准。比如,统一要求法院选择条款以书面形式签订,或者统一法院选择条款实质合法性的适用法规则。第二,给予被选择的法院优先权。这样如果一方当事人要求非选择的法院宣布法院选择条款无效,而另一方在被选择的法院起诉,被选择的法院可以优先回答这个问题,其判决对其

---

[1] 海牙《选择法院协议公约》第6条第1款a项。
[2] 海牙《选择法院协议公约》第6条第1款b,c项。

他法院有约束力。[1] 第三，要求被选择法院的判决在其他成员国得到承认和执行，而非被选择法院的判决则无此特权。[2]

第六节 法院选择条款的效力

一、法院选择条款对法院的效力

在满足了以上前提之后，各国法院一般将会执行管辖权条款。欧盟《布鲁塞尔 I 修正条例》和海牙《选择法院协议公约》均要求排他性法院选择条款指定的法院行使管辖权，未选择的法院拒绝管辖权。但是协议管辖的效力在实践上并非如此明晰。如果争议属于专属管辖范畴，法院将拒绝认可协议管辖条款的效力；[3] 如果争议属于消费合同或雇佣合同，欧盟法律出于保护弱者的目的也将限制协议管辖的效力。[4]

普通法系国家虽然认可协议管辖条款的效力，但是出于个案公正的考虑，仍会在原则上提供例外的可能性。英国著名的"埃莱夫赛利亚案"（The Eleftheria）建立的普通法原则认为，如果英国法院本有管辖权，而当事人在排他性管辖权条款中选择了外国法院，英国法院原则上应当中止程序，除非原告有强大的理由说服法官不给予该法院选择条款效力。[5] 可能被考虑的理由包括：案件的证据和事实位于英国，英国审理案件较外国更方便；外国法院适用的法律是否和英国法律有实质性区别；当事人和哪个国家有属人联系；被告在外国进行真实的诉讼，还是仅仅利用外国的程序；在外国起诉是否会剥夺原告某些权利，是否存在安全、判决无法执行、超过诉讼时效、其他政治、种族、宗教等可能剥夺原告公平审判权利的因素。值得注意的是，这里列举的原因和非方便法院原则考虑的原因相似，但是由于存在外国法院选择条款，英国法院假设外国法院为更加方便的法院，再由原告承担全部的举证责任证明遵守当事人的协议可能带来程序上的不正义。类似的做法也被加拿大等普通法系的法院采纳。[6]

海牙《选择法院协议公约》针对排他性选择法院条款的效力提供了一系列的例外。未被选择的法院可以出于正义和本国公共秩序的目的，或者因为外国法

---

[1] 《布鲁塞尔 I 修正条例》第 31 条第 2 款和第 3 款。
[2] 如海牙《选择法院协议公约》第 8 条第 1 款。
[3] 《布鲁塞尔 I 修正条例》第 26 条第 1 款。
[4] 《布鲁塞尔 I 修正条例》第 26 条第 2 款。
[5] The Eleftheria [1969] 2 All ER 641.
[6] Z. I. Pompey Industries v. ECU-Line N. V., 2003 SCC 27.

院选择条款无法合理履行，而拒绝执行外国法院选择条款。[1] 具体原因如被选择的法院地发生了战争、内乱、骚动、疫情等状况，使得当事人去当地诉讼不再合理；被选择法院地出现政治动荡，而原告由于宗教、种族等原因，无法在被选择法院地获得公正审判；被选择法院地改变出入境政策，原告无法获得当地的有效旅行证件等。如果出现了这些原因，一味要求"契约必须遵守"便不符合法律的正义目标。

每个国家对管辖权条款的排他性、范围和有效性规定均不相同，针对管辖权条款的效力也有一些例外，因此即使当事人签订了法院选择协议也并不能保证案件一定会被顺利地提交到被选择的法院。但是针对管辖权条款的争议和实体纠纷相比毕竟是少数，大多当事人都在存在管辖条款的前提下在被选择的法院顺利解决争端。整体而言，管辖条款为国际商事活动带来了确定性。

二、法院选择条款对第三人的效力

由于协议管辖中法院的管辖权来自合同当事人的意思自治，该条款不应当对非合同方发生效力。换言之，管辖权条款不应当约束第三人。然而此项限制有几个例外。第一，如果第三方继承了原始合同当事人的权利和义务，也同样受到原始合同中管辖条款的约束。例如提单承运人和托运人之间签订的合同（提单）包含管辖权条款，之后此合同转给收货人。这是国际海运中非常常见的商事行为。提单中的管辖权条款是否约束收货人呢？在"蒂莉·拉斯案"（Tilly Russ）中，欧盟法院认为，如果持有提单的第三人继承了托运人在提单中的权利和义务，托运人和承运人签订的提单中的管辖条款对持有提单的第三人有同样的约束力。[2] 第二，第三方知晓管辖条款并表示同意。在此情况下，对第三方适用管辖条款基于知情同意，符合意思自治的原理。但是，第三方的权利和义务受到原合同意思的限制。如果原合同当事人在合同中声明了合同的相对性，将管辖权条款的有效范围限定于原合同当事人之间，而不包括任何第三方争议，那么合同条款仅约束原当事人。即使第三人同意接受管辖权条款，也不代表原合同当事人接受管辖，因此该条款对原合同当事人和第三方之间的争议不发生效力。

---

〔1〕 海牙《选择法院协议公约》第 6 条第 1 款 c、d 项。

〔2〕 Case 71/83 Tilly Russ〔1984〕ECR 2417, para 24-26.

第五章　对被告的属人管辖
——国际私法上的"家"

第一节　概述

在涉外民商事诉讼中，如果不存在专属管辖或协议管辖，国际上通用的管辖原则是与被告有属人联系的国家，也就是被告在国际私法上的"家"享有案件管辖权，这就是"原告就被告"原则。我们不止一次提到了国际民商事当事人"家"的概念。这里的"家"指的不是家庭（family），而是处所（home），即一个人社会生活的中心。家建立了个人与国家的实质性联系，国家对个人拥有权力、承担责任；个人获得国家赋予的权利，同时承担义务。"家"这个概念在跨国诉讼中至关重要。

在最简单的情况下，一个自然人从未出过国，只有一个家庭、一个房产，他的国籍、住所、工作地、家庭所在地、社会中心都位于同一个国家，这时他的"家"非常容易确定。但是在国际交往日益频繁的今天，很多人因为各式各样的原因，与多个国家建立了实质性的联系。例如一个中国留学生在美国攻读本科学位，他的国籍是中国，亲人都在中国，但是他在美国居住了四年，且有意愿毕业后继续攻读硕士和博士。对此人而言，管辖权意义上的家究竟是美国还是中国呢？对于法人而言，情况更加复杂。由中国投资人控股的公司可能由于税收原因在开曼群岛注册，但是公司总部设在中国，同时在中国、美国、德国运营。这个公司的"家"到底应当是哪个国家呢？

因此，国际私法中的"家"是一个法律概念，旨在寻找人与国家的真实联系。国家在长期实践中确定了各式各样的标准，最常用的包括国籍、住所和惯常居所。

第二节 国籍

国籍在历史上曾是国际私法上最重要的属人连结点，表示自然人是某一个国家国民的法律资格。国家在国际法上通过国籍要求自然人对国家负忠诚义务，作为公民享有国家赋予的权利，承担相应的义务。国籍是一个相对稳定的连结点。虽然国籍也可以更换，但是需要满足较高的要求。此外，国籍比较容易确定和证明，满足连结点的确定性要求。

但是，国籍连结点的政治性较强而现实性较弱，是一个人为的概念，不一定反映自然人和国家的真实的联系。随着人员跨国流动的日益自由化，国籍国和个人的实质联系在减弱。很多中国人在美国生活工作数十年，生活中心已然在美国建立，但仍保留中国国籍。这时如果一定要这个人回到中国应诉，很难符合"保护被告"和"保护本国公民"的理由。此外，很多国家承认双重国籍，造成了国籍冲突，以国籍为连结点在这种情况下失去了法律的确定性。除此之外，还存在无国籍的自然人，使得国籍无法作为有效的属人连结点。联合国难民署官方估计全球有将近 1500 万无国籍人。在此情形下，当事人的属人法必须依靠其他的属人连结点确定，例如住所和惯常居所。

以上分析说明，国籍作为被告的"家"已经失去了普遍意义。当今国际上，各国确定国际私法上的"家"通常不再根据国籍，而是根据"住所"或"惯常居所"这两个连结点。

第三节 住所

住所在不同的语境下有不同的含义。同一个国家，住所在管辖权和税收问题上所指不同。在管辖权上，住所指一个人有定居意愿的永久居住地。但是这是一个技术性的法律概念，而不是描述事实。因为一个人的居住地可以改变，一个人也可以同时拥有多个居住地。在此情况下，法律仍然需要赋予这个人唯一的住所，也就是法律假设而非真实的永久居住地。每个国家判断住所的标准均不相同。

一、英国法上的住所

（一）原生住所

在英国，住所分为三种类型。第一种是"原生住所"（domicile of origin），也就是每个人自出生时自然拥有的住所。原生住所和出生地没有关系，而是由儿童父母的住所地决定。婚生子女的住所随父，非婚生子女的住所随母。原生住所自出生时取得并不再改变。如果儿童是代孕出生，英国法律将其视为由基因父母收养的儿童，从而根据基因父母的住所获得住所。

英国法上的原生住所受到很多批评。首先，根据儿童是否"婚生"确定住所忽视了一个重要事实：是否婚生很多时候由住所地法律决定。利用婚生确定住所陷入了循环论证的逻辑误区。其次，传统上婚生子女的原生住所随父，是因为婚后女方住所自动更改为男方住所。但是这个传统早在20世纪70年代就已经废除。再次，同性婚姻的出现导致传统"随父随母"的确定子女住所标准不再有效。如果同性婚姻中的女方通过技术手段生下孩子，孩子的住所按照传统方法难以确定。

重要的是，英国法过分强调原生住所的重要性，使得原生住所难以为当事人意志改变，造成当事人意愿上和事实上已经放弃了原生住所，但是法律上仍然受原生住所地法院管辖的情况。例如"冉撒诉利物浦皇家医院案"（Ramsay v. Liverpool Royal Infirmary）。[1]

> 乔治·鲍伊1845年出生于苏格兰格拉斯哥。他37岁辞职，之后再未工作。1883年他的弟弟和大姐移居英格兰利物浦，他的母亲1890年也移居利物浦。乔治和其母及大姐关系亲密，而且弟弟的经济支持是他唯一的生活来源，于是乔治1892年搬到利物浦。直到1927年去世，乔治除了一次去美国找工作、一次去马恩岛旅行之外，从未离开利物浦。乔治的后半生在利物浦居住了36年，并多次强调他"再也不踏足格拉斯哥"。乔治多次拒绝回到苏格兰，甚至不愿意去苏格兰参加母亲的葬礼。他将自己的墓地安排在利物浦。

虽然本案中的当事人在英格兰居住了很长的时间，然而英国法院对放弃原生住所采取了非常高的标准。他们认为即使乔治在英格兰长期居住，但是乔治并未选择英格兰作为永居住所。乔治生前常称自己是"苏格兰人"，并为此自豪。他在英格兰生活的主要原因是和亲人相伴并可获得弟弟的扶养。法院因此认为一个原生住所在苏格兰的自然人，即使在英格兰生活了36年，住所地仍然是苏格兰。

另一个典型案例是"维南斯诉司法部长案"（Winans v. A-G）。[2]

> 维南斯1823年生于美国，运营家族生意直到1850年。1850到1859年

---

[1] Ramsay v. Liverpool Royal Infirmary, [1930] AC 588.
[2] Winans v. A-G, [1904] AC 287.

居住在俄罗斯,并和一个英国妇女结婚。1859 年他出现肺痨症状,医生建议他到英格兰布莱顿过冬。他很不情愿地来到英格兰,并于 1860 年长租了两栋房子。1860 年到 1893 年间,维南斯每年主要在英格兰度过,也会拜访苏格兰、德国和俄罗斯。他在 1893 年到 1897 年去世期间则完全居住在英格兰。英格兰是维南斯最后 37 年的主要居住地。维南斯生前最关注三件事:第一是自己的健康;第二是在美国巴尔的摩建造大型船队,给美国优于英国的海上霸权;第三是在巴尔的摩建造 200 英亩大型物业。在他生命的最后阶段,他完成了这个项目。

英国法院认为,维南斯没有丧失在美国新泽西州的原生住所,因为他一直期待回到美国庆祝他完成的毕生事业。没有证据证明维南斯试图在英国定居。因此即使维南斯在英格兰居住了 37 年,在法律上他的住所仍然是美国新泽西。此类判决在数个案件中得以重复确认,同时揭示了"住所"作为属人连结点的缺陷。如果住所的主要目的是确定一个和自然人有紧密联系的永久的"家",那么对于原生住所的过分重视已经违背了以住所为属人连结点的初衷。

原生住所的另一个特殊性在于,虽然原生住所可能在后期被"依存性住所"或者"选择性住所"取代,但是原生住所并未消失,而是暂时在后台搁置。一旦时机成熟,比如自然人放弃了选择的住所但是尚未获得新住所,原生住所就会重获效力。例如"亨伍德诉巴罗克劳斯国际公司案"(Henwood v. Barlow Clowes International Ltd.)。[1]

亨伍德的原生住所是英格兰。他非常不喜欢英格兰,于 1977 年移居到马恩岛,并取得新住所。1992 年,他生意失败,离开了马恩岛,在毛里求斯长租了一个别墅居住。但是移居毛里求斯后,他不停地出国旅行,平均每年在毛里求斯居住 87 天。1992 到 2006 年间,他和妻子主要居住在法国。亨伍德认为自己现在的住所在毛里求斯。但是他在毛里求斯没有工作许可,也很难证明他有永居意愿。他和妻子明显更愿意居住在法国。

英国法院认为,亨伍德于 1977 年放弃了原生住所,获得了马恩岛的新住所。但是他在 1992 年离开马恩岛时已经放弃了马恩岛的住所。由于无证据证明亨伍德已经获得了法国或者毛里求斯的新住所,而每个人都必须有一个住所,英国法院复活了他的原生住所,认为他的住所地仍然是英格兰。复活原生住所是英国法

---

[1] Henwood v. Barlow Clowes International Ltd. [2008] EWCA Civ 577.

特有的制度。在其他普通法系国家，如美国、新西兰、澳大利亚，自然人的现有住所将会一直持续，直到他取得新的住所为止。[1]

（二）依存性住所

依存性住所（domicile of dependence）给予法律上非完全民事行为能力人其监护人的住所，并随着监护人住所的改变而改变。住所被认为是自然人心理状态和个人意愿的体现。但是非完全民事行为能力人，例如儿童和精神病人，无法形成真实有效的个人意志来选择住所。此外，给予一个家庭所有的成员共同的住所在生活和实践上会带来便利。

儿童在出生时拥有原生住所，这个住所在儿童满16岁之前将持续存在。原生住所很多时候也是儿童的依存住所。但是如果儿童父母的住所地改变，儿童被收养，或者法院更改儿童的监护人，儿童的原生住所将被新的依存住所取代。

确定儿童依存住所的基本规则是：如果儿童是非婚生儿童，他的依存住所随母；如果儿童是婚生儿童，他的父母在一起生活，儿童的依存住所随父；如果父亲去世，儿童的依存住所随母。但是"博蒙案"（Re Beaumont）则是一个例外。[2]

> 婚生儿童博蒙的父母拥有苏格兰住所。其父去世后，博蒙和母亲以及几个兄弟住在苏格兰。其母再婚嫁给一个英格兰人并移居英格兰，并将除了博蒙之外的几个孩子接到了英格兰，但是博蒙被留在苏格兰和亲戚居住。母亲取得了英格兰的住所。

虽然根据一般原理，儿童父亲去世后，依存住所随母，但是本案中的儿童博蒙在母亲移居英格兰后并未依存母亲生活。此时认为博蒙的依存住所变更为英格兰已经不符合实际需要。将未成年孩子留在苏格兰，说明母亲也放弃了改变儿童住所的权利。此时儿童的依存住所不再随母亲而改变。由于博蒙此时依存的不再是母亲，而是住所在苏格兰的亲戚，博蒙的住所仍然在苏格兰。可见，确定儿童的依存住所需要考虑儿童的真实抚养情况。如果婚生儿童的父母分居，儿童取得与其共同生活的一方的住所；如果父母共有儿童的抚养权，儿童分别和父母生活，则取得父亲的住所。

---

[1] Cheshire, *North and Fawcett Private International Law*, 15th ed., Oxford University Press, 2017, p. 164.

[2] Re Beaumont [1893] 3 Ch 490.

（三）选择性住所

选择性住所（domicile of choice）给予自然人成年后改变住所的权利。选择性住所的获得需要居住事实和永居意愿两个要素。居住事实相对容易认定，这是一个定性的概念而非定量的概念。也就是说，当事人需要本着安家的意愿居住，而居住的长短、期限均不重要，居住数天或者半天都不会妨碍当事人获得住所。[1] 美国的做法则更加有趣。美国法认为当事人决定移民美国，一旦将行李及财产寄往美国，即使本人未到达也可以认定其获得了美国的选择性住所。[2] 除了居住期限外，居住地方的质量也无关紧要。一个人即使住在宾馆、朋友家，也可能被视为有居住事实。非法居住也可能拥有住所。"马克案"（Mark v. Mark）中，当事人的丈夫获得了英国的工作许可，作为配偶的她取得了在英格兰定期居留的权利。她在居留权到期后继续在英国居住。根据当时的《移民法》，逾期居留是犯罪行为。但是英国最高法院认为认定住所的"居住事实"并没有要求居住必须合法。[3]

和居住事实相比，永居意愿明显是一个更加重要的因素。如果一个人虽然办理了移民，但是打算去英国"看看"，并未下定决心在英国定居；或者当事人去英国工作或者攻读学位一段时间，那么他并未取得英国的新住所。当事人需要有将一个国家作为永久性的家的意愿，这个意愿通常不应当附带条件。例如"克雷默案"（Cramer v. Cramer）中，[4] 原住所地在法国的已婚妇女爱上了一个已婚的英格兰人。她来到英格兰，决定在双方各自离婚并相互结婚后在英格兰定居。法院认为该名妇女没有取得英格兰住所，因为她居住的意愿是带有条件的，而附条件的意愿不足以取得住所。

当然，"永居意愿"并非绝不能更改。如果当事人有意愿永久居住，但是并不排除某一天回到出生地的可能，永居意愿仍可以得到认可。这是因为回归祖国的"可能"并非确定一定会发生，而仅是可能。如"豪立德诉穆沙案"（Holliday v. Musa）。[5]

> 当事人是塞浦路斯到英国的移民。他是英国土耳其族塞浦路斯社区的领袖人物，在英国有资产，并自移民后一直居住在英国直到去世。当事人在其

---

[1] White v. Tennant, 31 W. Va. 790 (1888).

[2] Jonathan Hill & Maire Ni Shuilleabhain, *Clarkson & Hill's Conflict of Laws*, 5th ed., Oxford University Press, 2016, p. 329.

[3] Mark v. Mark [2005] UKHL 42.

[4] Cramer v. Cramer [2005] UKHL 42.

[5] Holliday v. Musa, [2010] 2 F. L. R. 702.

第五章 对被告的属人管辖——国际私法上的"家"

前妻去世后和豪立德小姐同居。当事人死后,豪立德要求从当事人的遗产中分得扶养费。当事人和前妻所生的长子认为英国给予死者同居伴侣扶养费的法律不应当被适用,因为死者在英国没有住所。死者生前常常发出"要回塞浦路斯退休"的感慨,而且对英国税务部门声称自己的住所在塞浦路斯。

英国法院认为,死者生前提到的回塞浦路斯仅是一种没有被排除的可能性,不代表没有在英国永居的意愿,对税务部门的陈述仅出于减税的目的。因此死者在其去世时的住所在英格兰。

如果当事人离开的意愿是基于发生特别的事件,那么当事人是否取得住所取决于事件的性质。如果事件非常模糊而且不确定会发生,则不影响当事人获得住所。例如"福斯案"[Re Furse (Deceased)]。[1]

> 当事人福斯1883年出生于美国,其父亲的住所在美国罗得岛。1887年,福斯全家移居英格兰。福斯在英国完成教育后,于1907年在美国纽约工作、结婚,并居住至1916年。福斯之后加入英国军队,于1919年回到美国并工作,直到1923年福斯回到英国生活,直至1963年去世。福斯时常提起如果身体不好就要回美国,但是最终并未实施。

英国法院认为,福斯21岁之前的依存性住所在美国;至少1923年之后,福斯有在英国永居的意愿,取得了英国住所。福斯回到美国的想法是基于"身体不好"这一事件的假设。这个假设过于模糊,什么情况属于"身体不好"并不明确,使得回到美国成为一种模糊的念想,不确定会发生,所以不影响福斯取得英国住所。但是,如果可能导致当事人离开的事件明确具体,离开有可操作性,则可以造成当事人缺乏永居意愿。例如"税务专员诉巴洛克案"(Inland Revenue Commissioners v. Bullock)。[2]

> 当事人出生于加拿大新斯科舍,1932年来到英国工作、结婚。1960年,当事人的父亲去世,当事人在新斯科舍继承了大笔遗产,实现了财富自由。当事人希望辞去工作,和妻子一起回加拿大生活,但是其妻不愿意离开英国。当事人决定待妻子死后再回加拿大。

---

[1] Re Furse (Deceased),[1980] 3 All E. R. 838.
[2] Inland Revenue Commissioners v. Bullock,[1976] 1 W. L. R. 1178.

英国法院认为当事人离开的意愿非常明确，而且意愿实现的事件（妻子先去世）有实现的可能性，因此当事人缺乏在英国永居的意愿，并未取得英国住所。对于永居意愿的高标准，可以造成一个人在某个国家居住数十年而未获得该国住所的情况。例如，"赛迦尼科诉阿古连案"（Cyganik v. Agulian）。[1]

  当事人在塞浦路斯出生，但是自1958年直到2003年去世主要生活在伦敦。他持有英国护照，在英国开办公司，在英国拥有房产，在英国养育子女。但是，他经常回塞浦路斯探亲，并在当地拥有银行账户。他在伦敦收看塞浦路斯电视节目，朋友圈大多是塞浦路斯人。法院认为此人虽然在伦敦已经生活了近五十年，却并没有永居意愿，没有放弃其在塞浦路斯的原始住所。

英国法确定住所的方式有明显的缺陷。我们需要通过住所确定自然人的生活中心，也就是永久性的"家"。这个"家"一半基于客观居住事实，一半基于主观意愿。一个人仅有意愿而无紧密的联系事实，此时授予的"住所"与这个人的客观联系是微弱的，也是不为第三人了解的。此外，永久居住的主观意愿是可以变化的，也是难以证实的。因此，在一些案例中，英国法院对永居意愿的要求出现了些许松动。例如，"劳伦斯案"（Lawrence v. Lawrence），[2] 当事人是出生于宾夕法尼亚州的美国公民，在巴西生活了三十多年，但是拥有美国护照。他解释说，拥有美国护照的原因是如果巴西发生革命，他可以回到美国。法院认为，虽然他有回到原生住所的可能，但是触发事件太特殊而无法预知。可以推定，此人在巴西有永居意愿。

二、中国法上的住所

在中国，住所的判定依赖于登记。中国实行户籍制度和身份证制度，《民法典》第25条规定，自然人以户籍登记或者其他有效身份登记记载的居所为住所。这个规定建立在中国对人口流动管制的前提下。虽然基于登记的住所容易确定，但同时也使得住所这个概念变得机械而僵化，不适合中国社会结构和劳动力市场的变化。大量外国人来华工作和生活，难以取得中国户籍或者绿卡，也就无法获得中国的法定住所。当这些外国人在中国与中国公民或者法人发生纠纷而成为被告，中国法院如果不能作为被告住所地法院行使管辖权，而要求当事人去外国诉讼，对双方当事人均是额外负担，也无法达成保护被告的目的。因此，《民法

---

[1] Cyganik v. Agulian, [2006] EWCA Civ 129.
[2] Lawrence v. Lawrence, [1986] Fam. 106.

典》第25条同时补充,当经常居所与住所不一致时,经常居所视为住所。"拟制住所"使得自然人与国家的连结更加切合实际,为已经在中国建立实际联系的外国人获得中国法院的管辖权创设了条件。以上例子说明使用"惯常居所"或者"习惯居所"代替住所,已经成为国际趋势。

第四节 惯常居所

一、惯常居所的概念

惯常居所(habitual residence)是海牙国际私法会议提出的概念。为了以此概念确立自然人与国家之间客观真实的联系,海牙国际私法会议特别强调,惯常居所应当作字面上的理解,而不应当采用人工的技术性标准。惯常居所由"惯常"和"居所"两个词组成。也就是说,这个国家应当是自然人实际居住的地方,且居住已经具备了一定的长期性和连贯性,使得在此地居住成为"惯常"或者"习惯"。惯常居所需要反映自然人客观真实的居住状态,而实际上的居住状态往往千差万别。由于法官需要自由裁量当事人是否在某国居住已经成为"习惯",而法官也没有统一的判断标准,因此惯常居所实际上是一个确定性很弱的概念,特别是对于某些"世界公民"或者"国际家庭"而言。例如,一个中国学生决定赴美留学3年。在他离开中国时,他将有一段不短的时间长期居住在另一个国家而不会回到原居住地,那么他是否失去了中国这一原惯常居所?他将在美国连贯地居住3年,即使因为旅游、探亲离开也是短期的、暂时的。那么美国将在什么时候成为他的惯常居所?如果这个学生每个圣诞节、复活节、暑假都会回国探亲1到2个月,那么是否可以认为他同时拥有中国和美国两个惯常居所?如果他的大学安排他每年在美国学习6个月,再到德国学习6个月,依次进行3年,那么在这3年内,他的惯常居所是否轮流在美国和德国之间切换?

二、惯常居所的确定

(一)长期居住的事实

出于实用性的考虑,有的法院也会为惯常居所设立一定的判断标准。获得惯常居所通常需要有长期居住的事实和安居的意愿。对于长期居住的事实,究竟多长时间的居住才足够,并没有固定标准。通常认为连续居住1年以上足以使得自然人获得居住地的惯常居所。[1] 但是,对于1年以下是否一定无法取得惯常居所的问题,法院常作出矛盾的判决。比如英国法院认为一个赴英国大学求学1年

---

[1] 如《最高人民法院关于适用〈中华人民共和国涉外民事关系法律适用法〉若干问题的解释(一)》第13条。

的以色列家庭，在英国连续居住8个月后，惯常居住地仍在以色列。[1] 而在另一个案件中，7到8周的居住便使当事人获得惯常居所。[2] 长居事实是一个灵活的概念，居住长短也许和安居意愿有关。有清晰明确的长居意愿，可能会缩短获得惯常居所的居住期限；在意愿不明的情况下，客观居住的长期性便更为重要。

相比住所，惯常居所需要着重考察客观居住状态，主观意愿的重要性较小。一个人可以没有定居意愿，但是因为已经在一个国家居住满1年而获得惯常居所；另一个人可能出于定居目的移民，但是由于初来乍到，新国家无法立即成为他的惯常居所。惯常居所需要居住时间有一定的长度和连续性，居住状态有一定的稳定性。对居住状态的要求体现在"奈莎案"（Nessa v. Chief Adjudication Officer）中。[3]

> 孟加拉人奈莎与英国丈夫结婚后在英国居住了13年，在英国有惯常居所。之后丈夫去世，奈莎回到孟加拉。19年后，奈莎携全家人再赴英国定居，到达英国后立即申请英国提供给惯常居民的收入补助金。

英国法院拒绝了奈莎的请求，认为奈莎并非英国惯常居民。虽然奈莎曾经在英国有惯常居所，但是奈莎回到孟加拉后，已经失去了该惯常居所。奈莎再回英国，即使有清晰的定居意愿，也需要在英国居住足够长的时间才能再次成为英国惯常居民。这个案件站在政治角度，可能被解释为英国法院出于保护公共资源的目的，不愿意使新移民直接获取社会福利。

但是，需要有居住时限才能领取福利却违背了欧盟人员自由流动的初衷。当英国仍是欧盟成员国的时候，法院以同样的理由拒绝给予刚到英国居住的欧洲公民社会福利。然而欧洲法院（European Court of Justice）在"斯瓦德灵案"（Swaddling v. Adjudication Officer）中认为英国法院对惯常居所的解释不符合欧盟法的精神。[4]

> 斯瓦德灵是一个英国公民。在法国居住了15年后，斯瓦德灵返回英国定居。他虽然是英国公民，但是在法国长居的15年间已经失去了英国惯常居所，因此无法领取收入补助金。

---

[1] Re S (Minors) (Abduction: Wrongful Retention), [1994] Fam. 70.
[2] Re S (Habitual Residence) [2010] 1 FLR 1146.
[3] Nessa v. Chief Adjudication Officer [1999] 1 WLR 1937 (HL).
[4] Case C-90/97 Swaddling v. Adjudication Officer [1999] ECR I-1075.

欧洲法院认为当欧洲公民行使自由迁移的权利（freedom of movement）时，国家不宜机械地将居住时间作为判定惯常居所的关键因素。如果欧洲居民返回原籍国与家庭成员团聚且清晰地表明定居意愿，他可以立刻获得原籍国的惯常居所并获取社会福利。可见即使惯常居所是一个"事实"，法院对事实的解释也仍然会掺杂政治目的。

（二）安居意愿

惯常居所的获得需要安居意愿，也就是在某地长期生活的意愿。安居意愿意味着当事人有计划一段时间内较稳定地居住在一个国家。在一个国家求学、工作一段时间，都可以称为有安居意愿。[1] 对安居意愿的唯一要求就是，当事人的居住目的有一定连续性。如果在一个国家的目的是短期度假、治病这种临时安排，则不满足安居意愿的条件。[2] 证明安居意愿的门槛不高，证据可以包括购买或者长租房产、注册学校、寻求雇佣、出卖原居住地的房屋等。

对于安居意愿是否需要真实，实践上存在不同做法。有的法院认为，真实意愿是必要的。在一个案件中，当事人在美国军队服役，被派驻冰岛。法院需要判断当事人是否在冰岛有安居意愿。虽然派驻冰岛是军队的强制性决定，当事人无法选择，但是参军却是当事人的真实意愿。自由参军代表当事人接受被派驻任何国家的可能，也就是说当事人接受被派往任何国家，在任何被派驻的国家均有安居意愿。[3] 但是有的法官却认为，惯常居所是一个事实状态，客观居住事实更加重要。即使安居意愿不真实，在居住时间足够长的情况下通常不影响其在实际居住地获得惯常居所。如被丈夫家暴强迫迁往意大利的妇女，在意大利居住9个月后被认为惯常居所就在意大利。[4] 在许多儿童诱拐案件中，由于儿童被诱拐者带到另一国居住很长时间，强行要求儿童回到原来的居住地进行抚养权审理会对儿童造成二次伤害，法院也通常认为即使诱拐案件中的受害人没有真实的安居意愿，但是久居事实足以使儿童更换新的惯常居所。[5] 当然也有例外，如"B诉H监护案"［B v. H（Habitual Residence：Wardship）］。[6]

---

[1] Re C (Abduction：Habitual Residence)，[2004] 1 FLR 217.

[2] Breuning v. Breuning，[2002] 1 FLR 888.

[3] Re A (Abduction：Habitual Resicence)，[1996] 1 All ER 24.

[4] DT v. LBT (Abduction：Domestic Abuse) [2010] EWHC 3177 (Fam.).

[5] 这里的儿童诱拐，指的是《海牙国际儿童诱拐公约》中定义的儿童被父母一方侵犯另一方或者合法监护人的监护权，将儿童迁移至另一国家，或者在另一国家扣留当返回原居住地的儿童。Re D (A Child) (Abduction：Foreign Custody Rights) [2006] UKHL 61.

[6] B v. H (Habitual Residence：Wardship) [2002] 1 F. L. R. 388.

夫妻均为孟加拉公民，持英国"绿卡"（永久居留证）。二人在英国生育三名子女。妻子再次怀孕，丈夫安排全家回孟加拉"度假5周"。回到孟加拉后，妻子的护照被丈夫没收，失去经济来源，无法回到英国，于是在孟加拉滞留18个月。之后丈夫按照伊斯兰法对妻子宣布离婚，[1] 归还妻子的护照，但是坚持所有的孩子包括最后在孟加拉出生的婴儿都留在孟加拉。该名妇女为了离开孟加拉，不得不同意丈夫的监护安排。回到英国后，该名妇女立即申请英国法院监护令，也就是使英国高等法院成为儿童的监护人来保障儿童的安全和利益。然而英国法院的被监护人只能是在英国拥有惯常居所的儿童，因此法院需要确定三名儿童的惯常居所。

英国法官认为，儿童作为无民事行为能力人，没有法律上承认的改变居所的主观意愿。儿童的惯常居所只能通过监护人合意改变。三名在英国出生的儿童原惯常居所在英国。一方监护人不能单方面改变儿童的惯常居所。孟加拉之旅的策划者，这位父亲的惯常居所已经改变，但是其母并没有真实的安居意愿，她带三名儿童去孟加拉的意愿是受到欺骗的结果。即使这三名儿童在孟加拉实际居住1年以上，他们的惯常居所仍在英国。至于那个在孟加拉出生的孩子，法官认为虽然这个孩子从来没有到过英国，但是胎儿不可能离开母体自行获得居所，所以胎儿的居所应当跟随母亲。母亲的惯常居所是英国，没有因为受欺骗前往孟加拉、再受胁迫滞留孟加拉而改变。因此，这个孩子的惯常居所也在英国。

这个判决在法理上存在逻辑漏洞。首先，惯常居所是一个描述事实的概念。也就是说居住事实状态重于主观意愿。18个月的居住本身便已经构成了经常居住的事实。唯一合理的解释也许是虽然非自愿的居住也能获得惯常居所，但是出于保护被害人的目的，居住的时间需要比自愿居住更长。但是多长才足够，很明显是没有答案的。其次，惯常居所的取得需要居住事实。在海外出生的儿童从未在英国居住，便无法从事实上取得英国的惯常居所。如果儿童的惯常居所根据父母确定，便违背了惯常居所作为事实概念而非法律概念的性质。此外，法官也无法解释该案中，父母的惯常居所不一致，儿童与双方共同居住，为何根据母亲而非父亲确定惯常居所。这说明法官在确定自然人惯常居所时，往往会加入主观价值考量以及对相关法律精神的维护。法官可以在必要的时候，改变惯常居所的判断标准，以便获得对相关案件的管辖权。此案与长期家暴、人权保护以及孟加拉

---

[1] 伊斯兰教法给予丈夫单方面离异的权利，也就是"休妻"。丈夫一次对妻子连说三句"我休了你"，也就是"塔拉格"（Talaq），就和妻子合法离婚。塔拉格离婚也有其它更正式的方式。比如丈夫可以宣布一次塔拉格，之后如果连续分居3个月，就构成离婚；或者丈夫宣布一次塔拉格，之后2个月内连续宣布两次，也构成离婚。

国儿童的健康教育总体状况有关。英国法官对于这名妇女和四个儿童抱有极大的同情。对于在英国出生的三个儿童,法官提高了获得新惯常居所的标准,而对于在孟加拉出生的婴儿,却降低了获取英国惯常居所的标准。但是最终目的是一致的,就是为了使英国法院获得全部四个儿童的法院监护权。

三、惯常居所的特殊情形

如果惯常居所是一个事实性的概念,那么根据一些国际公民的居住事实,一个人可能会同时拥有多个惯常居所。如"依克米案"(Ikimi v. Ikimi)。[1]

夫妻双方均为尼日利亚公民,1978 年决定在伦敦安下第二个"家",并于 1982 年购买了一栋价值 85 万英镑的房产。他们的四个孩子都在英国出生,并在英国生活、接受教育。三个年长的孩子拥有双重国籍。1994 年,丈夫成为尼日利亚高官。1995 到 1998 年间,欧盟对尼日利亚进行制裁,这对夫妻被禁止进入欧盟境内,他们的孩子仍在英国生活,由管家照顾。1998 年制裁松动,妻子立即获得签证回到伦敦,在学校开学后再次回到尼日利亚。此后,妻子的居住轨迹是:假期回到伦敦和孩子度假,开学后飞回尼日利亚。她每年进入英国三次,一共居住 28+29+104=161 天。

如果这几次入境拆开看,每一次入境妻子居住的时间都不够长,而且入境的目的并非长期居住而是短期度假。但是将这个家庭的生活方式视作一个整体,我们可以发现这个家庭有意识地同时拥有两个"家",而且使两个家都成为生活中心。只是这两个"家"的功能不同,尼日利亚的家是夫妻工作地和故乡,而伦敦的家则是孩子生活学习的场所。整体上看,妻子每年将近一半时间在伦敦度过。这些事实充分说明,妻子同时拥有伦敦和尼日利亚两个惯常居所,她和两地的联系均充分紧密。

与此相对,一个人也可能没有惯常居所。这一点很容易解释,因为失去惯常居所是一件很容易的事。一个人抱着永别的决心离开他居住的国家移民海外,在他离开该国领土的那一刻,他便失去了该国的惯常居所。但是他在到达新的居住地之后,无法立即拥有惯常居所,而需要居住足够长的时间。此时,他便是没有惯常居所的人。

拥有多个惯常居所或者没有惯常居所,从法律角度看无疑是个不利因素。法律需要确定性,因此给予被告一个"家",并让这个"家"的法院拥有管辖权,有时也适用这个"家"的法律判决案件,特别是与人身关系相关的案件。法律

---

[1] Ikimi v. Ikimi [2002] Fam. 72.

的确定性只有在任何人都拥有且仅有一个"家"时才能实现。但是,现在当事人有两个"家",这无疑增添了法院管辖权冲突的可能性,更为适用法律造成了麻烦。而当事人若没有"家",以上一切法律目的均无从谈起。在跨国儿童诱拐案件中,父母一方非法将儿童带往国外生活,出于保护另一方监护人监护权以及保护儿童的目的,法律往往要求将儿童带回其惯常居所。如果儿童有两个惯常居所或者没有惯常居所,保护儿童、防止诱拐的目的便无法实现。因此,在实践中,法院有时不得不抛弃"惯常居所"的字面含义,人为地为跨国诱拐案件中的儿童寻找一个符合立法目的的惯常居所。如"卡梅伦案"(Cameron v. Cameron)。[1]

居住在苏格兰的夫妻分居,根据分居协议共同抚养两个孩子。协议约定孩子和父亲在法国居住,母亲居住在苏格兰,但是拥有不受限制的探视权。如果孩子不喜欢居住在法国,父亲将立即将他们送回苏格兰。双方6个月后再审查这个约定。1995年,双方执行协议,1月到4月,孩子和父亲在法国居住。4月初母亲探视后没有按约定把孩子返还,而是把孩子带回苏格兰。父亲要求将儿童返还到儿童的惯常居所。

这两个儿童的惯常居所曾是苏格兰,儿童随父亲在法国居住了3个月后被带离法国。此外,根据原协议,双方6个月后再审查儿童抚养的约定,如果儿童不喜欢法国还有可能在中途被送还苏格兰。因此,儿童的安居意愿是不够确定的。如果明确的安居意愿可以使获得惯常居所的时间缩短,那么本案中的居住意愿和居所时间似乎并不足以使儿童获得法国的惯常居所。但是,如果法院判决苏格兰仍然是儿童的惯常居所,那么根据法律则无需送还儿童,这会造成母亲违反儿童抚养协议,侵犯父亲对儿童的抚养权。出于保护儿童、禁止父母诱拐的目的,法院判决两名儿童已经获得了法国的惯常居所。

由此可见,在千变万化的现实面前,法律往往是无力的。立法者采取了种种办法确定国际化的社会中自然人的"家"这个概念,但是不论是传统的国籍、僵化的住所、作为事实的惯常居所,都无法达到既反映客观事实、又实现法律既有灵活性、又有确定性的目的。诚然,灵活性和确定性本身就是一对悖论,灵活必然不确定,反之亦然。而法律能做到的,也许仅仅是在灵活和确定之间妥协,寻找一个既不那么灵活又不那么确定的平衡点。自然人在国际社会最基本的立足之地"家"的概念也会继续模糊下去,成为国际私法案件中永恒的争议焦点。

---

[1] Cameron v. Cameron,[1996] S. C. 17.

第五节 公司

除了自然人，在国际私法中公司、组织或其他实体也要有一个"家"。公司的"家"，除了对以公司为被告的案件有管辖权外，这个"家"的法律还要用于解决与公司人格相关的问题，例如公司的成立、解散、行为能力等。由于公司本是拟制的人，公司的国籍和住所都经由法律拟制。法律可以通过同一个标准确定公司的归属地，将其称为公司的"住所"或者"国籍"。因此，对于公司而言，适用哪个术语并不重要，重要的是确定公司归属地的标准。

一、注册地理论

大多国家对于公司归属地采用的是注册地标准。公司在哪个国家、按照哪个国家的法律注册，该国对于公司就拥有属人管辖权。注册地主义在实践上有相当的便利性。因为公司在哪里注册既容易确定，也容易证明。当然，公司管理者有权决定在一国注册公司，而在另一国经营。这就造成了公司归属地和实际业务所在地的分离。注册地主义也容易造成"竞次现象"，也就是对公司放宽监管的国家或地区会吸引大量的跨国注册公司，对外国更加严格的监管产生事实上的冲击。

典型例子是以"公司天堂"著称的特拉华州（Delaware）。特拉华州公司法内容全面、修订及时、政策稳定，几乎仅包含非强制性规则，也就是只有公司章程中没有约定才适用法律。外国投资者仅需在特拉华州支付一定的"年费"便可享受特拉华州公司法的灵活性和便利性，并为美国其他州认可。在美国之外，由于欧洲一些国家注册公司有较高的要求，注册公司程序繁琐，很多投资者也倾向于选择特拉华州注册公司。特拉华州对公司采取了宽大灵活的政策，吸引了大批美国其他州和外国的投资者到特拉华州注册公司，导致特拉华州的财政以及工作机会大幅增加，这被称为"特拉华州现象"。但采用住所地主义，会导致特拉华州法院拥有这些由外国投资人拥有的、在外国经营的公司的管辖权，对公司利润来源地、实际控制地的法院行使权力产生不利影响。

二、"真实本座"（real seat）理论

真实本座理论关注的是公司的实际管理控制地或者实际经营地。和注册地理论相比，真实本座理论考虑的不是公司发起人或者管理者的主观意愿，而是公司和国家的客观联系。如果公司在马绍尔群岛注册，但是在德国经营，那么对这个公司拥有属人管辖权的是德国而非马绍尔。为了防止公司通过海外注册而偷税漏税，很多国家在税收领域采取真实本座理论。例如"戴比尔斯综合矿山诉豪威

案"(De Beers Consolidated Mines v. Howe)。[1]

  豪威钻石公司在南非登记成立并设立总部，总部的董事会处理日常行政事宜。另一个董事会位于伦敦，和南非总部共同进行政策决策。因为公司大多数董事居住在伦敦，因此伦敦董事会事实上控制了决策结果。但公司业务和经营，包括采矿和出售，均发生在南非。

  按照注册地理论，公司的住所应当在南非。但是英国法院认为，在税收问题上，应当采取真实本座理论。由于公司的实际控制权属于伦敦董事会，公司的经营决策出自伦敦，即使很多实际经营行为发生在南非，伦敦仍然是公司的实际管理控制地，即公司的真实本座在伦敦。因此，公司是英国的税收居民，公司需要按照英国法律纳税。

  虽然在大多情况下，公司的真实本座可以确定，但是对于一些跨国公司而言，确定真实本座是一个难题。公司的商业活动可能遍布全球，信息技术也使得公司管理有远程化、在线化的趋势，进一步加剧了实际控制地和真实联系地的分离。此外，相比公司注册地，公司的实际管理和控制地更加容易改变，也难以提供大多商事行为所需要的确定性。国家可以利用真实本座防止公司通过在海外注册而漏税，但是真实本座是一把双刃剑。也就是说，外国也可以以此为标准，将在本国注册的公司认定为外国的税收居民，从而对公司营业利润征税。

  真实本座理论在现实中遇到的最大挑战是公司的迁徙自由。这一点在欧盟表现得尤为明显。《建立欧洲共同体条约》（以下简称《欧共体条约》）为欧盟的实体设置了四大自由：商品、服务、资本和人员的自由流动。公司设立的自由属于人员流动自由的范畴。虽然成员国仍可以针对本国注册的公司的管理中心向外国转移进行限制，但是此类限制的目标必须与公共利益相关，且符合比例原则。在欧盟法院把公司设立的自由当作"基本人权"处理之后，限制公司自由迁徙更加困难。在"森特罗斯案"（Centros Ltd. v. Ervervsog Selskabsstrylsen）中，欧盟法院认为丹麦拒绝承认一个在英国注册的但是从未在英国开展任何业务的公司，违反了《欧共体条约》关于保护人员自由流动的条款。[2] 在"于贝泽林案"（Uberseering BV v. Nordic Construction Company Baumanagement GmbH）中，欧盟法院明确认为成员国内部的真实本座理论违反了欧盟法，并认为公司的主要

---

[1] De Beers Consolidated Mines v. Howe, [1906] AC 455.
[2] Case C-212/97, Centros Ltd v. Ervervsog Selskabsstrylsen, [1999] ECR I-1459.

营业地才应当是公司的国籍。[1] 在"灵感艺术公司案"（Kamer van Koophandel en Fabrieken voor Amsterdam v. Inspire Art Ltd.）中，欧盟法院认为成员国不得要求移入的外国公司遵守本国关于公司设立的特别法律规定，除非公司的设立有滥用程序的嫌疑。[2]

三、结合注册地主义和真实本座主义

我国的做法则相对特殊。《中华人民共和国公司法》第10条规定，公司以其主要办事机构所在地为住所。原《公司登记管理条例》第12条规定，公司的主要办事机构和公司登记的住所地要一致。现行《市场主体登记管理条例》第11条以及《市场主体登记管理条例》第10条也表明公司住所地包括主要营业地。《民法典》第63条规定，法人以主要办事机构所在地为住所。依法需要登记的，应当将主要办事机构所在地登记为住所。第65条规定，法人的实际情况与登记的事项不一致的，不得对抗善意相对人。简言之，中国的要求是公司的主要办事机构和登记地一致，为公司的住所，也就是结合了注册地理论和真实本座理论，要求公司有一个住所。如果不一致，则根据相对人是否善意决定住所。如果相对人不知情，以注册地为住所；如果相对人知道公司主要办事机构地址，则以该地为住所。

四、公司的属人管辖

公司如果有了拟制的确定其法人人格权利义务的"家"，将不可避免地置于该国法院地管辖权之下。如果公司在英国注册，管理中心在德国，在这种情形下采取注册地理论的英国和采取真实本座理论的德国均有权对公司适用本国法为属人法。与之相对，英国和德国法院也均会认为公司与本国有属人联系而行使管辖权。

因此，公司在管辖权上的"国籍"或者"住所"可以有多个。欧盟《布鲁塞尔I修订条例》第63条第1款采用的是"住所"这一术语，并给予公司三个管辖权上的住所，包括公司的法定住所（statutory seat）、管理中心（central administration）、主要营业地（principal place of business）。法定住所指法人的设立地。管理中心指对公司运营作出重要决定的机关所在地，而非董事会、股东会的召开地点。[3] 主要营业地指公司主要经济活动发生的国家，一般指公司首要或最重要的经营事务发生地。由于这些地点都是可选项，公司有多个住所不足为奇。

---

[1] Case C-208/00, Uberseering BV v. Nordic Construction Company Baumanagement GmbH（HCC），[2002] ECR I-9919.

[2] Case C-167/01, Kamer van Koophandel en Fabrieken voor Amsterdam v. Inspire Art Ltd.，[2003] ECR I-10155.

[3] Young v. Anglo American South Africa Ltd. [2014] 2 CLC 143.

第六章 涉外合同和侵权案件的特别管辖权

涉外合同和侵权案件的特别管辖权在实践中运用得最频繁。法院行使管辖权的依据并不单一。大陆法系将管辖权分为专属管辖、协议管辖、被告住所地管辖（也称一般管辖）和特别管辖。在案件不涉及国家主权、当事人合意等情况下，法院可以适用一般管辖或者特别管辖确定管辖权。一般管辖（general jurisdiction）指的是根据被告住所地行使管辖权，特别管辖（special jurisdiction）是针对合同、侵权等案件类型，专门制定的管辖权规则。一般管辖为一般性规则，特别管辖为例外。但是这里的例外仅指解释标准更加严格，而并非指一般管辖有优先权。在实践中，针对同一个案件，被告住所地和合同、侵权的密切联系地均享有同等的管辖权。大陆法系各国国内法对于特别管辖的立法不尽相同，但是均有类似的特点，也同时有类似的缺陷。

第一节 识别难题

一、违约与侵权

大陆法系国家对于合同和侵权分别建立不同的管辖权规则。例如欧盟《布鲁塞尔Ⅰ修正条例》规定，合同争议的管辖法院为合同履行地法院；侵权之诉的管辖法院是侵权行为地的法院。[1] 在适用这些管辖权规则时，法院首先遇到的是识别问题，也就是一个案件到底属于合同还是侵权。合同和侵权有时并不容易区分，例如通过错误陈述、欺诈、胁迫等过错行为订立合同，属于合同责任，还是侵权责任？若侵权行为基于合同发生，如履行运输合同时发生交通事故，属于合同违约还是过失侵权？对于这些问题，各国结论不一。由于对于诉因的识别是一个法律问题，在法院适用特别管辖规则之前，需要确定识别的准据法，这便制造了更大的不确定性和程序的复杂性。为了简化程序，达到成员国之间的一致，欧

---

[1] Regulation (EU) No 1215/2012 on jurisdiction and the recognition and enforcement of judgments in civil and commercial matters, [2012] OJ L 351/1, Art 7 (1) and Art 7 (2).

盟法院对识别的规则采取欧盟统一标准。[1] 即便如此,欧盟法院也没有给予"合同"和"侵权"清晰的定义。合同与侵权之间的区分,仅在"汉特公司案"(Jakob Handte) 中被简单提及。[2]

  原告法国公司在两台抛光机上安装吸气系统,该系统由德国汉特公司制造,由法国汉特公司销售和安装。1987年,原告认为吸气系统不符合工作卫生和安全的规定,无法实现预期目的,造成损失,在法国起诉德国汉特公司和法国汉特公司。法国法院认为,最终用户因为产品瑕疵起诉生产者在法国法上属于合同责任,应当适用合同问题的特别管辖规则。由于合同在法国履行,法国法院对德国汉特公司有管辖权。

  欧盟法院认为,为了使得欧盟管辖权规则在各成员国法院获得相同的解释和适用,"合同问题"应当有统一的、独立于成员国国内法的解释。法院认为,如果一方没有自愿对另一方承担责任,则不存在合同。如果从中间卖方购买货物的次级买方以货物不符合合同为由向制造商提起损害赔偿诉讼,由于制造商没有对次级买方承诺承担合同义务,次级买方与制造商之间不存在合同关系。特别是存在一系列跨国合同的情况下,当事人的合同义务可能因合同而异。次级买方可以对直接卖方强制执行的合同权利,不一定与制造商对第一个买方承诺的权利相同。此外,欧盟管辖权体系出于保护被告的目的,要求管辖权规则的适用可以使得被告可以合理地预测哪个法院有管辖权。次级买方的身份和住所是制造商无法预见的,对此类案件适用合同管辖权将违反可预见性原则。

  在合同未成立或自始无效案中,双方在法律上也不存在自愿担负责任的关系,这种案件能否识别为合同呢?在"艾佛美容诉坎特那案"(Effer SpA v. Kantner) 中,买卖双方通过协商,由买方授权专利代理人调查卖方产品是否违反德国专利。买方破产后,专利代理人认为调查合同是买方代理卖方签署的,并向卖方主张费用。该案争论的焦点是卖方与专利代理人之间是否存在合同关系。[3] 在"安格纽案"(Agnew v. Lansforsakringsbolagens AB) 中,瑞典投保公司没有披露与投保风险相关的重要信息,伦敦保险公司据此主张保险合同无效。[4] 在这两个案件中,如果法官最终确定当事人之间不存在有效合同,那么

---

 [1] Case C-34/82 Martin Peters v. Zuid [1983] ECR 00987; Case C-214/89 Powell Duffryn [1992] ECR I-01745.

 [2] Case C-26/91 Jakob Handte, [1992] ECR I-03967.

 [3] Case C-38/81 Effer SpA v. Kantner [1982] ECR 00825.

 [4] Agnew v. Lansforsakringsbolagens AB, [2000] 1 All ER 737.

法官能否基于适用于合同的管辖规则行使管辖权？在这两个案件中，欧盟法院和英国法院作出了相同的判决。他们认为，法官需要先行使管辖权才能对案件作实质审查。在法官行使管辖权时，合同是否成立、是否有效是未知的。因此，确定管辖权并不需要合同真实存在，只要争议与合同相关，即可以根据合同管辖权规则确定管辖权。

在合同谈判过程中出现的欺诈、胁迫、错误陈述等违反当事人法定诚实信用义务的行为，是否属于与合同有关的争议呢？这个问题在"塔科尼诉海因里希案"（Fonderie v. Heinrich）中得到了解答。[1]

塔科尼是一个意大利公司，希望使用德国海因里希公司生产的制模设备。海因里希同意将设备出售给一个租赁公司，再由该租赁公司出租给塔科尼使用。经海因里希许可，塔科尼和租赁公司签订了租赁合同。之后，海因里希不同意出售设备，给塔科尼的合理预期带来损失。塔科尼起诉海因里希违反诚实信用的原则，必须对销售合同谈判的破裂负责任。

欧盟法院认为，海因里希公司并没有自愿向对方承担任何责任。因为缺乏诚信导致谈判破裂，如果需要承担责任，则只能是法定责任而非约定责任。因此，先合同责任不能定性为合同，只能定性为侵权。在最近的"欧洲信贷银行案"（Aspen Underwriting Ltd. and Ors v. Credit Europe Bank NV）中，[2] 英国上诉法院认为对于错误陈述（misrepresentation）的案件，即使一方当事人被陈述误导而最终签订了合同，案件的性质仍然属于侵权。因为原告获得赔偿的来源，是错误陈述本身，而非另一方对合同条款的违反。

二、买卖与服务

当法官确定案件属性为合同或者侵权之后，识别问题是否完全解决了呢？实际上并没有。在合同管辖权规则中，欧盟法律给予合同履行地管辖权。但是，大多合同属于双务合同，在此类合同中，两个当事人均有履行合同的义务。比如，一个简单的商品买卖合同，买方的义务是付款，卖方的义务是交付货物。如果两个义务的履行地不同（通常不同），哪个地方才是合同履行地，并对争议有管辖权呢？为了简化这个问题，实现法的可预测性，欧盟立法者对两类最常见合同的履行地提供了法律假设：商品买卖合同在商品交付地履行，服务合同在服务提供

---

[1] Case C-334/00 Fonderie Officine Meccaniche Tacconi SpA v. Heinrich Wagner Sinto Maschinenfabrik GmbH (HWS), [2002] ECR I-07357.

[2] Aspen Underwriting Ltd. and Ors v. Credit Europe Bank NV [2018] EWCA 2590 Civ.

地履行。[1]

这样一来，立法者对合同又进一步分了类别，再次把识别问题带到我们面前。换言之，即使法院已经确定案件属于合同争议，还需要进一步确定眼前的合同究竟是商品买卖合同还是服务合同。虽然商品买卖和服务有明显区别，前者旨在转移商品所有权，后者旨在提供无形劳动、技能和服务，但是有的合同却很难依照常规定性。对于买卖和服务的区分，在"汽车装饰有限公司诉核心安全系统案"（Car Trim GmbH v. KeySafety Systems Srl）中得到了解答。[2]

> 德国公司根据意大利买家的要求，使用从约定供应商处购买的原材料，按照买方提供的标准、程序制造并交付安全气囊。意大利买家不满意货物质量，提前终止了合同。德国公司起诉买方违约。如果合同被识别为买卖合同，货物在意大利交付，则意大利法院有管辖权；如果合同被识别为服务合同，因为德国公司在德国按照买方标准进行生产，服务提供地在德国，则德国法院有管辖权。

欧盟法院认为区分买卖还是服务，关键在于合同的目的是提供"商品"还是"劳动"。在一方要履行包括制造和销售两个义务时，法院要考察用于制造的原材料的来源。如果材料是买方提供的，卖方仅进行加工、组装，则是服务合同；如果卖方需要自购材料，按买方要求制造商品并销售，则是买卖合同。第二个关键在于卖方的责任。如果要求卖方对商品的质量负责，合同更可能属于买卖合同；如果卖方的主要责任是正确执行买方的指导和要求，则更可能是服务合同。在本案中，因为卖方自购材料，并对商品质量负有责任，该合同属于销售定制商品的买卖合同，德国法院没有管辖权。

但是，很多特殊合同很难用买卖还是服务来定性。例如转移无形财产的合同，如电子产品的买卖合同。无形电子产品是否属于"商品"？抛开传统的商品是否一定包括有形物质这个问题，电子产品销售并没有带来传统商品买卖中的所有权转移。电子产品本身并没有从原所有者转移到新的所有者。电子产品可以无限复制、无限获取，复制品和原产品没有区别，原所有人也不会因为出售了电子产品而丧失所有权，购买电子产品的人获得的仅是电子"复制品"的使用权。从这个角度看，电子产品的买卖并非商品买卖合同。但是，电子产品的买卖更说不上是服务合同，因为这里面并没有特殊劳动力和技能的提供。

---

[1]《布鲁塞尔I条例》第7（1）条。
[2] Case C-381/08 Car Trim GmbH v. KeySafety Systems Srl [2010] ECR I-01255.

再如特许经营合同。如果德国居民汉斯和美国公司麦当劳签订合同，在汉堡当地开一家麦当劳餐馆，利用麦当劳的注册商标、企业标志、专利、专有技术、管理方法等资源，开展经营，接受麦当劳公司的培训和监管，并向麦当劳公司支付特许经营费，形成复杂的合同模式既非买卖又非服务。其他无法简单定性为买卖或服务的合同，包括经销合同、知识产权转让合同、并购合同、合资经营合同等。这些合同的管辖权无法简单套用商品交付地或服务提供地公式，需要根据争议内容确定争议义务的履行地。

这里我们就会发现大陆法系国际私法的一个重要缺陷。大陆法系的国际私法建立在一套精密的、事先预设的、类型化的系统之上，这个系统把法律关系分门别类，针对每个类别的特征设立一套规则。这就必然出现识别的问题（classification）。而普通法系，特别是美国，针对所有涉外案件适用统一的一套原则，便可以避开管辖权上的识别难题。

三、中国的特别管辖权与识别

中国《民事诉讼法》第276条第1款很笼统的规定了特别管辖权："因涉外民事纠纷，对在中华人民共和国领域内没有住所的被告提起除身份关系以外的诉讼，如果合同签订地、合同履行地、诉讼标的物所在地、可供扣押财产所在地、侵权行为地、代表机构住所地位于中华人民共和国领域内的，可以由合同签订地、合同履行地、诉讼标的物所在地、可供扣押财产所在地、侵权行为地、代表机构住所地人民法院管辖。"

乍一看，这一条似乎没有识别问题，因为立法者并未强调合同争议和侵权争议分别由什么法院管辖。有的管辖权规则可以适用于各自类型的争议，如可供扣押财产所在地、代表机构住所地。但是仔细分析，我们发现，合同签订地、合同履行地、诉讼标的物所在地通常只能作为合同争议的连结点；侵权行为地也仅应当适用于侵权之诉；至于标的物所在地，通常用于物权之诉，但是合同和侵权均可能涉及标的物。因此，在我国司法实践中，识别的问题仍然存在。我国现行法律对特别管辖权中各个管辖连结点的适用范围没有进行严格和精细的划分，可能导致管辖范围过宽。

第二节　跨国合同的特别管辖权

一、特别管辖权连结点

大陆法系特别管辖权的管辖依据是争议和国家之间的客观联系。客观联系意味着相关法律事实发生在一国领域内，该国法院有权对发生在本国领土内的事件行使管辖权；客观联系也意味着当事人可以预测哪些国家的法院有可能有管辖权,有利于保护被告对受诉法院的可预见性。

跨国合同可能和多个国家发生联系,包括合同签订地、标的物所在地、合同履行地。是不是这些国家的法院都有管辖权呢?如果国家希望扩大民事管辖权的范围,则将允许法院管辖所有与本国有客观联系的跨国合同,基于任意客观连结点行使管辖权并不违反政府利益和可预见性的要求。例如中国《民事诉讼法》第 276 条就允许中国法院对在中国境内签订、履行或标的物位于中国境内的合同行使管辖权。但是有的国家更加注重保护被告在"家"应诉的权利。由于被告在国际诉讼程序中处于弱势地位,按照一般管辖的基本原则原告应当在与被告有属人联系的国家起诉,而特别管辖权仅是例外,因此应当限制特别管辖权的范围。欧盟《布鲁塞尔 I 修正条例》就是一个典型的例证,其仅允许合同履行地法院对涉外合同行使特别管辖权。[1]

二、合同履行地

合同的最终目的是得到履行。合同争议主要也产生于履行。通过履行,合同当事人完成了合同义务,合同也实现了它的社会经济目的。合同履行地会对履行地产生最为直接、重要的影响。因此,合同履行地通常是最重要的管辖连结点。在合同签订时,当事人通常约定履行地。如国际货物买卖合同约定,卖方在法国交付货物,买方在德国支付货款,法国是卖方义务的履行地,德国是买方义务的履行地。在这种情况下,合同履行地容易确定。如果合同没有明确约定,法院必须根据案件的实际情况确定合同履行地。

(一)确定合同履行地的相关义务

将合同履行地作为管辖权连结点可能遇到几个困难。大多数合同都是双务合同,双方都有履行义务。在争议发生时,哪一方的义务履行地可以作为合同履行地行使管辖权?如果按照合同约定,买方在中国向卖方支付货款,卖方在日本交付货物。之后买方起诉卖方的货物不符合日本的质量标准。中国法院可以因为是付款义务履行地而行使管辖权,但是争议的事项是货物交付,该义务在日本履行,和中国并无实质联系。且标的物位于日本,中国法院审判案件可能面临较高的举证成本。

对此问题,我国最高法院司法解释要求法院根据争端内容,确定引起争议的义务之履行地。如果当事人没有约定合同履行地,按照争议标的确定履行地。争议标的为给付货币的,接收货币一方所在地为合同履行地;交付不动产的,不动产所在地为合同履行地;其他标的,履行义务一方所在地为合同履行地。即时结

---

[1] 《布鲁塞尔 I 修正条例》第 7(1)条。

清的，交易行为地为合同履行地。[1] 也就是说，只有涉及争议的义务履行地才有管辖权争议，这使得管辖法院和争议有实质紧密的联系。例如在物物交换合同中，甲方为乙方提供水果，乙方为甲方提供蔬菜。如果乙方起诉甲方的蔬菜有质量问题，那么争端的内容则是甲方提供蔬菜的义务。这个义务履行地，也就是蔬菜的交付地的法院有管辖权。

这种根据争端内容确定管辖权的做法可能造成管辖权的不确定性，因为哪个法院有管辖权完全取决于哪个当事人率先提起诉讼。在合同争端中，通常一方当事人认为另一方违约时，也会采取一些措施减少己方损失，如停止发货或者推迟付款。如果前例中，乙方认为甲方违约便停止为甲方提供水果，甲方也可以起诉乙方，那么提供水果的地方法院对甲方的诉讼有管辖权。

(二) 确定合同履行地的准据法

合同履行地有时是一个事实问题，有时却是一个法律问题。例如，国际货物销售中"成本加保险费加运费"（CIF）合同，卖方的义务是将货物交给承运人并将装运单据交付给买方。如果买方诉称货物质量瑕疵或者卖方未交货，该义务的履行地是将货物交付给承运人的国家，而非最终的目的地。这个法律问题有全球统一的解释标准，不会造成实践上的困难。但是其他问题就不同了。

确定履行地的冲突法问题容易发生在金钱给付义务上。金钱在哪里支付是一个法律问题，如中国司法解释规定金钱在债权人所在地支付；[2] 而德国法律规定金钱在债务人所在地支付。如中国公司授予德国公司专利使用权，并收取使用费，合同约定适用德国法律为合同实体问题的准据法。德国公司经营失败，拒绝付款，中国公司诉至中国法院。引起争端的合同义务是德国公司的付款义务。因为合同与中国和德国均有关联，中国法院在确定管辖权之前，需要确定该合同争议应当适用中国法还是德国法解决。如果适用中国法，中国公司为债权人，付款义务在中国履行，中国法院有管辖权；如果适用德国法，德国公司为债务人，付款义务在德国履行，中国法院可能没有管辖权。由于需要先确定准据法，再确定管辖权，可能造成诉讼的拖延。如果法院最终决定它没有管辖权，对当事人而言在时间和金钱上均不划算。

(三) 多个义务履行地

最后，涉及争议义务的履行地可能有多个。有的合同可能要求卖方在多个国家交付商品。在这种情况下，哪个商品交付地对合同争端享有管辖权？我国尚无

---

[1]《最高人民法院关于适用〈中华人民共和国民事诉讼法〉的解释》第18条。

[2]《最高人民法院关于适用〈中华人民共和国民事诉讼法〉的解释》第18条："……争议标的为给付货币的，接收货币一方所在地为合同履行地。"

相关案例，但是这种情况在数个欧盟案件中得到讨论。例如"卡拉德拉克案"（Color Drack）。[1]

  原告是奥地利公司，被告是德国公司。双方签订合同，由德国公司将货物交付给原告位于奥地利的数个零售商，这些零售商分别位于奥地利的几个联邦州。未售出的货物由卖方回收。但是被告没有履行回收义务，原告要求补偿为此支付的费用。原告认为任何一个交货地的法院对合同项下所有的争议均有管辖权。

  国际私法上，联邦国家的每个州都是一个独立的法域，也会面临管辖权分配的问题。此时，法院面临的问题是：每个商品交付地仅对本地交付的商品享有管辖权，还是将合同所有的争议集中在一个商品交付地统一管辖？如果是后者，哪个交付地可以行使集中管辖权？这涉及管辖权是"地方化"（localization）还是"集中化"（centralization）的问题。地方化的优点在于，法院仅处理在法院地的争议，管辖权的行使基于真正的"密切联系"。但是地方化对于商品在多国交付的合同而言，意味着原告不能在一个法院解决所有争端，而是需要在每个交付地逐一诉讼。这种结果对被告也相当不利，因为被告需要在多个国家应诉。而集中化却可以解决程序效率问题，由一个商品交付地的法院一揽子解决所有争端。

  欧盟法院认为，欧盟管辖权条例的目的是加强对当事人的保护，使原告能够容易地确定他可以起诉的法院，以及使被告合理地预见他可能在哪个法院被诉。为了达到这个目的，管辖权应当遵循被告住所地的一般管辖基本原则，辅之以基于紧密客观联系的特别管辖权。若约定货物交付到多个法域，被告仍可以预测到这些法域有管辖权，不会违反管辖权的确定性。因此可以采取"集中化"的做法，这样有利于减少关联性平行诉讼。

  那么，哪个交付地的法院可以担此重任呢？如果我们不对法院资质做出要求，任由原告选择，则可能出现不适当的挑选法院现象。例如，商品1%在法国交付，99%在德国交付。原告可能要求法国法院审判整个合同争议，而法国明显不是最适合的法院。欧盟法院于是建议，基于经济标准确定的"主要交货地"对整个合同争议享有管辖权。因此，在以上假设的案例中，德国法院有管辖权。

  但是，如果商品分别在法国和德国交付50%应当怎么处理？欧盟法院认为，在主要交货地无法确定的情况下，任何一个与合同争议有实质联系的交货地均可以对所有的争议享有管辖权，也就是原告可以选择在法国或者德国对所有货物的

---

[1] Case C-386/05 Color Drack [2007] ECR I-03699.

争议提起诉讼。这样意味着原告可以在数个合同履行地中挑选法院，对被告是不利的。当然，如果法国的货物按时按量交付，而争端仅涉及应在德国交付的货物，原告应当在德国起诉，因为只有德国是"与合同争议有实质联系的"国家。

虽然欧盟确定了"集中管辖"原则，但是留下了两个问题没有解决。第一，"卡拉德拉克案"的事实是合同在一个国家内多个法域履行，不论哪个法域的法院行使管辖权，对于外国被告而言仍是这个国家在行使管辖权，不会出现可预测性的问题。如果合同在多个国家境内履行，这个理由是否仍然适用？第二，该案是货物买卖案件。"集中管辖"原则是否还可以适用于其他类型的案件，例如服务合同？"波罗的海航空公司案"（Rehder v. Air Baltic）解答了这些问题。[1]

德国旅客购买了位于拉脱维亚的波罗的海航空公司从德国飞往立陶宛的机票。航班取消造成了旅途延误 6 小时，德国旅客在德国法院根据《拒绝登机条例》要求航空公司赔偿。《拒绝登机条例》是欧盟为了保护航空乘客的一个重磅举措，全称为《第 261/2004 号条例关于在拒绝登机、航班取消或长时间延误的情况下向乘客提供补偿和帮助的通用条例》。该规则要求只要航班延误达一定时长，乘客便可根据航行长度获得不同数目的赔偿。根据《布鲁塞尔 I 修正条例》，服务提供地的成员国法院有管辖权。航空公司不希望到德国应诉，便称运输合同的服务提供地应当是目的地，因为只有当乘客到达目的地合同才履行完毕；而乘客希望在本国起诉，因此辩称只有始发地才是服务提供地，因为乘客要在航班始发地登机，而且始发地需要提供空乘、值机、检测等一系列服务。

欧盟法院认为，航空运输合同的服务是连续性的，自乘客在出发地登机直到目的地下飞机为止，合同才履行完毕。没有一个国家是唯一的服务提供地，出发地和目的地均为服务提供地。而且出发地和目的地在合同履行过程中同等重要、紧密相连、不可分割，并没有一个所谓的"首要服务提供地"。这种情况可以类比货物买卖合同中的主要交货地无法确定的情形，乘客可以选择出发地或者目的地起诉承运公司。

以上问题揭示了大陆法系机械性的特点。由于争端事由的千变万化，立法者很难预测所有可能出现的争端，并合理地设计所有的规则，要求立法者有"上帝的视角"在实践上并不合理。

---

[1] Case C-204/08 Rehder v. Air Baltic [2009] ECR I-06073.

三、合同签订地

传统的合同由双方当事人当面签署，容易判断合同签订地。随着远程通信日益发达，很多跨国合同通过邮寄签订，此时合同签订地在何处就成为一个法律问题。大多国家成立合同需要要约和承诺，承诺生效时合同缔结，承诺生效地就是合同签订地。但是大陆法系采取到达生效原则，要约方收到承诺时合同生效，合同缔结地是要约方所在地；普通法系采取投邮生效原则，承诺寄出时合同生效，合同缔结地是承诺方所在地。法律上的差异意味着法院在确定合同签订地之前，需要考虑准据法的问题，也就是适用哪国的法律确定合同签订地。有的国家直接适用法院地法，有的则适用合同实体问题准据法。合同签订地实体法和准据法的不同，导致管辖权的确定缺乏可预见性。在确立管辖权阶段考虑准据法问题，也容易造成程序上的拖延，影响司法效率。

实践上很多跨国合同通过即时通讯技术签订。当事人位于不同的国家，在电话或者远程会议中利用即时通讯设备达成共识。采用即时通信缔结合同，普通法系和大陆法系均采用到达生效原则。[1] 但是，在实践中，要约承诺规则很难适用，因为从语言谈判到协议达成，很难分析出哪一方才是承诺方。这个问题在"苹果公司诉苹果电脑案"（Apple Corps. v. Apple Computer）中表现得淋漓尽致。[2]

苹果公司是甲壳虫乐队注册的唱片公司，注册地在英国。苹果电脑是在美国加利福尼亚州注册的高科技公司。1991年苹果公司和苹果电脑签订商标使用协议，规范各自的商标在各个活动领域的使用。该协议由两个公司非常有经验的律师团队经过相当有技巧的长期谈判达成，双方均坚持不接受对方的管辖权和适用法，且不给予对方在确定协议最终签订的地点任何优势。协议达成后，苹果电脑在美国推出一款名为iTunes Music Store的网络产品，用户可以通过互联网下载歌曲，并将其存储在计算机上，苹果电脑的商标出现在该产品有关的所有页面上。苹果公司认为苹果电脑在此产品上使用苹果商标违反了商标使用协议，要求英国法院对纠纷行使管辖权，管辖权基础之一是合同在英国缔结。

当事人回顾了原商标使用协议缔结的程序。谈判进行到尾声时，双方安排了一次电话会议。苹果电脑声称，电话结束前，苹果电脑的法务总监提议最终合同条款的谈判完成，而苹果公司的法务表示同意。如果这个记忆是正

---

[1] Entores v. Miles Far East Corp., [1955] 2 QB 327 (CA).

[2] Apple Corp. v. Apple Computer, [2004] EWHC 768 (Ch).

确的,代表着苹果电脑提出了要约,苹果公司作出承诺,合同的成立地在加州。但是,苹果公司描述的谈判过程却相反,认为是苹果公司提出的谈判达成,而对方接受,合同在伦敦缔结。

这个案件有相当的特殊性。在口头谈判完成合同缔结的过程中,到底是哪一方做出承诺很难证明,且双方在谈判时对这个问题通常没有意识,因此传统的要约和承诺分析规则很难被适用。当双方面对面谈判最终达成协议并签署合同时,很多时候并不能且没必要探究到底哪一方是要约方,哪一方是承诺方。在远程谈判时,严格区分要约承诺同样牵强,也会带来偶然的结果。因此,法院认为在这种特殊的情况下无需区分要约和承诺,合同应当视为在当事人各自所在地同时签订,也就是说合同有两个缔结地。每个缔结地对合同争议均可能有管辖权。

最后,随着电子技术的普及,电子合同的运用越来越广。通过网络订单、电子邮件、区块链、电子代理等技术签订的合同,更加难判断合同缔结地。从技术角度讲,很多电子合同实际签订地是软件程序所在地或者储存电子合同服务器的所在地,而这个纯技术的地点容易被人为操作,且和合同的实质争端没有紧密的联系。此时,适用合同签订地确定管辖法院则不再合适。

四、标的物所在地

标的物所在地法院行使管辖权主要出于对物的控制。如果争议涉及标的物的质量问题,标的物所在地的法院可以更加便利地组织检验,获得证据;如果判决合同特定履行(specific performance),也更容易强制执行。

如果合同的标的物是有体物,则容易确定标的物所在地;如果标的物是无形物,则标的物的所在地需要法律拟制。例如专利许可协议的标的物是专利,专利是无形权利,法律上认为其位于专利授予国;转让公司股权的合同,标的物是股权,其位于公司所在地;转让债权,通常认为标的物债权位于债务人所在地或者债权实现地。无形物所在地的法律拟制通常也是基于实际控制,因此无形物所在地的法院通常在执行上更加便利。

但是,合同标的物可能储存在多个国家,是否每个标的物所在国对于整个合同争议都有管辖权?标的物所在地作为连结点的主要理由是方便取证和执行,但是,如果合同争议并不涉及法院地标的物的执行,以此作为连结点就失去了意义。其次,有的合同争议和标的物无关,比如买方未按照约定付款,合同在欺诈、胁迫的情况下签订,此时给予标的物所在地法院管辖权也不合适。再次,有的合同在缔结时标的物并不存在,卖方在合同缔结后将进行采购,或者委托第三方制造标的物。标的物所在地在此情况下有偶然的成分,在合同签订时无法预测。最后,从法理上讲,合同之诉并非对物的诉讼,涉及的是当事人之间的相对债权，而非对世的物权。标的物所在地也许和物权争议有密切联系，但是很难说是债权争议的"本座"。因此，给予标的物所在地法院管辖权有一定的争议。欧盟法不承认标的物所在地对合同争议有管辖权；英国管辖权规则虽然接受标的物所在地是合同争议管辖权的基础之一，但是具体行使管辖权还需要法院是最合适的法院，也就是符合"方便法院原则"，以此缓解以上困难。[1]

第三节 跨国侵权的特别管辖权

一、侵权行为发生地和损害结果发生地不一致

跨国侵权与侵权行为地的关系最为密切。当侵权行为在一国领土上发生时，其对该国造成最直接的、最重要的影响，这个国家的法院自然有权对行为人行使权力。而当被告选择在该国领土上实施行为时，其也应当预见可能被该国法院管辖。大多大陆法系国家国内法明确规定：侵权行为地法院对跨国侵权之诉有管辖权。[2]

侵权行为地通常包括侵权行为发生地和损害结果发生地。在很多侵权案件如交通事故中，侵权行为和损害结果发生在同一个国家，比较容易认定侵权行为地。但是在有些案件中，侵权行为和损害结果可能发生分离，分别出现在不同的国家。此时侵权行为地应当如何认定呢？欧盟法院在"比尔诉矿业公司案"（Bier BV v. Mines）中对此进行了分析。[3]

> 原告是荷兰的农民比尔，在莱茵河畔经营农场，被告是位于法国的矿业公司。被告在经营的过程中将有毒有害污水排放到莱茵河里，莱茵河水载着化学物质流经德国，到达荷兰，损害了比尔在荷兰的农作物。比尔在荷兰起诉矿业公司侵权。被告辩称，荷兰法院没有管辖权，因为侵权行为发生在法国，荷兰并非侵权行为发生地，只是损害结果发生地，侵权行为地应当仅包括被诉侵权的行为发生的国家。

欧盟法院认为，在侵权案件中，违法行为发生地和损害结果发生地同样重要。违法行为是侵权发生的原因，但是如果没有损害结果，也就不存在侵权。而且违法行为地通常也是被告的住所地，该地根据"被告住所地"普遍管辖规则，

---

[1] Dicey, Morris and Collins Conflict of Laws (16th ed).
[2] 如《民事诉讼法》第276条；《布鲁塞尔I修正条例》第7条第2款。
[3] Case C-21/76 Bier BV v. Mines, [1976] ECR I-01735.

本来就有管辖权。特别管辖权的目的是根据案件实际联系，给予受害人选择的权利。损害发生地往往和受害人有更密切的联系。基于双方利益的平衡，侵权行为地包括违法行为发生地和损害结果发生地。原告可以选择其中任一法院起诉被告侵权。

欧盟法院的判决扩大了侵权行为地的概念，不但考虑到了对被告预见性的保护，也考虑到了对受害人的保护。在侵权行为和结果分离的情况下，侵权结果发生地通常和受害人的关系更为密切，在侵权结果发生地起诉对受害人更加方便。同时，侵权行为人主动实施侵权行为，应当对行为后果有合理判断。在通常情况下，侵权结果发生地应当是可预测的。因此，给予侵权结果发生地的法院管辖权也不会对被告造成不可预测的负担。同样的解释被很多国家接受，例如中国《最高人民法院关于适用〈中华人民共和国民事诉讼法〉的解释》（简称《民事诉讼法解释》）就清楚地规定：侵权行为地，包括侵权行为实施地、侵权结果发生地。[1]

二、多个损害结果发生地

现代跨国传媒和通讯技术可能造成另一个确定侵权行为地的难点：一个侵权行为可能造成多个损害结果。如果损害结果不是集中发生在一个国家，而是分散发生在多个国家，管辖权应当如何确定呢？最典型的例子是网络侵权。如果有人在网络上公布诽谤他人的信息，这个信息将可以在任何可以接入国际互联网的国家被看到，如果受害人在其中一些国家为人所知，则受害人名誉损害发生在其名誉受损的每个国家。

中国《民事诉讼法解释》对信息网络侵权行为的管辖权规定非常简略。对于网络侵权的损害结果发生地仅规定"侵权结果发生地包括被侵权人住所地"。[2] 这个解释存在一系列问题。第一，如果侵权网站利用技术手段屏蔽了来自被侵权人住所地的浏览，可以认为侵权人有意不在被侵权人住所地造成影响，侵权人对管辖法院的预测应当得到保护。位于被侵权人住所地的电脑无法访问侵权网站，那么侵权行为并未在此地直接造成损害结果，也就无法证明该国法院的管辖权。第二，如果被侵权人在多个国家为人所知，他在这些国家均享有名誉权，侵权行为在这些国家都造成了名誉损害的后果。在这个情况下，侵权结果发生地自然包括被侵权人住所地，但是是否也包括其他被侵权人名誉受损的国家？这些结果发生地之间存在什么关系？是否任何一个侵权结果发生地对侵权行为造成的发生在所有国家的损害均有管辖权？这些问题，司法解释均未给出清楚的

---

[1] 《最高人民法院关于适用〈中华人民共和国民事诉讼法〉的解释》第24条。
[2] 《最高人民法院关于适用〈中华人民共和国民事诉讼法〉的解释》第25条。

回答。

欧盟法院通过判例，解答了这些棘手的问题。跨国侵权领域最重要的案件当属欧盟法院 1995 年判决的"谢韦尔诉新闻联盟案"（Shevill v. Presse）。[1]

原告谢韦尔小姐是居住在英格兰北约克郡的英国公民。1989 年，法国公司新闻联盟发行的报纸《法国晚报》刊登了一篇文章，声称法国警方缉毒队在法国外汇兑换机构展开缉毒行动，并提到了谢韦尔小姐和两家法国外汇兑换机构参与毒品走私和洗钱。谢韦尔当时受法国外汇兑换机构短期雇佣。回到英国后，她与这两家法国外币兑换机构在英国法院提起诉讼，控告新闻联盟诽谤。英国当时的诽谤法对原告非常友好，被告有证明信息真实的举证义务，如果发布信息不真实，无需原告举证可直接假设存在损害。此外英国使用陪审团确定诽谤赔偿的数额，可能导致高额赔偿。《法国晚报》在法国发行 23.7 万份，在欧盟其它国家发行 1.55 万份，而只有 230 份发行于英国。新闻联盟认为英国法院没有管辖权。

欧盟法院分析了跨国诽谤的法律问题。关于损害结果发生地，欧盟法院平衡了受害人和出版者的利益，认为诽谤行为对受害人名誉的损害，从法律上看发生在受害人为人所知且出版物得以发行的国家。如果报纸的发行地没有人认识受害者，也不存在名誉损害。但是，如果有读者在海外购买到出版物并带回受害人所在国，也不能认定此地为损害发生地，因为出版商无法预测行为在该国产生后果，也无法有效预防侵权的发生。

在谢韦尔案中，谢韦尔是英国居民，在英国有名誉，且有少量报纸在此地发行，英国法院无疑享有管辖权。但是，英国法院管辖权的范围是否仅限于英国发行出版物造成的侵权，还是可以包括基于同一事实对同一被告提起的发生在法国和其他欧洲国家的侵权？这里又出现了我们在上文讲到的管辖权"地方化"和"集中化"的博弈。但是在本案中，欧盟法院却采取了和合同领域截然不同的做法，将损害结果发生地法院的管辖权限制在本地发生的损害。因此，英国法院只能针对英国的损害判决赔偿。

这个案件明显对原告不利，因为侵权案件被害人不能在一个国家（通常是其住所地）获得所有损失的救济，要求诽谤受害者在每个损害发生地逐一起诉可能迫使一些受害人放弃部分诉求。特别是在互联网背景下，诽谤内容可能非常快速地传播到多个国家。如果受害人是国际知名人士，他的名誉在每个国家都受到损

---

[1] Case C-68/93 Shevill v. Presse [1995] ECR I-00415.

害，但是除非去被告住所地起诉，他无法获得全部赔偿。欧盟法院也发觉了这一缺陷。在后来的"电子约会案"和"马丁内兹案"（eData Advertising GmbH v. X and Martinez v. MGN Ltd.）中，欧盟法院对"谢韦尔案"确立的原则进行了修订。[1]

"电子约会案"的主角是一个有故事的德国人，出于隐私保护被匿名。他曾因杀害知名德国演员被判处终身监禁，后得到假释。电子约会广告公司经营一个臭名昭著的奥地利门户网站，被表述为针对同性恋、双性恋和跨性别者的"自由与政治独立的媒体"。该网站向读者散布关于原告的信息。原告向德国法院申请永久禁令，电子约会认为德国法院没有管辖权。"马丁内兹案"中，英国媒体《星期日镜报》在网络上刊发配图文章，题为《凯莉·米洛与奥利维尔·马丁内兹复合》。作为法国公民的马丁内兹在巴黎起诉《星期日镜报》的所有者侵犯其隐私权和肖像权，被告发起管辖权抗辩。

由于两个案件均涉及互联网侵犯人格权的管辖权的问题，欧盟法院将其合并审理。法院重申了"谢韦尔案"的立场，并赞扬道："谢韦尔案"的判决达到了合理的平衡……一方面，该判决将全部损害的诉讼集中在一个国家（出版商或被告所在国）审理；另一方面，它使受害者能够在损害发生地提起诉讼，尽管有一定的限制。"但是，法院同时承认"谢韦尔案"中诽谤内容的传播媒介是传统出版物，而印刷品、电视、广播这种媒体通常针对国家性的市场，外国传播通常有限，因此对于人格权的侵害多发生在有限的国家领域内。互联网改变了传统的国别传播，使得信息传播成为一种全球现象。欧盟法院说："互联网适用无形技术媒介，可以大量储存信息并在地球上任何地方即时传输信息，为传媒提供了一个前所未有的平台。一方面，互联网通过对社会关系的全球化和对国家界限的最小化，改变了传播的空间概念，创造了一个无形的、无法把握的、没有边界限制的'网络空间'；另一方面，网络改变了社会关系的时间概念，因为网上的内容可以被即时访问，而且可能永远存在。内容一旦在网上传播，原则上可以永远从网上获得。"

因此，网络出版商和传统出版商采取了截然不同的传播手段。发布网上信息不需要事先进行相关传播数量、经销地域等商业决策，甚至读者的支付方式、获取信息的方式也不同。网络诽谤的受害者则较传统受害者更为脆弱，他们受到的

---

[1] Case C‑509/09 eData Advertising GmbH v. X and C‑161/10 Olivier Martinez and Robert Martinez v. MGN Ltd., [2011] ECR I‑10269.

伤害也更为严重。传统法律的地域分割，意味着他们无法就全球性的伤害获得全球性的保护。

欧盟法院因此决定修改"谢韦尔案"判决。在通过互联网侵犯人格权的案件中，受害者可以在出版商所在地对所有的损害进行起诉，在受害人享有名誉的信息出版地对本地损害进行起诉，或者在争端的"重心"所在地对所有损害提起诉讼。争端"重心"所在的成员国是与引起争端的信息具有客观和特别的相关性的国家，同时也是受害人的"利益中心"。因为受害人的利益中心通常是其生活工作的中心，也就是其住所地，"争端重心原则"实际上允许网络诽谤的受害人在其住所地对通过互联网在全欧盟境内造成的名誉损害提起赔偿诉讼。

三、直接损害发生地

侵权行为很多时候会直接造成损害，而这个损害又可能造成后续的损失，称为间接损害。确定管辖权的损害发生地能否包括间接损害发生地呢？欧盟法院对"损害发生地"作严格的狭义解释，排除了间接损害发生地，如"杜麦斯和特拉科巴诉黑森州立银行案"（Dumez and Tracoba v. Hessische Landesbank）。[1]

原告诉称德国银行取消了向德国某承包商提供的贷款，使得该承包商不得不暂停其承担的房地产开发项目，造成原告在德国投资的子公司破产。原告要求被告赔偿损失。因为原告是法国公司，损失发生在法国，原告主张法国作为损害发生地应当有管辖权。

欧盟法院认为，被告取消为工程融资发放贷款直接影响的是负责建筑工程的承包商和原告位于德国的子公司，造成子公司的经济损失，子公司才是直接受害人。原告作为母公司所受的损害仅为子公司经济损失的后果，因此母公司是间接受害人。特别管辖权是被告住所地原则的例外，仅在法院地和被诉侵权有紧密联系的情况下才可以适用。而侵权行为仅和直接损害有紧密联系，和间接损害关联并不紧密。因此，只有直接受害人遭受损失的地方才是损害发生地。

这个判决在后来的"马里纳里诉劳埃德银行案"（Marinari v. Lloyds Bank）中再次得到确认。[2]

马里纳里是居住在意大利的意大利公民，他去劳埃德银行曼彻斯特分行

---

[1] Case C-220/88, Dumez France SA and Tracoba SARL v. Hessische Landesbank, [1990] ECR I-00049.

[2] Case C-364/93 Marinari v. Lloyds Bank, [1995] ECR I-02719.

兑现一捆菲律宾为一家黎巴嫩贸易公司签发的大额期票。银行工作人员打开信封后拒绝归还期票，并告知警方期票来源可疑，导致马里纳里被捕，期票被扣押。被英国当局释放后，马里纳里在意大利起诉劳埃德银行，要求赔偿期票面值等额货币，以及原告因被捕、违反合同和声誉受损遭受的损失。劳埃德银行辩称，被诉侵权的行为和损害均发生在英国，意大利法院没有管辖权。马里纳里认为意大利是其最终遭受经济损失的地方以及名誉损害的发生地。

欧盟法院重申了直接损害发生地原则，认为欧盟管辖权立法给予原告"适当的"选择权，但是不能随意扩大。间接损害包括所有直接损害之后发生的负面效应，而所有侵权最终的效应都会在原告住所地被感受到。因此，允许间接损害发生地法院行使管辖权，就意味着直接给予原告住所地管辖权，这与保护被告的原则相悖。

虽然保护被告程序权利的考虑是合理的，但是完全排除间接损害发生地法院管辖权可能与实体法原则相悖，也可能造成不公正的后果。例如交通事故造成人身伤害，因为人身伤害导致受害人误工的收入损失是间接损失。但是如果准据法明文规定误工损失属于可以赔偿的损害，严格排除间接损失发生地的法院行使管辖权在逻辑上便难以立足。但是，有的间接损失和侵权行为的联系非常遥远。驾驶员的疏忽造成受害人直接的人身伤害引起的误工损失是可以预测的，因为普通人可以预测到大多数人需要工作。但是如果受害人因为人身伤害无法参加一个重要的合同谈判，丧失商业机会，造成经济损失，合同谈判和机会损失是普通侵权人无法预测的。因此，即使是间接损失，也分为可以预测的和不可预测的损失。被告对后者无需承担侵权责任，至于什么样的间接损失可以作为侵权责任的构成要件由各国实体法确定。因此，德国政府建议欧盟对"损害发生地"的解释应当考虑准据法。如果准据法允许赔偿某项间接损失，此项间接损害发生地的法院就可以行使管辖权。[1]

相比之下，英国脱欧后在"布朗利诉开罗尼罗河广场酒店案"［Brownlie v. FS Cario（Nile Plaza）］对损害发生地则采取了更加宽松的解释。[2]

原告布朗利夫人是英国公民，在英国有住所。2009年原告全家到埃及度假，入住被告经营的开罗尼罗河广场酒店。原告一家乘坐酒店礼宾部安排

---

［1］ Case C-364/93 Marinari v. Lloyds Bank，［1995］ECR I-02719, paras 16-17.
［2］ Brownlie v. FS Cairo（Nile Plaza）LLC，［2021］UKSC 45.

的豪华轿车,由酒店安排的司机开车到开罗城外的沙漠游览。旅途中轿车坠毁,原告的丈夫和女儿死亡,原告和两个孙子重伤。原告在英国法院起诉被告侵权,要求赔偿原告因丈夫死亡失去的经济依靠(loss of dependency)。被告辩称,侵权结果发生地应当仅包括侵权行为造成的初始和直接的损害结果发生的地方,英国法院对侵权之诉没有管辖权。

英国法院认为,没有理由要求确定管辖权的"损害"一定是实体法上构成侵权责任要素的"损害",因为有的侵权责任并不需要实际损害的发生,例如非法入侵。损害发生地的实际作用是将侵权和一个特定的国家联系起来,这个联系不应当仅限制在形成诉讼理由的损害之内,而是可以根据损害的自然含义,延伸到与侵权行为有因果关系的所有损害。由于交通事故造成原告失去经济依靠,原告的损失发生在英国,英国是损害发生地。当然,英国法院之所以将损害发生地作扩大解释,还有一个重要原因。英国是一个普通法国家,损害发生地在英国只是确定管辖权的前提条件,在这个前提满足之后,法院还要考虑英国法院是否是"方便法院",不代表英国法院一定行使管辖权。而欧盟管辖权条例则是要求有管辖权的法院必须行使管辖权,因此对于特别管辖权必须作出确定性强的限制性解释。

四、多个侵权行为

在复杂侵权中,侵权行为也可能包括多个行为,当这些行为共同作用造成损害,哪个具体行为的发生地属于"侵权行为发生地"呢?

英国法院曾经适用"实质行为"标准判断诉因实际上产生于哪个行为,该标准考虑具体哪个行为给了原告起诉的理由。如果被告的一系列行为均违反了注意义务,但是有一个最终的行为将被告的行为和原告的损失联系到了一起,完成了因果关系链条,使原告有理由起诉,这个行为就是侵权的"实质行为"。这个标准在"汤普森诉整流器生化公司案"[Thompson v. Distillers Co. (Biochemicals) Ltd.]中得到确认。[1]

英国公司在英国制造并出售给一家澳大利亚公司含有沙利度胺的镇定剂和安眠药 Distaval。澳大利亚公司在澳大利亚向英国公司邮寄订单,英国公司将药物装箱发货,并将单据邮寄给澳大利亚公司。英国公司没有警告澳大利亚公司,也没有在药品说明书中警告潜在消费者,孕妇服用该药物可能对胎儿产生有害影响。相反,药品说明书将药物描述为无害、安全有效的镇静

---

[1] Thompson (Laura Anne) v. Distillers Co. (Biochemicals) Ltd., [1971] A.C.458.

剂，没有副作用，特别适合幼儿和老人。原告的母亲孕期在澳大利亚新南威尔士州购买并服用了该药品。原告出生后没有手臂，视力也有缺陷。原告在新南威尔士起诉英国公司产品责任侵权，英国公司认为新南威尔士法院对该案件没有管辖权。

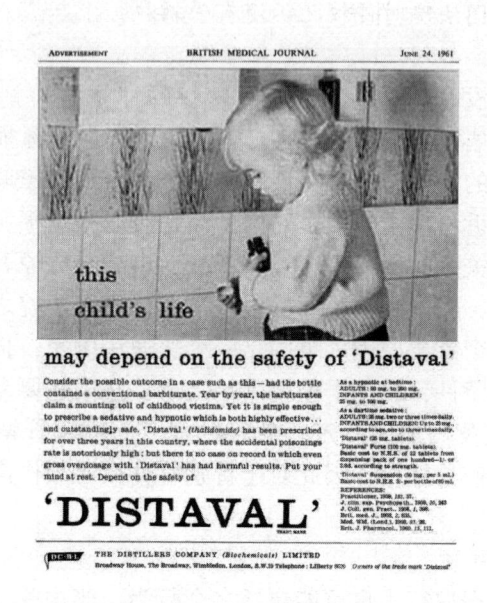

Distaval 的广告（图片来自 British Medical Journal，June 24，1961）

英国枢密院提出，判断复杂侵权的侵权行为地有三种理论。第一，完整侵权理论。侵权行为地是形成侵权责任的所有行为都发生的国家。这个理论明显过于严格，在跨国产品责任侵权案件中几乎不存在这样的侵权行为地。第二，最后因素理论。侵权行为地是形成侵权行为的最后要素发生的地点，在这里侵权行为最终完成。但是，完成侵权的最后的行为本身可能并非侵权行为最重要的因素。例如生产商制造缺陷产品并销售给消费者，消费者将产品带出国度假，在外国使用产品，发生事故。此时，侵权行为完成，侵权行为链条的最后一个行为是使用缺陷产品造成事故。但是对于生产者的责任而言，最后一个行为并非最重要的因素，且这个行为并非生产者完成的，产品发生事故的地方也不是生产者可以预期的。第三，实质要素理论。侵权行为地是构成侵权实质要素发生的地方，而侵权实质要素是产生诉因的行为。在本案中，产品没有缺陷，原告的诉因是被告没有警告消费者药品可能对胎儿造成伤害，侵权的实质要素是被告没有履行通知义务。通知义务可以通过在英格兰印刷药品说明完成，也可以通过别的方式告知澳大利亚的医务工作者、药品零售商、药品批发商和药品购买者。因此，被告违反通知义务既发生在英国，也发生在新南威尔士，新南威尔士是侵权行为发生地之一。

欧盟法院在"谢韦尔诉新闻联盟案"（Shevill v. Presse）也默认了实质要素标准。[1] 在出版物诽谤的案件中，除了损害发生地可能有多个之外，侵权行为也可能散布在多个国家。侵权行为包括作者撰文、出版社采纳、报纸印刷、报纸分销进入市场流通等一系列的行为，任何一个行为都不能单独构成诽谤。那么哪个国家才是诽谤行为发生地呢？欧盟法院认为，诽谤行为发生地应当是出版公司的主要营业地，因为这是出版公司进行决策的地方，而确定刊登诽谤文章并将其印刷并投入市场是诽谤的真正源头和关键。只有决定出版才是诽谤行为的实质要件。在以上行为中，销售是最后一个环节，却不是出版公司责任的主要要件。此外，受害人也并非一定要等到出版物流入市场才有权起诉。在出版社决定出版之后，受害人就有权请求法院发布禁令，禁止侵权出版物流入市场，以免造成难以弥补的损失。

但是，对于多个被告共同侵权，是否应当综合寻找一个"实质要素"侵权行为地，对所有共同被告适用，还是针对各被告的行为，给予每个被告独立的侵权行为地呢？比如跨国产品责任案件，生产商在德国生产缺陷产品，提供给法国进口商，法国进口商分销给当地零售商，零售商通过电子商务网站销售给中国消费者。回顾整个侵权行为链，可以认为法国零售商提供商品的行为是侵权的实质要件，因为这个行为是侵权行为和损害结果的连结点。只有缺陷产品被提供给消费者，才给予了消费者诉因。但是将产品提供给消费者并非生产者的行为，利用整体论认为商品最后销售地是生产者的侵权行为发生地，唯一的理由是生产者可以预见产品将在此地销售。但是如果最后销售地是生产者无法预见的，要求生产者在此地应诉则很难给出有说服力的理由。

---

[1] Case C-68/93 Shevill v. Presse［1995］ECR I-00415.

第七章 管辖权冲突

第一节 管辖权冲突概述

一、冲突产生的原因

在跨国民事管辖领域，虽然每个国家遵守的原则相似，但是各国的管辖权具体规则有所不同，在世界范围内极易出现管辖权冲突。例如，A 国法院根据 A 国的法律可以受理、审判某个涉外民事案件，而 B 国法院根据 B 国法律也对同一个案件有管辖权，这就形成了管辖权的"积极冲突"。另一种冲突为"消极冲突"，也就是没有任何一个国家对案件有管辖权，这种冲突比较少见。我们这里着重讲述管辖权的积极冲突。

管辖权冲突是由管辖权的内在机制决定的，无法消除。即使统一了管辖权规则，管辖权冲突仍然存在。以欧盟为例，欧盟统一了成员国的管辖权规则，但是统一规则并没有使得大多数案件只有唯一的管辖法院，而仍然保留了原告的选择权。比如合同争议可以诉至被告住所地法院、合同履行地法院，或者非排他法院选择条款选择的法院。[1] 这就导致了至少两个国家对同一个合同争议有管辖权。在上述统一法的框架下，管辖权冲突一般容易预测，也可以采取统一措施协调；而在没有统一法的前提下，国家更可能有争夺管辖权的动机，加上没有协调管辖权冲突的统一机制，管辖权的冲突将更加激烈。

二、解决管辖权冲突的目标

立法者能否以消除管辖权冲突为目标呢？答案是否定的。完全消除管辖权冲突，意味着一个案件只有唯一的管辖法院。如果这个法院没有良好的司法体系，正处在战乱之中，或者因为宗教、种族、性别等原因可能对原告造成迫害，那么缺乏替代法院意味着原告被剥夺了诉权。唯一的管辖法院对被告也不一定是保

---

[1]《布鲁塞尔Ⅰ修正条例》第 4 条第 1 款、第 5 条第 1 款、第 7 条第 1 款、第 25 条第 1 款。

护，因为以上这些因素同样可以发生在被告身上，给被告造成困难。因此，如同欧盟最终的选择，即使统一了管辖权规则，除了一些关涉主权的特殊问题需要专属管辖，大多数民商事案件仍存在替代性管辖权规则，使得多个法院可能同时拥有管辖权。这样原告可以考虑管辖权之外的因素，如诉讼费用、审判效率、法院声誉、旅行方便，以及原告对相关司法体系的熟悉程度，来挑选合适的法院。对于被告而言，虽然原告的选择权意味着被告可能失去本国法院的保护而需要到外国应诉，但是也意味着如果被告参与审判有真实的困难，双方到替代法院寻求正义仍是可选项。对于法院而言，由于存在替代法院，法院也可以基于礼让、司法效率等因素决定是否需要行使管辖权。

因此，不论是否存在国际统一的管辖权规则，管辖权冲突不可避免也不能避免，但是我们也不能任由冲突产生而不去处理。原告可能会善意利用选择权，使个人利益最大化，比如挑选对自己最方便的法院、自己最熟悉的法院，或者判决最可能有利于己方的法院，这都可以理解，也被法律许可。但是原告也可能滥用法律赋予的选择权，比如有意将被告诉至可能对被告进行迫害的国家，或者同时在数个国家就同一或类似争议起诉被告，给被告造成经济上和精神上的困扰。此外，被告也可能利用管辖权冲突，在原告合理起诉的前提下，在另一个国家对原告提起反诉；甚至出于恶意在另一个国家起诉原告案件中的先决问题，使得原告的诉讼无法正常进行。[1] 以上这些滥用管辖冲突的行为叫做"挑选法院"（forum shopping）。虽然广义挑选法院也包括合理利用选择权的情形，但国际私法上的"挑选法院"一词通常含有贬义，应做狭义理解，仅指恶意挑选法院的情形。

即使当事人没有出于恶意滥用诉权，也可能因为双方的诉讼策略针锋相对产生平行诉讼的现象，也就是同一个案件或者类似的关联案件被诉至不同的法院，造成重复审判，出现可能无法协调的判决。此外，即使原告正常使用选择权，选择的法院也可能并不是审判案件最方便、有效率的法院。因此，很多国家出于诉讼效率、节省司法资源、保护社会公共利益、国际礼让等原因对管辖权的行使采取限制或协调措施。

简言之，解决管辖冲突不应以完全消除冲突为目标，而应当协调冲突，同时实现数个价值目标。第一，禁止滥用程序，遏制恶意诉讼；第二，协调管辖冲突，尽量减少平行诉讼；第三，由最适合的法院解决争端，提高诉讼效率。

---

[1] 先决问题就是解决争端之前必须解决的其它问题。比如法院在判决专利侵权之前需要确定专利有效，因为只有有效的专利才能被侵犯，那么专利的效力就是侵权的先决问题。法院判决离婚也必须以合法婚姻关系的存在为前提，婚姻关系是否存在就是离婚的先决问题。如果原告正常起诉被告侵犯专利，而被告为了妨碍诉讼正常进行，在专利授予国请求判决专利无效，那么审理侵权案件国家的法院可能会等待专利授予国确权而中止正常审判。

为了解决管辖冲突，各国除了建立肯定性的管辖权规则之外，也建立了否定性管辖权规则。肯定性规则给予法院管辖权，而否定性规则告知本有权审判案件的法院放弃管辖权。常用的否定性规则包括禁止平行诉讼、非方便法院、禁诉令三种，这也是解决管辖冲突最常用的工具。

第二节 禁止平行诉讼

一、相同案件的平行诉讼

禁止平行诉讼是欧盟用以控制成员国之间管辖权冲突的主要手段。欧盟管辖权规则虽然保留了原告的选择权，但是欧盟不允许管辖权被滥用，也不允许不可协调的判决在成员国出现。这是因为欧盟的最终目的是实现欧盟内部共同市场，这个市场需要成员国之间建立极高的合作与互信，需要判决可以在成员国内部自由流动。如果对于同一个争议出现了数个不可协调的判决，必定会影响成员国之间的互信和欧盟内部市场的稳定。因此，欧盟采取了机械且严格的"先受理"方法，"多快好省"地解决管辖权冲突问题。

"先受理"方法的学名叫做禁止未决诉讼，英语术语为 lis alibi pendens，简称 lis pendens。具体做法是，如果相同的案件被诉至两个不同成员国的法院，不考虑当事人主观是善意还是恶意，不考虑案件与哪个国家的联系更为密切，不考虑诉讼效率问题，甚至曾经也不考虑当事人的约定（这一点后来改正了），仅根据法院受理案件的时间，先受理的法院有管辖权，后受理的法院应当在先诉法院行使管辖权后拒绝管辖权。[1]

什么样的案件属于相同的案件？相同的案件需要相同的当事人和相同的案由，原告在两个法院就完全相同的诉因起诉被告自然是相同的案件。但是如果原告在 A 法院起诉被告侵权，而被告在 B 法院请求作出未侵权宣告，这两个诉由并非完全相同，但是涉及的事实和法律一致，从本质上看两个法院需要对同一个问题作出法律判断：被告是否侵犯原告的权利。因此，这两个诉讼应当被视为相同的案件。[2]

但是有很多案件更为复杂。例如 A 授予 B 专利使用许可，而 B 在许可范围之外使用了专利，A 因此中止 B 的专利使用权。A 在德国起诉 B 违反合同且侵犯专利使用权；B 不承认专利使用超出了许可范围，并在法国起诉 A 违反合同。第一个诉讼中的案由是：B 违反合同，以及 B 侵犯专利。这两个问题在这个案件中

---

〔1〕《布鲁塞尔 I 修正条例》第 29 条。

〔2〕 Case C-406/92 The Tatry［1994］ECR I-05439.

属于同一个问题的两个方面，因为 B 是否侵权也在于 B 是否超出合同的许可范围使用了专利。德国法院需要考虑的法律问题是：什么是合同授予的许可范围；B 的使用是否超出了这个范围。第二个诉讼中的诉因是：因为 B 没有违反合同，所以 A 违反合同。法国法院需要考虑的法律问题是：B 有没有违反合同（什么是合同授予的许可范围；B 的使用是否超出了这个范围）；如果 B 违反了合同，那么按照合同规定 A 有没有权利中止专利使用权。由此可见，两个案件的事实和法律部分相同，那么第二个受案法院是否可以继续审判，还是需要让位给第一个受案法院？欧盟采取了拆分法，将两个案件的诉因拆分，要求第二个受诉法院仅对相同诉因中止审判，对于不相同诉因可以继续审判。

法院1（德国）：A诉B（X+Y）
法院2（法国）：B诉A（X+Z）
　　禁止平行诉讼　→　
法院1（德国）：A诉B（X+Y）
法院2（法国）：B诉A（Z）

拆分法也适用于多个当事人的情形。如 A、B 于 1 月 1 日在荷兰起诉 X；X 于 1 月 2 日在德国起诉 B 和 C。按照拆分法，第一个案件可以被拆分为 A 诉 X，和 B 诉 X；第二个案件拆分为 X 诉 B，和 X 诉 C。两个案件部分相同，德国法院需要中止 X 诉 B，但是可以继续 X 诉 C。

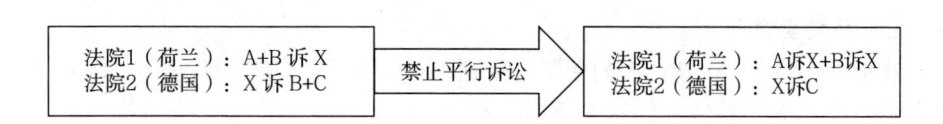

法院1（荷兰）：A+B 诉 X
法院2（德国）：X 诉 B+C
　　禁止平行诉讼　→　
法院1（荷兰）：A诉X+B诉X
法院2（德国）：X诉C

二、关联诉讼

拆分法是个数学上正确的方法，但是生活不是数学，不会那么整齐划一。例如上述第二个案例，X 就相同的事实起诉 B 和 C，证明 X 与 C 之间的争端与 A+B 诉 X 有关联。即使德国法院中止了 X 和 B 之间的诉讼，但是德国法院对 X 和 C 诉讼的管辖也在一定程度上造成了与荷兰法院受理案件的平行诉讼，同样不利于司法效率和防范冲突判决。

因此，欧盟又增加了一条防止平行诉讼的规则。《布鲁塞尔 I 修正条例》第 30 条允许"关联案件"中第二个受诉的成员国法院自由裁量是否中止管辖权。[1] "关联案件"被定义为两个紧密联系的案件，如果由不同法院审判造成冲突判决会影响成员国的合作，也将妨碍判决的自由流通和执行，因此应当将它

---

[1] 《布鲁塞尔 I 修正条例》第 30 条。

们合并审判，以防范冲突判决。但是并非所有关联诉讼都可能造成无法调和的冲突判决。我们可以比较下面两个案例。

第一个案例中，消费者通过旅行社租用度假屋。如果消费者因为度假屋质量问题受到人身伤害，消费者可以起诉旅行社违反合同，并起诉度假屋经营公司侵权。这是密切相关的两个案件，因为度假公司是否侵权决定旅行社是否违反合同；而合同也是侵权产生的前提。若由不同的法院审判两个案件，如果不同的法官对事实和法律的认定不同，会出现无法调和的冲突判决，因此合并审理是必要的。

第二个案例中，报社发表了一篇诽谤原告的文章。报纸在荷兰、德国和意大利发行，原告可以在荷兰、德国和意大利分别起诉被告侵权，并分别对发生在三地的损失寻求赔偿。虽然三个诉讼的事实类似，都是基于同一个出版物的诽谤侵权诉讼，但是三个案件受侵犯的客体各不相同，分别是原告在荷兰、德国和意大利的名誉。如果三地法院均受理案件，即使法院对事实的判断不同，适用的法律不同，也不会构成不可调和的冲突判决。如果荷兰法院认为被告没有侵犯原告在荷兰的名誉，并不妨碍德国法院认为被告的同一个行为侵犯了原告在德国的名誉。因为荷兰和德国对名誉和诽谤的认定不同，同一个行为在荷兰属于诽谤，在德国却不尽然，荷兰的名誉和德国的名誉也属于两个不同的客体。这样的判决不存在冲突，也可以同时得到执行。

三、塔特里案

禁止平行诉讼原则所涉及的系列问题，在著名的"塔特里案"（The Tatry）中有所表现。下面具体介绍这个案件。[1]

1988年9月，一批属于多个货主的大豆油由属于波兰航运公司的塔特里号运输。部分货物从巴西运到鹿特丹，其余货物运到汉堡。货主认为航行过程中货物被柴油或其他碳氢化合物污染。货主分为三组，第一组以鹿特丹为收货地的散装货物的货主（组一）；第二组是英国飞利浦兄弟公司，收货地虽然也是鹿特丹，但是货物装在另外的集装箱中（组二）；第三组是以汉堡为目的地的货主（组三）。接下来，当事人开始了一系列的诉讼。

（1）1988年11月，船主在荷兰鹿特丹法院起诉组一和组三货主，要求法院宣布船主对污染不负全责。

（2）1989年9月15日，组二、组三货主分别请求英国海事法院扣押船主的商船，并通过对物的诉讼请求英国法院继续主体诉讼程序，包括对物的

---

[1] Case C-406/92 "The Tatry", [1994] ECR I-05439.

诉讼和对人的损害赔偿诉讼。

(3) 1989年9月18日，船主对组二货主在阿姆斯特丹提出了诉讼，要求宣告对损失不负全责。

(4) 1989年9月29日，组一、组二货主分别在荷兰对船主提出违约之诉。

(5) 1989年10月3日，组三货主在荷兰对船主提出违约之诉。

欧盟法院回答了几个问题。第一，原告要求被告对损失负责并支付损害赔偿的诉讼，是否与被告之前请求法院作无责任宣告的诉讼具有相同的诉讼理由和目的？欧盟法院认为，诉讼理由包括诉讼依据的事实和法律，要求法院作无责任宣告和基于相同的运输合同就相同情况下同一货物的损害提起损害赔偿诉讼，涉及的事实和法律相同，具有相同的诉讼理由。至于诉讼目的，第一起诉讼要求宣告原告对被告的主张不负有责任；第二起诉讼要求原告对损失负责。但是赔偿责任问题是两个诉讼的核心，只是第一起诉讼中以否定措辞表达，第二起诉讼中以积极措辞表达。因此两项诉讼有相同的诉讼理由和目的。

船主请求荷兰法院宣布船主对货损不负赔偿责任，属于对人诉讼。随后货主请求英国法院扣船，属于对物诉讼，之后根据英国国内程序法，以对人诉讼的方式继续诉讼程序。对物诉讼和对人诉讼能否被称为相同的诉讼？欧盟法院认为，确认相同诉讼主要考虑相同的诉讼理由和目的，按照国内法定性为对人诉讼或对物诉讼并不重要。因此，两项诉讼仍为相同诉讼。

第二，相同诉讼的当事方是否应当完全相同？如果两起诉讼部分当事方相同，是否可以认定它们为相同诉讼？欧盟法院认为，禁止平行诉讼的目的是防止相同的当事人在多个法院提起相同的诉讼，并出现不可调和的判决。因此，相同诉讼的当事方身份必须完全相同。在部分当事方不同的情况下，受理案件的第二个法院必须将相同当事方之间的诉讼停止，但是不妨碍其他当事方之间的诉讼程序继续进行。

第三，对当事人适用分割法可能会影响司法效率，此时是否可以考虑"关联诉讼"原则？为了实现司法效率，对于关联诉讼的解释应当广泛，涵盖可能出现不可协调判决的所有情形，即使每个判决都可以单独执行，执行判决的法律后果也不应相互排斥。在本案中，三组货主因为同一个违约事由起诉同一个船主，但是三组合同是相互独立但内容相同的运输合同。严格地说，如果三个法院对三组违约进行不同的判决，三个判决并不相互排斥且可以同时执行，因为三个合同是相互独立、相互平行的。但是运输合同条款相同，且同一个承运人的运输行为造成三个合同违约的情形下，三个诉讼之间有关联，合并审理更加有利于诉讼效率。后受理案件的法院可以行使自由裁量权中止诉讼程序，并在获知先受理法院允许合并审理所有关联诉讼时拒绝管辖。

四、禁止平行诉讼原则评析

欧盟"禁止未决诉讼"原则整体上能高效快捷地禁止平行诉讼。它通常对法官的要求不高，仅要求其按照受理案件的时间顺序决定是否行使管辖权。同时，它可以有效防止相同案件在两个或两个以上法院审判。但是该原则的弊端也非常明显，由于不考虑个案与法院的实际联系，所以它无法保证先受诉法院是最合适的法院。完全基于时间的管辖权标准，可能会造成当事人为了可以到自己希望的法院诉讼而争先起诉，不利于当事人尝试以更有效率、更符合商事习惯的谈判等友好手段解决争端。更不幸的是，有的当事人还可能利用"先受理"原则的机械和僵化，恶意争先起诉，阻碍另一方在更适合的法院合理起诉。比如欧盟法院曾在"加瑟诉米塞特"（Gasser v. MISAT）中决定，即使当事人已经签订了法院选择条款，一方在非选择法院先行起诉，被选择的法院也能成为第二个受诉法院。根据"先受理"原则，被当事人在法院选择条款中选择的法院必须中止审理案件，并期待第一个受理案件的法院拒绝管辖。[1] 这个判决违反了"合同必须遵守的原则"，受到了学术界和实务界的一致批评。该判决虽然于10年后被《布鲁塞尔I修正条例》改正，[2] 但是足以说明欧盟模式注重确定性大于实质合理性，注重共同市场有条不紊的体制化运作而拒绝可能导致不确定的个案分析模式。

第三节 非方便法院原则

一、非方便法院原则概述

非方便法院原则是19世纪发源于苏格兰法院，之后推广到整个普通法系的控制"挑选法院"的机制。这个机制允许有管辖权的法院因为审判案件"不方便"，或者其他国家的法院审判案件"更方便"而拒绝行使管辖权。在非方便法院原则被英格兰接受之初，适用该原则需要满足极高的标准。只有诉讼可能是"无理取闹"或者造成"压迫性"的不公正，并且中止诉讼不会对原告造成不公正的情况下，才能适用不方便法院原则拒绝管辖。[3] 但是随着司法效率在涉外民商事诉讼中的重要性逐渐增强，适用非方便法院原则的要求逐步降低。在1987

---

[1] Case C-116/02 Gasser v. Missat [2003] ECR I-14693.

[2] 《布鲁塞尔I修正条例》第31条第2款和第3款。

[3] St Pierre v. South American Stores (Gath and Chaves) Ltd., [1936] 1 K. B. 382, 398 (CA).

年奠基性的"斯皮利亚达海事公司案"（Spiliada Maritime Corp. v. Cansulex Ltd.）中，英国最终确立了现代非方便法院原则。被告只要可以证明存在另一个更合适的法院，英国法院原则上便可以拒绝行使管辖权。[1] 英格兰的非方便法院模型被大多普通法系国家和地区采纳，如加拿大、新西兰、中国香港、新加坡和印度。但是美国和澳大利亚采取了不同的模型。美国式非方便法院要求考虑公共利益和私人利益的平衡，私人利益包括证据是否容易获得、是否可能强制证人出庭、证人出庭的费用、实地考察的可能性和必要性，以及其他使审判变得容易、快速且便宜的问题；公共利益包括法院的负担、陪审员职责承担、解决争端的本地利益等问题。[2] 澳大利亚式非方便法院不但要求外国法院是更适合的法院，也要求本地法院是一个明显不适当的法院。[3]

虽然很多国家对于非方便法院的具体规则不同，但是处理该原则的整体理念大同小异。该原则要求有管辖权的法院考虑法院地与案件的实际联系，并主动让位于与案件联系更密切的法院。非方便法院的主要目的是保证司法效率，因为案件相关事实以及证据通常位于与案件联系最密切的国家，该国法院审判该案件效率最高，从整体上看可以达到诉讼效益最大化。虽然效率是非方便法院最重要的价值，但绝非唯一价值。法院在适用非方便法院原则的时候，同时会考虑正义目标。如果最方便的法院无法实现正义，那么受理案件的法院并不会仅仅为了效率而拒绝管辖权。换言之，效率的提升不会以正义的牺牲为代价。

二、英国法非方便法院原则适用标准

由于英国法上的非方便法院模型适用面最广，这里以英国法为例，详细介绍非方便法院原则在实践中如何适用。英国法院适用非方便法院需要经历两个步骤。首先，被告要证明在英国之外还有另一个更合适审理此案的法院存在，也就是案件存在另一个"自然法院"（natural forum）。如果被告成功地说服法院，案件的自然法院在别的国家，第二步便是由原告证明虽然英国不是自然法院，但是到自然法院诉讼无法得到公正结果。换言之，非方便法院原则要考虑两个因素：诉讼效率和程序公正。

（一）诉讼效率

自然法院就是客观上和案件关联最密切的法院，这一步主要需要考虑案件与法院地的实质联系。如果另一个国家明显是与案件连结最紧密的法院，出于保护司法资源、司法效率以及保护当事人的目的，法院会倾向于拒绝行使管辖权。

---

[1] Spiliada. Maritime Corp. v. Cansulex Ltd. | [1987] AC 460.

[2] Gulf Oil Corp v. Gilbert, 330 U. S. 501 (1947).

[3] Oceanic Sun Line Special Special Shipping Co. Ltd. v. Fay (1988) 165 C. L. R. 197.

确定"自然法院"考虑的因素包括案件事实和某个国家之间的客观联系，例如当事人的住所地、合同的履行地、合同的签署地、标的物所在地、侵权行为地等。此外，由于确定"自然法院"最终需要寻找的是审判案件最方便的法院，除了案件事实的联系之外，更加重要的考量因素是对审判案件在实际操作上起到重要作用的因素，如证人和证据所在地、准据法、关联案件诉讼地等，这些因素可能比案件事实发生地占更高的权重。例如英国法院认为凡是适用英国法的案件，英国法院显然是自然法院，除非存在更有利的因素使得其他法院审判案件更加方便。[1] 这是因为法官是本国法律的专家，适用本国法律审判案件比任何外国法院都有效率。可以和准据法的重要性并驾齐驱的因素，包括证人和证据所在地，以及对其他关联被告行使管辖权最合适的法院地。例如"奥乌苏诉杰克逊案"（Owusu v. Jackson）。[2]

原告奥乌苏和被告杰克逊的住所地都在英国。二者签订合同，奥乌苏租用杰克逊位于牙买加的带有私人海滩的度假别墅。奥乌苏在海滩中潜水时，头部撞击到水下沙垄，造成瘫痪。奥乌苏在英国法院起诉杰克逊以及数个有义务管理海滩的牙买加被告。由于杰克逊的住所地在英国，英国法院有管辖权。

英国法院承认案件和牙买加有更加紧密的联系。不动产侵权涉及不动产的状况，这就需要对牙买加私人海滩进行调查和鉴定，主要证据位于牙买加；相关主要证人均在牙买加；除了第一被告之外，其他被告均是牙买加公司，对于这些公司，牙买加法院行使管辖权明显更为适合；侵权行为发生在牙买加。因此，牙买加法院是审判案件更加适合的法院。[3]

另外一个重要的因素是外国法院存在平行诉讼。在普通法系，平行诉讼并不是必须拒绝管辖权的原因，仅是非方便法院的一个考量因素。在"阿比丁·达维尔案"（The Abidin Daver）中，[4] 原告的古巴船和被告的土耳其船在国际水道博斯普鲁斯海峡发生碰撞。被告在土耳其法院起诉原告，要求赔偿损失。原告在英国海事法院提起损害赔偿诉讼。英国法院认为，如果原被告之间的诉讼已经被外国法院受理，且外国法院是解决争端适合的法院，如果当事人任何一方就同一

---

[1] Dicey, Morris and Collins on the Conflict of Laws (16th ed.) para 12.034.
[2] Case C-281/02 Owusu v. Jackson, [2005] ECR I-01383.
[3] 但是由于欧盟民商事管辖权制度禁止成员国法院适用非方便法院原则，英国法院最终仍然行使了管辖权。见下文（三）。
[4] The Abidin Daver [1984] 2 W.L.R. 196.

事项在英国法院再提起诉讼，原则上英国法院不能允许两个程序在两个不同的国家同时进行，这样会带来额外的不便和诉累。除非原告可以证明英国诉讼是获得公正结果所必需的，否则英国法院将拒绝管辖权。

当然，这并不意味着一旦在外国法院存在未决诉讼，英国法院一定会适用非方便法院原则。首先，适用非方便法院原则的前提是，外国法院必须是外国诉讼的自然法院；其次，外国诉讼必须是真实的诉讼，而非为了制造管辖冲突而提起的虚假诉讼；最后，外国诉讼的阶段也很重要，外国诉讼开始的时间越长，实质性进展越大，对第二个相关诉讼行使管辖权就越不合理。但是如果外国诉讼程序刚启动，还没有进入实质阶段，就较难证明第二个受诉法院审判案件不方便。

（二）程序公正

非方便法院原则的精髓在于使审理案件最方便的法院对案件行使管辖权，以保护诉讼效率，因此"自然法院"环节考虑得最多的是效率问题。诉讼效率符合双方当事人的利益，也可以更有效地利用法院地的公共资源。但是，原告也可能提出令人信服的理由，解释为什么原告放弃诉讼效率而选择当前法院。这个理由必须是可以超越诉讼效率的更重要的理由：程序公正。如果原告能说服法院，在更有效率的自然法院起诉可能会造成不公正的结果，那么原告"择地诉讼"的行为就是合理的，英国法院虽非自然法院，也应当行使管辖权。

原告可能提出的理由包括：自然法院的司法系统有内在缺陷，比如司法腐败；原告在自然法院无法得到公正裁判，比如自然法院会出于政治、宗教、种族等原因对原告有歧视待遇；[1] 外国法官不胜任，如外国法官没有相关领域的知识和经验；自然法院的程序已经过了诉讼时效；原告因为经济等原因，无法赴自然法院起诉。这些原因有的很难被法院认可。在国际礼让原则下，一国法院会尽量避免对另一国的司法系统或者政治体制提出批评。如果一个国家的司法系统只是有一些缺陷，而这些缺陷并没有达到系统性严重损害个案公正的程度，原告的理由一般不会被法院认可。仅在少许案例中，英国法院认为外国自然法院无法达到基本法治标准而拒绝中止诉讼。[2]

在程序公正理由中，原告的经济状况是争议最大的因素。诚然，如果原告属于消费者或者受雇佣者的弱势一方，相较作为公司或雇主的被告，经济实力较弱，跨国诉讼困难。也是因为这个原因，欧洲发明了"保护性管辖"，使得这些原告可以在本国起诉外国被告，但是这是欧陆法系的思维模式。普通法系考虑个

---

[1] AK Investment CJSC v. Kyrgyz Mobil Tel［2011］UKPC 7.

[2] Alberta v. Katanga Mining Ltd,［2009］I. L. Pr. 14（认为刚果民主共和国的法治没有得到尊重，缺乏政策运作的法律制度，故该地不是为了所有当事方利益和正义目的审判案件的适合法院）。

案公正,也就是考虑在具体案件中的原告是否由于特殊的经济困难导致可能丧失诉诸外国法院的权利。这是"拉贝诉开普公司案"(Lubbe v. Cape Plc)中英国最高法院重点讨论的问题。[1]

被告是英国母公司,其位于南非的数个子公司生产和销售石棉产品。原告是3000多名南非子公司的员工,均居住在南非,因为长期接触石棉患有肺癌,有的已经死亡。原告诉称,早在1979年被告就得知石棉可能对人体造成损害,但是未能采取适当措施确保子公司采用安全预防手段,违反了母公司对子公司雇员和居住在子公司业务范围内的人的注意义务。

英国最高法院认为,人身伤害案件和损害发生地的关系最为密切,而且原告都是在南非受雇佣期间受到的伤害,南非显然是案件的自然法院。至于程序公正,英国法院考虑了两个问题。第一,南非法院的审判质量问题。由于这是大规模诉讼,多个原告对同一被告基于相同或相似的事实提起的诉讼,只有利用集团诉讼程序才能高效、迅速地审判;而且本案专业性很高,难度非常大,需要专业律师提供服务或监督,也需要依赖专家意见和证据。虽然南非没有明确规定集团诉讼程序,但是英国法院不认为南非法官无法有效地处理此类诉讼。换言之,法院尽可能不批评外国法官或者司法系统的质量。第二,原告是否有足够财力支持南非的诉讼。该案的规模和复杂性决定了原告必须有相当可观的财力和物力才能进行诉讼,而南非没有对雇主责任案件的法律援助系统,也没有律师事务所愿意为这样的案件提供风险代理。如果要求原告去南非诉讼,则变相剥夺了原告诉权,违反了对人权的保护,也违反了公正性原则,因此英国法院应当行使管辖权。

同样的判决也出现在"康奈利案"(Connelly v. RTZ)中。[2] 该案的案情和"拉贝案"相似,也是英国劳动者在纳米比亚受雇佣过程中接触有毒物质造成人身伤害,之后在英国起诉雇主的母公司。虽然自然法院是受雇佣时的工作地,也就是纳米比亚,但是由于原告无法在当地获得法律援助以及风险代理,因为经济原因客观上不可能在自然法院起诉,英国法院同意行使管辖权。但是在"康奈利案"中,霍夫曼勋爵(Lord Hoffman)对将经济困难作为非方便法院原则考虑因素表示反对。如果需要考虑经济实力的对比,那么原告是否属于消费者或雇员并不重要,因为消费者或雇员在经济实力上的整体贫弱,并不代表每个消费者相比

---

[1] Lubbe v. Cape Plc [2000] 1 W. L. R. 1545.
[2] Connelly v. RTZ [1998] AC 854.

于销售者，或者每个雇员相对雇主更需要保护。此外，原告的经济状况可能使海外维权困难，但是困难不代表不能，究竟有多困难才合理地造成原告放弃诉权很难判断。最后，每个案件都有不同的特点，有的复杂、所需费用高昂，有的却比较简单、相对费用不高。同一个原告，在某些案件中可以海外维权，在另一些更加复杂的案件中却可能没有足够的经济实力出国诉讼。所以，如果经济状况被纳入考量，可能会造成实践上的困难和不确定。

最后，自然法院诉讼时效的丧失也是与程序公正相关的因素，但是适用时需要考虑原告的过错。如果原告因为疏忽、懒惰丧失诉讼时效，甚至故意推迟诉讼，使得自然法院的诉讼时效丧失，要求原告承担失去诉权的后果并非不符合程序正义的目标。但是，如果诉讼时效的丧失是因为不可控的原因，如原告在狱中服刑、原告身患重疾、原告因为交通中断或者因为防疫措施被要求强制隔离而无法起诉，甚至原告没有及时起诉是被告造成的，例如被告将原告拘禁或者威胁原告的人身安全，那么保护原告诉诸司法的权利是合理的。

三、非方便法院原则评析

非方便法院旨在寻找案件最合适的受诉法院，而法院是否最合适，需要考察案件所有相关信息。为了达到个案公正，没有任何一个条件能起到决定性的作用。比如，平行诉讼中各个法院受理案件的时间在欧盟模式中是决定性因素，但是在非方便法院模式中只是法院考量的因素之一，因为平行诉讼本身并不能说明先受理案件的法院就是更合适的法院。但是，如果先受理案件的法院的诉讼程序已经进行了很长时间，实质性问题已经审理完毕，此时一方当事人到与案件联系更密切的法院对同一事由提起诉讼，即使后受理的法院与案件事实的客观联系更为紧密，出于效率的考虑也已经不宜行使管辖权。

非方便法院原则的优势在于其充分考虑个案公正，非常灵活；弱点在于没有确定性，且可能造成诉讼拖延。因为大陆法系将法律的确定性作为良法的首要标准，欧盟对于非方便法院原则采取排除的态度。在英国是欧盟成员国时，欧盟法院在"奥乌苏诉杰克逊案"（Owusu v. Jackson）中明确禁止欧盟成员国使用非方便法院原则拒绝基于被告住所地的管辖权。[1] 欧盟法院提出了几点理由。第一，被告住所地行使管辖权是欧盟管辖权的基本规则，具有强制性。除非属于《布鲁塞尔Ⅰ修正条例》中明文允许的例外，成员国法院不得适用国内法减损该管辖权规则。第二，非方便法院原则会破坏欧盟管辖权的确定性。第三，被告住所地原则有利于保护被告，而非方便法院原则不利于保护被告。第四，非方便法院原则是普通法系特有的原则，允许该原则在欧盟成员国之间适用会破坏欧盟管辖权的

---

[1] Case C-281/02 Owusu v. Jackson, [2005] ECR I-01383, paras 37-46.

统一性。欧盟对非方便法院原则的看法虽然存在一些误解，[1] 但是其中对非方便法院原则过于依赖自由裁量权、可能损害确定性的评价是合理的。

此外，非方便法院原则要求法院主动限制自身的管辖权，而对外国法院不作要求。如果外国法院不采取相同的原则，那么采取非方便法院原则长远看并不利于本国当事人。因此，普通法系国家在采取非方便法院原则的同时，会搭配使用诉讼禁令。

第四节　禁诉令

一、禁诉令概述

禁诉令，也称诉讼禁令，是法院发布的禁止一方当事人在域外法院提起或继续诉讼的命令，可能是临时的，也可能是永久的。非方便法院与禁诉令是一个硬币的正反面，前者限制本国法院的管辖权，后者干涉外国法院的管辖权，最终目的都是为了使案件被最适合的法院管辖。但是，由于禁诉令涉及的是外国法院的管辖权，被很多国家批评为对外国主权的侵犯。发布禁诉令的国家通常会解释，禁诉令并非禁止外国法院行使管辖权，而是禁止当事人在外国提起诉讼或者继续外国的诉讼程序，即禁诉令是一个针对当事人的命令，而非针对外国法院的命令。但是这种辩解近乎狡辩，因为不论禁诉令的直接对象是谁，它发布的前提是对外国程序的审查，它的目的是阻碍外国诉讼的进行，所以实质都是对外国司法程序的干涉。即使有的普通法系国家允许法院颁发禁诉令，其对于外国针对本国程序的禁诉令也仍然持反对态度，例如美国法院多次将英国试图影响美国诉讼程序的禁诉令称为对美国司法主权的"直接干涉"。[2]

禁诉令在国际礼让和主权平等上存在巨大争议，因此普通法系国家颁发禁诉令时会异常谨慎。戴西、莫里斯和科林斯建议，在颁发禁诉令之前法院应当考量国际法原则。法院必须承认，在不同法律政策、不同法律制度下，法官可以合法地得出不同的结论，而不会违反国际法或者造成明显的不公正。在这种情况下，法院不应当干涉外国法院裁决并行使管辖权。外国法院和案件的联系越紧密，颁发禁诉令越可能违反国际法。[3] 因此，禁诉令的使用通常需要满足十分苛刻的条件。

---

[1] 特别是欧盟法院认为非方便法院原则不利于保护被告。事实上非方便法院原则是由被告提出的，目的是对抗原告选择的法院。

[2] Laker Airways Ltd v. Pan American World Airway, 559 F. Supp. 1124, 1128 (D. D. C. 1983).

[3] Dicey, Morris and Collins on the Conflict of Laws (16th ed) para 12-127.

以英国法院为例，禁诉令只有在两种情况下才能颁发。第一，外国诉讼是压迫性的，或者是滥用程序的；第二，外国诉讼违反了仲裁条款或排他性法院选择条款。

二、禁诉令的条件

(一) 压迫性诉讼或滥用程序

压迫性意味着外国诉讼的目的是给被告造成难以容忍的负担，比如原告清楚地知道，因为宗教、性别、性取向等原因，原告选择的法院不可能给予被告公正判决；因为政治原因，被告如果出庭应诉则其人身安全会受到威胁等。滥用程序意味着外国诉讼是恶意的、荒谬的。比如原告在不同的国家发起多个诉讼程序，目的是给被告造成压力，迫使被告和解；原告因为莫须有的理由，故意对被告提起诉讼，仅为了骚扰被告。认定外国诉讼存在压迫性或者滥用程序并无统一标准，需要法官根据个案事实行使自由裁量权。"法国国家航空航天工业公司诉李奎杰案"（Societe Nationale Industrielle Aerospatiale v. Lee Kui Jak）是基于压迫性诉讼和滥用程序成功申请到禁诉令的典型案例。[1]

> 被上诉人的丈夫乘坐直升飞机在文莱失事而去世。直升飞机是法国公司在法国生产的，这个公司在德克萨斯有专门负责销售的子公司。该直升飞机由一家英国公司购买，并由该公司的马来西亚子公司驾驶和维修。原告在文莱和美国德克萨斯同时起诉直升飞机制造商。德克萨斯法院根据被告在当地有长期商业活动，与当地建立了"最低限度联系"取得管辖权。被告请求文莱法院对美国诉讼发布禁诉令，其诉称文莱法院才是案件的"自然法院"，而且德克萨斯诉讼无法将马来西亚公司列为共同被告，妨碍被告要求马来西亚公司分担部分责任。

由于文莱当时是英国殖民地，案件最终被带到英国枢密院。英国枢密院支持了被告的请求，认为德克萨斯诉讼是压迫性的。仅因为被告在德克萨斯有商业活动，并不能证明德克萨斯法院是本案的"自然法院"或者"方便法院"。此外，在德州诉讼将对被告造成极大的不公正，因为被告将无法要求与事故有实质关联的第三人分担责任。文莱法院作为案件的方便法院，对原告在德州的诉讼下达了禁诉令。

然而，即使外国诉讼是压迫性的，英国法院如果不是利益相关方，也不能发布禁诉令。"空中客车诉帕尔特案"（Airbus Industries GIE v. Patel）的案情与

---

[1] Societe Nationale Industrielle Aerospatiale v. Lee Kui Jak，[1987] AC 871.

"李奎杰案"相似,但是法院做出了相反的回答。[1]

一架空中客车客机在印度坠毁,英国妇女帕尔特的丈夫在空难中去世。帕尔特在印度获得了航空公司给予的赔偿,但是按照印度标准,损害赔偿数额较低。飞机由法国公司制造,且该公司在德克萨斯有长期的商业活动。因此,帕特在德克萨斯法院对飞机制造商提起了产品责任诉讼,以期获得巨额赔偿。印度法院颁布了禁诉令,但是帕特不予理睬,因为她是英国人,在印度没有财产,该禁令无法执行。于是,被告到英国法院再次申请禁令。

英国法院认为,出于礼让的考虑,法院应当谨慎行使权力,仅对产生争议的诉讼有足够的利益或联系时才能下达禁诉令。虽然该案与"李奎杰案"高度类似,但是案件的主要事实发生在外国,英国于此案没有相关利益,且对产品责任之诉无管辖权。虽然英国对帕尔特有属人管辖权,但是由于英国和案件没有充分的联系,下达禁诉令将违反国际礼让原则,因此英国法院拒绝颁发禁诉令。

(二) 保护意思自治

如果当事人签订了仲裁条款或者法院选择条款,一方违反合同约定在外国法院起诉,则下达诉讼禁令比较容易。原因在于,他们自愿地承担了不在其他法院起诉的消极义务,而该义务的实现受到法律保护,如英国法院愿意使用禁诉令保护另一方当事人不在外国法院被诉的法定权利得到实现。此外,对仲裁条款和排他性法院选择条款的保护和执行已经在大多数国家的立法和司法实践中得到承认,也被国际公约确认。在这种情况下,有足够的理由证明外国诉讼程序违反国际习惯法,礼让的作用微乎其微。

因此,申请人无需证明外国诉讼是压迫性或滥用程序的,或者英国是方便法院,申请人也无需尝试先到外国法院获得救济。换言之,在违反管辖权约定的前提下,禁诉令几乎一定会被颁发。

三、禁诉令的效力

(一) 欧盟对禁诉令的限制

外国对禁诉令通常持反对态度,例如欧盟法院曾在两个案例中禁止英国法院针对欧盟成员国内的诉讼颁发禁诉令。第一个是"特纳诉葛洛维特案"(Turner v. Grovit)。[2]

---

[1] Airbus Industrie GIE v. Patel, [1999] 1 AC 119.

[2] Case C-159/02 Turner v. Grovit, [2004] ECR I-3565.

第七章 管辖权冲突

特纳是一个律师，被葛洛维特控制的公司雇佣。根据雇佣合同，特纳的工作地点在伦敦。1997年，特纳被临时安排到公司集团的西班牙分支机构工作。到达马德里后，特纳发现公司存在税收欺诈行为。特纳不愿按要求参与欺诈，只好辞职后回到伦敦。他在伦敦劳动法庭起诉雇主迫使他辞职并胜诉。之后葛洛维特以公司名义在西班牙起诉特纳无正当理由辞职、在伦敦对雇主滥诉，并要求赔偿50万英镑。特纳申请英国法院向葛洛维特颁发禁诉令。

在本案中，西班牙的诉讼显然存在"压迫性和滥用程序"的情况。首先，西班牙的诉讼和伦敦劳动法庭的诉讼内容相同，当事人相近，属于重复诉讼。其次，西班牙诉讼程序的目的是对特纳造成不当的压力，强迫特纳私下和解。按照英国标准，法院应当下达禁诉令。然而欧盟法院认为，英国和西班牙都是欧盟成员国，应当存在互信。英国的禁诉令事实上审理了西班牙法院对本案的管辖权，没有尊重其他成员国法院自主决定本国管辖权的权力。禁诉令和欧盟内部管辖权制度无法兼容，故英国法院不得使用禁诉令非法干涉当事人在另一个欧盟成员国的诉讼，即使该诉讼出于恶意的目的。

在其后的"安联诉西邮轮案"（Allianz v. West Tankers）中，欧盟法院将限制扩大到为执行仲裁协议而发布的诉讼禁令。[1]

本案的合同包含国际仲裁条款，当事人同意将争议提交英国仲裁。争议发生后，一方当事人到意大利起诉。英国法院认为，虽然"特纳案"认为禁诉令和欧盟管辖权制度不兼容，但是欧盟管辖权制度并不适用于仲裁，因此以保护仲裁协议为目的颁发的诉讼禁令不应当被禁止。

但是欧盟法院认为，即使仲裁程序被排除在欧盟管辖权条例之外，意大利法院的管辖权也是根据欧盟统一管辖权规则《布鲁塞尔 I 修正条例》的条款行使的。虽然禁诉令的目的是保护仲裁协议，但是禁诉令实际上影响另一个成员国在欧盟统一法下的管辖权，因此仍然对欧盟管辖权制度造成影响。在此案之后，禁诉令在欧盟内部原则上绝迹了。欧盟法院对普通法系处理"挑选法院"的几个重要工具采取的反对态度，体现了大陆法系和普通法系在基本法律理念上的区别，也成为后来英国脱欧的原因之一。

---

[1] Case C-185/07 Allianz v. West Tankers, [2009] ECR I-663.

(二) 禁诉令的执行

禁诉令的执行也是一个难题。禁诉令通常通过对被申请人或其财产行使强制措施来执行。拒绝遵守禁诉令可以被视为藐视法庭，并受到相应的惩罚。但是，如果被告与法院地没有属人联系，且在该国无财产，则强制措施无法有效执行。签发禁诉令的法院需要寻求被告所在地或其财产所在地法院的协助，但是很少法院会协助执行外国强制措施，因为强制措施被视为"惩罚"而不是"民事判决"。很多法院将拒绝协助外国法院对位于本国境内的被申请人送达禁诉令。

因此，禁诉令虽然用一种强制性的直接方式禁止当事人恶意诉讼，但是它有妨害国际礼让之嫌，有时难以执行。例如上文所说的"空中客车案"，由于帕尔特和印度没有属人联系，且在印度也没有财产，帕尔特完全可以无视印度法院的禁诉令，迫使被告飞机制造商不得不在帕尔特的住所地英国重新申请禁诉令。[1]

(三) 禁诉令冲突

不止一个普通法系国家有禁诉令这一法律工具，在实践中法院为了争夺管辖权针对对方诉讼程序相互下达禁诉令的情形并不少见，这就形成了禁诉令冲突。禁诉令冲突的一个更加直接的表现形式是"反禁诉禁令"，也就是被禁诉令影响的受理法院直接要求申请人撤销或者停止在外国法院针对本国诉讼程序申请诉讼禁令。实践中，除了英国、印度、美国等普通法系国家之外，德国、法国和中国等大陆法系国家也出现了针对外国禁诉令签发反禁诉禁令的案例。[2]

禁令冲突意味着两个国家司法权力的冲突。出于主权平等，没有任何一个禁令有优先权。禁令冲突将当事人置于两难境地，最终的解决方式多是达成和解或者一方出于国际礼让等原因主动撤销禁令。典型例子是涉及美国和英国的"莱克航空案"（British Airways Board v. Laker Airways）。[3]

莱克航空是一个廉价航空公司，主要运营从伦敦飞往纽约的航班。当时航空工业卡特尔化，航空公司结成联盟采取统一限价的政策，使得任何一个航空公司都可以获得高额利润。莱克航空拒绝结盟，并通过提高效率、降低

---

[1] Airbus Industrie GIE v Patel, [1999] 1 AC 119.

[2] King Fung Tsang and Jyh-An Lee, "The Ping-Pong Olympics of Anti-suit Injunction in FRAND Litigation," *Michigan Technology Law Review*, vol. 28, 2022, pp. 305, 360. 德国案例见 Nokia v. Daimler, Munich District Court (Landgericht München) Case No 21° 9333/19 (2 October 2019); *InterDigital v. Xiaomi*, Landgericht Munich I, 7 O 14276/29. 中国案例见小米与交互数字标准必要专利许可费纠纷案 [(2020) 鄂01 知民初169号]。

[3] 这个争议包含一系列案件，如美国的 Laker Airways v Sabena, Belgian World Airlines, 731 F. 2d 909 (DC, Cir. 1984); Lake Airways v Pan American World Airways, 596 F. Supp. 202 (DDC 1984); etc. 英国案件 British Airways Board v Laker Airways [1985] AC 58 (HL).

成本的办法，低价出售机票。莱克航空的市场份额飞快地扩大，其他航空公司快速反击。他们大大降低机票价格，导致莱克航空失去了大量客户，由于无法还贷而破产。之后，大航空公司将价格提高到和从前一样。莱克航空在美国对这些航空公司提起反垄断之诉。被告除了美国公司，还有英国和加拿大公司。两个英国公司在英国法院申请了诉讼禁令，认为莱克航空不能将美国反垄断法适用到域外。在英国法院下达诉讼禁令后，美国法院对所有其他被告发布反禁诉禁令，禁止他们在英国申请禁诉令。

莱克航空与创始人 Sir Freddie Laker（https：//simpleflying.com/laker-airways-fate/）

英国初审法院发布禁诉令后，英国国务卿下达指令，禁止任何英国航空公司向美国法庭提交审判案件需要的证据。这就意味着，如果莱克航空不执行英国禁诉令，它在美国的诉讼程序也会因为缺乏证据而失败。但是英国最高法院最后决定解除禁令，因为美国诉讼中的两个英国被告在美国境内运营航班，美国反垄断法不能认为是域外适用，也没有侵犯英国的主权。在本案中，英国法院并没有考虑禁诉令冲突可能对当事人带来的困难，而是直接判断外国法院管辖权是否属于压迫性和滥用程序，是否不当侵犯了国际礼让。禁诉令冲突最终在英国最高法院判决后化解。

近几年，国际电信行业的标准必要专利争端日益增多，专利的地域性和电信行业的全球性导致管辖冲突时常发生。中国法院在多个涉外标准必要专利案件中使用了禁诉令和反禁诉禁令。如"小米和交互数字案"中，武汉市中级人民法院对被申请人交互数字签发了禁诉令，禁止交互数字在印度或者其他国家就相同标准必要专利的使用费率提起诉讼。[1] 之后,印度德里法院应交互数字的申请对小米公司签发反禁诉禁令。[2] 面对禁诉冲突,小米和交互数字最终达成和解,双方撤回所有未决的专利诉讼和其他诉讼。在 OPPO 公司与夏普株式会社标准必要专利纠纷中,深圳市中级人民法院要求夏普停止在德国慕尼黑法院的诉讼,慕尼黑法院签发了反禁诉禁令,要求 OPPO 申请撤回禁诉令。[3] 深圳中院采取了当庭劝说的方式,先固定了夏普违反禁诉令的证据,并向其释明违反中国法院裁判的严重后果,使夏普自愿撤回在慕尼黑法院的反禁诉禁令。虽然深圳中院面对禁令冲突没有采取强制性法律措施,但是当庭劝说达到了"反反禁诉禁令"的效果。

第五节 管辖权冲突的中国实践

虽然国际上管辖权冲突的处理方法可以大致分为以欧盟为代表的大陆法系的"禁止平行诉讼",以及普通法系的"非方便法院原则"和禁诉令,但是中国的实践却打破了大陆法系和普通法系的传统分歧,因此值得专门讨论。

一、禁止平行诉讼原则

中国法曾经缺乏处理涉外案件管辖权冲突的规则。出于保护司法主权的考虑,中国在很长的时间里并未采纳基于"先受理"的禁止平行诉讼原则。最高法院 2022 年发布的《民事诉讼法解释》明确规定:[4]

> "中华人民共和国法院和外国法院都有管辖权的案件,一方当事人向外国法院起诉,而另一方当事人向中华人民共和国法院起诉的,人民法院可予受理。判决后,外国法院申请或者当事人请求人民法院承认和执行外国法院对本案作出的判决、裁定的,不予准许;但双方共同缔结或者参加的国际条约另有规定的除外。"

第一,中国原则上并不介意中国法院和外国法院之间的平行诉讼。不论外国法院还是中国法院先受理案件,中国法院都可以行使管辖权。第二,在平行诉讼问题上,中国采取的是放任的立场,也就是既不要求法院因为后受理案件而放弃

---

[1] 小米公司与美国交互数字公司 FRAND 费率纠纷案,湖北省武汉市中级人民法院(2020)鄂 01 知民初 169-1 号。
[2] I. A. 8772/2020 in CS (COMM) 295/2020.
[3] 广东省深圳市中级人民法院(2020)粤 03 民初 689 号之一民事裁定书。
[4] 《最高人民法院关于适用〈中华人民共和国民事诉讼法〉的解释》第 531 条第 1 款。

管辖权，也不要求法院必须行使管辖权。相反，法院"可以"行使管辖权，也可以出于别的原因而放弃管辖权，这就给予中国法院出于程序效率而拒绝行使管辖权提供了自由裁量的空间。第三，中国法院虽然不介意平行诉讼，但是介意承认和执行与中国既有判决相冲突的判决。因此，中国拒绝承认和执行外国对中国已经宣判案件的判决。换言之，中国对平行诉讼的规制主要是在外国判决承认阶段的间接规制。

但是，2023年9月1日通过的新《民事诉讼法》首次采纳了禁止平行诉讼原则。《民事诉讼法》第280条重申了在不存在排他性选择外国法院条款的前提下，中国法院可以对外国法院受理的同一个案件行使管辖权的基本立场。第281条进一步规定，

> "人民法院依据前条规定受理案件后，当事人以外国法院已经先于人民法院受理为由，书面申请人民法院中止诉讼的，人民法院可以裁定中止诉讼，但是存在下列情形之一的除外：
> （一）当事人协议选择人民法院管辖，或者纠纷属于人民法院专属管辖；
> （二）由人民法院审理明显更为方便。
> 外国法院未采取必要措施审理案件，或者未在合理期限内审结的，依当事人的书面申请，人民法院应当恢复诉讼。
> 外国法院作出的发生法律效力的判决、裁定，已经被人民法院全部或者部分承认，当事人对已经获得承认的部分又向人民法院起诉的，裁定不予受理；已经受理的，裁定驳回起诉。"

《民事诉讼法》第281条第一次明确允许中国法院适用"先受理"原则中止行使管辖权，避免平行诉讼的发生。但是考虑到"先受理"原则缺乏灵活性、不考虑实质联系、导致匆忙起诉等缺陷，《民事诉讼法》没有像欧盟那样采纳硬性标准，而是将机械的"先受理"原则和更加灵活的方便法院原则结合起来，允许法院行使自由裁量权。存在选择中国法院条款、纠纷属于中国法院专属管辖、中国法院审判案件更为方便的情况下，中国法院可以拒绝适用"先受理"原则。即使在根据"先受理"原则中止了诉讼之后，中国法院也可以在外国诉讼程序没有合理推进、造成不当拖延的情况下恢复诉讼，合理地保护原告的诉权和诉讼效率。当然，第281条并未定义什么情况属于外国法院"未在合理期限内审结"。因为很多国家并不存在审限要求，诉讼期限普遍较长，一律适用中国标准或适用外国法院地标准都不合适。对于第281条的适用，仍然需要最高人民法院作出更加详细的解释和指导。

二、非方便法院原则

有趣的是，中国法院出于实践需要，很早就采纳了普通法系的"非方便法院原则"，拒绝在不当的情况下行使管辖权。虽然缺乏法律和最高人民法院司法解释的授权，中国法院早在 20 世纪 80 年代就已经开始了相关实践，在根据本国《民事诉讼法》有管辖权的案件中拒绝行使管辖权。2005 年，最高人民法院终于在全国海事商事审判会议上公开明确我国法院可以使用非方便法院原则，并提供了相关标准。[1] 2015 年，该原则正式在最高人民法院司法解释中得到承认。2022 年《民事诉讼法解释》第 530 条重申了该原则。2023 年 9 月 1 日通过的第四次修正的《民事诉讼法》第 282 条第一次在立法中规定了非方便法院原则，并采纳了更加灵活的标准。

中国的非方便法院原则是一个将普通法原则本土化的典型案例。非方便法院原则的根本特征是法院根据个案特点，行使自由裁量权，并决定拒绝行使管辖权以便当事人到审理案件更合适的法院诉讼。但是中国是一个大陆法系国家，法官的自由裁量权本应受到限制，法官也较少接受行使自由裁量权的系统训练。因此，在学术界展开中国是否需要采纳非方便法院原则的讨论时，主要反对意见包括该原则与中国法律体系不适应，中国法官行使自由裁量权的技术不合格等。

但是，大陆法系国家不采纳非方便法院原则的原因之一，在于大陆法系通常对管辖权制定了严格的、确定的标准，也就是国家仅在与涉外案件具有紧密联系的前提下才有管辖权，因此只要本国根据管辖权规则拥有管辖权，行使管辖权便应当是合适的。但是中国的涉外管辖权却较为宽泛。根据《民事诉讼法》，中国法院在以下情况中对涉外案件有管辖权：被告在中国领域内有住所；被告在中国领域内有代理机构；合同在中国领域内签订或履行；诉讼标的物在中国领域内；被告在中国领域内有可供扣押的财产；侵权行为地在中国；当事人合意选择中国法院。[2] 其中，有的管辖权连结点已经被很多国家摒弃，例如被告在本国领域内有可供扣押的财产。这是较容易引起争议的连结点，可供扣押的财产范围十分广泛，无需财产和争议有任何实质性联系。该管辖权给予中国法院执行判决的便利，但是从法律逻辑上讲，根据与案件无关的事实建立管辖权很难证明管辖权的合理性。如德国公司和中国香港公司在德国签订和履行合同，并约定德国法为合同准据法。本案与中国没有任何联系，但是仅因德国公司在中国有财产，中国法院对本案就可以行使管辖权。对法院而言，由于案件事实均发生在德国并适用德

---

[1]《最高人民法院关于印发〈第二次全国涉外商事海事审判工作会议纪要〉的通知》，法发[2005] 第 26 号。

[2]《民事诉讼法》第 276 条、第 277 条。

国法，行使管辖权可能存在查明事实和适用法律上的困难。在此情况下，给予中国法院拒绝行使管辖权的权力是合理的。

中国的非方便法院原则存在很多中国特有的特点。中国对于非方便法院原则的行使设置了很多前置条件，法官需要根据这些条件的指引行使自由裁量权。此外，为了保护诉讼效率，中国法院还可以在依照非方便法院原则驳回起诉后，因外国法院不作为或程序拖沓，转而行使管辖权。《民事诉讼法》第283条规定：[1]

"人民法院受理的涉外民事案件，被告提出管辖异议，且同时有下列情形的，可以裁定驳回起诉，告知原告向更为方便的外国法院提起诉讼：

（一）案件争议的基本事实不是发生在中华人民共和国领域内，人民法院审理案件和当事人参加诉讼均明显不方便；

（二）当事人之间不存在选择人民法院管辖的协议；

（三）案件不属于人民法院专属管辖；

（四）案件不涉及中华人民共和国主权、安全或者社会公共利益；

（五）外国法院审理案件更为方便。

裁定驳回起诉后，外国法院对纠纷拒绝行使管辖权，或者未采取必要措施审理案件，或者未在合理期限内审结，当事人又向人民法院起诉的，人民法院应当受理。"

三、禁诉令

中国司法实践最新的发展是法院明确接受了禁诉令。相比非方便法院原则，禁诉令是一个十分有争议的机制，因为中国长期以来一直坚持主权平等和不干涉原则，很难想象中国法院可能采取禁诉令解决国际民事诉讼管辖冲突。但是，早期的中国海事法院就已经偶尔颁发禁诉令，作为海事禁令的一种。[2] 但是这些偶然的实践并未引起太多关注。

真正的变化发生在中国战略性高科技行业走向国际，并与西方主导的科技产业发生冲突之际。知识产权是当今国家的核心竞争力的体现，也是国家间竞争的焦点。在电信领域，为了保证全球电信产品和基建的互联互通，国际电信标准制定组织制定了国际标准，电信产品需要符合国际标准才能进入全球化电信市场。

---

〔1〕《最高人民法院关于适用〈中华人民共和国民事诉讼法〉的解释》第350条。
〔2〕《中华人民共和国海事诉讼特别程序法》第51条。"华泰财产保险有限公司深圳分公司、克利伯租船公司船舶租用合同纠纷案"，武汉海事法院，（2017）鄂72行保3号。

国际标准必须用到的专利技术,称为"标准必要专利"(Standard Essential Patent, SEP)。虽然标准必要专利适用于全球生产商,但是此专利仍然需要满足专利的地域性要求,也就是同一个专利在各国注册为本地专利,并在其注册的国家得到保护。这就很容易出现同族专利之间的平行诉讼问题。

例如,华为是一个标准必要专利的所有权人,诺基亚在美国、韩国、日本的生产侵犯了华为在这三个国家拥有的本地专利。但是,这三个国家的专利内容是相同的,属于同族专利。华为如果在美国、韩国和日本分别起诉诺基亚,就会存在三个同族专利的平行诉讼。如果诺基亚认为华为在韩国的诉讼属于恶意平行诉讼,则可能要求法院颁发禁诉禁令。

标准必要专利领域的禁诉令第一案是中国最高法院的"华为诉康文森案"。[1]

康文森是几项标准必要专利的所有权人,华为是专利的使用者。2018年1月,华为在南京中院起诉康文森,要求确认中国地区标准必要专利的许可费率。3个月后,康文森在德国杜塞尔多夫法院起诉华为侵犯康文森在德国的同族专利。南京中院作出判决后,康文森上诉至最高法院。在最高法院审判期间,德国杜塞尔多夫法院认为华为侵权成立,禁止华为继续出售侵权产品,判决华为支付的专利许可费率是南京中院判决的18.3倍。

最高人民法院根据2017年《民事诉讼法》第100条(现第103条)"行为保全"的规定,对康文森发布了禁诉令,禁止康文森在德国法院申请执行杜塞尔多夫法院的判决。此类禁诉令主要禁止执行,也可以称为"禁执令"。最高法院参照美国加州法院在类似案件中颁发禁诉令的标准,做五点考虑。第一,不颁发禁诉令是否会使中国裁决难以执行。法院认为,德国和中国诉讼的当事人基本相同,审理对象部分重合,如果康文森申请执行德国一审禁令判决,可能使中国判决失去意义。第二,不颁发禁令是否给华为带来难以弥补的损害。法院认为,一旦康文森申请执行德国法院判决,华为将被迫退出德国市场,或者被迫接受远高于中国判决认定的许可费率。这种结果将可能导致华为放弃在中国的诉讼,使得中国的判决最终难以获得执行。第三,合理权衡当事人相关利益。法院认为,不颁发禁令对华为可能造成无法弥补的损失,而颁发禁令对康文森公司的损害仅是暂缓执行杜塞尔多夫法院判决,而非消灭其权利。不颁发禁令对华为造成的损害

---

[1] "华为技术有限公司等与康文森无线许可有限公司确认不侵害专利权及标准必要专利许可纠纷案",最高人民法院,(2019)最高法知民终732、733、734号之一。

远高于颁发禁令对康文森的损害。第四，禁令不影响公共利益。第五，中国法院受理案件在先，且禁令仅暂缓德国判决的执行，并不影响德国诉讼的后续推进或判决的法律效力，因此不违反国际礼让原则。

"华为诉康文森案"是中国第一次在标准必要专利领域运用禁诉令，且由最高法院作出，影响巨大。继本案之后，武汉市中级人民法院在"小米诉交互数字案"中也使用了禁诉令。[1] 2020年小米公司在武汉市中级人民法院起诉，要求法院确定标准必要专利的全球费率。之后美国公司交互数字在印度德里法院起诉小米侵犯其在印度的同族专利，并申请禁止小米的无线产品在印度境内销售。武汉市中级人民法院2020年9月支持了小米的请求，要求交互数字撤销在印度的禁令申请，且禁止交互数字在世界任何国家的法院对本案涉及的3G和4G移动标准必要专利提起诉讼。武汉中院认为：第一，在交互数字得知小米在武汉中院起诉之后，并不尊重和配合武汉中院的诉讼程序，而是以干扰和妨碍诉讼程序为目的，在印度提起诉讼，主观恶意明显；第二，印度的程序可能导致相互冲突的判决，导致中国的生效判决难以执行，有滥用程序的嫌疑；第三，印度是小米最大的海外市场，交互数字在印度申请禁令必然影响小米在海外的市场，极大损害小米的利益，且损害难以修复；第四，交互数字是专利的非实施实体（NPE），其购买专利谋求经济利益，而不制造并生产专利技术产品。禁诉令不会对交互数字的权利造成实质性损害，只可能造成延迟，禁诉令也不损害公共利益。

此后，深圳市中级人民法院在"中兴诉康文森案"[2]和"OPPO诉夏普案"[3]，武汉市中级人民法院在"三星诉爱立信案"[4]中分别对康文森、夏普、爱立信发布了诉讼禁令。

短短三年内，中国法院已经在标准必要专利领域发布了五个诉讼禁令。可以说，禁诉令已经正式被中国司法实践所接受。但是值得注意的是，首先，中国的诉讼禁令并没有坚实的法律授权。虽然《民事诉讼法》第103条的"行为保全"暂时被用作诉讼禁令的法律依据，但是仔细分析可以发现，虽然"行为保全"中法院的权限文字上非常宽泛，语义上似乎包括了诉讼禁令，但是究其背景，行

---

[1] 小米公司与美国交互数字公司FRAND费率纠纷案，湖北省武汉市中级人民法院，（2020）鄂01知民初169-1号。

[2] 中兴通讯与康文森标准必要专利许可纠纷案，深圳市中级人民法院，（2018）粤03民初335号之一。

[3] OPPO广东移动通信有限公司、OPPO广东移动通信有限公司深圳分公司与夏普株式会社、赛恩倍吉日本株式会社标准必要专利许可纠纷案，广东省深圳市中级人民法院，（2020）粤03民初689号之一。

[4] 三星和爱立信标准必要专利许可纠纷案，湖北省武汉市中级人民法院，（2020）鄂01知民初743号。

为保全主要保护的是国内诉讼中的实体性权利，例如继续侵权行为，以及实现判决执行的权利。但是国际诉讼中的禁诉，主要涉及的是被申请人提起诉讼的程序性权利，并不涉及实体，且不附着担保。此外，禁诉影响最大的是国际礼让和外国主权，而这并非第 103 条考虑的内容。因此，用"行为保全"作为禁诉令的法律基础仍需斟酌。其次，中国法院颁发禁诉令的标准并不统一。例如，最高法院"华为案"和武汉中院"小米案"中采用的标准并不相同，这就为禁令的颁发制造了不确定性。再次，现在并不清楚中国法院颁发禁令的范围，仅限于标准必要专利，还是扩展到整个知识产权领域，或者所有的民商事领域。最后，当一国采用禁诉令而另一国没有对等的工具时，后者很可能被置于不利地位。因此，很多国家即使传统上反对普通法系的禁诉令，但是为了保护本国当事人和实现诉讼程序的对等，对外国禁诉令采取"反禁诉禁令"措施。如上文的"小米案""三星案""夏普案"中，中国禁诉令遭到印度、美国、德国法院的"反禁诉禁令"的攻击。此时禁诉令是否有效，依靠的是当事人在相关国家的经济利益。很多时候，禁诉令本身并不能达到解决管辖冲突的目的，而是给予当事人法律程序上对等的地位，从而协助本国当事人的和解谈判。

中国采用禁诉令，说明中国的法律有着一定的弹性和解释的空间，可以帮助法院解决实践上需要解决的问题，达到其追求的政策目标。从这个角度讲，中国并没有拘泥于传统"大陆法系"与"普通法系"的简单分界，灵活地借鉴可能借鉴的于实践有益的方法。中国的司法实践在管辖冲突问题上做到了以"实用性"为中心。

第八章 临时措施

第一节 临时措施的概念

临时措施也称保护性救济措施。法院通常有权保护司法程序的完整性，保障未来实体判决可以得到有效执行。在国际民商事诉讼程序中，一方当事人（通常是被告）在程序结束并得到执行之前，可能会向外国转移、隐匿财产，使最终判决无法得到执行；或者继续违法行为，给另一方造成不可挽回、不可补救的损失；或者实体争议涉及季节性商品，或鲜活、易腐烂财产，需要及时保全。在这些情况下，法院需要冻结被申请的账户，禁止或者要求被申请人进行一定行为，对易损财物变卖保存价款。此类裁决通常有临时性、紧急性、程序性的特点，统称为临时措施。临时措施在最终判决作出前临时调整当事人的关系，保持当前状态，或者为判决执行提供保障。

临时措施在实践上至关重要。因为当事人经历痛苦的跨国诉讼程序，目的就是得到最终的救济。但是在当事人（通常是受害方）提起诉讼到最终得到救济之前，要经历漫长的时间。时间是跨国诉讼的敌人，它给予了另一方当事人（通常是过错方）机会阻挠原告利益的最终实现，也损害了司法程序的意义。过错方通过转移隐匿财产、耗尽资源、继续侵权等行为，对原告权利进行毫无顾忌的伤害，对司法系统显示出极度的轻视与傲慢。因此需要临时措施维持合理的利益平衡，维护司法的完整与尊严。

一、临时措施的功能

临时措施从功能上可以分为四类。第一类是阻止被告实施被认为是侵犯原告权利行为的临时禁令。例如原告诉被告侵犯其专利，而侵权产品马上将上市销售，如果等最终判决作出，被告可能已经占有大量市场份额，给原告造成不可挽回的损失，因此法院可以在最终判决作出前临时禁止被告出售争议产品。临时禁令在诽谤、侵犯隐私权、侵犯个人信息权等案件中也经常用到。一旦涉案信息向公众公开或者被第三方知晓，受害人的人身权利将遭受无法挽回、无法补救的损失,最终判决结果以及可能的损害赔偿也将失去意义。因此,原告无需等到法院作出最终判决即可申请临时禁令。

第二类是暂时维持当事人财产现状的冻结令和扣押令。在审判过程中,被告可能转移财产或者耗尽财产,即使日后法院判决原告胜诉,被告也不再有财产可供执行。因此,法院可以扣押被告的财产,冻结被告银行账户,限制被告以及第三方处分被告财产,使被告的财产价值不低于某一特定水平。[1] 法院还可以扣押被告的案外债务人的财产,保证原告债权可以最终实现。

第三类是根据当事人或标的物的特殊性,提前履行义务的临时措施。如离婚案件进行期间,夫妻一方生活确实存在困难,法院可以要求另一方提前支付生活费用;在儿童抚养案件中,法院可以要求抚养义务人提前支付抚养费;对于易损标的物,法院可以判令提前交付,或者变卖保存价款。

第四类是协助实体审判程序顺利进行的证据保全措施。此类临时措施的对象是证据,如果有理由相信证据可能灭失或日后难以取得,法院可以颁发调查令、搜查令和扣押令,保全实体诉讼需要的证据。

二、临时措施的条件

临时措施从时间上可以分成诉前临时措施和诉中临时措施。诉前临时措施大多属于证据保全,或者侵权行为禁令,是申请人在提起实体性诉讼之前提出的独立申请。因为诉前临时措施对被申请人的权利在没有实体程序的前提下进行了限制,申请人一般需要在诉前临时措施颁发后的一定时间内启动实体诉讼程序。例如我国《民事诉讼法》第104条第3款要求:"申请人在人民法院采取保全措施后三十日内不依法提起诉讼或者申请仲裁的,人民法院应当解除保全。"

临时措施一经作出,被申请人必须停止生产、销售、出版等侵权活动。如果实体审判中发现被申请人并不存在侵权行为,则可能对被申请人的利益造成重大损失。因此法院必须采取一定的措施,保护被申请人的利益。首先,申请人必须承担举证责任,且法院需要进行利益平衡的考量,考量因素包括:申请人实体上是否有胜诉的可能;如果不发出临时禁令,是否给申请人带来不可挽回的损失;作出临时禁令是否会损害其他利害关系人;申请人和被申请人的利益损害哪个更加严重;临时措施是否有损公共利益。其次,申请人应提供合理的担保,保证申请人就有关临时措施给被申请人造成的任何损害提供适度赔偿。

三、跨国诉讼中的临时措施

临时措施在国内诉讼和跨国诉讼中都可能存在。和国内诉讼相比,跨国诉讼中的临时措施可能出现特殊的问题。首先,临时措施针对的人和物可能位于域

---

[1] 张文亮:《国际民事诉讼中的临时措施研究》,武汉大学2015年博士学位论文。

外，而行为也可能发生在域外，这就涉及法院管辖权的问题。申请人应当在哪个法院申请临时措施？法院能否对域外行为人或者财产颁发临时措施？临时措施的管辖权是否需要和实体程序的管辖权一致？临时措施能否在域外得到承认和执行？法院能否作出辅助外国诉讼的临时措施？这些问题都将在本章探讨。

第二节 临时措施的管辖权

一、主诉法院的管辖权

涉外案件中的临时措施面临复杂的管辖权问题。首先，对主诉有管辖权的法院，是否可以对相关的临时措施行使管辖权？答案是肯定的。大多国家认为如果本国法院对主诉有管辖权，法院当然可以为了保护主诉程序和判决完整性颁布临时措施。如"威尔逊诉威辛顿"案（Wilson v. Withington）。[1]

> 申请人是死者的丈夫和遗产执行人。死者将所有住宅物业留给了申请人。死者在和申请人结婚之前和前夫育有一子，其子和死者按份共有位于西班牙的一套房产。其子申请获得死者的房产份额，申请人申请北爱尔兰法院对其子颁发禁令，限制其出卖、处分位于西班牙的房产，或者以任何方式减损房产的价值。

普通法系将临时措施识别为对人的管辖。若将临时措施视为独立于主诉之诉，那么北爱尔兰法院针对住所地在外国的自然人无法行使管辖权。但是北爱尔兰法院仅考察了对主诉的管辖权，本案主诉是位于外国的不动产物权纠纷。虽然主诉涉及外国不动产，但是本案属于确定遗产或信托财产的案件，是北爱尔兰法上不动产专属管辖的例外。由于法院对主诉有管辖权，法院当然对相关临时措施有管辖权。

但是主诉法院很多时候并非行使临时措施管辖权最合适的法院。因为虽然实体诉讼在法院地进行，但是需要保全的财产或证据可能位于域外。当主诉法院作出临时措施裁决，将裁决在域外实施可能出现困难。例如，当事人在德国进行诉讼，因为德国是侵权行为发生地，但是被告的财产位于意大利。德国法院作出财产保全措施，需要得到意大利的承认和执行。虽然欧盟内部司法协助非常发达，但是如果临时措施采取单方书面审查程序，被申请人没有听证，那么临时措施无

---

[1] Wilson v. Withington，[2021] NICh 13.

法根据《布鲁塞尔Ⅰ修正条例》在意大利得到承认和执行。[1] 意大利法院将适用本国的法律，考察德国临时措施的承认与执行问题，这将耗费宝贵的时间，并且具有较大的不确定性。由于意大利本国并不允许非经听证的临时措施，意大利法院很可能认为德国的临时措施违反了公共政策，特别是被告的抗辩权，因此拒绝承认、执行。即使临时措施是被告参与听证后作出的，或者裁决已经送达被告，满足欧盟内部司法协助条例的条件，原告也需要提交额外材料供意大利法院审查。此外，各国的临时性措施均不同，如果德国规定的特殊的临时性措施在意大利并不存在，也可能为实际执行造成困难。

二、非主诉法院的管辖权

对主诉没有管辖权的法院是否对临时措施有管辖权？答案也是肯定的。因为主诉法院很多时候并不是最适合作出临时措施裁决的法院，大多国家允许非主诉法院对于临时措施单独行使管辖权。欧盟《布鲁塞尔Ⅰ修正条例》也承认，除了主诉法院之外，申请人可以根据成员国各自的国内法到非主诉法院申请临时措施。[2] 该条例并未对非主诉法院的临时措施管辖权作出统一规定，而是允许成员国根据本国的管辖权规则确定管辖权。虽然各国法律并不相同，但是大陆法系国家通常给予临时措施效力发生地的非主诉法院管辖权。例如，财产所在地的法院对扣押、查封、冻结财产等财产保全措施有管辖权；当事人所在地或居住地的法院对人身自由受限制的扣押令或者行为受限制的行为保全措施有管辖权。普通法系则将临时措施均视为对人的管辖，并使用普通管辖权中对人管辖的规则确定管辖权。也就是说，美国则继续使用"最低限度联系"确定对临时措施的管辖权。[3] 英国法院将考虑被申请人是否位于英国境内，且英国法院行使管辖权是否符合"方便法院原则"（forum conveniens）。

例如，"隆意国际有限公司案"（Broad Idea International Ltd. v. Convoy Collateral Ltd.）中，[4] 英国法院认为临时措施不是实体诉讼的附属程序，因此没有理由要求作出临时措施的法院必须有实体管辖权。同理，如果申请人申请临时措施保全被告的财产，保全范围也可以不局限于执行现有判决的财产，还可以包括可供将来判决执行的财产。基于此，法院可以独立确定对临时措施的管辖权。在普通法系国家，包括财产和行为保全的临时禁令都被认为是"对人"的管辖（ju-

---

〔1〕《布鲁塞尔Ⅰ修正条例》第2（a）条明确规定，可以在成员国得到承认和执行的判决不包括被告未经听证的临时措施裁决。

〔2〕《布鲁塞尔Ⅰ修正条例》第35条。

〔3〕 Catherine Kessedjian, Note on Provisional and Protective Measures in Private International Law and Comparative Law, Prel. Doc. No. 10, paras. 27-31, 55-58.

〔4〕 Broad Idea International Ltd. v. Convoy Collateral Ltd., [2022] 1 All ER 289.

risdiction in personam）。只要法院对被申请人有对人管辖权，不论对实体案件是否有管辖权，保障执行的判决是哪个法院作出的，申请人是否是实体判决的被告，都可以作出临时措施。例如，德国法院作出判决，要求被告赔偿原告损失，被告在英国有银行账户。英国法院可以对银行发布临时禁令，要求银行冻结被告的账户。虽然银行不是实体诉讼当事人，但是银行因为控制相关财产，可以成为临时措施的被申请人。因为英国法院对银行有属人管辖权，所以英国法院可以对银行发布临时措施。

在"奔驰诉雷达克案"（Mercedes Benz A. G. v. Leiduck）中，[1] 奔驰汽车公司因为合同纠纷在摩纳哥起诉雷达克。摩纳哥法院临时扣押了被告位于摩纳哥的财产，但是拒绝冻结被告在香港公司所持的股权。原告于是申请香港法院对被告的全球财产，包括香港的财产，发布临时扣押和冻结令。香港法院拒绝了全部请求，包括对位于香港财产的冻结申请。香港法院认为，临时措施是对人的管辖，而非对物的管辖。由于被告不在香港境内，被告在香港拥有财产并不足以建立足够的联系以证明香港法院是"方便法院"，香港法院对临时措施没有管辖权。

三、对主诉管辖权的限制不涉及临时措施

对实体争议管辖权的限制是否也可以限制临时措施的管辖法院？这个问题在"莫塔卡斯建筑公司案"（Motacus Constructions Ltd. v. Paolo Castelli SPA）中得到了探讨。[2]

> 意大利公司和英国公司签订在英国履行的合同。该合同包含一个排他性法院选择条款，双方选择法国法院解决合同争端。根据英国法律，即使合同有外国排他性法院选择条款，当事人也有权将建筑合同争议提交专家作出临时性裁决。在专家裁决后，英国当事人请求英国法院执行裁决。意大利公司认为英国法院没有管辖权。

根据海牙《选择法院协议公约》，英国法院对合同实体争议没有管辖权，但是本案中的管辖权并非关于实体争议，而是关于执行临时性裁决。由于裁决本身属于临时性措施，英国法院的程序因此也属于临时措施的辅助程序，不同于主程序。英国法院认为，英国法院对执行临时专家裁决的请求有管辖权。

同理，如果当事人选择用仲裁解决实体争议，也不妨碍其它法院对临时措施行使管辖权。如"U&M赞比亚矿业公司诉康科拉铜矿案"（U&M Mining Zambia

---

[1] Mercedes Benz A. G. v. Leiduck, [1996] AC 284.

[2] Motacus Constructions Ltd. v. Paolo Castelli SPA, [2021] EWHC 356 (TCC).

Ltd. v. Konkola Copper Mines Plc)。[1]

  康科拉公司在赞比亚拥有一个铜矿，授权赞比亚矿业公司采矿。合同选择赞比亚法律为准据法，并同意将争议提交伦敦国际仲裁院。康科拉公司决定终止合同，要求赞比亚矿业公司按约定立即离开矿区，但是后者拒绝，认为需要合理时间清理设备。康科拉公司于是申请赞比亚法院颁发禁令，要求赞比亚矿业公司即刻离开。赞比亚矿业公司认为，由于合同中有仲裁协议，赞比亚法院对临时措施没有管辖权。

  英国法院认为，虽然最适合作出临时措施的法院是仲裁地法院，但是临时措施的管辖权并非仲裁地法院独有，伦敦国际仲裁院和双方的合同均未对临时措施的管辖权作出任何限制。因此，赞比亚法院对临时措施行使管辖权不违反仲裁协议。

  由此可知，主诉与临时措施是相互独立的诉讼程序。主诉的管辖权不影响临时措施的管辖权，排他性选择主诉管辖权的条款也不能对临时措施产生限制。

四、通过临时措施获得主诉管辖权

  有的国家允许法院根据临时措施获得主诉管辖权。典型的例子是海事诉讼领域，各国普遍通过船舶扣押措施扩张海事实体管辖权。这一做法在 1952 年《关于扣留海运船舶的国际公约》、1999 年《国际扣船公约》等国际公约中得到了确认。在普通民事诉讼中，虽然很多国家已经摒弃了相关做法，但是在一些国家的管辖权制度中，仍然存在通过扣押获得案件实体管辖权这一做法的"影子"。典型的例子就是根据本国领域内存在可供扣押的财产而获得实体管辖权。[2]

第三节 临时措施的域外效力

  法院可以对位于外国的人或物发布临时措施，这就给予了临时措施域外效力。首先，主诉法院对协助主诉程序和判决的临时措施有管辖权，即使针对的物或行为人位于境外。其次，普通法系的非主诉法院可以根据"对人的管辖权"颁发临时措施。基于对人管辖的理论，虽然行为人的财产位于域外，或者相关行为在域外进行，法院也可以禁止行为人处分财产或者进行域外行为，临时措施对

---

 [1] U&M Mining Zambia Ltd. v. Konkola Copper Mines Plc，[2013] EWHC 260 (Comm).
 [2] 《民事诉讼法》第 276 条；《瑞士国际私法法典》第 4 条。美国早期案例中也允许根据扣押财产行使管辖权。Shaffer v. Heitner, 433 US 186 (1977).

域外的财产和行为发生效力。

　　临时措施属于执法性质的措施,因此临时措施原则上只能在域内执行。一旦临时措施的效力涉及域外的财产或个人,由于作出临时措施的法院无法在外国领土上执法,临时措施的执行需要依靠国际司法协助,因此有较大困难。基于此,很多国家并不同意给予临时措施域外效力。例如在"墨西哥发展集团诉联盟债权基金"(Grupo Mexicano de Desarrollo SA v. Alliance Bond Fund Inc.)案中,美国最高法院认为临时措施给予申请人控制被申请人财产的权利已经超越了债权的性质,极大地改变了当事人之间的权利平衡,因此域外临时措施需要国会授权而不能由法院自行处理,美国法院只能在国会立法授权后才能基于法律颁发有域外效力的临时措施。[1] 英国和其他英联邦国家的法院原则上有作出域外临时措施的权力。英国法院作出域外临时措施的权限分为两种情况。第一,当英国法院是实体程序的主诉法院时,原则上可以发布任何辅助该程序的临时措施,不论被申请人的财产是否位于域外。但是,该临时措施不得影响位于域外的除了被申请人之外的任何人,也不得影响域外控制被告财产的任何第三方的当地法律义务。第二,如果英国法院非主诉法院,英国法院有权在被申请人或者其财产位于英国境内时发布临时措施,以协助外国实体程序。但是,法院应当考虑与主诉法院的潜在冲突,确定作出域外临时措施是否合适。

一、主诉法院临时措施的域外效力

　　主诉法院通常可以为了协助实体诉讼作出有域外效力的临时措施裁决。在申请人申请诉前临时措施时,法院首先需要根据实体争议的管辖权规则,确定对于临时措施是否有管辖权。英国和其他英联邦国家虽然允许法院颁发域外临时措施,但是法院对域外临时措施有一定限制。例如,"德比诉韦尔登案"(Derby & Co. Ltd. v. Weldon)是一个合同纠纷案,[2] 原告申请披露和冻结被告在全球范围内的财产。英国上诉法院认为,颁发全球冻结令需要证明:第一,法院地的财产不足以提供充分救济;第二,被告在外国拥有大量财产;第三,被告有能力使财产无法追踪;第四,被告不愿意披露财产的数量和位置;第五,存在很高的被告转移、隐匿、处置资产的风险。相比诉前临时措施,在实体判决作出后,法院较容易作出域外临时措施裁决。英国法院在作出财产性判决后,有时还会对域外财产指定财产接管人。这个裁决很多时候并不会被财产所在地法院承认,只能通过对被告个人的属人控制来协助执行。

　　为了平衡当事人的利益和财产所在地国的利益,全球冻结令通常有以下重要

---

[1] Grupo Mexicano de Desarrollo SA v. Alliance Bond Fund Inc., 527 US 308 (1999).
[2] Derby & Co. Ltd. v. Weldon, [1990] Ch. 48 (CA).

限制。第一，财产冻结令不得要求域外第三人违反当地法律。如果域外第三人（例如银行）根据其所在地的法律有义务协助被申请人转移资金，法院不得对第三人进行任何惩罚。第三人所在地的法律不仅包括当地的刑法或行政法，也包括具有国内强制性效力的民商事法律。[1]

第二，发布全球冻结令后，申请人未经法院允许不得在外国申请执行，也不得以任何方式利用被披露的资产信息。财产冻结令和财产披露令通常会同时发出，申请人将获得被告财产的重要信息，并可能利用此信息在外国获得不正当利益。如被申请人的外国公司即将进入破产程序，申请人可能和被告达成优先偿还协议；或者在公司进入破产程序后，利用临时措施对被告财产获得优先受偿权。为了防止原告滥用信息，对被告或者第三人的权利造成不成比例的损害，信息的利用和临时措施的执行均需要法院的监督和批准。

二、非主诉法院临时措施的域外效力

非主诉法院颁发临时措施的域外效力这一问题在"东欧工程有限责任公司诉韦杰建筑有限责任公司案"中得到了回答（Eastern European Engineering Ltd. v. Vijay Construction (Pty) Ltd.）。[2]

合同双方均是塞舌尔公司。合同中包含仲裁条款，选择法国为仲裁地。法国仲裁裁决作出后，申请人在塞舌尔和英国法院申请执行，并向塞舌尔法院申请了临时财产保全措施。但是塞舌尔法院撤销了一些临时措施，申请人立即向英国法院提出全球财产保全（全球禁令）申请。

英国法院认为其对全球禁令有管辖权，但是英格兰高等法院认为本案不适合颁发全球禁令。在颁发全球禁令前，法院需要考量五点因素。第一，全球禁令是否和主诉法院对案件的管理不一致；第二，主诉法院是否有政策不发布全球性临时措施；第三，全球禁令是否可能在其它法域，特别是被申请人居住地或者受影响资产所在地，引起混乱或不协调；第四，全球禁令是否可能产生管辖冲突；第五，全球禁令是否可能因为法院的管辖权争议而无法执行。法官认为，在本案中英格兰与案件的联系非常有限。塞舌尔法院已经作出裁决，撤销了一些临时措施，同时保留将来对位于塞舌尔的财产发布临时措施的权力。针对被申请人全球范围内的财产发布禁令可能导致冲突判决，违反国际礼让原则。英国高等法院于是拒绝发布全球禁令，仅针对英国境内的财产作出了财产保全令。

---

[1] Bank of China v. NBM LLC [2002] 1 WLR 844.

[2] Eastern European Engineering Ltd. v. Vijay Construction (Pty) Ltd., [2018] EWHC 1539 (Comm).

另一个相关案件是"俄罗斯外贸银行诉斯库里新案"（JSC VTB Bank v. Skurikhin）。[1]

申请人俄罗斯外贸银行和被申请人发生贷款合同纠纷。在俄罗斯法院进行实体诉讼前，申请人在英国法院对被申请人申请了冻结令。随着俄罗斯诉讼开始，申请人请求英国法院提高冻结令金额，并将冻结令的范围扩大到被申请人在全球的资产，也就是"全球冻结令"（worldwide freezing order）。

英国法院对于全球冻结令给予了两点考虑。第一，如果实体诉讼在英国进行，英国法院是否会颁发全球冻结令？第二，由于英国不是主诉法院，颁发全球冻结令是否合适？英国法院认为，俄罗斯法院极少对域外财产发布临时措施，除非财产位于中国、古巴和白俄罗斯等与俄罗斯有协议的国家。俄罗斯法院可能扣押或冻结位于这些国家以及俄罗斯的财产，英国法院再针对这些财产发布全球冻结令则不合适。但是对于被申请人位于其他国家的财产，英国法院可以颁发全球冻结令。

第四节 域外临时措施的执行

域外临时措施的执行是一个普遍性难题。首先，临时措施能否作为"判决"在域外执行。海牙2005年《选择法院协议公约》和2019年《判决公约》将"判决"的范围限制在法院的实体判决中，不包括临时措施。[2] 因此在世界范围内尚无任何协助外国临时措施得到承认和执行的国际性公约。欧盟《布鲁塞尔I修正条例》将"判决"定义为法院或法庭做出的任何决定，包括但不限于法令、命令、决定或执行令状。该条例特别指明，判决包括临时措施。[3] 虽然临时措施在欧盟成员国之间可以作为判决得到承认和执行，但是条例包含一个重要例外：未经被申请人答辩的临时措施不得通过条例的司法协助安排获得成员国法院的承认和执行。[4] 条例并未禁止此类临时措施的域外效力，但是要求成员国适用本国国内法审查此类临时措施是否可以获得承认和执行。此外，条例也限制了法院对域外临时措施的管辖权。主诉法院可以发布域外临时措施，但是非主诉法院的临时措施的效力仅限于本国领域内。

---

[1] JSC VTB Bank v. Skurikhin, [2014] EWHC 2254 (QB).
[2] 《选择法院协议公约》第4（1）条；《判决公约》第3.1（b）条。
[3] 《布鲁塞尔I修正条例》第2（a）条。
[4] 《布鲁塞尔I修正条例》第2（a）条。

由于缺乏国际和区域合作，外国临时措施的承认和执行主要依靠被请求予以执行国的国内法。根据各国国内法，外国临时措施的承认和执行面临四个主要障碍。第一，很多国家或地区要求只有"终局性"判决才能获得承认和执行。[1] 临时措施并非"终局性"裁决，因为一旦相应事实发生变化，临时措施不再必要或者不再合适，法院将撤销临时措施。第二，很多国家或地区仅承认和执行外国的"金钱"判决。[2] 临时措施是程序性裁决，并非金钱给付判决。第三，各国临时措施的种类、条件、执行方法等差别很大，国内可能并没有外国临时措施的对应措施，导致执行困难。第四，外国判决的承认和执行原本存在较大的困难和不确定性，这一点将在外国判决的承认和执行章节详细论述。

　　因此，临时措施的国际司法合作问题尚存较大空白，颁发临时措施的法院很多时候只能依靠自身的力量间接促进临时措施的实施。例如对位于法院地的被申请人进行处罚（如普通法系的藐视法庭），或者因为被申请人不执行临时措施而对其实体权利作出不利判决。

---

[1] 例如德国、英国、日本、中国香港地区。
[2] 例如新西兰、英国、美国有些州如纽约。

第九章 域外送达和取证

第一节 域外送达

一、域外送达的性质

法院受理案件后,需要通知被告参与诉讼。把司法文书交付给被告,法律上称之为"送达"。在国际民商事诉讼中,如果外国被告在法院地没有住址,法院需要按照法定程序和方法将司法文书交付给域外当事人,这就是"域外送达"。送达在司法程序中至关重要。对于法院而言,只有司法文书有效送达,才能开始诉讼程序。对于受送达人而言,只有获悉诉讼内容,才能行使诉讼权利和承担诉讼义务。

国际上对送达的性质有巨大的分歧,主要体现在普通法系的"功能主义"和欧陆法系的"职权主义"。从功能上看,送达的目的是通知被告参与诉讼,只要原告以任何安全有效的方式,将司法文书及所载的信息传达给被告,便实现了送达的功能。遵循"功能主义"的普通法系国家不将送达视为国家司法机关的职权行为,而是着眼于其通知被告的功能,因此允许当事人及其代理人对被告送达文书。只要可以合理通知被告,符合正当程序要求,送达即为有效。

但是从职权上看,送达意味着诉讼程序正式开始。被告因为有效送达,将被置于法院的司法职权管制之下,并有出庭应诉的义务。如果司法文书被有效送达,而被告拒不应诉,法院可以进行缺席判决。遵循"职权主义"的大陆法系国家认为,送达是国家的主权行为。如果包括当事人和律师的外国人在本国进行送达,实质上这些个人是作为国家机关的代理人在行使司法管治权行为,从国际法角度看是对本国主权的侵犯。法国、瑞士等国家甚至会对这个外国人实施刑事处罚。

为了对域外诉讼参与人有效送达司法文书,司法文书的形式要件和送达司法文书的路径与方式必须同时符合法院地国和受送达国家国内法的要求。换言之,域外送达必须遵守两个国家的法律。因此,即使普通法系国家认为当事人或其代理人直接送达司法文书是私人行为,不受法律干涉,但是如果当事人将普通法系国家的司法文书直接向大陆法系国家送达,则违反了后者的国内法。如果前者在此情况下继续司法诉讼程序,即使被告应诉,最终判决在外国法院也存在被拒绝承认和执行的风险。

二、域外送达的国际合作——《海牙送达公约》

(一) 公约送达途径

因为各国法律对送达分歧巨大,域外送达困难重重。为了协调域外送达问题,海牙国际私法会议制定了《关于向国外送达民事或商事司法文书和司法外文书公约》(以下简称《海牙送达公约》),协助缔约国之间建立相互送达司法文书的司法合作。[1] 根据《海牙送达公约》规定,每个缔约国必须建立一个负责送达的"中央机关"。文书发出国的主管当局或者司法助理人员(如律师)必须将文书递送给接收国的中央机关,由其进行转递。如果美国原告希望向我国被告送达司法文书,需要通过法院向中国司法部发送请求协助送达的申请,并附随司法文书。中国司法部收到请求书后,将初步审核材料是否符合公约规定,如果不符合将退回材料,要求补充。如果符合要求,则司法部将材料转递给最高人民法院,最高人民法院将按要求进一步审核材料。如果材料完备,无拒绝协助情形,名称和份数正确,则将司法文书逐层转递至受送达人所在地中级法院,由中级法院完成送达。如果中国作为被请求国认为执行请求将损害其主权或安全,则可以拒绝送达。但是被请求国拒绝送达的例外情形很少,出现以下情形时被请求国不能拒绝送达,但是受送达人有权拒收:相关期限已过,相关案件属于受送达国专属管辖,或者司法文书未附有被请求方文字译本。送达完成后,送达证明由中级法院逐层向上提交,通过最高人民法院提交给司法部,再由司法部送交司法文书发出国主管当局或司法助理人员。同样地,如果我国当事人希望向德国当事人送达司法文书,则有关中级法院将司法文书送高级法院转最高法院,由最高法院送司法部转递给该国指定中央机关,再由该机关按照该国国内转递路径送达当事人。[2] 该送达程序通常需要4~6个月才能完成。

此外,《海牙送达公约》还列举了其他的替代性送达方法。如果送达目的地国家未提出异议,司法文书可以通过外交或领事途径送达,由文书发出国的司法官员或者诉讼利害关系人通过文书接受地的司法官员或其他人员送达,或者直接邮寄送达。但是我国加入《海牙送达公约》时对替代性送达方式均做了保留。

---

[1] Hague Convention of 15 November 1965 on the Service Abroad of Judicial and Extrajudicial Documents in Civil or Commercial Matters.

[2] 请求涉及北京、上海、广东、浙江、江苏、福建、江西、山东、广西、海南10地的,由该地高级人民法院向海牙送达公约成员国中央机关直接提出。

外交和领事途径送达仅适用于被送达人是送达国国民的情形；此外我国反对在我国境内适用个人送达和邮寄送达。根据中国《民事诉讼法》第283条，除条约规定途径外，另有其他9种送达途径，国内法院可根据情况选择。如受送达人所在国法律允许邮寄或者传真、电子邮件等方式送达的，地方法院可通过该方式直接向外国当事人送达。换言之，我国法院可以使用替代性送达途径对外国当事人送达，但是外国法院不能对我国当事人使用相同方式送达。

(二) 域外送达的范围

虽然目前《海牙送达公约》已经有了80个签字国，但是由于通过中央机关送达耗时耗力，且十多个签字国对更加灵活的替代性送达方式如"个人送达"或"邮寄送达"提出保留，即使公约形成了域外送达的司法合作基础，公约的效率仍然值得怀疑。为了避免域外送达可能引起的程序困境，一些成员国对域外送达采取了特别的解释，尽量缩小"域外"的范围，使得很多存在涉外因素的送达被识别为国内送达。

《海牙送达公约》没有给"域外送达"提供清晰的定义。公约第1条仅简要地说明公约适用于"将司法或司法外文书传递到国外"的情形。从文字上看，只要文书没有被传递出境，即使被送达人身在域外或者在域外有住所，仍不存在域外送达。换言之，"域外"不是针对受送达人身份的属人连结点，如国籍、住所、惯常居所，而取决于送达的物理位置。[1] 至于何种情形需要文书出境，则可以由国内法确定。例如美国最高法院的"大众股份公司诉苏伦克案"（Volkswagen v. Schlunk）。[2]

> 苏伦克的父母在一场车祸中去世。苏伦克在伊利诺伊斯州法院向美国大众和德国大众提起产品责任之诉。美国大众是德国大众在纽约成立的子公司。美国法院对美国大众送达了对德国大众母公司的司法文书。德国大众辩称向其子公司送达司法文书违反了《海牙送达公约》。

美国最高法院认为，确定文书是否需要域外送达，由法院地法决定。美国大众的行动为其母公司所控制，可以视为其母公司在美国境内的代理人。根据法院地伊利诺伊斯州的法律，司法文书可以向域外被告在美国境内的代理人送达。送达没有出境的必要，本案属于境内送达，不适用《海牙送达公约》。

由于"域外"是一个没有统一的概念，各国国内法对域外送达的解释可能

---

[1] HCCH, Practical Handbook on the Operation of the Service Convention (2016) para 16.
[2] Volkswagen Aktiengesellschaft v. Schlunk, 486 U.S. 694 (1988).

不同。例如，中国《民事诉讼法》规定，作为基本原则，对境内无住所的当事人送达司法文书属于域外送达。[1] 德国法的域外送达标准是被送达人在德国境内没有居所。如果受送达人在外国有住所，但是在德国有居住地，法院可以直接向受送达人的境内住址送达。[2] 英国法中只有在受送达人本人位于域外，并在法院地无地址才适用域外送达。相比之下，以受送达人实际地点或者居所为标准确定送达是否为"域外"送达更为准确，也更符合公约精神。以住所为标准的问题是，由于外国人取得住所的困难，一些有境内送达条件的案件可能被要求域外送达。为了弥补这个缺陷，《最高人民法院关于涉外民事或商事案件司法文书送达问题若干规定》对纯住所地标准作了拓宽，除了住所地之外，以下五类情形也可以在境内完成送达：①受送达人委托的有权代其接受送达的诉讼代理人在我国境内；②受送达人在我国境内设立了代表机构，或者其有权接受送达的分支机构、业务代办人在我国境内；③受送达人为企业、其他组织的，其法定代表人、主要负责人出现在我国境内；④受送达人为自然人的，其本人出现在我国境内；⑤受送达人为外国自然人，并且向其在境内设立的外商独资企业、向其在境内担任法定代表人、公司董事、监事和高级管理人员的企业或者向其在境内同住成年家属转交送达能够确认该外国自然人收悉的允许对身在中国境内的外国当事人直接送达。[3] 除此之外，《民事诉讼法》还允许在受送达人为外国人，并在中国境内设立的法人或其他组织人法定代表人或重要负责人，且与该法人为共同被告时，向该法人组织送达。[4] 很多国家也采用了类似的标准，缩小域外送达的范围。

三、外交途径送达

外交送达是国际通行的送达途径，适用于不存在条约的情形。根据互惠原则，两国法院直接可以通过外交途径相互委托送达法律文书。最高人民法院、外交部、司法部联合发布的《关于我国法院和外国法院通过外交途径相互委托送达法律文书若干问题的通知》对外交送达程序进行了规定。[5] 向外国送达司法文书，请求法院（通常为中级法院）将要求送达的法律文书经高级法院审查，经最高法院转外交部临时司，传递给我国驻外国使馆交对方外交部，根据外国国内程序转递给外国主管法院送达。这个步骤回转过来，便是外国法院根据外交途径向我国当事人送达文书的程序。

---

[1]《民事诉讼法》第283条。
[2] OLG Koln, 16 Aug 1988, RIW 1989, pp. 814-815.
[3] 法释〔2020〕20号。
[4]《民事诉讼法》第283条。
[5] 外发〔1986〕47号。

此外，如果受送达人是送达国的国民，送达国可以通过外国使、领馆直接向该国民送达。但是我国不允许外国使领馆在送达时采取强制措施，或者损害我国主权和安全。[1]

四、邮寄送达

顾名思义，邮寄送达允许原告通过邮寄途径直接向身在外国的诉讼当事人或参与人递交司法文书。[2] 这种方式比通过中央机关转递或者外交送达的程序更便捷、更便宜、效率更高。通过《海牙送达公约》官方的"中央机关"送达需要将近半年时间，而邮寄送达慢则半月，快则数天。通过"中央机关"送达需要首付800~1000美金，而邮寄送达则只需50~200美金。从功能上看，邮寄送达完全可以达到有效通知被告应诉的目的。但是从职权上看，邮寄送达本质上是外国的法院或者当事人直接对本国领土上的居民行使权力，可能视作对被送达国家主权的侵犯。因此虽然《海牙送达公约》将邮寄送达列为替代性送达方式之一，但是允许成员国排除邮寄送达方式。[3] 包括中国在内的15个大陆法系成员国对邮寄送达做出了保留，邮寄送达因而无法对位于这些国家的受送达人发生效力。

虽然我国不允许外国对我国境内当事人邮寄送达，但是我国法院在受送达国不反对的情况下可以向境外受送达人邮寄送达。邮寄司法文书之后，如果邮件被退回，且注明"该地址查无此人"等情形，则视为不能用邮寄方式送达。[4] 如果自邮寄至日起满3个月，送达回证未退回，但根据各种情况足以认定已经送达的，期间届满之日视为送达。[5]

此外，"邮寄途径"到底包括哪些途径也存在争议。1965年《海牙送达公约》签订时，邮寄途径非常单一。海牙立法者早期对"邮寄"的解释仅包括传统信件、挂号信、电报。[6] 立法者没有预见未来电信行业发展迅速，传真、电子邮件、社交网络等成为日常的通信工具。海牙国际私法会议在2016年的《送达公约实用手册》中专门解释了电子通讯也能作为"邮寄送达"的有效手段。[7] 电子送达虽然允许，但是公约并不要求各国承认电子送达的效力。电子

---

[1]《关于我国法院和外国法院通过外交途径相互委托送达法律文书的若干问题通知》外发〔1986〕47号第2条。

[2]《海牙送达公约》第10条第1款。

[3]《海牙送达公约》第21条。

[4]《关于修改〈最高人民法院关于人民法院民事调解工作若干问题的规定〉等十九件民事诉讼类司法解释的决定》法释〔2020〕20号。

[5]《民事诉讼法》第283条。

[6] Bruno A. Ristau, International Judicial Assistance (Civil and Commercial) (1986) 177.

[7] HCCH, Practical Handbook on the Operation of the Service Convention (2016).

送达的有效性还需要满足文书发出国和目的地国的国内法。比如澳大利亚、加拿大、英国、美国等普通法系国家要求，只有在传统送达方式失效的前提下才允许对外国被告通过电子邮件进行送达。主张利用电子邮件送达的当事人通常还需要证明：第一，该电子邮箱确实属于被告；第二，电子邮件是和被告交流的合理有效的方式。如果原告已经几年没有和被告通过电子邮件沟通，原告无法证明被告仍然会经常性地查看该电子邮箱，法院可能会认为电子邮件送达无法保证被告的正当程序权利。大陆法系国家，如法国、德国、瑞士、西班牙，虽然在国内诉讼中接受电子邮件送达，但是由于"职权主义"传统，普遍对外国电子邮件送达持反对态度。

最后，有的普通法系国家已经允许对国内案件的被告通过社交媒体，如脸书（facebook）或推特（twitter）进行送达。比如澳大利亚首都地区最高法院早在2008年就在所有传统送达方式和电子邮件送达均失败后，在被告脸书上留言并附上司法文书，对被告进行了合法送达。[1] 此后，英国法院也对本国被告通过脸书和推特进行过司法送达。[2] 但是对外国被告通过社交媒体送达，同样可能会因为侵犯接收地国的主权而无效。因此，如果接收地国排除了《海牙送达公约》的"邮寄送达"方式，对这些国家的被告无法使用社交媒体进行送达。我国也确认若受送达人所在国是《海牙送达公约》成员国，同时该国在公约项下声明反对邮寄送达，法院将推定该国也不允许电子送达。[3]

五、公告送达

公告送达是域外送达的一种特殊方式。根据我国《民事诉讼法》，如果不能用其他方式送达的，或者被告的住址无法查明的，可以公告送达，公告之日起满60日，视为送达成功。[4] 对域外被告公告送达可能出现两个障碍。第一，如果被告住所地是《海牙送达公约》成员国，因为公告送达并非公约明确允许的送达方式，公告送达是否被公约禁止？第二，由于被告住所地在国外，应当在什么媒体上公告才能保护被告的正当程序权利？例如"张某、万一冰民间借贷纠纷再审审查与审判监督案"。[5]

法院根据原告万一冰提供的张某住址，以邮寄送达方式向张某送达司法

---

[1] MKM Capital Property Ltd. v. Corbo and Poyser SC 608/2008.

[2] AKO Capital LLP & Another v. TFS Derivatives & Others (unreported), High Court, 17 Feb 2012 (UK); Blaney v. Persons Unknown (Oct 2009) (UK).

[3] 《全国法院涉外商事海事审判工作座谈会会议纪要》第11条第2款。

[4] 《民事诉讼法》第283条。

[5] (2020) 闽0103民监7号。

文书，均被退件。原告代理人无法查询到张某的境外住址。法院在《人民法院报》刊登送达诉状副本以及开庭传票公告。福州市台江区人民检察院提出张某是美国公民，在中国境内无住所，在《人民法院报》上公告无法有效送达，剥夺了当事人的诉讼程序权利。

法院认为，《人民法院报》在国内外公开发行，且公告送达期间被告有入境记录，因此公告送达合法有效。可惜的是，法院并没有对以上两个问题进行细致的分析和解答。首先，对域外被告公告送达是否符合《海牙送达公约》的规定？公约明确规定，公约不适用于受送达人地址未知的情况。[1] 公约也没有要求成员国在受送达人地址未知的情况下提供确认受送达人在本国境内地址的协助。在此前提下，公约不再适用，法院可以根据法院地法对被告进行公告送达。公告送达也是很多外国法院在被告地址未知时常用的送达方式。[2] 美国在公告送达前要求原告必须满足勤勉尽责的义务，如果原告没有尽力查明被告当前可供送达的地址，法院将拒绝公告送达。[3]

什么样的公告送达才能被视为符合程序公正性原则呢？公告送达通常是法律拟制的送达，也就是说被告在很多情况下不会真正的阅读到送达的信息。但是法院仍然需要尽可能地增加被告事实上收到通知的可能性。因此，荷兰法院要求司法文书应当发表在被告最后所知地址所在地的报纸上，[4] 因为此地是被告最可能居住的地方。瑞士则允许法院在法院地公开发行的刊物上刊登公告。[5] 可见，各国公告送达的正当程序标准不一。考虑公告送达的正当程序，法院需要分析公告媒体的出版和发行地，公告媒体的级别和质量，公告媒体的传播数量等。如果法院在被告最可能居住的地区的主流报刊发布公告，则可能保证送达的程序公正性。中国以前对域外被告的送达方式通常是利用《人民日报》海外版，但是高昂的费用使得更多域外公告适用《人民法院报》。因为《人民法院报》是中国法院主流官方媒体，并在海内外公开发行，基本上符合有效公告送达的要求。

此外，主流媒体的网站也可能成为有效公告送达的媒介。如果送达利用《中国法院报》公告网站，由于网站信息在海内外可以自由获得，且持久有效，送达符合正当程序要求。但是需要注意区分知名媒体网站和为送达专门建立的网页。后者由于没有知名度，无法保证浏览数量，可能导致送达被认为不合法。例如美

---

[1] Hague Service Convention, Art 1（2）.

[2] 例如荷兰案件 Malenstein v. Heymen, HR 20 Feb 1998, NJ 1998, 619.

[3] Kott v. Superior Court, 45 Cal. App. 4th 1126 (Cal. Ct. App. 1996).

[4] HCCH, Practical Handbook on the Operation of the Service Convention (2016) para 93.

[5] Obergericht Basel-Land, 18 Sept. 1995, SJZ 1996, 316.

国法院在"自由传媒公司案"（Liberty Media Holdings v. Sheng Gan）判决。[1]

> 被告的地址未知且无法查明。原告建议建立一个网站，以案件名为域名，内容包括被告姓名以及司法文书 PDF 文件的链接。

法院认为，在被告并不知道已经被起诉的前提下，无法保证被告可能上网寻找此类信息并注意到这个网站。不论被告使用因特网的技术多么精湛，被告也不可能得知因特网上的所有信息。这种送达方式和在主流媒体的官网上发布公告不同，因为浏览主流媒体官网的可能性比搜索一个新网站的可能性要大得多。

第二节　域外取证

一、域外取证的性质

国际民事诉讼也会涉及域外取证的问题。取证包括直接取证和间接取证。直接取证是司法工作人员、领事外交人员或者当事人及其法定代理人直接到域外获取证据的行为。间接取证是由受诉法院制作请求书，请求证据所在地法院代为取证的行为。此外，受诉法院可能向境外证人发送传票，要求境外证人到本国出庭作证。例如，美国国民或者在美国定居的居民，尽管身处美国境外，美国法院仍可以向他发送传票，要求其到庭作证。[2] 可见，法院可以根据对被告的属人管辖要求境外被告出庭作证。对于与受诉法院没有属人管辖的位于境外的证人，法院也可以通知其出庭作证。但是"通知"缺乏法律约束力，证人可以不予执行。此外，由于传票属于司法文书，向境外证人发送传票的行为受到域外送达的法律规制。也就是说要求境外证人出庭作证的传票或通知，通常需要证人所在地的中央机关或者相关权力部门通过司法协助的形式转交或转达。由于外国证人出庭作证的证据最终取得地点是在受诉法院地，因此国际私法上的域外取证通常仅指前两种情况。

域外取证也存在大陆法系"职权主义"和英美法系"功能主义"的区别。大陆法系国家认为取证是行使司法主权的行为。域外取证就是在域外行使司法主权，必须得到证据所在地国家的同意，否则是对该国司法主权的侵犯。即使取证由当事人或者其诉讼代理人直接进行，以协助外国司法程序为目的的取证活动仍是法院的职权行为，当事人或者其律师在取证时被视作代为行使司法官员职权。

---

[1] Liberty Media Holdings v. Sheng Gan, 2012 WL 502265 (D. Colo. 2012).
[2] 《美国法典》第 28 章。

因此域外取证在任何时候都需要在国际司法合作的前提下才能完成。也就是诉讼程序所在国的法院请求其他国家许可其司法机关、外交或领事官员在被请求国境内取证；或者请求其他国家的司法机关代为完成取证。

英美法系的诉讼制度由当事人主导，法院无权主动收集证据。英美法系国家传统上认为为民商事诉讼准备证据是诉讼当事人的个人责任，证据的目的是保护当事人的私权。基于取证的私权属性，当事人及其代理人可以在本国领土上自行取证，外国领事或专员为协助外国法院民商事诉讼在本国领土上的取证也不会遇到法律障碍。基于大陆法系和普通法系在取证性质上的根本差异，在跨国民商事诉讼中可能因为取证产生法律的激烈冲突。如果普通法系诉讼程序的当事人或律师到大陆法系国家取证，即使获得了证人的同意也可能因为违反证人或证据所在地的法律而受到刑事处罚。

二、域外取证国际合作

为了建立涉外民事诉讼中域外取证的司法合作，海牙国际私法会议制定了《关于从国外获取民事或商事证据公约》（以下简称《海牙取证公约》）。[1] 该公约规定了三种取证方式：请求书方式、外交或领事取证方式、特派员方式。

（一）请求书方式

请求书方式指受理案件的司法机关向证据所在国司法机关提出请求，由后者代为取证。《海牙取证公约》要求缔约国设立"中央机关"，负责接受来自另一缔约国司法机关代为取证的请求。该公约对于成员国内部请求书的审查和传递程序不作要求，由各成员国国内法决定。请求国可能允许请求代为取证的司法机关直接将请求书递交给被请求国的中央机关，也可能要求司法机关将请求书首先交给本国中央机关，再由本国中央机关递交给被请求国的中央机关。比如，我国中央机关是司法部，如果法国法院请求我国协助取证，则应由该法院将请求书转给法国的中央机关，法国中央机关将转交我国司法部，司法部在完成审查后将材料转给最高法院，最高法院再次审查后将逐层转递给相关证人所在地的高级法院转中级法院，由中级法院代为取证。取证结束后，证据将逐层转递至高院、最高院、司法部，由司法部返还给法国中央机关转法国地方法院。该取证方式复杂，大概耗时1年以上。

如果请求超出公约范围或者损害被请求国的主权和安全，被请求国的中央机关可以提出异议，并暂缓将请求书转递给本国代为取证的司法机关。请求超出公约范围包括下列情形：争议的事件不是民商事事件；请求书不是由"司法机关"发出；请求书与司法程序无关；请求书请求的"其他司法行为"不属于公约的

---

[1] Hague Convention of 18 March 1970 on the Taking of Evidence Abroad in Civil or Commercial Matters.

规定范围；请求书没有载明公约规定的事项；请求书不符合公约的语言要求；请求书超出执行国司法机关的职能范围。被请求国中央机关提出异议后，请求国可以给予修正。如果修正后被请求国仍然认为，请求书的执行不属于司法机关的职权范围，或执行请求书会损害主权和案情，则可以拒绝执行。

被请求国的法院可以根据本国国内法对取证的要求进行取证。请求国的法官没有出席取证的权利，但是执行法院可以允许他们出席现场。如果请求国按照本国对证据的要求对取证程序提出特殊的要求，执行法院应当采纳，除非要求与被请求国的法律相抵触，或者执行法院存在实际困难而不可能满足该要求。例如，普通法系国家通常采用交叉询问的方式取证，但是大陆法系国家的法官通常缺乏相应的培训。执行国可能以此为由，主张按照请求国要求的交叉询问取证不可能得到有效执行。[1]

(二) 外交或领事取证

《海牙取证公约》也允许司法机关通过该国驻外国的领事或外交官员在驻在国直接调取证据。领事途径主要用于协助领事代表的国家的诉讼程序，在驻在国对本国国民取证。由于领事的主要职责之一就是保护驻在国境内本国国民的利益，且领事代表的国家对身在外国的本国国民有属人管辖权，这种取证类型被大多国家接受。[2] 但是，这种取证也是以证人自愿为前提的。即使领事所代表的国家国内法对本国国民作证有强制性要求，但是由于证人位于他国领土，属地管辖有优先权，证人国籍国强制作证的法律也不得适用。

领事向本国国民取证有很多实践上的优势。领事行使职权通常不产生费用，且可以避免冗长的请求书传递问题。领事向本国公民取证通常不存在语言障碍。而且领事和本国国民根据本国法律和程序取证符合双方的习惯和预期，不存在取证规则和程序冲突的问题。[3]

《海牙取证公约》也允许领事对驻在国和第三国的国民取证。但是由于领事对其他国家的国民没有权力或义务，取证必须获得执行地国家的许可，并符合执行地国家的法律和程序。执行地国可以禁止外国领事对其国民或第三国国民取证，要求取证必须事先得到许可，或者要求以互惠为前提。总之，该公约在领事取证问题上给予缔约国很大的自由度，缔约国可以对公约规定全部或部分保留。

---

[1] Phillip W. Amram, Explanatory Report on the Convention on the Taking of Evidence Abroad in Civil or Commercial Matters (1970), para 105.

[2] 《海牙取证公约》大多成员国都接受这种取证方式，只有葡萄牙、丹麦、挪威要求征得驻在国的同意。

[3] 杜焕芳：《国际民商事司法与行政合作研究》，武汉大学 2005 年博士学位论文。

（三）特派员取证

受诉法院可以委派本国或者取证地的官员，如法官、书记员、律师，到外国领土上调取证据。对于特派员取证，《海牙取证公约》也允许缔约国做出保留。因此，有的缔约国如葡萄牙、新加坡、阿根廷等禁止这种取证方式；有的缔约国如英国要求对等互惠；大多数缔约国要求特派员取证必须事先取得取证国的许可。特派员取证必须遵守取证国的法律，且以证人自愿为前提，不得采取强制措施。

（四）审前证据开示

《海牙取证公约》引起争议最多的条款之一是第23条：允许缔约国排除普通法系国家申请证据开示。这一条采纳了英国代表的建议。虽然英国也有证据开示制度，但是英国的证据开示仅允许提供审判所需的文件。而美国的"证据开示"则有"撒网捕鱼"的特点，要求当事人开示任何信息。英国法院在多个案例中曾拒绝美国案件当事人从英国证人处获取与案件无关证据材料的要求。[1] 很多国家甚至制定阻断法，阻断美国通过域外证据开示制度在本国获取证据。例如法国阻断法禁止任何人在该公约之外，以任何形式，要求、搜集或披露文件和信息，向外国司法程序或行政程序提供证据。澳大利亚也通过阻断法，限制协助外国法院证据开示。如果总检察长出于保护国家利益的需要，认为外国法院的管辖权或者域外证据开示构成对国际法或国际礼让的违反，可以禁止提供位于澳大利亚境内的证据。

因此，根据《海牙取证公约》第23条，缔约国可以做出声明，不予执行外国审前证据开示的请求书。但是实践上，很多国家并非对美国或其他普通法系国家申请证据开示的请求一律拒绝，而是根据个案特点做出决定。在实践中，英国仅拒绝没有确切取证内容的请求书，例如要求当事人说明他控制哪些与诉讼相关的文件或要求当事人出示他可能控制的文件，而没有列明需要获取哪些具体文件。[2] 德国也允许考虑外国审前证据开示的请求，并拒绝请求中不确定的部分，但是不会对所有相关请求不加区别地拒绝。法国表示不拒绝明确的、与诉讼争议有直接关系的审前证据开示请求。[3]

可见海牙缔约国并未不加区别地排除普通法系审前证据开示的请求，而是有选择性地排除不合理的、不明确的、"撒网捕鱼"式的证据开示请求。如果证据开示的要求合理且明确，即使缔约国做出了《海牙取证公约》第23条项下的保留，实践上仍然会对保留进行限缩解释，并执行审前证据开示请求。

---

[1] Radio Co. of America v. Rauland Co., [1956] 1 QB 618 (C.A.).

[2] 王克玉：《域外取证法律适用问题研究》，中国政法大学2007年博士学位论文。

[3] Darrell Prescott and Edwin R. Alley, "Effective Evidence-Taking Under the Hague Convention", *International Law*, vol. 22, 1988, p. 966.

（五）公约的排他性

《海牙取证公约》规定了三种主要的取证方式。但是实践上，特别是普通法系的实践中，传统上域外取证多由当事人及其法定代理人直接进行。这种取证方式并未在公约中列明。因此美国等普通法系国家主张，《海牙取证公约》的取证方式是非排他性的。也就是说，缔约国使用该公约规定的三种取证方式之外的其他方式取证，不属于对该公约的违反。"德国大众公司案"（Volkswagenwerk Aktiengesellschaft v. Superior Court）的被告提出，在西德按照加州证据开示规则收集证据不符合公约的规定。加州上诉法院认为《海牙取证公约》仅提供了域外取证的"其他方法"，而不是排他性的域外取证规则。[1] 当然，出于国际礼让的考虑，《海牙取证公约》提供的方法是"明显可取的"。因此法院应当首先使用该公约提供的取证方法，但是并不能排除以公约之外的其他方法获取域外证据。在"拉斯基诉大陆产品公司案"（Lasky v. Continental Products Corp.）中，美国联邦法院认为海牙公约和联邦民事程序规则并不冲突，因为该公约仅提出"许可性而非强制性"取证方法。[2] 特别是《海牙取证公约》第27条表示，该公约不禁止缔约国"根据国内法或国内实践，允许公约提出的取证方式在更少限制的条件下实施"，或者"允许采取公约规定外的取证方法"。

但是大陆法系大多数国家认为《海牙取证公约》具有排他性。海牙国际私法会议对该公约作出的官方解释认为，第27条仅适用于取证国，也就是仅赋予证据所在国允许在其境内进行更广泛证据开示的自由裁量权。如取证国可能允许外国领事对驻在国领域内的国民进行强制性取证。但是第27条无意赋予寻求外国证据的国家进行更广泛取证的权力。在"德国大众诉法尔松案"（Volkswagenwerk A. G. v. Falzon）的审判过程中，德国驻华盛顿大使向密歇根高院发函，认为："美国和德国都是海牙公约的成员国。《海牙取证公约》对在德国境内获取用于美国民事程序的证据提供了法律框架和程序。该公约的程序是德国政府授权的唯一的取证途径。"[3]

《海牙取证公约》排他性的争议从未达成一致意见。海牙特委会也无法得出结论，只好作出了折中的解释，要求缔约国"优先考虑公约规定的取证方法"。在优先适用公约无法获取需要证据的前提下，缔约国仍然按照本国的法律和实践，决定是否适用该公约外的取证方法。在此问题上的分歧将会继续。

---

[1] Volkswagenwerk Aktiengesellschaft v. Superior Court, 123 Cal. App. 3d 840, 858~59 (Cal. Ct. App. 1981).

[2] Laskey v. Continental Products Co., 804 F. 2d 250 (3d Cir. 1986).

[3] Jurisdictional Statement and Appendix at 8~9, Volkswagenwerk A. G. v. Falzon, 103 S. Ct. 1810 (1983).

三、利用技术手段域外取证

值得注意的是，随着电子技术的发展，域外取证也出现了新的变化。首先，很多新型证据以数据的形式出现。数据和传统物理证据不同，它虽然储存在一个服务器上，但是从形式上看是全球化的，可以在多个国家被复制、被获取。如果案件涉及电子数据的取证问题，则需要明确电子数据的所在地究竟是服务器所在地、运行数据的公司的所在地，还是数据可以被获取的地方。如果采用服务器标准，那么对于储存在外国服务器上的数据，即使可以通过互联网在远处看到并下载，相应的证据仍属于域外证据，需要经过复杂的司法合作程序。在实践中，这种做法并不实用。很多律师直接通过技术手段对位于外国服务器上的网页拍照留存，并通过区块链固定，作为证据使用。由于取证人并没有出境，实践中服务器所在国很难对取证人进行惩罚，因而远程域外取证成为实践中常见的现象。这就要求我们重新审视对于电子证据的域外取证问题。

此外，很多国家要求数据储存本地化，并对数据跨境流动作出了诸多限制。这就对涉外诉讼的证据提交制造了障碍。由于证据涉及的数据往往涉及多个方面，即便不是主要内容，可能也会涉及一些敏感信息或者第三方的个人信息，这些数据作为证据提交到外国法院时将面临数据出境的问题。在欧盟《通用数据保护条例》、中国《中华人民共和国数据安全法》（以下简称《数据安全法》）和《中华人民共和国个人信息保护法》（以下简称《个人信息保护法》）等法律的严格监管下，域外证据的取得在网络时代将面临更多的障碍。例如中国《数据安全法》规定，非经中国主管机关批准，境内的组织、个人不得向外国司法或执法机构提供存储于中国境内的数据。[1]《个人信息保护法》也要求，非经中国主管机关批准，个人信息处理者不得向外国司法或执法机构提供存储于中国境内的个人信息。[2] 中国数据出境的主管机关是国家网信办，但是域外取证的中央机关是司法部。根据中国《数据安全法》和《个人信息保护法》的规定，是否表示在收到外国取证请求之后，中国司法部并不能独立根据《海牙取证公约》做出决定，而是需要网信办介入？《海牙取证公约》规定中央机关之外的部门介入取证请求书的执行是否符合公约的规定？如何协调域外取证和数据出境规制的问题将需要进一步研究。

最后，远程通讯技术和电子视频技术的发展使得证人远程作证成为可能。英国、日本、德国、中国的法律均规定，允许证人采取双向试听传输技术手段远程作证，或者采用视频、录像等技术作证。如果证人位于境外，通过电子视频技术

---

[1]《数据安全法》第36条。

[2]《个人信息保护法》第41条。

远程向法院地国的司法工作人员或者诉讼代理人提供证言,仍然属于域外取证,需要经过司法协助程序。但是《海牙取证公约》并没有规定直接取证方式。如果法院通过请求书取证,结果仍是被请求国的法院代为取证,远程技术可提供的取证效率根本无法实现。除非被请求国根据该公约第 27 条规定,允许外国司法机关利用远程视频技术直接取证。

四、域外证据的公证与认证

域外产生的文书证据通常可以直接在法院地作为证据使用,无需额外程序。但是我国对于两类特殊文书,要求经过公证/认证程序才能产生法律后果。

第一类是公文书证。公文书证是国家职能部门在权力范围内、依照法定程序制作的特定格式和内容的书面文件。[1] 公文书证通常具有推定真实的证据效力。但是我国法院难以对域外公文书证的真实性进行查验与核实。因此,《最高人民法院关于修改〈关于民事诉讼证据的若干规定〉的决定》要求当事人提供的域外形成的公文书证必须经所在国公证机关证明,或者履行中国与该所在国订立的有关条约中规定的证明手续。[2] 换言之,外国公文需要公证才能在我国具有公文书证的效力。外国公证机关需要查验公文的纸张、印鉴、签名等,证明公文的真实性、合法性。

但由于各国国家机关设置不同,外国文书是否能作为我国《证据规则》中的"公文书证"涉及法律适用的问题。证券交易所、中国法学会等在中国被视为公共机构的组织,在外国可能是私营机构或社团组织。换言之,我国适用文书形成地法律还是我国法律确定外国文书是否为公文书证,尚不明确。由于公文书证的效力来源是机关由国家授予的公权力,笔者建议适用文书形成地法律。

第二类是涉及身份关系的证据。身份关系证据包括当事人主体资格证据、授权委托书、法人代表证明书、民事起诉状、财产保全申请书等。身份关系涉及当事人之间的人身关系和财产关系,而且关系到案外第三人的权利义务,同时涉及社会伦理和道德秩序,因此有着更加严格的证明标准。对于域外形成的涉及身份关系的证据,我国法律要求必须经过所在国公证机构证明并经中国驻该国使馆认证,或者履行中国与该所在国订立的有关条约中规定的证明手续,方具有证据效力。[3] 换言之,身份关系证据除了需要公证,也需要认证。认证是由我国驻外国的使领馆证明公证机关的签名和引荐属实。办理认证的目的是确信公证书的真实性,因为我国法院由于不了解外国公证机关的情况,很难查验外国公证文书的

---

[1] 刘金友主编:《证据法学》,中国政法大学出版社 2001 年版,第 171 页。
[2] 《最高人民法院关于修改〈关于民事诉讼证据的若干规定〉的决定》第 17 条。
[3] 《最高人民法院关于修改〈关于民事诉讼证据的若干规定〉的决定》第 17 条。

真实性。如果我国与该国存在司法协助条约，也可能简化程序。例如根据我国和法国的司法协助协定，两国之间的公证材料可互免认证。[1]

公证加领事认证程序的繁琐，为涉外活动当事人添加了额外负担。为了简化程序，海牙国际私法会议通过了《关于取消外国公文书认证要求的公约》（简称《海牙认证公约》或《海牙 Apostille 公约》）。[2] 截至 2023 年 4 月，该公约已经拥有了 124 个签字国，成为海牙国际私法会议适用国家最多的公约。公约的目的是取消成员国之间公文书的外交或领事认证程序，替代以统一的"海牙认证"也称"Apostille 认证"。根据公约规定，文书前签发国政府机构或外交部门统一出具海牙认证书，证明本国公文书上印鉴和签名的真实性。经过海牙认证的公文书可以获得所有公约成员国的承认，省略了文书使用地的使领馆认证步骤。最重要的是，公文只需要做一次海牙认证，就可以在任何成员国内使用，无需在每个国家单独进行使领馆认证。

海牙认证样本[3]

2023 年 3 月 8 日，中国驻荷兰大使谈践代表中方正式向《关于取消外国公文书认证要求的公约》保管机关荷兰外交部递交加入书，标志着中国正式加入该公约。2023 年 11 月 7 日，该公约将在中国生效实施。因此，海牙认证将在中国得到承认，这将大幅降低文书跨国流转的时间和经济成本。

---

[1]《中华人民共和国和法兰西共和国关于民事、商事司法协助的协定》第 26 条。

[2] Convention of 1961 Abolishing the Requirement of Legalisation for Foreign Public Documents（Apostille Convention）.

[3] 图片来源<http://www.apostillespain.com/states-guide/apostille-maryland/>

第十章 外国判决的承认与执行

第一节 外国判决承认和执行的基本理论

一、判决承认和执行的概念

（一）判决

海牙2019年《承认与执行外国民商事判决公约》将判决定义为"法院就实质问题做出的决定"。[1] 这个决定在各国国内法中可能有不同的称谓，例如裁定、裁决、决定、命令等。判决必须与争议的实质问题有关，包括对当事人权利义务的决定，也包括对诉讼费用的决定。

对实体权利义务的判决是争讼双方在诉讼程序中期望获得的最终结果。但是，获得判决并不意味着当事人之间的纠纷彻底结束。判决的胜诉方，也就是判决中的债权人只有在判决最终得到执行，债权得到实现时，才完成了诉讼的全部目的。如果判决的债务人拒绝执行判决，原告必须请求法院强制执行。在涉外民商事诉讼中，判决债务人可能是外国居民且在法院地无财产，作出判决的法院无法在境内执行判决。在主权平等原则下，执法有很强的属地性质，作出判决的法院也无法在域外执行判决。生效判决债权得以实现的唯一路径是请求被告所在地或者被告财产所在地的法院提供司法协助，承认并执行外国判决。

（二）承认和执行

法院判决是国家司法机关基于国家主权权力做出的决定。这个判决仅在法院地国有法律效力。对于其他国家而言，外国判决只是一张没有任何法律效力的纸。外国判决如果想取得效力，需要在本国法院获得承认或者执行。"承认"确认了外国判决在本国的效力，或者给予外国判决等同于本国判决的效力。承认外国判决最直接的后果是防止当事人就同样的事实在本国提起新的诉讼，也就是给

---

[1] 海牙2019年《承认与执行外国民商事判决公约》第3条。

予外国判决在本国领域内的"既判力"。[1] "执行"是基于承认外国判决并对其予以实施，保证胜诉当事人判决权利的实现。如中国法院判决败诉方支付违约赔偿金，败诉方在新加坡有银行账户，胜诉方可以申请新加坡法院从被诉方账户中划拨赔偿金额。

执行通常以承认为前提，但是有的判决仅需承认而无需执行。例如外国法院已经作出判决认为被告未侵权，而原告又在本国提起相同诉讼，被告只需要申请本国法院承认外国判决即可达到终止诉讼程序的目的；确认身份关系而不涉及积极履行义务的判决也只需承认，无需执行。

二、判决承认与执行的理论基础

是否承认与执行外国法院判决，纯粹是被请求国法院的决定。除非国家自愿加入承认与执行外国判决的国际或区际条约，否则国家没有国际法的义务承认或执行外国判决。因此承认和执行外国法院判决最初只是各国自主的选择。这种选择有以下理论支持。

（一）既得权说

英国传统国际私法理论认为，有管辖权的法院一旦作出了判决，就在法律上赋予了判决债权人法定权利。即使外国判决在法院地之外没有效力，但是权利属于个人，不会灭失。法院并不是在承认和执行外国判决，而是在承认和保护权利人在外国取得的权利。[2] 和既得权说一脉相承的是"债务说"，认为外国有管辖权法院的合法判决对被告施加了给付义务，形成当事人之间的债务，外国法院仅在协助私人之间债务的实现。[3]

（二）礼让与互惠说

礼让说认为承认和执行外国判决的出发点是国家之间的互助和互惠。出于对外国主权判决的尊重，法院将承认和执行外国判决。此外，每个国家的法院都希望本国判决可以在外国得到承认和执行，因此各国法院也会主动承认和执行外国判决，希望外国法院也会采用同样的方式对待本国判决。礼让和互惠说从国家自身需求出发，希望最终可以出现双赢的局面。当然，礼让只是一种国际关系上的"礼貌"而非法律义务，因此纯粹出于礼让，外国判决的承认和执行容易存在很大的模糊性和不确定性。如果判决是敌对国家法院做出的，礼让说将无法适用。

（三）既判力说

既判力说也称效率说，认为既然当事人的纠纷已经被外国法院解决，承认执

---

[1] Carl Zeiss Stiftung v. Rayner & Keeler Ltd. (No 2) (1967) 1 AC 855, 966.

[2] Jonathan Hill & Maire Ni Shuilleabhain, *Clarkson & Hill's Conflict of Laws*, 5th ed., Oxford University Press, 2016, p. 169.

[3] Schibsby v. Westenholz (1970) LR6 QB 155, 159.

行外国判决比要求当事人就同一纠纷重复诉讼更有效率,更有利于跨国商事活动有效进行。当外国法院对同一案件做出判决之后,即使该判决不被法院地承认和执行,外国判决特别是事实查明和法律解释部分,仍然可以作为证据被法院采纳,最后的判决结果大概率仍然和原判决相近。站在个人立场,当事人希望诉讼早日终结,维持民商事关系的稳定性;站在国家立场,国家拒绝浪费司法资源。重复诉讼既无效率,又无必要。[1]

三、承认与执行外国判决的现实困境

(一) 国内法路径

虽然以上理论均支持法院承认和执行外国判决,但是在实践上承认和执行外国判决并不容易,是当今跨国民商事诉讼最棘手的问题之一。很多国家的国内法对外国判决的承认和执行设置了苛刻的条件。有的国家例如印度尼西亚,拒绝在没有条约义务的情况下承认和执行任何外国判决。很多国家例如中国、日本、俄罗斯等,均要求将存在互惠作为承认和执行外国判决的前提。只有少数国家原则上允许本国法院承认和执行外国判决,但是对于承认与执行仍然设置了一些条件。有的国家承认和执行外国判决的条件非常苛刻,如英国普通法要求可以获得承认和执行的外国判决必须是被告住所地法院作出的,或者被告自愿接受外国法院管辖。在其他任何情况下,英国认为外国法院不具有承认和执行判决所需要的管辖权。[2] 美国虽然不存在统一的承认和执行外国判决的联邦立法,但是各州立法和司法案例表明美国法院执行外国判决的条件大多较为宽松,如果外国法院有管辖权、审判符合正当程序要求、判决不存在欺诈或偏见、判决不与美国国内或者已经承认的其他终局性判决相冲突、判决不违反法院选择协议或仲裁条款、外国法院不是严重不方便法院,美国法院通常会承认执行外国判决,且不需要以互惠为前提。[3] 在全世界范围内,对外国判决采取宽松的承认和执行条件的国家并不多。由各国自主承认和执行外国判决的理论,在实践上并不成功。

法院为什么不愿意承认和执行外国判决呢?这可以利用博弈论简单解释。承认和执行外国判决,意味着法院要将本国当事人位于本国境内的财产支付给外国当事人,直接结果是外国利益的增加和本国利益的减损。如果外国同样承认和执行本国判决,长期看来可能取得利益平衡。但是,当外国是否承认本国判决尚不

---

[1] 韩德培主编:《国际私法》,高等教育出版社、北京大学出版社 2014 年版,第 537 页。

[2] Jonathan Hill & Maire Ni Shuilleabhain, *Clarkson & Hill's Conflict of Laws*, 5th ed., Oxford University Press, 2016, pp. 135-143.

[3] S. I. Strong, "Recognition and Enforcement of Foreign Judgments in U. S. Courts: Problems and Possibilities", *Review of Litigation*, vol. 33, 2014, p. 45; Ronald A. Brand, "The Continuing Evolution of U. S. Judgments Recognition Law", *Columbia Journal of Transnational Law*, vol. 55, 2017, p. 277.

确定时，单方面承认外国判决则将本国利益置于不利地位。相反，如果本国不承认外国判决，而外国单方面承认本国判决，最终的结果是本国利益增加而外国利益减损。衡量利弊，每个国家的最优选择是不单方面承认和执行外国判决，这就形成了典型的囚徒困境。[1]

（二）国际合作

打破囚徒困境最有效的方法是基于对等互惠建立国际合作框架。海牙国际私法会议作为促进国际私法合作最重要的国际组织，早在1992年便开始了民商事判决承认与执行的国际公约立法工作，但是成效非常缓慢。2003年，全面的判决公约立法宣告失败，取而代之的是2005年的《选择法院协议公约》。该公约仅适用于基于排他选择法院条款作出的民商事判决。而且该公约在后续的实践推进中也较为乏力。2010年，海牙国际私法会议重启判决公约项目，于2019年完成了内容更全面、适用范围更广泛的海牙《承认与执行外国民商事判决公约》（以下简称《海牙判决公约》），该公约已于2023年9月1日生效，适用于欧盟成员和乌克兰。

由于缺乏覆盖面广的国际判决的承认与执行框架，外国判决的承认与执行依靠得更多的是双边协议或者区际合作路径。中国已经和37个国家签订了双边民商事司法协助条约，可以根据协议规定互相承认执行民商事判决。在区际合作上做得最出色的当属欧盟。欧盟为了建立欧洲共同市场，推动商品、服务、资本、人员四个生产要素在欧盟内部自由流通，建立了欧盟范围内的国际私法规则框架。这个框架的一个重要组成部分是对民商事案件管辖权和判决承认与执行进行统一立法的《布鲁塞尔Ⅰ修正条例》。该条例要求成员国法院直接承认与执行其他成员国法院的判决，仅在以下少数例外情形下可以拒绝承认与执行：①承认和执行判决将严重侵犯被请求国的公共政策；②外国审判程序未送达被告，或者未给予被告辩护所需的足够时间，外国法院在此情况下作出缺席判决；③外国判决与被请求地早期的判决或已经执行的判决相冲突；④外国法院行使管辖权违反了保护性管辖规则。为了保证成员国不滥用例外条件，欧盟法院对以上理由的解释非常严苛，特别是"公共政策"，通常只能在违反程序正义的前提下才能被采纳。法院的民商事判决在欧盟成员国之间可以自由流动，为欧盟一体化市场提供了重要保障。

---

〔1〕 Z Tang, "International Judicial Cooperation in Game Theory", *Journal of International Dispute Settlement*, vol. 11, 2020, pp. 522-548.

第二节 中国对外国判决的承认和执行

一、司法协助条约

中国承认和执行外国判决有两条路径。第一，对于和中国签署了司法协助条约的国家，判决的承认和执行依照条约规定进行。第二，对于没有条约规定的国家，按照互惠原则承认和执行。

（一）双边司法协助条约

中国没有批准或加入判决承认与执行的国际司法协助多边公约，但是和37个国家或地区签署了双边司法协助条约。这些条约在民商事判决承认与执行的具体规定上虽然存在一些区别，但是基本原则相似。以《中华人民共和国与意大利共和国关于民事司法协助的条约》为例。条约适用于"民事"司法合作，但是民事被扩大解释，不但包括民法调整的事项，也包括商法、婚姻法和劳动法调整的对象。[1] 根据条约，缔约国一方法院作出的民事裁决，可以在另一方境内获得承认和执行。[2] 在"B&T Ceramic Group s.r.l有限公司申请承认和执行意大利法院破产判决案"中，佛山中院根据中意司法协助条约，直接承认了意大利法院破产裁决的效力。由于跨国公司破产可能会影响到多个国家的经济和社会利益，也会涉及位于多个国家的财产，很多国家区分破产与普通民事案件，认为破产判决仅能涉及法院所在地境内的财产而没有域外效力。但是中国法院根据双边司法合作条约对"民事"做了扩大解释，将民事领域的判决承认和执行扩大到破产判决，扩大了条约适用的范围。

（二）拒绝承认与执行的理由

《中华人民共和国和意大利共和国关于民事司法协助的条约》规定在以下情况下法院可以拒绝承认和执行。[3] 第一，作出判决的法院没有管辖权。有的条约对承认和执行问题上的管辖权作了专门的规定。也就是说缔约国均不得适用本国或者对方国家的国内法判断判决作出国的法院是否有管辖权，而是应当参考条约规定的管辖权规则。例如上文提到的《中华人民共和国与意大利共和国关于民事司法协助的条约》规定了承认和执行判决时，只要对方法院基于以下连结点行使管辖权均可认为对方法院有管辖权，包括被告住所地、被告代表机构所在地、被告接受管辖或应诉、合同签订地、合同履行地或标的物所在地、侵权行为或结

---

[1] 《中华人民共和国与意大利共和国关于民事司法协助的条约》第1条。
[2] 《中华人民共和国与意大利共和国关于民事司法协助的条约》第21条。
[3] 《中华人民共和国与意大利共和国关于民事司法协助的条约》第21条。

果发生地、身份诉讼中关系人的住所或居所地、扶养案件中债权人的住所或居所地、继承案件中被继承人死亡时住所地或主要遗产所在地、不动产所在地。[1] 该条约的管辖权基础综合考虑了两国国内法中的涉外管辖权，尽可能地使得判决不会因为请求国法院管辖权瑕疵而被拒绝承认和执行。同时条约也允许缔约国对本国专属管辖进行保留。如果请求国法院的管辖权符合条约的管辖权基础，但是违反了被请求国专属管辖的规定，被请求国有权以原审法院没有管辖权为由拒绝承认和执行。但是，有的双边条约利用法律适用方法判断原审法院是否具有管辖权。例如中国和法国、波兰要求被请求国法院按照法院地有关管辖权的原则，判断对方法院是否具有管辖权。[2] 当然，这一条并非直接要求被请求国法院适用本国的管辖权规则审查对方法院的管辖权。如果被请求国法院地对于承认和执行中原审法院管辖权审查有特别的规定，应当适用该规定。此外，《中华人民共和国和俄罗斯联邦关于民事和刑事司法协助的条约》规定，在承认和执行阶段进行管辖权审查，仅审查原审法院是否违反了两国对于专属管辖权的规定，即按照双方国内法，被请求一方的法院对案件是否有专属管辖权。[3]

第二，根据裁决作出国的法律，如果裁决尚未生效，则通常不可在另一缔约国得到承认和执行。[4] 根据我国法律，不允许上诉的判决在送达之日起便发生法律效力，允许上诉的判决在上诉期间届满时发生效力。在"施耐德电气工业公司案"（Schneider Electric Industries SAS）中，申请人施耐德电气工业公司向浙江省温州市中级人民法院请求承认和执行法国巴黎大审法院的判决，并提交巴黎上诉法院出具的涉案判决已经生效的证明书副本及中文译本。但是温州市中级人民法院认为，根据法国法律该证明书仅证明被申请人没有上诉，但是在法院没有成功向被申请人送达判决书的情况下，上诉期有可能延长。由于申请人未能提供合法有效的送达证据，因此不能证明判决已经确定并生效，法院拒绝申请人承认和执行法国判决的请求。[5]

第三，原审法院违反了程序公正性原则。例如在缺席审判的情况下，败诉一方当事人未经合法传唤，当事人的诉权被剥夺。或者当事人没有诉讼行为能力，

---

[1]《中华人民共和国与意大利共和国关于民事司法协助的条约》第22条。

[2]《中华人民共和国和法兰西共和国关于民事、商事司法协助的规定》第22条第1款；《中华人民共和国和波兰人民共和国关于民事和刑事司法协助的协定》第20条第1款。

[3]《中华人民共和国和俄罗斯联邦关于民事和刑事司法协助的条约》第20条第2款。

[4] 如《中华人民共和国和法兰西共和国关于民事、商事司法协助的规定》第22条第3款；《中华人民共和国和波兰人民共和国关于民事和刑事司法协助的协定》第20条第2款。

[5] 施耐德电气工业公司（Schneider Electric Industries SAS）申请承认法国巴黎大审法院判决在中华人民共和国领域内具有法律效力纠纷案，温州市中级人民法院，(2005) 温民三初字第155号。

且没有得到合法代理。[1] 在实践中，被申请法院也可能因为裁判文书没有合法送达被告，剥夺了被告上诉权利，而拒绝承认和执行另一缔约国的判决。如"法国 KCC 有限责任公司诉郴州华录数码科技有限公司案"中，申请人未提供已经向被申请人送达法国原审法院判决书的送达回证或其他证明文件。湖南省郴州市中级人民法院认为被申请人未收到涉案判决书，客观上被剥夺了上诉的权利，违反了程序公平原则，拒绝承认和执行法国判决。[2]

第四，如果被请求国的法院对于相同的当事人之间就同一标的的案件已经作出了生效判决，或者承认了第三国对该案作出的生效判决，或者被请求国的法院在当事人向作出需承认的判决的法院提起诉讼前，已经就相同的案件进行审理，基于一事不再理的原则，被请求国的法院将拒绝承认和执行对方的判决。[3]

第五，如果判决中包括有损被请求国主权、安全或公共秩序的内容，被请求国可以拒绝承认和执行判决。[4]

(三) 申请承认与执行的程序

大多数双边条约规定申请承认与执行必须提交真实和完整的裁决副本、证明裁决已经生效的文件、证明在缺席判决的情况下被告被合法传唤的文件，以及上述文件被请求承认和执行国文字的正式翻译文本。[5] 有的条约还要求提供证明无诉讼行为能力人获得适当代理的文件。[6] 在"李一立申请承认和执行外国法院民事判决、裁定再审民事裁定书"中，浙江省丽水市中级人民法院认为，申请人应当提交具有合法来源并经证明真实的民事判决书副本，如原审法院出具的副本。但是申请人提交的是裁决书复印件。虽然经过公证认证手续，但是公证机关

---

[1] 如《中华人民共和国和法兰西共和国关于民事、商事司法协助的规定》第 22 条第 4 款；《中华人民共和国和波兰人民共和国关于民事和刑事司法协助的协定》第 20 条第 3 款、第 4 款；《中华人民共和国与意大利共和国关于民事司法协助的条约》第 21 条第 3 款。

[2] 法国 KCC 有限责任公司诉郴州华录数码科技有限公司 RG2013F00048 号商事判决案，湖南省郴州市中级人民法院，(2016) 湘 10 协外认 1 号。

[3] 如《中华人民共和国和波兰人民共和国关于民事和刑事司法协助的协定》第 20 条第 5 款；《中华人民共和国和法兰西共和国关于民事、商事司法协助的规定》第 22 条第 6 款；《中华人民共和国与意大利共和国关于民事司法协助的条约》第 21 条第 4 款、第 5 款。

[4] 如《中华人民共和国和波兰人民共和国关于民事和刑事司法协助的协定》第 20 条第 6 款；《中华人民共和国和法兰西共和国关于民事、商事司法协助的规定》第 22 条第 5 款；《中华人民共和国与意大利共和国关于民事司法协助的条约》第 21 条第 6 款。

[5] 如《中华人民共和国和波兰人民共和国关于民事和刑事司法协助的协定》第 17 条；《中华人民共和国和法兰西共和国关于民事、商事司法协助的规定》第 21 条；《中华人民共和国与意大利共和国关于民事司法协助的条约》第 24 条；《中华人民共和国和俄罗斯联邦关于民事和刑事司法协助的条约》第 17 条。

[6] 如《中华人民共和国与意大利共和国关于民事司法协助的条约》第 24 条第 4 款。

仅对复印件与原件一致进行了公证,并未对原件本身的真实性和效力进行证明,因此民事裁决书的真实无法确认,不符合条约规定的申请材料形式要求。法院驳回判决承认与执行的申请。[1]

此外,中国法院也可能因为缺乏判决被合法送达的证据而拒绝承认和执行判决。在上述"施耐德电器公司案"和"法国 KCC 有限责任公司案"中,我国法院均因为申请人无法提交证据证明原审法院已经经过合法途径,成功向被申请人送达了判决书,而拒绝承认和执行。[2] 由于我国不允许外国法院对位于我国的当事人进行邮寄送达,因此如果申请人仅能提供邮寄送达证据,我国法院也会因为未满足送达合法性要求而拒绝承认和执行另一缔约国的判决。

二、互惠原则

(一)互惠原则的概念

如果中国和原审法院地没有双边司法协助条约,中国只能根据互惠原则承认和执行外国判决。互惠原则在外国判决的承认与执行问题上运用得非常普遍。世界上大概超过一半的国家将存在互惠关系作为承认外国判决的前提条件。虽然互惠意味着双方法院互相承认判决。但是实践上如何确定是否存在互惠则需要下一番功夫。

首先,互惠包括事实互惠、法律互惠、推定互惠三种模式。事实互惠指的是对方法院在过去的司法实践中已有先例承认和执行我方判决。此时我方法院可以认定事实互惠存在,并根据对等原则承认和执行对方判决。但是,有的法院认为,事实互惠指的是一个常规的、双方都已经承认的状态。如果对方仅有一个案例承认我方判决,这只是特例而非常态,事实互惠无法成立。如 1999 年韩国首尔地方法院以山东省潍坊市中级人民法院作出的判决有既判力为由,驳回了当事人的诉讼请求,实际上承认了中国的判决。但是中国深圳市中级人民法院在 2011 年的判决中认为中韩不存在互惠关系。[3] 如果这种严格的解释得到采纳,会导致许多外国判决无法得到执行。因为涉外民商事案件毕竟是少数,特别是在民商事交往并不频繁的国家之间。要求其他国家的法院长期地、重复地承认另一个国家的判决是天方夜谭。因此,大多数法院对于事实互惠的要求并不严格,存在一

---

[1] (2018) 浙 11 民再 10 号。

[2] 施耐德电气工业公司申请承认法国巴黎大审法院判决在中华人民共和国领域内具有法律效力纠纷案,浙江省温州市中级人民法院,(2005) 温民三初字第 155 号。

[3] 韩国株式会社 Spring Comm 申请执行韩国首尔西部地方法院判决案,深圳市中级人民法院,(2011) 深中法民一初字第 45 号。

个正面案件便可构成事实互惠。[1]

即便如此,事实互惠在实践中仍然难以适用。主张事实互惠的原告需要查阅诸多外国判决以期寻找正面判例,如有遗漏则可能无法证实互惠存在。而许多国家并没有成熟完整的判例公报系统,导致相关判例的查阅和搜集非常困难。中国法院曾在存在外国承认我国判决先例的情况下拒绝承认外国判决。[2] 推究原因,很可能是法院和当事人并没有意识到外国正面先例的存在。其次,很多国家没有承认中国判决的正面先例,并非因为他们不愿意承认中国判决,而是因为该国法院没有收到过相关请求,也就没有机会建立正面先例。这就涉及事实互惠的一个非常重要的弱点。如果两个国家同时采用事实互惠原则,每个国家都需要对方有正面先例,在这种情况下正面先例永远无法建立。[3]

因为事实互惠可能导致以上不利后果,很多学者指出应当采取法律互惠取代事实互惠。法律互惠要求一个国家的法院研究另一个国家关于承认和执行外国判决的法律。如果外国法原则上允许承认和执行本国判决,且这个国家没有负面先例拒绝承认本国判决,可以认为互惠成立。相比事实互惠,法律互惠更有利于在外国没有判例的情况下,率先建立互惠关系。但是,如果外国法律要求基于事实互惠承认本国判决,是否能判断该法律原则上允许本国判决得到承认?如果本国暂无承认该国判决的先例,是否认为按照该国法律本国判决无法得到承认和执行?此外,如果外国法原则上同意承认和执行本国判决,但是为承认执行设置了苛刻的前提条件,法律互惠是否可以成立?以上问题说明,即使采用法律互惠原则,互惠是否存在也是一个难以确定的问题。

第三种互惠原则是推定互惠。也就是在不存在反例的情况下,推定双方存在互惠关系。[4] 推定互惠可以极大程度地促使国家相互承认和执行对方的判决。如果一个国家适用推定互惠,另一个国家适用事实互惠,适用推定互惠的国家可能率先承认对方判决,有利于事实互惠的最终建立。但是,如果采用事实互惠的国家先接收到承认另一国判决的申请,由于没有先例存在,被申请法院很可能以缺乏互惠为由拒绝承认该国判决。这就造成事实上的"反例",从而导致采取推定互惠的国家也不得不认为双方没有互惠关系。

---

[1] See King Fung Tsang, "Enforcement of Foreign Commercial Judgments in China", *Journal of Private International Law*, vol. 14, 2018, pp. 262-294.

[2] 如上述"韩国株式会社案"。

[3] Zheng Tang, "International Judicial Cooperation in Game Theory", *Journal of International Dispute Settlement*, vol. 11, 2020, pp. 522-548.

[4] 如最高人民法院2015年和2019年分别颁发的《关于人民法院为"一带一路"建设提供司法服务和保障的若干意见》,以及2017年《南宁声明》均提出在一定范围内适用推定互惠原则。

基于互惠原则承认外国判决在实践上存在许多难题。可惜大多数国家为了保护本国利益，不愿意单方面承认和执行外国判决，这便导致互惠原则无法在实践中被摈弃。

(二) 互惠原则在中国的适用

中国法律并未明文规定适用哪种互惠原则，但是中国法院在2012年以前实际上适用了事实互惠原则。中国法院以原审判决作出国没有承认和执行中国判决先例为由，拒绝承认和执行日本、英国、澳大利亚、美国、德国法院作出的判决。

适用事实互惠造成的"互害"局面出现在中国和日本之间。中日双方都基于事实互惠承认和执行外国判决。中国法院在1994年的"五味晃案"中认为由于日本没有承认中国民事判决的先例，中日不存在互惠关系，从而拒绝承认日本判决。[1] 日本大阪高等法院在2003年的案件中指出，由于中国曾拒绝承认日本判决，证明中日没有互惠关系，于是也拒绝承认中国判决。[2] 因为互惠原则，中国和日本并没有建立正向反馈的互惠关系，而是出现了双向拒绝承认和执行法院判决的情形。

2013年，中国首次宣布了"一带一路"计划。"一带一路"旨在以中国为中心促进欧亚非地区间互联互通，增强区际合作。为了促进"一带一路"建设，中国必须发挥增进区域互信、促进地区间合作的主导作用。中国最高人民法院在2015年的《最高人民法院关于人民法院为"一带一路"建设提供司法服务和保障的若干意见》中指出为了促进和"一带一路"沿线国家的司法合作，中国法院可以根据国际合作交流意向和在对方承诺给予我国互惠的前提下，率先给予对方互惠。[3] 2017年中国和东盟在第二次中国、东盟大法官论坛上发表的《南宁声明》宣布，在没有负面先例的情况下可以推定存在互惠关系。最高法院在2019年的《最高人民法院关于人民法院为"一带一路"建设提供司法服务和保障的若干意见》中重申了推定互惠原则。[4]

虽然这些意见和声明均无法律约束力，但是在此大背景下中国法院对于外国判决的承认和执行的态度出现明显的变化。中国法院更加积极地承认和执行外国

---

[1] 日本公民五味晃申请承认和执行日本法院判决案，辽宁省高级人民法院，(1994)民外字第72号。该判决被最高法院在复函中支持，(1995)民他字第17号。

[2] Osaka High Court, Apr. 9, 2003, 1841 Hanrei Jiho 111.

[3] 《最高人民法院关于人民法院为"一带一路"建设提供司法服务和保障的若干意见》法发〔2015〕9号，第6条。

[4] 《最高人民法院关于人民法院进一步为"一带一路"建设提供司法服务和保障的若干意见》法发〔2019〕29号第24条。

判决。在多个案件中，中国法院基于请求承认判决作出国曾经承认或执行了一个中国判决，而承认和执行该国的判决。换言之，确定存在事实互惠的门槛明显降低。至今，中国已经承认或执行了新加坡、美国、韩国、德国的法院判决。[1]

即便如此，中国法院很多时候仍然以事实互惠作为承认和执行外国判决的前提。所以司法实践虽然有一定的进步，但是实质性变化并不大。直到2021年，上海市第一中级人民法院在承认和执行新加坡判决时，提出了"法律互惠"的概念，[2] 执行了新加坡高等法院的金钱给付判决。中国和新加坡虽然没有签署判决承认和执行司法协助公约，但是签订了《中华人民共和国最高人民法院和新加坡最高法院关于相互承认与执行商事案件金钱判决的指导备忘录》（以下简称《备忘录》）。

上海市第一中级人民法院认为："一方面，我国最高人民法院与新加坡最高法院之间签署过《备忘录》，其中载明我国法院可以在互惠基础上承认与执行新加坡法院的判决，新加坡法院可以根据普通法的规定执行中国法院的判决。这表明我国与新加坡之间存在法律互惠，在同等情况下我国作出的民商事判决可以得到新加坡法院的承认和执行。另一方面，新加坡高等法院有承认和执行我国法院判决的先例，我国法院亦有承认和执行新加坡法院判决的案例，说明我国与新加坡之间存在事实互惠。据此，可以认定我国与新加坡之间存在互惠关系。"

判决中提到的《备忘录》没有法律效力，其中也没有载明法律互惠已经作为原则在实践中适用。但是《备忘录》可能作为证据证明中国和新加坡国内法承认与执行外国判决的条件，协助法院作出中新存在法律互惠的判断。由于新加坡承认和执行外国判决的条件比较宽松，中国判决可能在新加坡得到承认和执行，因此可以判断法律互惠存在。但是，新加坡事实上已经在多个案件中承认和执行了中国判决。中国法院也根据事实互惠承认了新加坡判决。在已经确定事实互惠存在的情况下，似乎没有必要确定法律互惠存在，因为事实互惠已经足以使得新加坡判决可以在中国得到承认和执行。正因为事实互惠存在，承认和执行新加坡判决并非完全基于法律互惠。本案虽然提出了法律互惠这一概念，但是并未表明法律互惠能否单独作为承认和执行外国判决的法律标准。

---

[1] 高尔公司申请承认和执行新加坡法院民事判决案，(2016) 苏01协外认3号；申请人刘利与被申请人陶莉、童武申请承认和执行外国民事判决案，(2015) 鄂武汉中民商外初字第00026号；韩国彼克托美术式有限公司与上海创艺宝贝教育管理咨询有限公司申请承认和执行外国法院判决案，(2019) 沪01协外认17号。

[2] 申请人Solar公司申请承认和执行新加坡高等法院S59/2014号判决案，(2019) 沪01协外认22号。

三、拒绝承认和执行外国判决的理由

存在互惠并不代表法院一定会执行外国判决,法院仍然应对外国判决进行审查。[1]《民事诉讼法》第300条规定,出现以下五种情形,中国法院应当拒绝承认和执行外国判决。第一,外国法院依照法院地法对案件没有管辖权,或者虽然根据法院地法外国法院对案件有管辖权,但是法院地与案件所涉纠纷无适当联系。中国不希望承认外国法院行使不适当"长臂管辖"作出的判决。此外,如果案件属于中国专属管辖,或外国法院管辖权违反了当事人排他性法院选择协议,中国法院将拒绝承认外国判决。[2] 第二,如果外国诉讼程序违反了程序公正,剥夺了被申请人的正当程序权利,如被申请人未得到合法传唤、未得到合理陈述的机会,或无诉讼行为能力人未得到适当代理,则外国判决不得被承认和执行。第三,通过欺诈方式取得的外国判决不能得到承认和执行。第四,中国法院对同一案件作出已经裁决,或第三国法院判决已被中国法院承认,外国判决不得在中国法院得到承认和执行。第五,违反中国法律的基本原则或者国家主权、安全、社会公共利益的外国判决,无法得到承认和执行。

第三节 欧盟内部判决的承认与执行

一、欧盟承认与执行法院判决制度

欧盟司法合作制度的核心目标是民商事司法判决在成员国之间的自由流通。判决的自由流动是建立欧洲共同市场的重要因素。以此为目的,比利时、德国、法国、意大利、卢森堡、荷兰这六个最初的缔约国签订了《布鲁塞尔公约》。公约最初的目的仅在于促进民商事判决的相互承认和执行。在公约制定过程中,缔约国发现管辖权的分歧会造成判决承认与执行的障碍,因此才将公约的范围扩大到包括管辖权。

《布鲁塞尔公约》于1968年制定,随着缔约国的加入几经修改和完善,形成了现行的《布鲁塞尔Ⅰ修正条例》。在"布鲁塞尔"制度实行的五十多年中,欧盟内部市场统一化得到进一步发展,成员国之间的互信程度提高,成了民商事判决承认与执行区域合作的典范。欧盟法律的成功经验也为国际民商事判决司法协助条约的建立提供了宝贵的经验。《布鲁塞尔Ⅰ修正条例》第三章"判决承认与执行"建立在成员国法院之间互信原则的基础上。判决一旦作出,在任何成员国境内都有和原审法院地同样的效力。

---

[1]《民事诉讼法》第289条。
[2]《民事诉讼法》第289条。

二、判决的范围

(一) 实体判决与程序判决

《布鲁塞尔 I 修正条例》中的"判决"包括所有对争讼焦点作出的司法决定，包括实体判决，也包括程序性决定，例如欧盟法院对"哥达诉萨姆斯基普案"（Gothaer v. Samskip）的判决。[1]

> 被告是一个海上货物运输公司。买卖双方签订货物买卖合同，由被告将货物从比利时运到墨西哥。被告提供的提单包含管辖权条款，写明与提单相关的任何争议将由冰岛法院管辖并适用冰岛法律。收到货物后，收货方声称货物在运输途中被损坏，并和保险人共同在比利时法院提起诉讼。比利时法院拒绝了管辖权。之后保险人在德国法院针对被告单独提起诉讼。德国法院认为，比利时法院已经对管辖权作出了判决，但是这是一个程序性判决，按照德国法通常不会得到承认和执行。

欧盟法院认为判决包括"所有"的司法决定，不论决定的内容是什么。因此判决包括成员国法院根据管辖权条款拒绝管辖权的决定。之所以不区分程序判决和实体判决是因为：第一，成员国国内法对判决的分类不统一，区分判决将增加关于判决定性的争议；第二，《布鲁塞尔 I 修正条例》的目的是保证民商事判决的自由流动，在这个目的不区分判决类型；第三，成员国之间的互信不但存在于实体上，也存在于程序上，对成员国程序性判决的不承认同样违反了互信原则。比利时法院基于管辖权条款拒绝管辖权。这个判决实际上确认了管辖权条款的有效性。德国法院应当承认比利时法院对该问题判决的效力，拒绝行使管辖权。

(二) 最终判决与临时判决

可以根据《布鲁塞尔 I 修正条例》在欧盟成员国自由流通的判决不需要是最终判决。只要判决在判决作出国有执行力，判决就可以在其他成员国得到承认和执行。这就代表着《布鲁塞尔 I 修正条例》不排除外国临时判决的承认和执行。这也是该条例和大多国家的国内法，以及其他国际司法协助条约非常重要的不同之处。但是《布鲁塞尔 I 修正条例》对可以获得承认和执行的临时判决的范围作了一定的限制。如果作出临时判决的法院对主诉讼程序有管辖权，则临时措施也

---

[1] Case C-456/11, Gothaer Allgemeine Versicherung AG v. Samskip GmbH [2012] ECLI：EU：C：719.

是可以在成员国内部自由流动的"判决"。[1] 如果作出临时判决的法院根据对境内的物或人的控制作出判决,对主诉程序没有管辖权,该判决无法在"布鲁塞尔"框架下获得承认和执行。

(三) 法院调解

值得注意的是,法院调解书并不属于《布鲁塞尔Ⅰ修正条例》中的判决。这是因为欧盟法院认为调解书的本质是合同。[2] 该条例第59条规定,法院调解书的承认和执行需要比照公证书进行。因此,欧盟司法合作中的"判决"不包括法院调解书。

三、判决承认和执行的规则

(一) 基本原则

欧盟司法合作制度最显著的特点是尽可能促进民商事判决在成员国内部自由流动。因此,除了出现条例明文规定的例外情形,法院有义务承认和执行另一个成员国法院的判决。申请承认和执行的程序也被大幅简化。首先,成员国的判决在其他成员国可以自动获得承认。申请人仅需提供一份判决书以及原审法院提供的正式的证明文件。这些文件均无需公证、认证。其次,如果非判决当事人在其他诉讼程序中援引另一个成员国法院的判决,该判决也可以按照条例规定自动获得承认。[3] 再次,申请执行不再有审查程序和可执行性声明。申请人直接提供判决书和原审法院出具的、证明判决在该国可以执行的证明文件,并送达被执行人。如果被执行人没有异议,法院可以直接执行。如果被请求人有异议则可以提出,法院将作出判决。

(二) 拒绝承认与执行的理由

1. 公共政策。《布鲁塞尔Ⅰ修正条例》注意平衡当事人的利益,允许法院在以下情形下拒绝承认和执行其他成员国的判决。承认和执行明显违反了被请求国的公共政策。这是几乎所有的司法协助条约和国内法都保留的条款,是国家同意参与国际合作的必要保障。但是欧盟对公共政策的适用采取的是限制态度。公共政策只能在严重违反被请求国基本法治理念时才能被适用。相比实体问题,缺乏程序公正更容易导致公共政策例外的适用,特别是被告被剥夺了《欧洲人权公约》第6条赋予的正当程序权利。该条规定:在民事诉讼中,任何人都有权利"在合理的时间内,受到依法设立的、独立而公正的法院的公平且公开的审讯"。这至少包括几个要件:第一,被告收到合理而明确的通知;第二,被告有足够的

---

[1] 《布鲁塞尔Ⅰ修正条例》第2 (a) 条。
[2] Case C-414/92 Solo Kleinmotoren GmbH v Boch [1994] ECR I-02237.
[3] 《布鲁塞尔Ⅰ修正条例》第37条。

时间准备答辩；第三，被告有机会找律师；第四，法院独立且公正；第五，审判公开；第六，审判公平。

欧盟法院对公共政策例外的态度可以参考几个案例。在"阿波斯托里德斯诉奥拉姆斯案"（Apostolides v. Orams）中，欧盟法院认为因为国家政治分裂造成的适用法律错误并不一定导致判决无法被承认和执行。[1]

> 争议涉及的土地位于塞浦路斯北部，属于希腊族塞浦路斯原告的家族。原告在塞浦路斯岛分裂时被驱逐出该地区。一对英国夫妇从北塞浦路斯土耳其共和国政府手中购买了这片土地，并在上面建造了一座别墅。原告在其现居住的塞浦路斯政府控制区的法院起诉追讨该别墅。法院认为被告属于非法入侵，命令被告离开该土地并支付原告赔偿金。原告请求英国法院承认和执行塞浦路斯法院的判决。

本案存在几个棘手的法律问题。第一，北塞浦路斯由土耳其政府控制，而土耳其不是欧盟成员国。根据第10号议定书，北塞浦路斯地区中止适用欧共体法律，是否代表该判决不应当根据《布鲁塞尔I修正条例》在其他欧盟成员国得到承认和执行？欧盟法院认为虽然欧共体法律不适用于北塞浦路斯，也就是争议土地所在地，但是判决由塞浦路斯政府控制区的法院作出，仍然属于欧盟内部判决，应当适用《布鲁塞尔I修正条例》。

第二，根据不动产物权由不动产所在地国排他性管辖的原则，北塞浦路斯的土地应当由该地区法院管辖。但是从政治上看，塞浦路斯岛分裂，"北塞浦路斯土耳其共和国"尚未成为国际社会承认的独立的政治实体。因此，南北塞浦路斯的分裂是塞浦路斯内部事务。条例规定的专属管辖是国际层面，而非国内层面的问题。因为不动产位于塞浦路斯境内，只要是塞浦路斯领域内的法院行使管辖权就符合专属管辖原则。至于哪一个部分行使管辖权，在判决承认问题上不重要。

第三，原判决在现实上难以执行。因为塞浦路斯政府对北塞浦路斯没有控制，而被告的土地所有权是从对土地有控制权的政府手中获得的，原审法院没有办法控制土地并有效执行判决。但是欧盟法院认为，原审法院能否执行判决，与其他成员国法院是否应当承认和执行判决无关。即使原审法院在事实上不能强制执行判决，也不代表判决没有可执行力。一旦判决在原审法院地有可执行力，在其他成员国就应当得到执行。

第四，公共政策问题。欧盟法院也认为即使原审法院法律适用错误也不违反

---

[1] Case C-420/07, Apostolides v. Orams [2009] ECR I-3571/

公共政策,除非法律错误达到完全不能接受的程度,导致对被请求国基本法治精神的违反。英国法院认为促进塞浦路斯和平是国际公共政策,承认和执行判决并没有违反此公共政策。另外根据国际人权法,原告的物权应当获得保护。而从程序上看,原审法院并无任何偏见。因此不存在执行判决的公共政策例外。

而在另一个著名案例"班贝奇诉科拜案"(Bamberski v. Krombach)中,欧盟法院因原审程序缺乏程序公正性而启用了公共政策例外。[1]

原告班贝奇的14岁女儿和生母及德国继父在德国度假期间死亡。其继父作为犯罪嫌疑人被德国警方调查,但是由于缺乏证据调查很快终止。因为被害人是法国人,法国法院对刑事案件有消极属人管辖权。法国法院要求被告到法国应诉,同时送达了原告的附带民事诉讼请求,但是被告没有应诉。法国法院认为被告蔑视法庭。根据法国法,辩护律师不得代表蔑视法庭的人出庭。法国法院进行缺席审判,认为被告过失杀人,判处15年监禁,同时支持原告的民事赔偿请求,判决被告赔偿35万法郎。原告请求德国法院执行法国的民事判决。

欧盟法院认为,成员国法院不能仅因为原审法院地的法律差异而启动公共政策例外,也不能审查判决的事实和法律是否错误。只有在承认和执行外国判决与被请求国的基本法律秩序相悖至令人无法接受的程度,明显违反被请求国法律秩序中被视为必不可少的法治原则,才可以使用公共政策例外。被告的辩护权在公平审判方面非常重要,是欧盟成员国共同的法治传统产生的基本权利之一。这一权利也为欧洲人权法院一再确认。拒绝听取缺席被告的辩护构成对基本人权的明显侵犯,成员国法院有权以此为由拒绝承认和执行另一个成员国法院的判决。根据欧盟法院的解释,德国法院拒绝承认与执行法国法院的民事判决,同时也拒绝引渡被告。[2]

2. 程序公正。如果判决是在缺席的情况下作出的,而司法文件没有在合理的时间内送达被告,并给予被告足够的时间安排辩护,判决将无法在其他成员国内得到承认和执行。被请求法院需要分析送达的实质效果,也就是送达的保障功能是否得以实现。因此,仅仅成功送达被告并不一定满足程序公正的要求,被告必须真正有机会知道诉讼程序已经启动,并有充足的时间准备答辩。例如,在被

---

[1] Case C-7/98 Krombach v. Bamberski [2000] ECR I-1935.

[2] 本案以一种戏剧化的方式终结。在德国拒绝承认执行法国判决12年后,也就是被害人死亡27年后,原告雇佣了几个人在德国绑架被告,送往法国执行刑罚。被告终于在法国入狱。该案引起德法两国的外交风波,后被改编成电影《以女儿之名》。

告的地址无法查明的情况下，法院根据法院地法向被告最后一个所知的地址送达司法文书，或者对被告进行公告送达。虽然送达按照原审法院地法是有效送达，但是被请求国仍然可以因为被告事实上没有获得有效通知而认为原审程序违反了程序公正原则，拒绝承认和执行判决。[1]

如果送达本身违反了法律的技术性规定，但是被告事实上有效获悉了诉讼程序并有机会答辩，则判决不违反程序公正原则。[2] 如法律规定，只有在传统诉讼方式全部失效的情形下才可以对被告的电子邮箱进行电子送达。但是原审法院并没有穷尽所有传统送达方式，而是直接使用电子送达。这个送达在技术上存在瑕疵。但是如果被告收悉邮件，返回回执，就不能因为送达瑕疵而拒绝承认执行判决。可见，欧盟司法协助下的程序公正指的是"实质公正"而非"形式公正"。送达本身合法与否和程序是否公正没有绝对的关联。

欧盟条例要求被告首先应当在原审法院对判决提出质疑，才能以程序公正为由提起判决承认和执行的抗辩。当然，如果原审判决没有有效地送达被告，或者原审法院地不能提供有效的上诉或者申诉程序以质疑法院剥夺了被告的正当程序权利，这个前提条件可以不被适用。

3. 冲突判决。欧盟管辖权制度的一个重要的基本原则是防止出现不可调和的判决。一旦多个成员国法院对相同或相关诉讼行使管辖权，就有可能出现不可调和的判决，导致至少有一个判决不能得到承认和执行，损害成员国之间的互信。[3] 因此，欧盟成员国要求严格执行"禁止平行诉讼原则"。但是这并不代表不可调和的判决绝对不会发生。如果平行诉讼出现在欧盟成员国和非成员国之间，"禁止平行诉讼原则"可能无法适用；如果关联诉讼之中的一个程序被定性为非民商事案件，也不适用《布鲁塞尔I修正条例》；成员国法院对于关联诉讼并非强制性适用"禁止平行诉讼原则"；有的诉讼的主要事由并非关联诉讼，但是涉及的先决问题或者附带查明的问题和其他成员国的主诉讼事由有关联。在这些前提下，不可调和的判决时有发生。为了保护法院的司法公信力，法院对后来的判决不得承认和执行。《布鲁塞尔I修正条例》规定：如果判决和被请求国针对相同当事人的判决不可调和，或者和另一成员国或第三国对相同案件已经作出的判决不可调和，法院可以拒绝承认和执行。

4. 管辖权审查。大多国际司法互助条约均将原审法院有管辖权作为相互承

---

[1] Case 166/80. Klomps v. Michel [1981] ECR 1593.

[2] Jonathan Hill & Maire Ni Shuilleabhain, *Clarkson & Hill's Conflict of Laws*, 5th ed., Oxford University Press, 2016, p. 207.

[3] Jonathan Hill & Maire Ni Shuilleabhain, *Clarkson & Hill's Conflict of Laws*, 5th ed., Oxford University Press, 2016, pp. 208-209.

认和执行判决的前提。但是确定原审法院是否有管辖权通常是一个难题。缔约国常面临适用什么法律确定原审法院管辖权的问题：是原审法院的国内法，被请求国的国内法，还是对承认与执行专门制定的特殊管辖权？适用任何法律均有不同程度的实践困难。

《布鲁塞尔 I 修正条例》统一了欧盟成员国涉外民商事案件的管辖权。这个统一的管辖权规则原则上适用于被告在欧盟有住所的情形。[1] 但是，欧盟司法合作制度谋求最大范围的合作和互信，该条例规定的自动承认和执行机制包括成员国所有的民商事判决。换言之，即使原审法院没有适用欧盟统一的管辖权规则行使管辖权，其判决也可以在《布鲁塞尔 I 修正条例》框架下得到其他成员国的承认和执行。如一个德国公司起诉美国公司违约。被告在欧盟成员国没有住所，《布鲁塞尔 I 修正条例》规定的统一管辖权规则不能适用，德国法院需要根据德国国内法而非该条例确定管辖权。但是德国判决仍然可以根据该条例的规定，在欧盟内部自由流动。欧盟立法者认为，成员国之间应当存在的互信包括相信对方法院对自身管辖权作出的判决。因此该条例要求在法院在收到判决承认和执行请求时，原则上不审查另一个成员国法院的管辖权，也就不存在对原审法院管辖权的法律适用问题。

但是有两个例外。第一，针对被保险人、劳动者、消费者的保护性管辖；第二，排他性管辖。保护性管辖的目的旨在保护诉讼中的弱者。如果原审法院违反了保护性管辖规则，则损害了欧盟法律赋予弱者的程序权利。而排他性管辖权多与相关国家的公共政策甚至主权相关。即使不存在专门的管辖权审查例外，对这两类管辖权的违反也可能触发公共政策例外。由于欧盟法院非常注意限缩公共政策例外的范围，欧盟立法者直接将这两类特殊管辖权作为管辖权例外提出，可以避免公共政策例外被频繁使用，也可以避免公共政策定性困难、缺乏确定性的问题。

第四节 判决承认与执行的国际公约

一、判决承认与执行的国际框架

民商事判决难以在外国得到承认和执行成为涉外民商事审判的一个严重障碍。如果被告在法院地没有财产，或者被告成功地转移了财产，原告的诉讼目的便无法实现。有的国家发现，由于本国法律承认外国判决相对容易，而本国判决

---

[1]《布鲁塞尔 I 修正条例》第 6 条第 1 款。仅在存在选择欧盟成员国法院的管辖条款、专属管辖、保护性管辖等特殊情形下，欧盟统一管辖权规则可以适用于非欧盟被告。

在外国难以得到执行，本国当事人在涉外民商事交往中处于相对不利的地位。海牙国际私法会议致力于促进国际民商事司法合作，在1992年到2019年长达27年的谈判中，先后出台了2005年海牙《选择法院协议公约》和2019年海牙《承认与执行外国民商事判决公约》，将外国民商事判决承认与执行问题全面纳入国际司法合作公约框架。

二、海牙《选择法院协议公约》

（一）《选择法院协议公约》简介

2005年海牙《选择法院协议公约》，是海牙判决项目受挫、全面管辖权与判决承认与执行合作公约失败的情况下的折中产物。公约将合作范围缩小到各国有基本共识的、合作难度最小的，基于排他性选择法院协议的涉外民商事诉讼。公约的目的是提高法院选择协议的有效性。为此，公约原则上协调了排他性选择法院协议的有效性和执行性的问题，要求缔约国尊重当事人的意思自治，并要求缔约国承认与执行排他性选择法院协议指定的法院作出的判决。当然这些原则不是绝对的，因为公共政策、程序正义等原因，公约也提供了一些有限的例外。

《选择法院协议公约》制定后，海牙国际私法会议期待该公约可以成为司法判决中的《纽约公约》。《纽约公约》全称为《承认及执行外国仲裁裁决公约》，至今已有172个缔约国，是国际商事领域最成功的公约。《纽约公约》帮助仲裁裁决在世界范围内得到承认和执行，而仲裁裁决在世界范围内的可执行性是国际商事仲裁在实践中成为优于诉讼的主要原因之一。《选择法院协议公约》的整体结构、缔约国的权利和义务、拒绝承认和执行的条件等与《纽约公约》类似。但是，《选择法院协议公约》自2005年制定，至今仅有包括欧盟成员国的36个缔约国。其中中国、美国、以色列、北马其顿、乌克兰五个国家仅签署了该公约，尚未批准生效。因此，《选择法院协议公约》仅在31个国家生效，其中还包括27个欧盟成员国，其影响力和《纽约公约》不可同日而语。究其原因，在于大多国家对于外国司法体系和法治状况缺乏信任。而国际商事仲裁有着国际化、专业化、私人化、自治性的特点，根据当事人意思自治和国际化专家做出的裁决，被认为比很多国家法院做出的司法判决更有公信力。

虽然《选择法院协议公约》在实践上并没有达到与《纽约公约》同等的影响力，但是对于希望成为国际诉讼中心的国家而言，《选择法院协议公约》提供了一个国际范围内的必要的法律工具。例如，英国脱欧之后也离开了欧盟的司法合作系统，面临着判决无法得到欧盟成员国承认和执行的问题，而成为国际民商事诉讼中心是英国长期秉承的一项重要的政策。因此，英国在脱欧公投之后，立即申请加入海牙《选择法院协议公约》，和欧盟成员国的司法合作结束时无缝衔接另一个判决承认与执行体系。另一个典型例子是新加坡，新加坡致力于优化跨国民商事争议解决体系，以期成为亚洲商事争议解决中心，因此新加坡于2016年批准了该公约。

(二)《选择法院协议公约》的判决承认与执行规则

《选择法院协议公约》只适用于根据排他性法院选择条款作出的判决，且排除法院作出的临时措施决定。公约要求缔约国被请求法院承认和执行当事人合意选择的法院的判决，即使这个法院实际上根据其他管辖权连结点而非管辖权协议行使管辖权。[1] 被请求法院不得对判决作实质性审查。此外，原审法院对管辖权协议的有效性、范围和解释的事实查明，将约束被请求法院。如原审法院查明公司经理越权签订法院选择条款，被请求法院不得认为存在公司授权。但是原审法院对法律问题的解释不约束被请求法院。即使原审法院认为未经授权签订的法院选择条款无效，被请求法院仍可以适用相关法律重新审查法院选择条款的效力。[2]

公约不要求承认或执行的判决是最终判决。只要判决在原审地生效或可执行，即使判决在原审国还可以上诉或者重审，也不妨碍判决在其他缔约国得到承认或执行。但是被请求国法院可能以判决仍可上诉为由暂缓执行。如果执行后原审法院地的上诉法院改判，被请求国可以撤销执行。[3]

公约允许法院在以下例外情形下拒绝承认和执行其他缔约国法院的判决。第一，管辖协议无效。公约统一了法院选择条款的形式要件，但是没有实质合法性的要件。缔约国法院可能根据本国的实体法确定选择法院条款是否实质有效，造成原审法院和被请求法院判决的冲突。公约要求被请求法院适用被选择法院地的法律确定管辖协议的实质合法性，并受到原审法院作出的管辖协议有效判决的约束。[4] 换言之，如果原审法院没有判决管辖协议有效性的问题，则被请求国法院可以适用被选择法院地法，判决该管辖协议无效并拒绝承认和执行判决；但是如果原审法院判决管辖协议有效，则被请求国法院受该判决约束，不得重新判断管辖协议的有效性问题。但是当事人行为能力属于管辖协议有效性的例外情形，即使被选择的法院认定管辖协议有效，被请求国的法院仍可以适用本地法律，判决当事人缺乏行为能力，并以此为由拒绝承认和执行外国判决。[5]

第二，被告未收到审判程序的有效通知。这个理由包含两种情形。其一，司

---

[1] Trevor Hartley & Masato Dogauchi, *Explanatory Report* (*Hartley & Dogauchi Report*) (2013), para 164.
[2]《选择法院协议公约》第8 (2) 条。
[3]《选择法院协议公约》第8 (3) 和 (4) 条。
[4]《选择法院协议公约》第9 (a) 条。
[5]《选择法院协议公约》第9 (b) 条。

法文书没有在合理时间内送达被告，使得被告无法有效安排辩护。这是一个事实问题。被请求法院需要对此进行事实判断，无需考虑关于送达的法定要求。当然，被告需要首先在原审程序中提出程序性抗辩。换言之，如果被告参与庭审但是没有对送达提出异议，这个理由将不得在承认和执行阶段提出。其二，送达违反了被请求国关于送达的基本原则。这是一个法律问题，旨在保护被请求国的利益。由于很多大陆法系国家将送达视为国家机构的行为，未经司法合作程序而送达被视为对送达目的地主权的侵犯。拒绝承认非法送达以及相关的实体判决是这些国家的一贯做法，在公约中得以保留。

第三，程序欺诈也可能导致被请求法院拒绝承认和执行判决。程序欺诈包括原告有意提供错误的送达地址，或者有意告知被告错误的开庭时间或地点，导致被告无法有效组织辩护；当事人贿赂法官、陪审员或证人；当事人有意隐藏证据等情况。[1]

第四，判决承认和执行明显不符合被请求国的公共政策。[2] 公共政策例外包括实体问题和程序问题。立法者通常倾向于限制公共政策在实体问题上的适用，因为公共政策这一概念非常模糊，在实体问题上适用公共政策容易造成该原则的滥用，可能影响成员国之间的礼让。因此，公共政策更容易在程序问题上适用。公约明确表明，如果原审程序不符合和被请求国程序公正有关的基本原则，被请求法院可以适用公共政策例外。在以下情形中公共政策可能适用：法官和案件存在利益冲突，法官存在明显偏见，被告被剥夺了寻求律师代理的权利，或一方当事人陈述意见的权利被剥夺。

第五，如果判决和被请求国法院已经作出的判决，或者与其他国家已经作出的可以在被请求国得到承认和执行的判决相冲突，则被请求法院可能拒绝承认或执行判决。[3]

第六，如果判决裁定的损害赔偿属于惩罚性赔偿，被请求国可以拒绝承认或执行。惩罚性赔偿的目的在于惩罚被告，并通过惩罚警示被告或其他实体，防止违法行为发生。但是很多国家并不接受惩罚性赔偿，赔偿仅以补偿受害人为目的。公约允许这些国家拒绝承认和执行外国法院给予惩罚性赔偿的判决。赔偿是否属于惩罚性质，主要根据金额确定。如果赔偿金额远远高于受害人受到的损失，则可以认定为惩罚性赔偿。[4] 如果赔偿数额不是法院确定的，而是基于当事人的合同约定，被请求法院仍然可以判断约定的赔偿是否属于惩罚性赔偿，并

---

[1] *Hartley & Dogauchi Report*, para 188.
[2] 《选择法院协议公约》第9（e）条。
[3] 《选择法院协议公约》第10（f）和（g）条。
[4] 《选择法院协议公约》第11条。

同样拒绝承认和执行惩罚性赔偿。[1] 最后,惩罚性赔偿不一定会导致整个判决得不到承认和执行。公约允许分割判决,也就是将法定赔偿分割为补充原告损失的部分,和惩罚被告的部分,被请求法院仅承认和执行补偿性赔偿。[2]

(三)保留条款

公约还允许缔约国对承认和执行外国判决作出更多保留。成员国可以声明对纯国内案件不适用公约,或者对一些特定的问题不适用公约。这是因为虽然公约是基于大多国家代表的意见达成的共识,但是由于各国法律千差万别,公约不可能考虑到每个国家的法律,并作出相应的反应。为了鼓励大多数国家可以加入公约,公约允许缔约国根据本国法对公约的适用范围作出保留。这些保留将基于对等原则适用于所有成员国。例如 A 国加入公约时声明公约将不适用于纯国内案件,如果当事人选择另一成员国的法院管辖 A 国或者其他国家的纯国内案件,A 国法院可以不承认或执行判决;同理,如果当事人选择 A 国管辖外国纯国内案件,其他缔约国即使没有声明保留,也可以基于对等原则拒绝承认和执行 A 国法院的判决。

三、《海牙判决公约》

(一)《海牙判决公约》简介

因为《选择法院协议公约》范围过窄,海牙判决项目在 2011 年重启。重启后的项目吸收了原项目失败的原因,以获得各国共识为目标,于 2019 年制定了《海牙判决公约》。该公约是全球首个全面的民商事判决承认与执行公约,旨在为成员国法院的民商事判决在全球得到承认和执行提供更加完整的国际合作框架,为国际民商事活动提供司法保障。

《海牙判决公约》虽然已经制定多年,但至今为止,仅有哥斯达黎加、以色列、俄罗斯、美国、乌克兰和乌拉圭六个国家签署了公约。考虑到各国司法制度和法治状况相差甚远,结合《海牙选择法院协议公约》在实践上受到的冷遇,《海牙判决公约》真正落地尚需时日。这也意味着,承认与执行这个横贯涉外审判的障碍在将来很长一段时间内仍然存在。

(二)《海牙判决公约》的范围

为了获得各国代表的共识,该公约对其范围作了一些重要的限制。和其他民商事司法协助公约类似,《海牙判决公约》仅适用于民商事领域,排除税收、海关和行政问题。被请求国的法院应当适用公约的国际标准,而非某个国家的国内法,来确定判决的性质。判决的性质由诉讼的性质决定,和法院的性质无关。例

---

[1] *Hartley & Dogauchi Report*, para 205.
[2] 《选择法院协议公约》第 15 条。

如刑事附带民事诉讼的民事赔偿判决，虽然由刑事法院作出，仍然可以作为民事判决包括在公约的范围中。此外，判决的性质和当事人的身份无关，国家或者政府部门以平等主体的身份参与涉外民商事活动，均可能作为民事诉讼主体，相关判决的承认和执行也适用该公约。[1]

该公约第 2 条将大量民商事问题排除在其范围之外。这些问题有的包含在别的国际公约中，例如国际运输和海上船舶污染；有的问题非常敏感，难以达成共识，例如诽谤、隐私、知识产权、反垄断。该公约明文排除的内容包括法人和自然人的身份问题、扶养、家庭法（包括婚姻财产、遗嘱和继承）、破产、国际旅客和货物运输、海上船舶污染、核损害、法人的有效性及解散、公共登记的有效性、诽谤、隐私、知识产权、武装行动、执法行为、反垄断问题、主权债务重组、仲裁。[2]

（三）"判决"的概念

首先，该公约所指的可以获得承认和执行的判决，是法院作出的实体判决，以及实体程序中确定诉讼费用或开支的判决，但是不包括临时保全措施。实体判决包括对主要问题的判决，以及对先决问题的判决。公约是否适用，关键看主要问题是否在公约的实体范围内。对于先决问题的判决能否在未来的审判中获得承认，则被排除在公约的范围之外，由缔约国法院根据国内法自主决定。[3]

其次，只有在原审法院地生效的判决才能获得承认，在原审法院地有执行力的判决才能获得执行。[4] 一旦判决生效，即使还可能上诉或再审，也并不妨碍判决在其他成员国获得承认和执行。这是因为各国法律中判决发生既判力的时间不同。在普通法系国家，一旦法院作出判决，即使当事人可以上诉，该判决也对作出判决的法院产生既判力，原审法院不得对同一事实进行再审。而大陆法系国家大多认为，只有上诉或再审程序终结，判决才有既判力。该公约为了协调不同国家国内法上的差异，并未要求只有判决具有终局性才能在其他缔约国获得承认和执行。只要判决在判决作出地生效并可执行，即可在其他缔约国承认和执行。[5] 当然，被请求法院可能因为判决存在改判的可能而推迟或者拒绝承认和执行。在判决获得终局性后，申请人可以再次申请承认和执行。[6]

---

[1]《海牙判决公约》第 2 条第 4 款。
[2]《海牙判决公约》第 2 条第 1 款、第 3 款。
[3]《海牙判决公约》第 9 条第 1 款。
[4]《海牙判决公约》第 4 条第 3 款。
[5] Francisco Garcimartin & Geneviève Saumier, *Explanatory Report on the 2019 HCCH Judgments Convention*, HCCH, 2020, para 128–129.
[6]《海牙判决公约》第 4 条第 4 款。

此外，司法和解书（judicial settlements）在法院地如果具有和判决同样的执行力，也可以和司法判决一样通过该公约获得执行。[1] 司法和解书是在解决争议的法院缔结，或在庭外缔结而由法官批准的和解协议。此类协议通过法院背书和授权，具有和最终判决同样的效力。但是法院仅有义务根据该公约规定"执行"另一个缔约国的司法和解书，而非"承认"外国司法和解书的效力。这是因为有的国家的司法和解书或者调解书没有既判力，并不妨碍当事人提起相同的诉讼。[2]

（三）判决承认与执行机制

《海牙判决公约》要求缔约国原则上应当承认和执行符合条件的外国民商事判决。被请求国不得对其他缔约国法院的判决进行实质审查，仅能审查外国管辖权和司法程序。[3]《海牙判决公约》没有统一管辖权规则，因为1992年判决公约项目的失败，主要原因之一即是管辖权规则难以在全球的范围内得到统一。但是该公约针对承认和执行外国判决的管辖权审查，提供了统一的间接管辖权规则。间接管辖权规则的意思是，《海牙判决公约》不要求成员国法院在审理涉外案件时适用该规则确定管辖权，仅要求成员国法院在受到承认和执行外国判决请求时，考察外国法院的管辖权是否符合该公约列举的规则。

《海牙判决公约》第5条规定了13个可以接受的间接管辖权规则，包括：被告在原法院地拥有惯常居所、主营业地或者分支机构；被告明确同意或者默示承认原法院的管辖权；合同在原法院所在地履行；与判决相关的不动产位于原法院所在地；侵权行为发生在原法院所在地等。间接管辖权规则很广泛，只要原法院的管辖权基于其中任何一条，判决便满足承认和执行的条件。可见《海牙判决公约》并没有统一管辖权规则，而是充分尊重各国管辖权立法和实践的不同，将国际上最常用的管辖权规则均列为以判决承认和执行为目的可以接受的间接管辖权规则。但是对于不动产物权，《海牙判决公约》规定只有不动产位于原审法院地，判决才能根据该公约获得承认和执行。[4]

对于满足管辖权条件的外国判决，被请求法院应当承认和执行。但是《海牙判决公约》也设置了常规例外，包括：被告未获得审判程序的有效通知，判决通过欺诈获得，判决违反被请求国的公共政策，原审法院行使管辖权违反当事人协议或者信托对于法院的约定，被请求国存在冲突的判决，其他缔约国就相同当事

---

〔1〕《海牙判决公约》第11条。

〔2〕Francisco Garcimartín & Geneviève Saumier, *Explanatory Report on the* 2019 *HCCH Judgments Convention*, HCCH, 2020, para 296-298.

〔3〕《海牙判决公约》第4条第3款。

〔4〕《海牙判决公约》第6条。

人的相同争议已经作出了可以被承认和执行的判决,[1] 以及判决裁定惩罚性赔偿。[2] 由于大多例外条件和《法院选择协议公约》类似,此处不再赘述。《海牙判决公约》另外提供了一个特殊的例外。该公约第 8 条第 2 款提出,如果判决是基于对先决问题的裁定作出的,而这个先决问题在公约的适用范围之外,或者作出先决问题判决的法院违反了不动产物权的专属管辖权,则被请求法院可以拒绝承认和执行主要问题的判决。例如法院裁决一方当事人无缔约能力,并基于此判决合同无效,因为自然人的缔约能力被公约排除,所以基于该裁定的合同效力的判决也无法在其他缔约国获得承认和执行。[3]

---

[1]《海牙判决公约》第 7 条第 1 款。
[2]《海牙判决公约》第 10 条。
[3] Francisco Garcimartin & Geneviève Saumier, *Explanatory Report on the 2019 HCCH Judgments Convention*, HCCH, 2020, para 285–286.

第十一章 准据法

第一节 准据法的基本概念

一、什么是准据法

在行使管辖权后,法院将查明事实、适用法律,对涉外民商事关系中当事人的权利和义务作出裁判。由于涉外民商事关系通常涉及多个国家,这些国家有着不同的国内法,在适用法律之前法院需要知道哪个国家的法律应当适用于眼前的案件,这就是准据法的问题。简言之,准据法就是在与案件相关的国家的法律中寻找到一个最适合的法律,用以确定涉外民商事法律关系中当事人的实体权利和义务。

确定准据法在历史上曾是国际私法的核心任务。确定准据法的方法,也就是冲突规范,是国际私法成为一个独立法律部门的标志。在国际私法理论发展以前,法院仅适用本国法律判决案件。然而随着国际民事交往的日益频繁,涉外民商事关系日益复杂,仅适用法院地法很多时候不再适应涉外民商事交往的需要。为了保证涉外民商事法律关系的确定性和可预测性,保护相关国家的利益以及维护国际礼让,法院在有的情况下需要适用外国法。

二、适用外国法的原因

法院为什么需要适用外国法审判案件?比较有说服力的理由如下。第一,立法者仅就国内事务立法,这是立法实践的共识。因此除非立法者特别说明,每个国家的民商法都只有属地效力,仅适用于国内法律问题。但是,随着涉外民事交往的加深,许多法律关系呈现跨国性质。它们不再完全属于某一个国家,而是同时与多个国家相关联,这与民商法的属地性质发生了冲突。对于跨国法律关系,适用任何一个国家的法律都意味着打破法律的属地性质,给予其原本未有的域外效力。从这个角度讲,法院地法和外国法对于跨国民商事法律关系而言处于同等地位。从立法意图上看,它们都不能直接适用于跨国法律关系,而需要新的法律规范作为法律媒介,来突破法律原本的属地限制。这个新的法律规范就是冲突规范。根据冲突规则的指引，法院确定适用于跨国民事法律关系的准据法，可能是法院地法也可能是外国法。

第二，如果行为人根据外国法已经取得了权利，这个权利就将成为行为人既有的利益。文明国家法律的特点之一是对私权和私人财产的保护。利益的归属和物的归属一样，一旦取得就获得自然权利一样的地位，成为行为人的人身属性，不应当因为行为人流动到别的国家而得不到承认。文明国家法律应该保护行为人既得的权利，而不论该私人权利是基于哪个国家的法律得到的。根据既得权理论，如果寻求保护的权利是外国法授予的，法院将适用外国法保护这个权利。[1]

第三，私法的目的是保护个人的自由。既然国家用私法保护个人私权，由于私权很多时候可以放弃或变更，受私法保护的个人可以自主决定放弃一国法律的保护，而选择受另一国法律的保护。若个人选择适用外国法不涉及第三方利益或公共利益，公权力不应当干涉，而是应当尊重当事人的意思自由。[2]

第四，国家立法保护私人权利也有国家利益和政府利益的考虑。例如，国家有义务保护本国公民，因此对于个人的身份、行为能力问题，国家希望对本国公民或者在本国有住所的人适用本国法。而法院地如果和当事人没有属人联系，则不存在对其身份问题适用本国法的利益。又如，商事活动直接影响商事行为发生地的社会经济生活，国家希望发生在本国领土上的商事行为符合本国法律的要求。如果当事人协议选择法院地，法院地立法者并无意图适用本国法律规制外国商事行为。再如，国家有权禁止任何人在本国领土上进行违法行为，因此国家可以适用本国侵权法规制在本土进行的行为。如果法院地仅是被告住所地，则法院地政府没有意愿对外国侵权行为适用本国法律。如果法院地政府认为对案件没有利益，而外国法律的立法目的正是管治该法律关系，那么适用外国法符合双方政府的利益。[3]

三、准据法的确定方法

如果当事人的民事关系与本国没有实际联系，当事人争议的标的物位于外国，或当事人已经自愿达成适用外国法的协议，那么相关民商事关系和判决将对外国的公共利益产生影响。在这些情况下，适用本国法律便不是最合适的选择。比如一对中国籍青年男女在英国求学时相识，并决定结婚。他们在教堂里举办了基督教婚礼，但是没有注册登记。这个婚姻的形式要件按照英国法是有效的，但是在中国无效。对于这对夫妻而言，他们合理的期待是根据英国法成为合法夫

---

[1] Dicey, *Conflict of Laws* (1896) 10-24; Beale, *Treaties on the Conflict of Laws* (1935) 1969.

[2] O'Hara and Ribstein, *From Politics to Efficiency* (2000) 67 U. Chic. L. R. 1151, 1152.

[3] Currie, *Selected Essays* (1963) 52.

妻。如果中国法院被要求确定当事人的夫妻关系，最符合当事人预期以及政府利益的做法是根据英国法承认婚姻效力，而非坚持适用法院地法判决婚姻无效。

但是，这不代表所有的婚姻关系均适用婚姻缔结地法。比如一个中国人到沙特阿拉伯短期工作，在当地和两个女人结婚，这个人回到中国不能宣称这两个婚姻按照婚姻缔结地法都是有效婚姻，因为这个人和沙特阿拉伯并不存在长期稳定的联系，他的住所和惯常居所均在中国。如果他要到中国长期生活，他应当可以预见到他必须遵守中国婚姻法的"一夫一妻"制度。因此，中国法院不会适用婚姻缔结地法，而是适用法院地法确定婚姻的有效性。

以上案例说明确定准据法的核心在于相关问题和国家之间的联系程度、当事人的合理预期、国家的政策和利益，应当综合考虑这些因素来确定案件的准据法。换言之，准据法应当根据个案特点，灵活判断。

普通法系国家采取"自体法理论""最密切联系原则""政府利益分析"等灵活的方法确定准据法。这些基于自由裁量的方法旨在为在个案寻找相关性最大、最适合政府立法目的的法律。法官在确定准据法时需要全面考虑一系列的因素，找到这些因素的地点，衡量这些因素的重要性，最后综合确定准据法。这样的方法对法官素质要求很高，灵活性强而确定性不足。

大陆法系国家更加重视准据法的确定性，不会像普通法系一样给予法官过大的自由裁量权，而是通过预设的冲突规范确定准据法。但是大陆法系国家意识到了硬性连结点的僵化性，很多国家提升立法技术，将相关类型的案件进一步细化，针对不同的情形适用不同的准据法，同时允许法院为了保护法院地公共政策而拒绝适用外国准据法。

虽然普通法系和大陆法系在确定准据法的基本方法上存在差异，但是实用主义在现代冲突法的发展中起了重要的作用。出于实用性要求，普通法系和大陆法系的法律选择方法出现了不同程度的融合。比如普通法系的"最密切联系原则"被欧盟和中国冲突法立法所借鉴；大陆法系基于连结点的法律选择规则又重新进入了《美国第三次冲突法重述》。可见，现代冲突法注重的不是某个冲突法理论，而更多的是如何切实地解决涉外民事关系中的法律适用问题。

四、冲突规范

寻找准据法适用的法律工具或者方法叫做冲突规范。冲突规范将要调整的民商事法律关系或者要解决的法律问题进行分类，对于每一类问题，按照一定的合理根据，规定应当适用的法律。[1] 学理上对以上步骤均提供了技术性的术语。法律关系的类型，称为冲突规范的"范围"。对特定范围适用的法律，称为冲突

---

[1] 韩德培主编：《国际私法》，高等教育出版社、北京大学出版社2014年，第92-106页。

规范的"系属"。而确定系属的合理依据，称为"连结点"。如"不动产物权，适用物之所在地法"就是冲突规范，其中"不动产物权"是范围；"适用物之所在地法"是系属；"物之所在地"是连结点。

冲突规范的运作机理，便是将特定类型的民事法律关系根据合理的依据定位到相关的国家。民事关系的范围，包括合同、侵权、不当得利、无因管理、物权、婚姻、继承、扶养等。

在长期的实践中，一些冲突规范的连结点已经被固定化，成为国际常用的准据法原则，称为系属公式。常见的系属公式如下：①属人法；②物之所在地法；③行为地法；④法院地法。

第二节 识别

一、国际私法上的识别

由于涉外民商事关系多种多样，各国法院在实践中逐步摸索出了一套针对不同法律关系的法律适用规则或者冲突规范。因此在确定准据法之前，也会涉及法律事实的定性或分类，这就是国际私法上的识别。识别是审判涉外民商事案件必须进行的思维活动。在适用冲突规范时，法院应当对争议事实的构成进行分类，将其归于一定法律范畴，以便确定应当适用的冲突规则。[1]

识别并非国际私法特有的活动。在国内法中也需要对争端定性，针对争端类型适用相应的法律。但是国际私法上的识别和国内法上的识别存在重要区别。第一，国内法上的识别过程是将当事人的诉求事实嵌套进国内法律规范。例如，当事人主张侵权损害赔偿，法院确认当事人所诉之事实大体上是否符合侵权行为的构成要件，如果符合则将案件定性为侵权。而国际私法中的识别，不能直接嵌套进实体法律规范，而是通过案件事实判断法律关系的性质，再经过与案件性质对应的冲突法规范，指引应当适用的实体法。例如，原告主张外国被告在签订合同过程中进行错误陈述，要求损害赔偿。由于争议属于涉外关系，法院必须首先确定事实构成的性质究竟属于合同还是侵权，再根据合同或侵权的冲突规范，确定适用的准据法。[2] 第二，国内法识别的依据是国内实体法中的概念和定义，但是涉外法律关系涉及不同国家的法律，而不同国内法对同一个法律概念的定义不同会导致识别法律冲突的产生。例如上文的错误陈述，在有的国家被定义为合

---

[1] 韩德培主编：《国际私法新论》，武汉大学出版社1997年版，第173页。
[2] 翁杰：《论涉外民事法律适用中的定性——兼评〈中华人民共和国涉外民事关系法律适用法〉第8条》，载《法学家》2012年第2期。

同，而在有的国家被定义为侵权。因此国际私法对事实性质的判断，并非一个事实问题，而是一个法律问题，识别存在自身的准据法。[1]

二、识别的准据法

（一）法院地法

对于识别的准据法，大多学者认为应当适用法院地法。比如英国法院1908年审判的"欧各登案"（Ogden v. Ogden）。[2]

> 1898年9月14日，英国女士萨拉·海伦·威廉姆斯和法国男士里昂·佩利普斯在英格兰注册结婚。当时里昂是一个在英国短期学习商科和语言的学生。双方结婚均未通知父母亲属。婚后二人居住在英国。里昂的父亲得知真相后无比震怒，火速前往英国把儿子带回法国，并向法国法院申请宣告婚姻无效。原来里昂实际年龄只有19岁，按照法国法律，不满25岁的男性结婚需要征得父母同意，但是根据英国法律，里昂已经到了法定婚龄，结婚无需父母同意。法国法院适用了本国法律，宣告婚姻无效。1903年里昂再婚。1904年萨拉和英国男士威廉·亨利·欧各登结婚，并称前夫已经去世。婚后，欧各登先生发现里昂并未去世，而且萨拉和里昂从未在英国解除婚姻。欧各登先生认为婚姻是个骗局，请求英国法院宣布自己的婚姻无效。

英国法院需要考虑两个问题：第一，萨拉和里昂的婚姻在英国是否合法；第二，法国法院作出的婚姻无效宣告是否在英国产生效力。英国法官认为，回答第一个问题的关键是准据法。根据英国法，婚姻的形式有效性适用婚姻缔结地法，结婚行为能力适用当事人住所地法。英国法将结婚需要取得父母同意识别为结婚的形式要件，而非行为能力问题。因此法院按照英国法识别，认为英国法作为婚姻缔结地法应当作为形式要件的准据法，并判决婚姻有效。对于第二个问题，英国法院认为，法国法院并未判决离婚，而是宣布婚姻自始无效，这就和英国对第一个问题的判决发生了冲突。由于英国法院认为萨拉和里昂的婚姻有效，所以无法承认法国的判决。因此，萨拉和里昂在英国仍然是合法夫妻。

利用法院地法定性被各国法院广泛采用，其主要优势是实用性。识别是判断准据法的第一步，如果识别问题就需要适用外国法，将造成法律适用上的循环。只有适用法院地法，才可能最直接地解决问题。然而，适用法院地法定性可能会

---

〔1〕 翁杰：《论涉外民事法律适用中的定性——兼评〈中华人民共和国涉外民事关系法律适用法〉第8条》，《法学家》2012年第2期。

〔2〕 [1908] P 83.

出现定性与后来的适用法相背离的情况。设想，如果一个英国19岁少年没有征得父母同意在法国结婚，法国根据本国法律定性，则将该问题识别为结婚行为能力问题，适用当事人住所地法。但是英国法关于结婚的行为能力没有关于父母许可的规定，这样即使英国法得以适用，最后适用的也是英国结婚形式要件的法律，和法院最初的定性发生矛盾。

（二）实体问题准据法

准据法需要完整地适用，才不存在逻辑漏洞。因此，第二种意见认为法院应当适用实体问题准据法为要解决的涉外法律关系定性。这个做法被英国法院在少量的案件中采用，例如"马多纳多遗产案"（Re Maldonado's Estate）。[1]

> 马多纳多是一个住所地在西班牙的孤寡老人，没有亲属，未立遗嘱。她去世时有动产在英国。按照英国法，无人继承的财产属于英国皇室，而按照西班牙法律，无人继承的财产为西班牙国家所有。西班牙法律将无继承人的遗产归属识别为继承问题，英国将此识别为物权问题。根据英国物权冲突法，动产物权适用物之所在地法；但是根据英国继承法，继承的准据法为死者住所地法律。

英国法官首先要对争讼事实进行识别，再根据识别的结果确定准据法。英国法官没有适用法院地法识别，而是认为西班牙法律是潜在准据法，适用西班牙法律将此案件识别为继承。根据继承法律适用法，准据法为死者住所地法，也就是西班牙法。英国法院适用西班牙法，将财产判给了西班牙王国。

适用准据法识别会出现循环论证的逻辑问题。法院需要根据识别确定准据法，但是法院又需要根据准据法进行识别。在实践中，法院可能需要先预测可能适用的准据法，再根据准据法进行识别并根据识别结果确定准据法。如果结果和预测一致，代表案件从识别到法律适用实现了内部逻辑自洽。但是，如果有多个国家的国内法可能适用，那么法院应当适用哪个法律进行识别呢？如果法院分析适用每一个潜在准据法识别的后果，发现适用每个准据法均实现了逻辑自洽，这种方式也会带来法律冲突，造成无法确定准据法的情况。[2]

三、实体与程序

一个特殊的识别问题是区分实体与程序。外国准据法通常仅适用于实体问题。对于程序问题，只有一个法律可以适用，就是法院地法。实体问题指的是当

---

[1] Re Maldonado's Estate [1954] P 223.
[2] 宋晓：《识别的对象与识别理论的展开》，载《法学研究》2009年第6期。

事人的权利和义务,程序问题指的是实现实体权利的方法或过程,比如法院审判的证据规则,审判的形式和审判的语言等。我们不能要求大陆法系的法院采取普通法系的证据开示制度,或者在法庭上运用外语审理案件,因此程序问题必须遵循法院地法。但是实体和程序的区分并没有表面上那么简单,争议最大的是诉讼时效和救济。

(一)诉讼时效

普通法系传统上认为诉讼时效涉及诉权的灭失,因此将诉讼时效视作程序问题。而大陆法系国家认为诉讼时效关系权利人胜诉权的消灭,也就是实体权利的丧失,因此是实体问题。我国《涉外民事关系法律适用法》第8条规定诉讼时效是实体问题,适用案件的准据法。欧盟《合同法律适用条例》直接规定涉外合同准据法适用范围包括诉讼时效。[1] 2008年欧盟《非合同责任法律适用条例》(《罗马Ⅱ条例》)也有类似规定。[2]

但是晚近英美法系国家时效制度在向实体方向发展。英国在1984年的《外国时效期限法》(Foreign Limitation Periods Act)中明确规定,如果案件适用外国准据法,也应当遵循外国准据法中的时效规则,除非适用外国法的诉讼时效违反英国的公共政策。随着英国和欧盟融合的加深,欧盟合同和非合同条例中对诉讼时效的定性也适用于英国。美国案件"亨利诉理查德森梅雷尔"(Henry v. Richardson-Merrell)也将诉讼时效定性为实体问题,适用实体问题准据法。[3]

> 原告是一对居住在加拿大魁北克的父母,以11岁孩子的名义提起诉讼。被告是总部位于新泽西州的制药公司。原告母亲在1961年怀孕期间服用了被告生产的药物,导致孩子出生时就发现先天障碍。根据魁北克法律,人身伤害案件的诉讼时效只有1年。而根据新泽西州的法律,儿童人身伤害的诉讼时效可以延长至年满21周岁。

新泽西地区法院没有直接适用法院地法,而是采用"政府利益分析"方法,认为由于被告的侵权行为发生在新泽西,最终对加拿大的原告造成了伤害,新泽西与人身伤害有关联,并对原告的伤害负有一定的义务,至少有义务给予原告一个获得审判的机会。因此新泽西与本案有实质联系,新泽西的法律,包括诉讼时效制度应当适用。法院将诉讼时效作为实体权利处理。

---

[1] Rome I Regulation, Art 10 (1) (d).

[2] Rome II Regulation, Art 15 (h).

[3] 366 F. Supp. 1192 (1973).

(二) 救济

救济是当事人的权利受到侵害后，依法获得的补偿，目的是纠正、矫正或改正已经造成的损失或伤害。救济既包括要求违法者履行义务或者赔偿损失的权利，又包括实现该权利的程序、步骤和方法。因此救济有程序和实体的多重性质。

普通法系认为，救济是法院利用法院的运作机制和权力，根据法院可以适用的手段弥补受害人，因此救济主要是程序问题。但是确定哪些权利能够得到救济，则是实体问题。比如法院确定损害赔偿，通常需要遵循几个步骤。第一，原告哪些损失可以得到赔偿；第二，对每一项损失的赔偿额度如何计算；第三，相关法律对赔偿额度的限制是否适用。在"博伊斯诉查普林案"（Boys v. Chaplin）中，英国法院认为哪些损失可以得到赔偿的问题，涉及的是原告的实体权利。[1] 比如，原告有身体健康权利，所以因被告行为遭受的身体伤害的医疗费用可以得到赔偿；原告有工作技能不受损害的权利，因此如果被告行为导致原告长期工作能力的降低，则可以得到赔偿；原告有身心不遭受痛苦的权利，因此因为被告行为受到的精神伤害或痛苦可以得到赔偿。这个问题适用准据法。如果准据法不认为精神健康是一项权利，不允许补偿精神损失，即使法院地法规定不同，原告也不能获得精神损失的赔偿。

在确定了哪些实体损失可以得到赔偿之后，法院需要计算赔偿额度。计算问题涉及一系列的技术手段，因此是程序问题，适用法院地法。而法律对赔偿数额的限制性规定，属于赔偿额度计算的一部分，因此也是程序问题，适用法院地法。例如"哈丁诉维兰案"（Harding v. Wealands）。[2]

> 一对情侣男方是英国人，女方是澳大利亚人，二人共同居住在英国。在澳大利亚度假期间，由于女方疏忽大意发生交通事故，造成男方瘫痪。事故后，双方在澳大利亚决定结婚。但是回到英国后，这段关系无疾而终，女方决定离开英国返回澳大利亚。男方很快在英国起诉被告，要求承担赔偿责任。根据英国法，赔偿不封顶；根据澳大利亚新南威尔士法，交通事故损害赔偿有一系列的最高数额限制：非经济损害的赔偿额度最高 309 000 千澳币，收入损失每周不得超过 2500 澳币，丧失赚钱能力的前 5 天无赔偿，未来经济损失折扣 5% 等。初步计算，如果适用新南威尔士法，原告获得的赔偿将减少 30%。

---

[1] [1971] AC 356.
[2] [2007] 2 AC 1.

英国最高法院认为虽然新南威尔士是侵权行为发生地，该地法律为当事人实体权利义务的准据法，但是损害赔偿的计算是程序问题，适用法院地法。损害赔偿数额的限制属于计算赔偿额度的一部分，也属于程序问题，适用法院地法。因此根据英国法，男方的全部赔偿请求得到了支持。

区分损害赔偿中的实体和程序问题，在操作上比较复杂。而且救济本质上是对原告实体权利受损的补偿。赔偿额度可以说是用金钱为实体权利的大小、损害的严重程度进行评价和量化，也关乎实体权利。随着国际私法的发展，很多国家希望缩小"程序"的范围。大陆法系国家将救济识别为"实体"。欧盟《罗马Ⅱ条例》清楚地规定，准据法适用于非合同责任的救济问题。[1] 这种做法也被我国法院采用。

第三节 先决问题

一、先决问题概述

先决问题是涉外案件中的特殊技术难题。在涉外诉讼中，当事人要求法院解决一个主要问题，例如被告有无违约、物权所有人是谁、被告是否承担侵权责任等。有时候这个问题无法直接解决，在回答这个主要问题之前，还需要先回答一个附属问题。这个附属问题也包含涉外因素，涉及准据法问题。附属问题可能作为主要问题的一部分，适用主要问题的准据法；附属问题也可以独立存在，适用单独的准据法。适用两个准据法可能导致冲突判决。这个附属问题被称为"先决问题"。

先决问题通常出现在跨国婚姻中。例如"施韦贝尔诉昂加尔案"（Schwebel v. Ungar）。[2]

> 一对住所地在匈牙利的犹太夫妻离开匈牙利去往以色列，在途径意大利时男方按照犹太教程序离婚。到达以色列后，女方获得了以色列住所。之后，女方到多伦多探亲，偶遇当地男二号，二人结婚。婚后，男二号到法院申请宣告婚姻无效，理由是女方并非单身。

法院需要裁决的主要问题是女方是否有结婚的行为能力，要回到这个问题，法院首先需要确定女方的离婚是否有效，这就是回答主要问题之前应当回答的附

---

[1] Rome Ⅱ Regulation Art 15 (c).
[2] (1963) 42 DLR (2d) 622, affd (1964) 48 DLR (2d) 644.

属问题。当事人在法院地之外的国家离婚,离婚效力的确定存在法律适用问题。按照加拿大法律适用法,结婚行为能力由当事人在结婚时的住所地法确定。女方缔结第二段婚姻时住所地在以色列,以色列法是适用于主要问题的准据法。如果将以色列法适用于附属问题,女方在意大利通过宗教程序离婚有效。但是,如果把附属问题视作一个单独问题,加拿大冲突法规定,离婚效力适用离婚时丈夫住所地法律。二人在意大利离婚时,女方第一任丈夫住所地仍在匈牙利。根据匈牙利法律,离婚必须到民政部门登记,因此宗教离婚无效。

加拿大法院意识到了先决问题的复杂性,但是没有为如何处理先决问题作出具有普遍规范效力的解释。法院出于对涉外民事活动当事人利益的保护,决定尊重当事人的合理预期。加拿大法院最终对先决问题适用主要问题准据法,认定女方离婚有效,有能力在加拿大再婚。

二、先决问题准据法

学者曾致力于为先决问题提供具有普遍约束力的法律适用规则。有的国家立法者尝试制定先决问题的准据法规则。例如中国《涉外民事关系法律适用法》中虽然没有明确规定,但是最高法院司法解释建议,对先决问题单独确定适用法。《最高人民法院关于适用〈中华人民共和国涉外民事关系法律适用法〉若干问题的解释(一)》第 10 条规定:"涉外民事争议的解决须以另一涉外民事关系的确认为前提时,人民法院应当根据该先决问题自身的性质确定其应当适用的法律。"

但是戴西、莫里斯和柯林斯指出,不存在一个可以适用于所有案件的统一的先决问题规则。对先决问题适用单独的准据法,充分尊重了法院地的冲突法规则体系,达到了法院地内部体系的和谐;对先决问题适用主要问题准据法,则可能和准据法所在国法院达成一致结果,从而实现国际和谐。[1] 先决问题准据法需要考虑个案后果,根据法院期待达到的政策目标,灵活确定。

先决问题在实践中大量存在。例如确定违约责任前,需要考虑合同是否有效;在专利侵权之诉中,需要考虑专利是否有效;在离婚案件中,需要确定结婚有效;在继承问题上,需要确定人身关系。但是司法实践专门讨论先决问题法律适用的案件并不多。这是因为很多先决问题并不存在争议;有的先决问题已经存在有效判决;当事人有时对先决问题的准据法作出了选择;对于有的先决问题,适用主要问题的准据法或法院地冲突法,并不存在冲突结果。在这些情形下,先决问题被"吸收"了。即使真正的先决问题出现,如果法院地有清晰的政策目标,例如保护儿童利益、避免跛足婚姻、保护当事人合理预期等,法院会适用可

---

[1] Dicey, Morris and Collins on Conflict of Laws, para 2-048.

以满足法院地政策的准据法，灵活处理先决问题。

第四节 反致和转致

一、反致（转致）的概念

调整涉外民商事实体权利义务的法律包括实体法和冲突法。当法院适用冲突规范确定案件准据法时，冲突规范会指向某国的"法律"。但是，这里的"法律"是否应指该国整个法律体系，包括其冲突法，还是仅指该国的实体法？如果国际私法将一国的法律视作一个整体，那么冲突规范指引的"外国法"包括该国的冲突法。此时，确定准据法的过程尚未结束。法院地还需要适用该外国冲突法确定最终适用的实体法。只有当外国冲突法同时指向该外国实体法，法院才能适用该国实体法。寻找准据法工作到此结束。

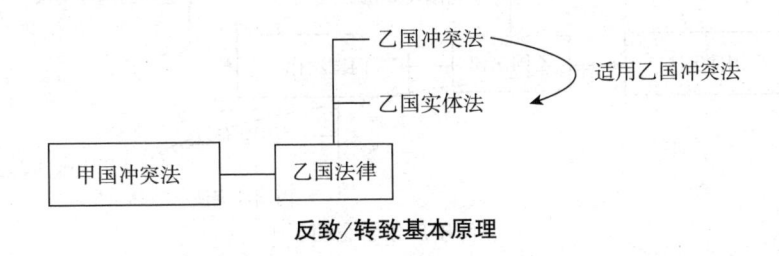

反致/转致基本原理

但是外国冲突法也可能指向第三国，这时便出现了"转致"。比如，中国法院有管辖权，按照中国冲突法，应当适用法国法。但是，根据法国冲突法，英国法才是准据法。转致意味着法院不能直接适用法国的实体法进行审判，而是需要适用法国冲突法，最终适用英国实体法。

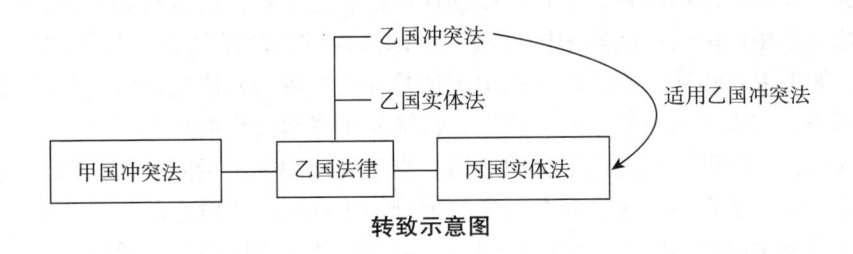

转致示意图

有时，外国冲突法还可能指向法院地，这就是反致问题。比如，按照中国冲突法，应当适用法国法；而按照法国冲突法，中国法才是准据法。按照反致，法院不能适用法国实体法，而是适用法国的冲突规范，最终适用中国实体法。

反致示意图

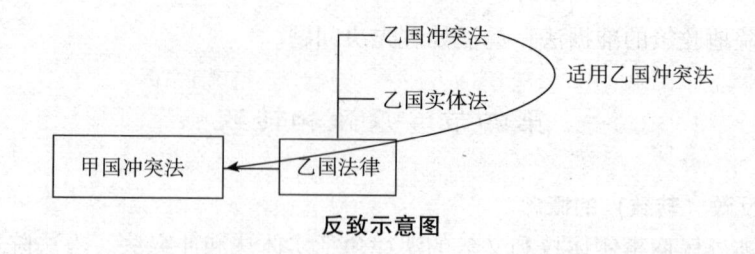

还有一种情况称为间接反致。比如，根据中国冲突法，应当适用法国法；根据法国冲突法，应当适用德国法；而根据德国冲突法，应当适用中国法。此时，中国法院最终适用中国法为准据法。

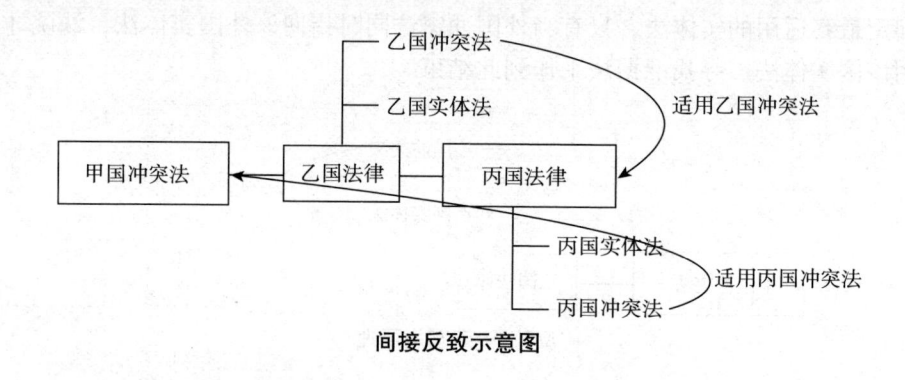

间接反致示意图

二、反致（转致）在现代国际私法中的适用

（一）反致（转致）的理论支持

支持转致和反致的学者认为，转致或反致可以实现判决的一致性，减少原告择地诉讼的动机。如根据中国冲突法，法国法是准据法；根据法国法，英国法是准据法。如果不采用转致，原告可以择地诉讼，选择对自己最有利的法律。如果原告希望适用法国法，就到中国诉讼，中国法院的判决结果将和法国法院不同。但是，如果采用转致，不论原告在中国还是在法国诉讼，法院都将适用英国法作为准据法，实现了判决结果的一致性，也消除了择地诉讼的动机。

其次，反致可以扩大内国法的适用。当法院地冲突法指向外国法时，适用外国实体法对于法官而言通常存在一定的困难，不利于司法效率的提升。而反致则意味着即使法院地冲突规范指向外国法，最终仍然是内国法得到适用。[1]

---

〔1〕 韩德培主编：《国际私法》，高等教育出版社、北京大学出版社2014年，第135页。

(二) 反致（转致）的排除

虽然很多国际私法学者从学理上支持转致，但是转致在实践中会带来准据法的不确定性。现代国际私法发展的一个重要特征是重视效率和方便。效率优先造成了很多国家在绝大部分领域废除了转致制度。欧盟债权领域两个最重要的法律适用条例《合同责任法律适用法条例》（《罗马 I 条例》）和《非合同责任法律适用法条例》（《罗马 II 条例》）均明确排除了转致。[1] 中国《涉外民事关系法律适用法》也明确规定："涉外民事关系适用的外国法律，不包括该国的法律适用法。"[2]

(三) 反致（转致）的保留

虽然转致在实践中的作用越来越小，但是转致并没有消亡。比如与不动产相关的争议通常适用物之所在地法。但是由于物之所在地对不动产的绝对控制，外国法院希望其判决和物之所在地法院完全一致，有助于判决最终获得承认。这就导致外国法院会设身处地站在物之所在地法院的立场，推测物之所在地法院可能作出的判决，包括法院地冲突规范的适用。其他仍然适用转致的领域，主要包括继承和跨国婚姻。如"罗斯案"（Re Ross）。

> 死者去世时是英国公民，在意大利有住所，遗留不动产在意大利。根据死者的遗嘱，她在意大利的财产由侄孙继承。死者的儿子到英国法院起诉，认为根据意大利法，他作为死者的合法继承人有法定继承权，应当继承一半遗产。根据英国冲突规范，不动产部分遗嘱继承的有效性适用不动产所在地法。根据意大利冲突规范，遗嘱有效性适用死者国籍国法。

如果不承认转致，则英国法院仅适用英国冲突法，死者遗嘱有效性适用意大利实体法，死者的遗嘱剥夺儿子继承权，应当部分无效，儿子可以继承一半房产。但是，如果死者儿子在意大利起诉，意大利法官将适用意大利冲突法，按照英国实体法确定遗嘱有效性，因此遗嘱有效。因为本案涉及不动产，不动产所在地和不动产归属有着最密切的联系，英国法官应当追求和不动产所在地法院作出一致判决。英国法院于是适用了反致，最终适用英国实体法判决遗嘱有效。

另一个适用转致的案例是关于涉外婚姻的"阿里亚斯案"（R v. Brentwoord Superintendent Registrar of Marriages, ex p. Airas）。[3]

---

[1] 《罗马 I 条例》第 20 条；《罗马 II 条例》第 24 条。
[2] 《涉外民事法律关系适用法》第 9 条。
[3] [1963] 3 WLR 531.

盖利先生是意大利人。他和一个瑞士女人在瑞士结婚，并取得瑞士住所。婚后夫妻二人放弃罗马天主教信仰。之后二人在瑞士法院离婚。离婚后妻子再婚，盖利先生与住所地同在瑞士的西班牙籍女友阿里亚斯小姐到英格兰注册结婚。

英国民政部婚姻登记机关不同意为二人登记结婚，理由是盖利先生的结婚行为能力由其住所地法确定。根据瑞士冲突法，结婚行为能力适用当事人国籍国法，也就是意大利法。根据意大利法，盖利先生在瑞士法院离婚无效，因此盖利先生不能结婚。婚姻登记机关的理由被英国法院采纳，英国法院认为，出于国际礼让以及使得判决容易被当事人的住所地承认和避免"跛足婚姻"的考虑，英国法院应当作出和瑞士法院一致的判决。转致于是得到适用。

虽然转致通常不适用于债权领域，但是在澳大利亚高等法院2005年的一项涉外侵权判决中，法官也没有绝对排除转致。虽然根据法院地冲突规范，涉外侵权适用侵权行为发生地法，但是法院认为，侵权行为发生地的法官可能作出的判决，也是法院地在确定准据法时应当考虑的因素之一。但是法官也并没有明确要求适用转致，仅认为转致代表的法律适用原则并不应当被完全排除在实践之外。[1]

第五节　外国法的查明

一、外国法的性质

在法院确定了准据法后，如果准据法是外国法，对法官而言将是一个难题。因为法官不懂外国法。在法官可以很好地适用外国法之前，法官必须知道外国法的内容和解释，以便适用外国法作出判决。

（一）事实说

对于外国法的性质，各国有不同的认识。普通法系国家认为外国法不是"法"而是"事实"。主要理由是法律的效力由国家权力授予，因此仅在领土内有效，在外国主张效力有侵害他国主权之嫌。事实说源于胡伯的"国际礼让说"。"国际礼让说"认为"每一个国家的法律在其领土的界限内有其效力，并拘束其全体居民，但在此界限外无效力"。事实说要求，主张适用外国法的当事人，对外国法的内容担负举证责任。如果原告无法证明外国法，法院将假设外国

---

[1] Neilson v. Overseas Projects Corp of Victoria Ltd., [2005] HCA 54. Dicey, Morris & Collins on the Conflict of Laws 16th ed., para 2-097.

法的内容和法院地法一样，从而适用本国法。

虽然事实说根据法律效力和主权理论将外国法识别为事实，但是不可否认外国法是特殊的事实。外国法在外国有法律效力。法院地对于外国法并不像其它事实一样仅查明其存在与内容，而是要用外国法作为准绳来衡量其它事实的性质，确定其它事实的法律后果。普通法系虽然遵循事实说的传统，但是在实践上却出现了一些合理松动。例如最坚守事实说的英国，也不再要求陪审员像查明其它事实一样查明外国法，而是将外国法问题交给法官决定。[1] 法官可以不受证据规则的约束，而是根据自己的知识直接认定外国法。[2] 美国《联邦民事诉讼规则》第44条允许法官在确定外国法内容时考虑任何相关信息或来源，而不局限于当事人举证。

（二）法律说

大陆法系将外国法作为法律处理。按照法律说，法院地冲突规范将外国法合并到法院地法律体系中。法律说源于萨维尼的"法律关系本座说"，认为外国法与国内法地位平等。按照大陆法系职权主义审判制度，法官可以依职权查明外国法的内容。

但是坚持法律说的国家，如德国，在实践中也并非完全按照一般法律处理外国法。德国法院在当事人对外国法内容没有争议的时候会按照当事人的合意确定外国法的内容，而不论该合意是否错误。

（三）混合说

混合说认为外国法并非单纯的事实或法律，而是具有事实和法律双重特征的特殊的"法律事实"。[3] 很多国家对外国法的性质没有明确规定。例如法国、中国均将外国法作为事实和法律的混合。法国学界和实务界对外国法的性质一致徘徊在事实和法律之间，外国法可以由当事人自主查明，可由当事人请求法官查明，或者法官依职权查明。[4] 中国法院、仲裁机构或者行政机关可以依职权查明外国法。在当事人选择适用外国法时，可以要求当事人举证。外国法不能查明时，适用中国法律。[5] 中国法院在当事人举证外国法时，遵照严格的质证程序，将外国法作为事实处理，并对外国法专家出具的法律意见书采取严格的审查标准。

---

［1］ Supreme Court Act 1981, s. 69（5）.

［2］ 李旺：《涉外案件所适用的外国法的查明方法初探》，载《政法论坛》2003年第1期。

［3］ 黄进主编：《国际私法》，法律出版社1999年版，第274页。

［4］ 李建忠：《论我国外国法查明方法规定的重构》，载《法律科学（西北政法大学学报）》2019年第1期。

［5］《涉外民事关系法律适用法》第10条。

二、外国法查明的方法

(一) 法官亲自查明外国法

采取法律说和混合说的国家,大多允许法官亲自调查外国法。法官可以利用图书馆、网络资源、学刊著作、外国案例自己学习研究,认识外国法的内容。这是法官查明外国法最常见的方法。在没有接受外国法教育和训练的前提下要准确查明和适用外国法,对法官的素质要求较高。用这种方法查明外国法也加大了法官的工作负担。法官查明外国法能否成功很多时候取决于权威资料能否获得。由于翻译资料的质量差别较大,容易造成查明的错误。很多法官即使通过学习,仍然对外国法的适用缺乏信心。

(二) 引用本国判例已查明的外国法

英国、德国、美国等国家允许法官直接引用本国判例中被查明的外国法。如果本国法院曾经对外国法进行查明,并用于判决,判决中对于外国法内容和解释的陈述可以被援引,大大简化了外国法的查明程序,也有助于本国法院判决的一致性。但是值得注意的是,每个案件的具体事实均有差别,对于外国法的适用范围、解释背景也不同。原审判决在特定的案件事实中,对外国法进行了解释,这个解释不一定可以直接适用于另一个案件事实。[1]

(三) 专家意见和专业机构

在采纳混合说的国家,当事人和法院均可以委托专家或机构查明外国法。被委托的专家包括外国执业律师、外国法专家。但是实践中,很多国家对专家的资质没有明文规定,或者没有设置最低标准,导致专家意见的可靠性被质疑。例如英国、美国仅要求专家"拥有必要的知识和技能",以什么标准判断是否被委托的专家拥有合格的知识和技能却不清楚。

(四) 外交途径和司法协助

通过本国驻外国使领馆、外国驻本国使领馆查明外国法也是国际上常用的方法。但是使领馆通常是外交机关而非法律专业机关,可能无法提供准确的法律查明意见。虽然领事属于官方机构,但是在实践上,领事通常需要委托外部人员查明外国法。这样就会增加外国法查明的时间成本,也可能给查明结果的准确性、官方性带来质疑。

相比外交途径,国际司法协助显然是一个更加可靠的途径。根据双边或多边司法协助公约,法院可以通过两国"中央机关"查明外国法。而司法协助的中央机关通常是司法部或者司法主管部门,有着权威性和专业性。我国最高人民法院曾于2007年依据《中国和波兰关于民事和刑事司法协助的协定》为波兰法院

---

[1] 姜昀:《外国法查明的比较与实证研究》,华东政法大学2016年博士学位论文。

提供中国的相关法律与实践资料。[1]

（五）当事人举证

采取事实说或者混合说的国家都允许当事人自主查明外国法。当事人可以通过查找资料，学习并证明外国法的内容。但是这种方式查明外国法的权威性和可靠性较低。特别是当事人有自身利益诉求，地位不中立，查明的外国法可能难被法院采信。因此实践上当事人通常会依赖专家证人证明外国法，专家意见作为证据需要遵循证据规则。

三、中国查明外国法的方法

中国《涉外民事关系法律适用法》对外国法查明仅做了非常粗略的原则性规定："涉外民事关系适用的外国法律，由人民法院、仲裁机构或者行政机关查明。当事人选择适用外国法律的，应当提供该国法律。不能查明外国法律或者该国法律没有规定的，适用中华人民共和国法律。"[2] 该条仅规定了查明外国法的主体和外国法无法查明时的法律适用问题，对查明外国法的方法没有规定。

最高人民法院《关于适用〈中华人民共和国涉外民事关系法律适用法〉若干问题的解释（一）》第15条第1款提出："人民法院通过由当事人提供、已对中华人民共和国生效的国际条约规定的途径、中外法律专家提供等合理途径仍不能获得外国法律的，可以认定为不能查明外国法律。"该条款仅提出了三种传统外国法查明方法。2022年的《全国法院涉外商事海事审判工作座谈会会议纪要》第21条和《最高人民法院关于设立国际商事法庭若干问题的规定》第8条则对域外法的查明方法提供了更加详细的指导：外国法信息可以由当事人提供，由中外法律专家提供，由法律查明服务机构提供，由最高人民法院国际商事专家委员提供，由与我国订立司法协助协定的缔约相对方的中央机关提供，由我国驻该国使领馆提供，由该国驻我国使领馆提供，以及通过其他合理途径查明。我国最高人民法院为了便利查明工作，利用信息化技术，建立了域外法查明统一平台，2019年11月29日正式启动。[3] 平台提供西南政法大学东盟国家法律研究基地、深圳蓝海港澳台和外国法查明基地、中国政法大学外国法查明研究基地、华东政法大学外国法查明中心、武汉大学外国法查明中心五家最高人民法院共建的外国法查明机构，以及最高人民法院聘请的14个国家和地区的31位国际商事专家委员，为各界提供高质量的域外法查明服务。

值得注意的是，中国允许的域外法查明方法是开放式而非封闭式的。法律法

---

[1] 高晓力：《涉外民商事审判实践中外国法的查明》，载《武大国际法评论》2014年第1期。

[2] 第10条。

[3] 第10条。

规列明的方法是不穷尽列举。因此根据实用性的要求，法院可以采取开放多元的途径查明域外法律。比如法官可以通过互联网、数据库、外文专著等自主查明外国法，也可以通过非正式咨询的方式核实自己所知的外国法内容。如"北京泛亚利华国际投资咨询有限公司与万亨供应链管理（上海）有限公司海事海商纠纷案"的一审判决书载明，天津海事法院通过"向中国政法大学外国法查明研究中心的咨询"核实了案件适用的外国法的内容。[1] 此外，法院也可以合理使用本国法院判决书中已经查明的外国法的内容。如"马士基航运有限公司与青岛航美国际物流有限公司等国际货物多式联运合同纠纷案"中，上海市高级人民法院认可了华东政法大学外国法查明研究中心为上海海事法院审理的另案出具的法律意见书，以及最高人民法院判决书中已经查明的墨西哥法律。[2]

最高人民法院准备出台《关于适用〈中华人民共和国涉外民事关系法律适用法〉若干问题的解释（二）》。该司法解释将针对域外法查明的对象、查明责任、查明途径、查明的具体程序等问题作出系统规定。目前司法解释已经最高人民法院审判委员会审议通过，拟于近期发布。

第六节 外国法的限制

一、公共政策概述

出于礼让、对等、商事自由、效率等考量，一个国家可能允许法院适用外国法审判涉外民商事争端。但是外国法的适用并不是那么简单直接。事实上，外国法很难和国内法地位等同。在内国法院适用冲突规范确定外国法为准据法后，内国法院仍然对外国法的内容和适用外国法的后果进行审查。如果外国法的适用被认为损害法院地重要的社会秩序和公共利益，那么法院便会排除外国法的适用，并以国内法代之。这些重要的社会秩序和公共利益被统称为公共政策。

几乎所有国家都意识到适用外国法可能出现的风险，因此所有国家都允许公共政策作为在涉外案件中保护国家根本利益的最后一道防线。除了限制外国法的适用之外，公共政策对于外国判决的承认和执行也起了重要的作用。但是公共政策是一个模糊的概念，全球没有统一的定义和标准。什么属于公共政策，以及公共政策在什么情况下应当适用，均由法院地自主决定。如果案件本身涉及公共权利保护、政府监管等敏感问题，便存在触碰公共政策的风险。公共政策是涉外审判中的不确定因素。国家并不存在一个确定的标准，用以判断外国法是否违反了

---

[1] 第10条。
[2] 上海高级人民法院，（2018）沪民终405号。

公共政策；甚至对于同一个问题是否构成公共政策，在不同的环境下会有不同的答案。

二、大陆法系的公共政策概念

大陆法系国家学者根据法律的性质确定什么法律属于公共政策。德国学者萨维尼和意大利孟西尼将法律分为：为个人利益制定的法律和为保护公共秩序制定的法律。对于后者不适用外国法。但是为保护公共秩序制定的法律非常宽泛。从广义上说，对于消费者的保护、劳动者的保护、缔约自由的保护均是社会公共秩序，但是这些问题是否一定会上升到必须排除外国法律适用的地位则存在疑问。因此瑞士学者布鲁歇进一步将为保护公共秩序制定的法律细化为保护一般公共利益的法律，和保护法院地根本价值和重大利益的法律。只有后者才可能上升到公共政策的地位。[1]

如果一个法律规则或者法律原则按其性质被定性为公共政策，法院将严格保护其效力。如果外国法与之抵触，或者适用外国法之结果与之抵触，则排除外国法之适用。[2]

三、普通法系适用公共政策的场景

（一）概述

普通法系则并非仅关注法律性质，而是灵活地根据相关适用场景出发，分析公共秩序的适用。通过研究英国国家的法院判决，英国学者建议可以采用"三要素标准"判断是否需要适用公共政策。[3]

三要素标准通过考察"重要性、关联性、严重性"这三个要素之间的互动关系，判断在个案中是否应当适用公共政策。重要性指被公共政策用以保护之利益的重要程度；关联性指案件和法院地的联系；严重性指相关利益受损害的严重程度。三要素之间呈互动关系。案件和法院地的关系越紧密，适用外国法对相关利益的损害越严重，相关利益对法院地而言越重要，法院越有可能启用公共政策。在重要性、严重性和关联性均较弱的情况下，便不存在公共政策问题。如果适用外国法可能严重违反法院地所保护的重要价值，即使相关案件与法院地关联不紧密，法院也会以公共利益为由拒绝适用外国法。如果案件与法院地联系密切，即使被保护的价值并非十分重要，法院也可能适用公共政策。公共政策三要素互动关系如下图。

---

[1] 韩德培主编：《国际私法》，高等教育出版社、北京大学出版社2014年版，第142页。
[2] 韩德培主编：《国际私法》，高等教育出版社、北京大学出版社2014年版，第144页。
[3] Alex Mills, "The Dimension of Public Policy in Private International Law", *Journal of Private International Law*, vol. 4, 2008, p. 201.

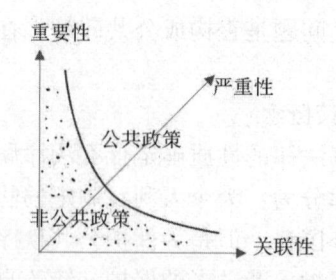

普通法系判断公共政策示意图

(二) 严重违反重要利益+不密切联系

当适用外国法导致法院地的重要价值被严重违反时，即使相关案件和法院地联系不密切，也依然导致公共政策的适用，例如"考夫曼诉格尔森案"（Kaufman v. Gerson）。[1]

> 双方当事人都是法国居民。原告是一个警察。被告的丈夫涉嫌违法，原告威胁要逮捕被告的丈夫，胁迫被告签订合同，承诺在3年内支付原告一大笔钱。在支付部分金钱之后，被告拒绝继续履行，并移居到英国。原告在英国法院起诉被告，要求继续履行剩余的债务。

该合同由两个法国公民在法国境内签订，由法国法律调整。按照签订合同时的法国法，该合同有效且可以得到执行。然而英国法官拒绝适用法国法。英国法官认为，胁迫对方签订合同违反了英国重要的道德准则。适用外国法执行该合同，会严重损害正义与道德。即使该案与英国无关，法官仍然以违反英国公共政策为理由，拒绝适用法国法。该判决从逻辑上讲并不难理解。法院的判决代表着一个国家对公平正义的维护，即使争议与本国无关，但是法院对外国争议的判决，本身就反映了法院所持的价值观念，因此法院不可能做出严重违反法院地道德观念的判决。

在另一个相关案件是"皇家波斯卡利斯威斯敏斯特公司诉高山保险公司案"（Royal Boskalis Westminster NV v. Mountain）。[2]

> 两个荷兰公司与伊拉克政府成立合资公司，在伊拉克和科威特边境进行

---

[1] Kaufman v. Gerson [1904] 1 KB 591.

[2] Royal Boskalis Westminster NV v. Mountain [1999] QB 674 (CA).

石油开采。合同选择伊拉克法为准据法。荷兰公司为用于开采的船只在高山保险公司投保，保险合同适用英国法。1990年8月2日，伊拉克入侵科威特。荷兰公司试图中止履行合同，但是遭到伊拉克政府的拒绝。随后，联合国安理会于8月6日通过了制裁伊拉克的决议。伊拉克最高指挥部1990年9月16日出台了第57号法律，该法律效力回溯到联合国通过制裁决议的当天，内容包括授权伊拉克政府没收执行联合国制裁决议的国家的公司之财产。由于荷兰执行了联合国决议，荷兰公司只得与伊拉克政府谈判，并签署了适用伊拉克法律为准据法的《最终协议》，同意支付伊拉克政府巨额费用，并放弃合资合同中所有的权利，换得开采船只和船员可以安全离开伊拉克。之后，荷兰公司要求保险公司赔偿损失。保险公司拒绝赔偿，认为荷兰公司已经同意放弃合资合同中的所有权利，包括索赔的权利，因此失去了依照保险合同请求赔偿的权利。而且原告放弃原合同权利的条款，根据合同准据法，也就是伊拉克法律，是有效的。

案件的焦点是，原告荷兰公司放弃索赔权的合同是否有效。英国法官认为："该《最终协议》不是当事人在平等自愿基础上签订的合同。而是原告在其财产和员工被伊拉克政府扣为人质时，受胁迫放弃了原合资合同中的法定权利。简单说，这就是剥削。我认为任何一个文明的法律制度都不会承认这种协议的效力……伊拉克的第57号法律造成伊拉克法治的溃败。"即使该案与英国无关，由于准据法违反了英国认为非常重要的公平自由原则，英国法院仍然以本国公共秩序为由拒绝适用外国准据法。

（三）密切联系+严重违反非重要政策

虽然公共政策被定义为涉及国家根本原则和社会秩序的法律，但是不同公共政策的重要性仍然有区别。如保护国家根本道德原则和保护国家主权和安全的公共政策，由于其保护的利益涉及国家的生存、发展、身份和尊严，其关系国际社会共同维护的根本价值。即使每个国家基本道德的含义不同，也没有一个国家会认为根本性道德和原则不需要维护，这就属于重要的公共政策。有的公共政策目的是保护竞争、保护中小企业、保护小股东利益，虽然也涉及一个国家的经济政策和社会秩序，但是并不代表国家最根本的价值，且与可以由私主体自由处置的私人权利紧密结合，因而被认为是不那么重要的公共政策。例如"鲁西隆案"（Roussillon v. Roussillon）。[1]

---

[1] Roussillon v. Roussillon [1879] R 56.

一个法国商人雇佣了他的瑞士籍侄子，对他进行了职业培训并将他送往英国从事公司的商务活动。在雇佣关系终止后，侄子主动给其叔叔写了一封信："作为对我的善意和关怀，以及您不辞辛劳对我进行商业教育的回报，我给您写了这封信，承诺如果我在将来的任何时候、出于任何原因离开您的公司，2 年内将不为其它任何香槟酒庄服务。我也承诺 10 年内不得单独或者与他人联合从事香槟贸易。我之所以做出该承诺，是因为我相信，除非发生任何不可预见的事件，或者因为我自己的疏忽而造成不良后果，我在贵公司里的职位是安全有保证的。我承诺将尽我所能，在与我有联系的国家里维护和提高贵公司的良好声誉。"这实质是一封求职信。为了获得工作，侄子自愿地、单方面地做出了不竞争的承诺，形成要约。之后，叔叔的公司再次雇用了他。这个承诺就成了雇佣合同的一个条款，也就是"竞业条款"。侄子在叔叔的公司里工作了将近 9 年，直到 1877 年 3 月该公司决定放弃英国的零售贸易，也就不再需要侄子的服务。侄子再次失业，并于次年在伦敦开始了香槟酒生意，违反了竞业条款。由于雇佣合同是在法国签订的，法国法是准据法，该竞业条款在法国法中合法有效。叔叔代表法国公司在法国起诉侄子违反合同并胜诉。由于侄子已经在英国定居，叔叔请求英国法院执行法国判决，并申请禁令禁止侄子继续从事香槟贸易。

英国法院认为，保护竞争是英国一项重要的经济政策。虽然该案涉及的当事人都是外国人（公司），但是法官认为英格兰作为一个商业国家，它的法律不但保护本国商人也保护外国商人在英国从事商事活动。该案所涉及的竞业条款试图妨碍英国市场的自由竞争，和英国有非常密切的联系，因此英国保护竞争的公共政策应当得到适用。适用法国法或执行法国判决将构成对英国公共政策的违反，故英国法拒绝了执行判决和发布禁令的请求。

第十二章　涉外合同法律适用法

第一节　意思自治

一、意思自治概述

现代国际私法最重要的发展是将意思自治作为涉外合同准据法的核心原则。意思自治是资本主义商品经济发展的必然产物，是"从身份到契约"运动的直接结果。16世纪，法国学者杜摩林提出了国际私法上的意思自治，但是直到20世纪，意思自治才真正在实践上得到广泛承认和适用。

意思自治意味着，涉外民商事关系的当事人可以通过协议，选择适用于涉外民事法律关系的准据法。意思自治与契约自由一脉相承，允许当事人自由决定私人民商事关系中的权利和义务。但是承认合同准据法的意思自治，本质上意味着将国家立法权赋予了个人，使得合同当事人成为私人立法者。[1] 所以，很多国家在早期并没有轻易地承认意思自治。但是，随着商品经济进一步发展，私法自治理论越发符合资本主义经济发展的要求。各国逐渐在实践中确立了意思自治原则，出于实用性的考虑，少有立法者真正纠结立法权专属性问题。但是，这并不代表着意思自治的权力来源不存在争议。意思自治本质上允许当事人利用合意，排除国家试图适用的准据法，代之以当事人自己选择的准据法。

当事人选择法律的权力究竟来源于何处？有理论认为，合同本就是当事人意思自治的产物，而契约自由原则的极致，就是使得合同一切事项均由当事人自主决定，无需任何法律规则。但是，订立合同本身是一个法律行为。虽然法律允许当事人自主决定与合同相关的很多事项，但是当事人的自由也是法律赋予的。法律在赋予当事人权力的同时，也对权力进行规制和保护。没有法律，合同只是一张完全取决于当事人意愿才能执行的纸，没有法律约束力。任何一方都可以随意

---

〔1〕　徐伟功：《法律选择中的意思自治原则在我国的运用》，载《法学》2013年第9期。

违反合同。因此，不论实体法上还是国际私法上的意思自治，都是法律授予当事人的自由，这个自由当然受到法律的保护和约束。虽然各国允许当事人合意选择准据法，但是对于选择法律的方式、条件、时间、内容均有一定程度的限制。意思自治的权力来源仍然是国家。国家为了顺应商品经济发展的需要，授予当事人自由选择准据法的权力，允许当事人排除国家确定的准据法，并保障当事人的选择得到执行。

二、选择法律的方式

（一）明示选择法律

在大多数合同中，当事人通过明示方式选择法律。例如合同中存在法律选择条款，当事人另外约定准据法，或者在审判时当事人对准据法达成合意。明示选择法律可以是书面的或是口头的。由于明示选择法律有更大的确定性，有的国家将明示选择作为法律唯一认可的选择准据法的方式。例如中国《涉外民事关系法律适用法》第3条规定："当事人依照法律规定可以明示选择涉外民事关系适用的法律。"

确定明示选择法律可能会遇到一个实践性的难题。如果当事人在合同中引用了外国法规，是否可以认为当事人明示选择了外国法，这就涉及合同解释问题。大多数法院采取文义解释的方法，以合同字面意思确定当事人的真实意图。如果文义含义不清楚，法院可能会根据合同签订的背景，以及其它合同条款，综合推定当事人的意图。如果当事人在合同中引用的是一个具体的外国法条文，或者一个确定的外国成文法规，法院可能认为当事人并没有打算将被引用的外国法作为合同准据法，而是将外国法律条文并入合同，作为一个合同条款，受合同准据法的约束。[1]

（二）默示选择法律

有些国家允许当事人默示选择法律。这里需要区分默示选择和口头选择。如果当事人之间没有书面选择法律条款，但是口头进行选择法律的意思表示，这也是明示选择。默示选择并没有任何同意选择准据法的表达。默示选择法律的实践难点在于，法院需要充分的证据证明当事人事实上有此合意，只是没有明确表达。欧盟《罗马I条例》规定："选择（准据法）应当明示，或者清楚地通过合同条款或案件情况证明。"[2] 2015年核准的海牙《国际商事合同法律选择原则》也认为如果合同规定或相关情形清楚地表明当事人有意选择法律，则选择有

---

[1] *Dicey, Morris & Collins on the Conflict of Laws* 16th ed., para 32-080.
[2] 《罗马I条例》第3条第1款。

效。[1] 那么什么情形可以认为当事人存在默示选择法律呢？欧盟《罗马Ⅰ条例》的前身《国际合同法律适用罗马公约》的官方解释文件，以及海牙原则的官方解释提供了几个可能确定默示选择的例子，包括商事习惯、标准合同、法院选择或仲裁条款、关联合同。[2]

1. 当事人的商事习惯。如果当事人之间已经形成了长期稳定的商事伙伴关系，而他们之间所有的合同均选择适用某一国法律。在很多年之后，当事人已然形成默契，他们之间的合同逐渐简化，不再包含任何法律选择条款。此时我们可以认为当事人仍然默示地选择适用该国法为准据法，因为适用该国法已经是当事人之间形成的商事习惯。

确定商事习惯需要考虑当事人之间商事关系的性质、合同的性质、谈判的情形。不能仅因为当事人之间曾经的合同中存在法律选择条款而认为当事人之间存在法律适用的商事习惯。英国案件"埃及工程师诉路虎案"（Samcrete Egypt Engineers and Contractors Sae v. Land Rover Exports Ltd.）中，[3] 当事人过去签订的一个合同选择适用英国法。一方当事人在签订当前合同时有意识地删去了这个条款。在这个情况下，很难推断当事人之间存在任何商事习惯。更合理的推测是，删除这个条款的当事人不同意在当前合同中选择适用英国法。

2. 标准合同。如果标准合同是根据某国国内法制定的，即使不存在法律选择条款，法院仍然认为当事人默示选择了该国内法为准据法。例如"阿明冉施德航运公司诉科威特保险公司案"（Amin Rasheed Shipping Co. v. Kuwait insurance Co.）。[4]

> 利比里亚公司和科威特保险公司签订保险合同。该保险合同采用的是劳合社海上保险标准格式合同模板，而劳合社的标准合同是根据英国海事保险法拟定的。科威特是合同的签订地和履行地，与合同有着最为密切的联系。

该合同和科威特有最密切联系，本应适用科威特法，但是科威特在合同签订时并没有海事保险法。由于合同不能脱离法律存在，法院必须为保险合同寻找到准据法。法院于是根据标准合同模板，认为当事人默示选择了英国法。

3. 仲裁或法院选择条款。当事人之间存在仲裁条款或者法院选择条款，能

---

[1]《国际商事合同法律选择原则》第3条第4款。

[2] *Report on the Convention on the law applicable to contractual obligations* (*Giuliano–Lagarde Report*), [1980] OJ C 282/1, 17.

[3] Samcrete Egypt Engineers and Contractors Sae v. Land Rover Exports Ltd [2001] EWCA Civ 2019.

[4] Amin Rasheed Shipping Co. v. Kuwait Insurance Co. [1984] AC 50.

否证明当事人默示选择了法院地或者仲裁地的法律作为准据法？站在学理的角度，选择法院和选择法律性质不同，不应等同更不能混淆。但是由于适用法院地法更方便、更保证质量、能节省法律查明的费用，很多法官在实践中有适用法院地法的倾向。虽然选择法律和选择法院是两个不同的问题，在实践上法官适用法院地法却很常见。因此，当事人选择一国法院时，很可能同时存在期待适用当地法律为准据法的未言明的意思。欧盟《罗马公约》的官方解释文件提出，"在某些情况下，选择特定法院可能清楚地表明当事人希望合同受法院地的法律管辖，但这必须始终受合同的其他条款和案件的具体情况约束……其他可能导致法院认为当事人已经作出了法律选择的事项包括，当事人选择在某国仲裁解决争端。"[1] 欧盟立法者在《罗马I条例》的序言中也指出，在判断当事人是否默示选择准据法时，需要将排他性法院选择条款或者仲裁条款作为考虑因素之一。[2]

在实践中，普通法系的法官倾向于因为当事人对管辖法院或者仲裁地的选择，推定当事人默示地选择了该地法律。在"埃贡·奥尔登道夫诉利贝拉"（Egon Oldendorff v. Libera Corp.）中，当事人选择英国作为仲裁地，英国法院认为当事人不会期待英国的仲裁庭适用外国法，因此默示选择了英国法。[3] 特别是案件事实和英国没有关联，而当事人选择英国法院或英国为仲裁地时，法院更可能认为当事人试图选择英国法律为准据法。如"科姆尼诺斯案"（The Kominos S）。[4]

> 原告的货物在运输途中遭受损坏。原告在英国法院以被告的船舶不适航和被告存在过失为由，要求赔偿。虽然当事人和案情与英国无关，但是提单表明争议由英国法院解决。被告认为运输合同在希腊成立，合同由希腊托运人和原告的希腊经理签订，货物由希腊运往意大利，运费以希腊货币德拉克马在希腊支付，因此合同和希腊有最密切的联系，应当适用希腊法律为准据法。根据希腊法律，该案已过诉讼时效。

英国上诉法院支持了原告的诉讼请求。法院认为，该案和英国毫无联系，但是当事人选择英国法院解决争端。除非有力的证据证明当事人并不希望适用英国法，否则法院可以推断当事人在选择英国法院时希望英国法官适用英国法解决争端。

---

〔1〕 *Giuliano-Lagarde Report*, 17.
〔2〕 《罗马I规则》第12条。
〔3〕 Egon Oldendorff v. Libera Corp. ［1995］2 Lloyd's Rep 64.
〔4〕 ［1991］1 Lloyd's Rep 370.

但是，法院选择和仲裁条款不是确定默示选择法律的决定性因素。如果案件是外国的纯国内案件，或者案件仅和一国法律相关，那么即使存在法院选择或者仲裁条款，也不能认为当事人默示选择法院地或仲裁地法律为准据法。如"突尼斯航海公司诉海上军备公司案"（Compagnie Tunisienne de Navigation SA v. Compagnie d'Armement Maritime SA）。[1]

租船合同当事人约定，所有争议提交英国仲裁。但是合同仅和法国与突尼斯有关系，突尼斯当时是法国殖民地，适用法国法。合同谈判在法国用法语进行，合同在法国通过法国中介签订，价款用法郎支付，当事人一方是法国公司另一方是突尼斯公司，合同在突尼斯履行。

英国上议院（最高法院）认为，虽然仲裁条款通常意味着当事人默示选择仲裁地法律，但是和本案相关的国家只有法国和突尼斯，而突尼斯完全受其宗主国法国的控制，适用法国法。法国法明显是合同自体法，也就是最适合作为准据法的法律，当事人没有默示选择法律。但是英国法院判决存在逻辑漏洞。第一，当事人是否选择了准据法和案件是否存明显存在合同自体法无关。确定合同自体法首先需要当事人是否合意选择法律，只有在不存在合意的情况下才考虑与合同有最密切联系的法律。第二，案件客观上是否仅涉及法国法也与是否存默示选择无关。即使案件属于纯国内案件，也不代表当事人没有选择外国法，因为这是一个事实问题。如果当事人选择了外国法，法院可能因纯国内案件为由，判决选择无效，但是不能因此认为当事人一定没有选择。

4. 关联合同。如果存在关联合同，可能推断当事人默示选择同一个法律适用于合同。如保险合同中存在选择英国法的条款。保险人和再保险人对投保的风险签订再保险合同。再保险人理应知晓原合同中存在的法律选择条款。如果再保险合同不含独立的选择法律条款，可以认为双方默示选择同样的法律适用于再保险合同。在"吕尔森造船厂诉海勒案"（FR Lurssen Werft GmbH v. Halle）中，法院以当事人之间的关联合同存在明示选择法律为由，认为当事人默示选择了同样的法律适用于另一个合同。[2]

美国居民海勒和德国吕尔森造船厂签订了两个建造游艇的合同，每个合同中都包含一个条款选择英国法律为准据法。次月，当事人签订了一个佣金

---

[1] [1971] AC 572.

[2] FR Lurssen Werft GmbH v. Halle [2010] EWCA Civ 587.

协议，规定如果造船厂介绍的客户购买了该厂为海勒制造的任何一艘游艇，海勒应当向造船厂支付销售价格5%的佣金。双方后来就佣金协议发生纠纷，并诉至英国法院。

法院认为，船舶制造合同和佣金协议密切相关，制造合同的履行构成了佣金协议的背景。可以认为，当事人默示选择和船舶制造合同同样的准据法适用于佣金合同。

5. 引用外国法。如果当事人在合同中引用了外国法律条文，《罗马公约》解释文件认为，法院可能推定当事人默示地选择了该外国法为合同准据法。但是上文讲到，对外国法律条文的引用，可能被认为当事人将条文作为合同条款"并入"合同，而非进行准据法的选择。此外，如果当事人对合同某些问题指定适用某国法律，是否可以认为当事人默示选择该国法适用于整个合同？英国法院在"美国驾驶者保险公司诉塞尔星公司案"[American Motorists Insurance Co. (AMICO) v. Cellstar Corp.] 中考虑了这个问题。[1]

原告美国驾驶者保险公司是一家在伊利诺伊斯州注册成立的公司，在德克萨斯州休斯敦有办事处。被告塞尔星公司是一家特拉华州的公司，在休斯敦有总部，在很多国家包括英国伦敦有子公司。二者在休斯敦谈判并签署了保险合同。合同规定，诉讼时效应当遵守签发保单的国家之法律。双方就一批位于曼彻斯特仓库的受损货物的赔偿责任发生纠纷，保险公司在英国对被告提起诉讼，要求法院宣布其不承担赔偿责任。

英国高等法院和上诉法院均认为，保单在德克萨斯州签发，因此当事人选择了德克萨斯法律作为诉讼时效的准据法。由于当事人引用了德州法，加上当事人有意选择在德州签订合同，可以认为当事人默示选择德州法适用于整个合同。这个判决受到了一些学者的质疑。第一，默示选择外国法应当是真实的选择，与密切联系无关。法院强调合同在德州谈判并签署，但是这仅说明合同与德州有密切联系，很难得出当事人有意选择德州法适用于合同这一结论。第二，在诉讼时效条款中引用了德州法也很难说明当事人希望整个合同适用德州法，因为合同是可以分割的。诉讼时效是一个相对独立的问题，完全可以有其独立的适用法。因此，如果合同中引用或者参考了外国法，外国法的地位需要根据个案实际情况决定，容易出现不确定性。

---

〔1〕 American Motorists Insurance Co. (AMICO) v. Cellstar Corp. [2003] EWCA Civ 206.

三、选择法律条款的成立和有效

选择法律条款的本质是合同,也有协议是否成立和有效的问题。和法院选择条款相同,作为冲突法条款,法律选择条款独立于主合同。换言之,主合同未成立、无效或可撤销,不必然导致法律选择条款的未成立、无效或可撤销。法律选择条款的有效性需要独立判断,并适用自己的准据法。

(一)法院地法和被选择适用的法

确定法律选择条款有效性的准据法是一个难题。首先,法律选择条款的有效性包含多种不同性质的问题,如形式合法性、当事人的缔约能力、意思表示的真实性、选择法律的合法性。从广义上看,法律选择条款是否有效还包括法律选择是否存在这个前提,涉及的是协议的缔结。这些问题的性质不同,相关实体法保护的利益不同,适用法也有所不同。其次,法律选择条款的目的是为合同选择准据法。法律选择条款作为合同中的一个条款,意味着合同准据法也可能适用于法律选择条款。换言之,法律选择条款的有效性由被选择的法律决定。但是这个被选择的法律是否应当适用,前提是法律选择条款是否有效缔结。这里便出现了逻辑循环。

在实践上,很多法院判断法律选择条款的有效性并不专门考虑准据法,而是直接适用法院地的合同法。理由是,准据法本应根据法院地的冲突规则确定。当事人选择法律排除冲突规则的适用,这个选择是否合法有效,是法院司法主权范围内的事项,也应当由法院地法确定。[1] 但是这个做法可能和当事人的意愿相左,也不一定符合商事习惯和常识。当事人选择法律的目的,是适用被选择的法律管辖当事人之间的纠纷,因此当事人的预期是,适用被选择的法律解决"所有"纠纷,并没有硬性地区分法律选择条款本身的纠纷。此外,对于商人而言,最重要的是商事活动的确定性,而非法律逻辑。商人不会考虑法律选择条款的独立性,也不会关心适用被选择法律确定法律选择条款有效性是否存在逻辑悖论,只会考虑是否有一个确定的法律解决纠纷。由于意思自治的核心是真实意思,当事人的意思应当得到尊重,因此应当适用被选择的法律判断法律选择条款的有效性。这个做法被很多国家或区域立法明确采纳,如1985年《国际货物销售合同法律适用公约》、欧盟《罗马Ⅰ条例》、1987年《瑞士联邦国际私法》、1986年《德国国际私法》,再一次表明实用性原则在国际私法晚近发展中起了重要的作用。

(二)例外情形

虽然在很多国家在立法实践中,适用被选择的法律确定法律选择条款的有效

---

[1] 许军珂:《国际私法上的意思自治》,武汉大学2005年博士学位论文。

性，但是在有的情形下也存在例外。第一个例外是对未表态当事人的保护。在国际商事活动中，有的被要约人没有明确表态是否接受要约。有的国家将沉默视为承诺，只要被要约人一段时间内未表态，合同成立。有的国家认为沉默不是承诺。要约人可能单方面在要约中添加法律选择条款，选择承认默示承诺的国家法律为准据法。如果被要约人不表态，则合同成立。这种做法为被要约方带来较大的商事风险，特别是当被要约方的属人法不承认默示承诺时，被要约方无法预料到沉默的后果。因此，欧盟《罗马I条例》提出一项例外，如果合同一方当事人惯常居所地的法律不承认默示承诺，则该当事人可以根据其惯常居所地的法律，主张缺乏明示承诺的合同不成立。[1]

第二个例外是形式合法性。现代商法的特点是重视当事人的交易意愿，避免执着于协议的形式。很多国家的实体法对合同的形式要件做了相当大的松动。合同可以以包括书面、口头、电子等任何方式成立，对于合同日期、签名、印鉴等形式上的要求也不再严格。和实体法对应，国际私法采取了尽量使协议有效的原则。只要协议的形式符合被选择的法律、合同签订地的法律，或者任一当事人的属人法，均应视为形式有效。[2]

四、与合同无关的法律

国际社会对法律选择条款的整体态度越来越灵活开放。大多数国家并不要求当事人选择与合同有一定联系的法律。也就是说，当事人完全有权利选择与合同无关的法律作为合同准据法。这一点在涉外商事领域非常重要，因为这意味着当事人可以选择国际上最发达、最先进的法律，也可以避免因为选择任何一方当事人所在国的法律给另一方带来心理上的困扰。此外，很多合同表面上似乎和被选择的法律没有联系，但是实质上某些联系仍然存在。比如国际货物销售合同的当事人、合同签订地、合同履行地、标的物所在地均不在伦敦，但是标的物在伦敦投保、一方当事人在伦敦获得融资。独立考察销售合同，和英国没有任何联系。但是纵观合同的整个社会经济背景，保险、金融与合同息息相关，销售合同和英国存在经济上而非法律上的联系。[3]

有的学者认为，当事人选择的准据法需要与合同存在联系，如果允许当事人选择与合同没有任何关联的法律，则可能协助当事人规避法律。但是在合同与多个国家有联系的情况下，即使只能在相关国家的法律中选择，也可以达到规避法律的目的。例如合同与美国有着最密切的联系，同时与德国和法国也有关联，若

---

[1]《罗马I条例》第10条第2款。

[2]《罗马I条例》第11条。

[3] Dicey, Morris and Collins on the Conflict of Laws 16th ed., para 32-072.

当事人希望规避美国法中的强制性规则，无需选择与合同完全无关的法律来达到这个目的，而只需要选择德国或者法国法。此外，各国对外国法的适用，均存在公共政策和强行性规范的限制。即使当事人选择与合同无关的法律，如果案件被诉至美国法院，当事人同样无法规避涉及美国根本利益和公共政策的法律。有的国家甚至允许法院考虑与合同密切联系的第三国法中的强制性规则，防止法律规避。[1]

中国《最高人民法院关于适用〈涉外民事关系法律适用法〉若干问题的解释（一）》允许当事人选择适用与争讼法律关系无关的法律。[2] 欧盟《罗马 I 条例》采取了更加自由的原则，不但允许当事人选择与合同无关的法律，也允许当事人对纯国内合同选择适用外国法，或者对纯欧盟内部合同选择适用非欧盟成员国法律。[3] 当然，为了防止当事人通过选择准据法规避与合同有唯一联系的国家或欧盟内部的法律，欧盟立法者提出了强制性规则例外。被选择的外国法或非成员国法不得违反与合同所属国家或欧盟的强制性规则。这里的强制性规则应当做广义理解，不但包括可以凌驾准据法之上的国际性强制性规则，也包括国内法意义上的强制性规则。如英国合同法要求合同成立必须有对价。对价在英国法内部是强制性规则，在法国法为合同准据法的情况下不适用。但是，如果当事人对纯英国合同选择适用法国法，根据《罗马 I 条例》第 3 条第 3 款，该选择不得排除英国国内强制性规则的效力，也就是说合同仍然需要对价才能成立。

五、非国家法

（一）非国家法概述

非国家法是不属于任何国家法律体系的法律规范。包括未被国家批准的国际公约、国际商事习惯、惯例或原则。明确允许当事人选择适用非国家法的国家很少。虽然 2015 年海牙《国际商事合同选择法律原则》（Principles on Choice of Law in International Commercial Contracts）在原则上承认了当事人选择国际社会、超国家机构或地区公认的法律原则的自由，但是该原则对成员国并无法律约束力，仅反映了海牙国际私法会议支持进一步放宽意思自治原则的态度。[4] 欧盟委员会在《罗马 I 条例》的立法改革过程中曾提议，允许当事人选择非国家法。欧盟委员会在《罗马 I 条例建议稿》第 3 条第 2 款提出："当事人还可以选择国际或共同体承认的合同实体法原则和规则作为准据法。""原则和规则"指代如《UNIDROIT 国际商事合同法通则》《欧洲合同法原则》这种国际社会承认的、有

---

[1] 如《罗马 I 条例》第 9 条第 1 款。
[2] 《最高人民法院关于适用〈涉外民事关系法律适用法〉若干问题的解释（一）》第 5 条。
[3] 《罗马 I 条例》第 3 条第 3、4 款。
[4] 《国际商事合同选择法律原则》第 2 条第 1 款。

较高确定性和权威性的国际性软法性文件。但是这一条在《罗马Ⅰ条例》的最终版本中被删除。条例解释道,当事人可以将非国家法"并入"合同。[1] 换言之,《UNIDROIT 国际商事合同法通则》等可以成为合同条款,解释和履行受到合同准据法的约束。这说明欧盟立法者最终决定采取传统态度,禁止当事人选择非国家法为合同准据法。

（二）选择非国家法的理论分歧

允许当事人选择适用非国家法将面临着一系列的理论和实践上的问题。首先,除了国际公约以及国际组织编撰的成文商事惯例,大多非国家法以国际商事习惯和原则的形式存在,其内容和解释均不确定,难以被法院适用。其次,非国家法通常并不全面,适用非国家法难免留下空白,需要用国家法弥补。再次,非国家法多是商人在商事活动中出于效率自行形成的规则。这样的规则必定注重商事效率而缺乏公平考虑,更不会保护第三方的公共利益,因此需要国家法进行规制。第四,非国家法没有经历民主立法程序,没有得到人民授权,因此并不是可以由国家司法机关强制执行的"法律"。

但是,主张适用非国家法也存在相应的理由。首先,站在实践角度,非国家法多是在国际商事活动中形成的习惯,相比以规制国内商事行为为主要立法目的的国家法,国际商事习惯更符合国际商事活动的需要。其次,非国家法在以促进国际商事活动为目的的国际商事仲裁中可以作为合同准据法。这便使国际商事活动当事人更愿意选择商事仲裁而非诉讼来解决争端。再次,虽然法院不同意适用非国家法为合同准据法,但是通常不会以此为理由撤销仲裁裁决,或者拒绝承认和执行外国仲裁裁决。这说明非国家法的适用已经间接地受到了司法保护。最后,对于国家作为一方当事人的国际商事合同,适用国家法往往不合适,因为主权国家不愿意接受反映外国主权意志的外国法的约束。因此,适用非国家法反而是更合适的选择。[2]

（三）选择非国家法的司法实践

虽然法院是否应当允许当事人选择非国家法为准据法存在理论之争,但是实践上大多国家仍然遵守保守的传统做法,很少突破准据法必须是国家法这一限制。在实践中,如果当事人在合同中提到了非国家法,法院可能将其解释为合同的背景原则,而非用于规制合同责任并解释合同的规则。例如"巴林沙米尔银行诉贝西姆科制药有限公司案"（Shamil Bank of Bahrain EC v. Beximco Pharmaceuti-

---

[1] Recital 13.

[2] Zheng Sophia Tang, "Non-State Law in Party Autonomy—a European Perspective", International Journal of Private Law, vol. 5, 2012, pp. 22-39.

cals Ltd.)[1]

当事人签订融资协议,其中包含法律选择条款:"根据光荣的伊斯兰法原则,协议将受英国法律管辖并按其解释。"借款人没有按照合同约定到期还款,银行根据协议要求赔偿。借款人认为,根据法律选择条款,只有在同时满足伊斯兰教法和英国法的情况下,合同才能得到执行。因为伊斯兰法不允许收取利息,而合同的还款协议间接允许借款人获得利润,合同旨在规避伊斯兰法对利息的限制,实际上违反了伊斯兰法。因此合同无效,不得被执行。

英国法院认为,选择法律协议既提到了伊斯兰法,又提到了英国法,但是对协议的正确解释应当是当事人仅选择适用英国法管辖合同。第一,合同不能由两个相互独立的法律共同管辖。第二,伊斯兰法是非国家法,包含很多道德、生活、家庭等非法律原则,缺乏法律所需的确定性,不能成为准据法。第三,虽然当事人可以将外国法的规定作为合同条款并入合同,但是协议中笼统提到伊斯兰法原则,并没有确定哪个具体规则应当纳入合同。第四,商事合同当事人的合意是使得交易有效,法院对合同条款的解释也应当遵循这一原则。法院认为,条款中对伊斯兰教法的处理,应当解读为银行自称按照伊斯兰教法原则行事,是其宗教信仰的表达,而非选择合同准据法。当事人实则选择了英国法为合同准据法。

(四) 中国的立法实践

拒绝适用非国家法为准据法的重要原因之一,是非国家法的不确定性。但是有的非国家法,比如以国际立法形式出现的国际公约,却有很高的确定性。因此,虽然很多国家拒绝适用非国家法作为准据法,但是对于国际公约的处理方式有所不同。例如中国最高人民法院允许适用当事人援引的、尚未对中国生效的国际条约,确定当事人之间的权利义务。[2] 换言之,中国最高人民法院在实践上同意作为非国家法的国际条约成为合同准据法。虽然最高法的解释并未使用"准据法"或者"法律适用"这样的术语,仅表达可以选择国际条约"确定当事人之间的权利义务"。如果将当事人援引国际条约,解释为将条约作为合同条款并入合同,条约也可以确定当事人的合同权利。但是最高人民法院同时说明,用国际条约确定当事人的权利,不得违反中国社会公共利益或法律、行政法规的强制性规定。公共利益和强制性规则例外通常适用于准据法。如果援引的国际条约仅

---

[1] Shamil Bank of Bahrain EC v. Beximco Pharmaceuticals Ltd. [2004] EWCA Civ 19.
[2] 《最高法院关于适用〈涉外民事关系法律适用法〉若干问题的解释(一)》第7条。

属于合同条款,就应当符合准据法的规定,而非直接受制于法院地的公共政策和强制性规则。结合上下文的语义,最高法的目的是允许适用当事人援引的国际条约作为准据法。

六、分割合同

(一) 分割合同的概念和理论基础

很多国家允许当事人为合同的不同问题选择适用不同的法律,这就是所谓的分割合同(dépeçage)。例如欧盟《罗马I条例》第3条第1款以及海牙《法律选择原则》均规定,当事人可以选择适用于整个合同,或仅适用于部分合同的准据法。允许分割合同是因为,第一,一个合同可能包含不同方面的内容,可以分作多个独立的从合同。每个从合同都可以有自己的适用法。第二,准据法可能并不全面,无法涵盖案件中的所有问题。此时法院不得不适用本国法律或者其他国家的法律,规制准据法无法涵盖的问题,这在客观上就造成了分割合同。因此分割合同在法律适用上无法避免。第三,即使准据法可以全面规范当事人之间的争议,但是外国准据法无法适用于程序问题,也无法超越法院地的强制性规则。因此,最终适用于案件的法律,通常是外国准据法和法院地法的结合。既然如此,允许当事人自主分割合同不应当被禁止。第四,合同实体问题也包括多种问题,如合同义务的解释和履行,合同的形式要件,当事人缔约能力等。这些问题的性质不同,法律保护的对象不同,政府的立法政策不同,需要适用不同的法律适用法。

(二) 分割合同的司法实践

虽然分割合同在法律上不被禁止,但是在实践中如果当事人没有清楚地选择多个法律管辖合同的不同部分,则法院对分割合同会采取谨慎态度。这个态度体现在"北美花旗银行案"(Centrax Ltd. v. Citibank NA)中。[1]

> 一个英国公司与美国花旗银行签订服务合同,该公司在美国花旗银行开出的支票可以在世界各地以当地货币兑付。协议包含法律选择条款:"本协议以及与本协议相关的所有文件、协议和文书均受纽约法律管辖……双方之间关于任何支付工具的诉讼或争议应受出票人的法律管辖。"公司一个员工伪造了66张支票,支取了40万英镑。英国公司认为花旗银行违反了注意义务,应当赔偿损失。

英国法院允许当事人分割合同,并对合同的不同部分选择适用不同的法律。

---

[1] Centrax Ltd. v. Citibank NA [1999] 1 All ER (Comm) 557.

但是选择应当清楚明白,且不自相矛盾。法院认为,按照文义解释,当事人之间的协议以及协议相关的所有文件、文书均适用纽约法。只有一种类型的文书——"支付工具",如支票、汇票等,适用出票人所在地的法律,也就是英国法。虽然本案广义上存在关于票据的争议,即被告未经授权使用票据导致原告账户被扣款。但是出于审慎分割合同的目的,适用法的例外情形应当作狭义解释,和支付工具相关的争议应当仅包括支付工具本身的争议,如票据的效力等。本案的争议焦点不是伪造票据的问题,而是银行在金融服务合同中的注意义务,应当适用纽约法。

七、选择法律的变更

意思自治的核心是当事人的合意。当事人可以合意选择法律,也可以合意变更法律。变更法律的方式和合意选择法律相同。如果法院地允许默示选择法律,则变更法律选择可以以明示或者默示的方式做出。当然,在存在明示法律选择条款的情况下,默示变更法律的认定较为困难。必须有证据证明当事人的确有变更选择的合意。例如,原告在庭审时援引另一国实体法,而被告没有反对;或者当事人均根据同一个未被选择的国家的法律提出自己的主张。以上情况可以认为当事人合意选择变更法律。

此外,变更法律选择有时间限制。中国《最高人民法院关于适用〈涉外民事关系法律适用法〉若干问题的解释(一)》规定,当事人可以在一审法庭辩论终结前协议选择或变更选择适用的法律。[1] 也就是说,在庭审辩论结束后,当事人不得再合意变更准据法。时间限制的主要原因不是限制意思自治,而是保障诉讼效率,防止浪费司法资源。

欧盟《罗马Ⅰ条例》允许当事人在任何时候改变合同的准据法,但是变更法律不得影响合同的形式合法性,且不得对第三人的利益造成负面影响。[2] 第一,欧盟采取变更法律选择应使合同形式有效原则。合同一旦符合准据法或者合同缔结地法,就具有形式合法性。如果当事人的原合同符合准据法的形式要件,但是当事人事后合意更改准据法,当事人考虑的大多是实体问题,没有意识到更改选择可能造成合同从形式合法变为非法。因此,条例规定更改准据法不得对合同形式合法性造成负面影响。第二,原合同可能给予第三人利益。但是当事人如果事后更改准据法,而新准据法不承认第三人在原合同下获得的利益,可能造成交易的不稳定性,危害交易安全。因此,对第三人的利益造成负面影响的变更无效。

---

[1] 《最高人民法院关于适用〈涉外民事关系法律适用法〉若干问题的解释(一)》第6条。
[2] 《罗马Ⅰ条例》第3条第2款。

第二节 合同的法定准据法

一、合同的客观法律选择方法

在不存在意思自治的时候,法院需要根据冲突法规则,确定涉外合同的准据法。常用的冲突规则如下。第一,最密切联系原则。该原则要求法院考察与合同相关的所有要素,包括合同的谈判地、签订地、语言、货币、标的物所在地、义务履行地等等,确定与合同联系最密切的国家。这个原则虽然可以帮助法院找到涉外合同的"重心"所在地,但是需要法院行使自由裁量权,有较大的不确定性。[1]

第二,单一连结点规则(hard-and-fast rule)。[2] 这种做法设置一个硬性的客观连结点,如合同履行地、合同成立地,并对合同义务直接适用该国法律。硬性规定虽然简单直接,但是可能导致不合理的结果。如当事人争端的核心是卖方给付的商品有没有满足买方提供的质量标准,如果单一连结点要求直接适用合同成立地的法律,则该法律与争端内容没有实质关联。

第三,软化连结点规则。该做法将合同争议的类型进一步细化,针对不同的合同争议提供不同的连结点。[3] 如合同有效性适用合同成立地法律;违约责任适用义务履行地法律。这种方法可以缓解硬性连结点规则的僵化性。但是合同类型多种多样,可能发生的争端也有很多种,很难要求立法者穷尽所有的合同争议,并分门别类设置连结点。

第四,特征履行规则。该规则要求对涉外合同适用合同特征履行方的国内法。[4] 这种方法比较复杂,后面会详细分析。

第五,政府利益分析法。该方法要求法院在确定准据法时,考虑相关国家的立法目的,区分这些国家的法律冲突是真实冲突还是虚假冲突,并适用最符合政府立法目的的法律。[5] 政府利益分析法对法院的要求很高,法院不但要掌握外国法的内容和解释,还要探求外国政府的立法目的和背景,并做出相应的比较。因此该法律选择方法仅在美国少量州的法院得到适用。

值得一提的是,当代立法者越来越清楚以上冲突规则的优劣。随着立法技术

---

[1] 美国《第二次冲突法重述》第 188 条。

[2] 如《罗马 I 条例》第 4 条第 1 款。

[3] Giuliano-Lagarde Report, 20.

[4] 《罗马 I 条例》第 4 条第 2 款;1987 瑞士《关于国际私法的联邦法》第 117 条。

[5] Brainerd Currie, "Notes on Methods and Objectives in the Conflict of Laws", (1959) Duke Law Journal 173.

的提高，大多立法者不会采取单一的模式，而是将不同的冲突规则混合起来，形成一个适用法"矩阵"，取长补短，以求其立法具备合理性和科学性。如欧盟《罗马Ⅰ条例》第4条便制定了非常复杂的合同法律适用法，包含了软化连结点、特征履行和最密切联系三种规则。而我国《涉外民事关系法律适用法》也合并了最密切联系原则和特征履行两种方法。我国《涉外民事关系法律适用法》第41条规定："……当事人没有选择的，适用履行义务最能体现该合同特征的一方当事人经常居所地法律或者其他与该合同有最密切联系的法律。"下文着重讲解特征履行原则和最密切联系原则。

二、特征履行原则

（一）特征履行原则概述

特征履行（characteristic performance）是瑞士学者施耐策（Schnitzer）提出的原则，目的是探求合同关系在哪个生活领域发挥最重要的作用。他认为不应当寻求一种包罗万象的原则，而是应当针对每一类合同的具体特征进行探究。他认为合同的"特征义务"（obligation characteristic of a contract）的所在地是合同发挥最重要作用的地方，该国与合同的联系最为密切。[1] 学者维西尔（Vischer）在此基础上对特征履行原则进一步发展，从合同的功能出发，认为特征履行义务是在社会和经济双重意义上最实质性的义务。[2] 因此，特征履行不是对最密切联系原则的颠覆，而是为了寻找与合同存在最密切联系的国家而采取的一种方法。

至于如何确定特征义务的所在地，在施耐策看来，合同特征义务体现的是合同核心的经济价值和社会利益，但是义务所在地和义务的履行地不同。义务附随于承担义务的人而存在，因此义务所在地是与义务承担者有密切联系的地方。特征履行原则于是主张适用"特征义务履行人"的法律，而非"特征义务履行地"的法律。维西尔将此进一步细化，认为如果特征义务履行人履行义务为其职业行为，特征义务存在于履行人的职业场所；如果不属于职业行为，则存在于特征义务履行人的惯常居所。现在的特征履行原则，大多没有对职业行为和非职业行为进行区分，而是统一适用履行义务最能体现该合同特征的一方当事人经常居所地的法律。[3]

---

[1] Adolf F. Schnitzer, Handbuch des internationalen Privatrechts: einschließlich Prozeßrecht, unter besonderer Berücksichtigung der Schweizerischen Gesetzgebung und Rechtsprechung, 4th Ed., 1958, pp. 624, 633, 639.

[2] Giuditta Cordero Moss, "Performance of Obligations as the Basis of Jurisdiction and Choice of Law", Nordic Journal of International Law, vol. 68, 1999, p. 385.

[3] 《涉外民事关系法律适用法》第41条；《罗马Ⅰ条例》第4条第2款。

(二) 特征履行原则的理论基础

为什么特征履行原则将合同与"特征义务履行人"而非"特征义务履行地"相连？首先，特征履行原则希望寻找合同的核心义务所在地。而义务所在地，并非完全等同于义务履行地。义务附着于个人，是属于义务人自身的责任，和义务人紧密相连。而义务的履行地是义务完成的地方，这个地方固然重要，却存在一定的随机性。比如，服务合同要求新西兰设计师为悉尼设计剧院。为了完成这个设计，设计师可能要去德国、意大利、英国等地考察当地的剧院设计，并在新西兰画图纸，最后在悉尼完成设计并交付。服务履行地虽然在澳大利亚，但是为了完成义务，很多准备工作和设计在多个国家进行。如果仅仅把义务所在地定位于悉尼，则忽视了完成义务所有的前期工作。因此，更合理的做法是将义务和义务人结合起来。义务所在地是义务人的住所地，而非义务的履行地。[1]

其次，义务履行地有时候较难确定，甚至可能包括多个国家。例如买卖合同有多个交货地点，航空运输合同的履行地同时包括出发地和目的地。[2] 在这些合同中，无法确定唯一的特征义务履行地，并适用该地法律管辖合同。

再次，特征义务履行地有时是一个法律问题而非事实问题。如果特征义务是交付金钱，则义务履行地是法定的而非事实上的。[3] 在英国法中，债务人需要主动寻求债权人支付金钱，所以金钱给付发生在债权人所在国；在德国法中，债权人有义务寻找债务人收取债务，因此金钱给付发生在债务人所在国。如果特征履行地由准据法确定，我们则需要先行寻找合同准据法。但是特征履行原则的目的就是确定准据法。适用义务履行地法就产生了逻辑循环。

最后，特征履行的一个重要功能是保护当事人的合理预期，并合理分配风险。合同的特征义务通常是合同所有义务中最为复杂的义务，特征义务履行人相较合同另一方将承受更大的风险。因此特征义务履行人更有必要明确合同的准据法，以期合理预测行为后果，降低违约风险。适用特征义务履行人的本国法比适用特征义务履行地法更有利于保护当事人的合理预期。基于以上几点原因，特征履行原则要求适用特征义务履行人惯常居所地的法律作为涉外合同的准据法。

(三) 特征履行的确定方法

适用特征履行原则要求首先要确定哪个合同义务最能体现合同特征。如果合

---

[1] Kurt Lipstein, "Characteristic Performance – A New Concept in the Conflict of Laws in Matters of Contract for the EEC", Northwestern Journal of International Business Law vol. 3, 1981, pp. 405-406.

[2] Eg. Case C-386/05 Color Drack [2007] ECR I-03699; Case C-204/08 Rehder v. Air Baltic [2009] ECR I-06073.

[3] Luca G. Radicati Di Brozoio, "International payments and conflict of laws", American Journal of Comparative Law, vol. 48, 2000, pp. 307-326.

同为单边合同，仅有一方当事人承担义务，这个义务便是"特征义务"。[1] 但是，大多合同是双边合同，双方当事人均承担义务。实践上，很多律师以"金钱给付"为标准，认为非金钱给付义务为"特征义务"。这个标准对很多合同都能适用。大多数类型的合同都有金钱给付义务，因此金钱给付无法成为某一类合同的"特征"。合同类型多由金钱给付义务确定，如买卖合同中卖方交付货物，服务合同中服务提供商提供服务。[2]

但是，有的合同双方义务都是金钱给付。比如借贷合同。银行提供贷款，公司按时归还本息。因此，金钱给付不能成为确定所有合同特征义务的标准。特征履行原则的功能之一是在当事人之间合理分配风险，使得承担风险更大的一方可以适用本国法律。以风险为标准分析，贷方一次性支付大量金钱，并需要防范借方无法按时还款甚至破产的风险。很明显，贷方风险更大，借贷合同的特征义务是提供贷款，而银行则是特征义务人。

有的合同负有给付金钱义务的一方反而可能承担更大的风险，比如出版合同。作者完成书籍手稿，交给出版商。出版商需要对手稿进行编辑、排版、设计、印刷、装订、营销，再根据销售情况付给作者版税。虽然出版商是给付金钱的一方，但是出版商还要承担除了金钱给付之外的一系列义务。如果图书销量不畅，则出版商会承担经济损失。整体而言，出版商的义务更复杂，商业风险更大。因此，在出版合同中，虽然出版商是承担金钱给付义务的一方，但是衡量双方义务的复杂程度和风险，出版商才是合同的特征履行人。

有的合同不存在金钱给付，比如物物交换合同（barter）。两个学生约定用一个笔记本交换一支钢笔。在这种情况下，合同的特征包含双方的义务，任一个义务都不能单独成就此类合同。这种合同中并不存在特征义务。

有的合同是复杂合同，也很难判断特征义务。比如特许经营合同。如李四获得美国麦当劳的授权，在武汉使用麦当劳的商标、标志、专利，经营地方麦当劳餐厅。这个合同中双方的义务均十分复杂。李四需要支付麦当劳特许权使用费，同时在麦当劳的监管下经营餐厅，如果经营不善，李四承担全部经济损失。麦当劳需要提供培训、知识产权和监管，同时承担因为李四经营不善可能导致的品牌声誉受损或者无法收取使用费的风险。此类合同很难说哪一方承担的风险更大。从合同的社会经济功能角度看，李四获得特许经营权经营一家餐馆，在营业地提高人民生活质量、开拓就业渠道、振兴经济，在当地产生社会经济利益。但是该合同并非麦当劳以投资、借贷等方式协助李四开餐馆，而是由麦当劳授予商标、

---

[1] Giuliano-Lagarde Report, 20.
[2] Giuliano-Lagarde Report, 20.

管理模式、专有技术的使用权，让李四开一个名为"麦当劳"的餐馆。这个合同的社会经济功能也包括知识产权的转让和许可。这种复杂合同中当事人的义务相辅相成、相互结合，因此并不存在一个特征义务。

（四）特征履行原则评析

因此，特征履行原则虽然可以根据合同类型，较为灵活地确定与合同联系更紧密的法院，但是特征履行并非寻找合同最密切联系国家的灵丹妙药。首先，如何确定合同的特征义务没有统一标准。我们需要结合金钱给付、合同的类型特征、合同的社会经济功能、义务的复杂程度、当事人的风险大小等一系列标准，寻找可以区分合同类别、体现此类合同特征、风险更大更复杂、反映合同最重要的社会功能的特征义务。其次，并非所有的合同都有特征义务。在复杂合同和物物交换合同中，合同特征由所有的义务共同构成，不存在特征义务。对于这些合同，特征履行原则无法适用。

除此之外，特征履行原则仍然可能指向与合同无实质关联的国家。例如一个美国好莱坞明星聘请意大利著名化妆师为其演出化妆。该化妆师奔赴美国签订合同，在美国完成工作并取得报酬，合同终止后返回意大利。这个合同除了特征义务人的身份之外，唯一有联系的国家是美国。但是特征义务人的住所地和惯常居所地在意大利。又如不动产物权转让合同，原物权人是特征履行人，但是不动产相关争议明显和不动产所在地关系最为密切。所以，适用特征履行原则并非在所有案件中都可以准确地找到与合同联系最密切的国家，或者最能体现合同社会经济效益的国家。

出于以上两个原因，特征履行不能作为一个独立的法律适用规则，而需要和其它规则合并适用。例如欧盟将特征履行原则同软化的连结点规则，以及最密切联系原则相结合。首先，欧盟为七类最常见的合同提供了硬性连结点，包括买卖合同、服务合同、不动产物权相关合同、特许经营合同、分销合同、拍卖合同、金融工具买卖合同。虽然有的连结点根据特征履行确立，例如货物买卖合同适用卖方所在地法律，服务合同适用服务提供者所在地法律，[1] 但是有的连结点偏离了特征履行原则，如不动产买卖和不动产租赁合同适用不动产所在地法，不动产短租合同适用出租人和承租人共同的惯常居所地法律，商品拍卖合同适用拍卖地法律，金融工具买卖适用交易所在地法律。[2] 这是因为这些国家明显和合同有最密切的联系。对于特许经营合同和分销合同这两种复杂合同，欧盟立法者出

---

[1]《罗马Ⅰ条例》第4条第1款（a）(b) 项。
[2]《罗马Ⅰ条例》第4条第1款（c）(d)(g) 项。

于保护弱势方的原则，适用被许可方和分销商所在地的法律。[1] 其次，欧盟《罗马Ⅰ条例》确立了硬性连结点与特征履行原则为原则，最密切联系原则为例外的准据法规则。[2] 在七类合同之外，如果特征履行不适用，或者合同明显与其他国家联系更密切时，法院将适用最密切联系原则确定准据法。又如中国《涉外民事关系法律适用法》同时规定了特征履行原则和最密切联系原则。[3] 将特征履行和最密切联系相结合的立法模式在瑞士、俄罗斯、吉尔吉斯斯坦、哈萨克斯坦、白俄罗斯、亚美尼亚等国的冲突规则中均有体现。

三、特征履行原则和最密切联系原则的关系

（一）概述

很多国家将特征履行原则和最密切联系原则相结合，共同确定合同准据法，这就涉及两个原则的关系问题。对此，实践上存在四种解释。第一，特征履行原则是最密切联系原则的确定方法。如1987年瑞士《关于国际私法的联邦法》第117条规定："最密切联系视为存在于应当履行特征义务的一方当事人的惯常居所地国家；如果合同是在该当事人从事职业或商业活动的过程中订立，则视为存在于其营业地；如果根据所有情况，根据特征履行原则确定的准据法与案件仅有松散的联系，而案件与另一法律存在更加密切的联系时，应该适用另一法律。"第二，特征履行原则是确定合同准据法的主要原则，仅在特征履行无法确定时适用最密切联系原则。如1998年《吉尔吉斯共和国民法典》第1199条第3款规定："当事人未协议选择准据法时，适用合同特征履行方的设立地、住所地或主要营业地法。如果不能确定合同的特征履行，则适用于合同最密切联系国家的法律。"第三，欧盟原《罗马公约》将二者结合，认为在没有意思自治时，合同适用与之有最密切联系国家的法律，而这个法律推定为特征履行方惯常居所地的法律。在惯常居所地无法确定或者另一个国家与合同联系更密切时则适用另一个国家的法律。第四，欧盟《罗马Ⅰ条例》将特征履行原则作为主要原则，而最密切联系原则为补充或者例外。该条例第4条将特征履行原则作为确定非特定化合同准据法的主要原则，在特征履行原则不能适用时，适用与合同有最密切联系国家的法律。如果和特征履行方的法律相比，合同明显和另一个国家的联系更为密切，则适用另一个国家的法律。

以上四种方法大致可以确定特征履行原则和最密切联系原则的关系，但是在实践中，法院很多时候需要面临自由裁量的问题。也就是说在什么情况下应当适

---

[1]《罗马Ⅰ条例》第4条第1款（e）（f）项。
[2]《罗马Ⅰ条例》第4条。
[3]《涉外民事关系法律适用法》第41条。

用特征履行原则或最密切联系原则并不明确。如果特征履行原则仅是最密切联系原则的确定方法，适用特征履行原则的目的是推定最密切联系原则，是否意味着如果最密切联系原则不难适用，就无需适用特征履行原则？还是将特征履行原则作为原则性假设，只有在该原则的适用明显导致不合理的结果时，才适用最密切联系原则？

（二）欧盟实践

欧盟成员国在适用《罗马公约》时曾出现过上述难题。《罗马公约》第 4 条第 5 款规定："如果从整体上看，该合同与另一国关系更为密切，则不考虑特征履行原则。"但是"更为密切"到什么程度才能适用最密切联系原则？《罗马公约》没有清晰的说明。于是欧盟成员国在实践上形成了三种做法。

第一种是英国模式，认为最密切联系原则才是核心原则，而特征履行原则则是在最密切联系原则无法适用时才采取的法律假设。英国早期的"绝对可能诉马瑞克案"（Definitely Maybe v. Merek）判决是一个典型案例。[1]

原告"绝对可能"公司是英国流行组合"绿洲乐队"的经纪公司。"绝对可能"和德国公司签订绿洲乐队出席德国流行音乐会的商业演出合同。演出前夕，乐队主唱连恩·盖勒格和他的哥哥、乐队吉他手诺尔·盖勒格发生了矛盾，诺尔没有参加德国演出。德国公司认为缺少诺尔的乐队不再是公司签约的那个"绿洲乐队"，因此拒绝支付全部演出费。"绝对可能"在英国起诉，要求被告支付合同约定的费用。由于合同的特征义务是提供演出服务，特征履行人是英国公司，按照特征履行原则英国法是准据法。

一审法院的法官认为，特征履行原则只是确定最密切联系原则的"起点"（starting point）。换句话说，适用特征履行的目的是为了寻找最密切联系地，如果可以直接确定最密切联系地，就应当适用该国法律，而无需适用特征履行原则；只有最密切联系地无法确定时才适用特征履行原则。英国上诉法院认同了这一做法。这便形成了特征履行原则的"弱假设"模式。只要合同存在另一个联系更紧密的国家，特征履行原则就无法适用。在本案中，合同在德国履行，英国法院认为德国才是和合同有更密切联系的国家，适用德国法为准据法。

第二种是荷兰模式，认为特征履行原则是一个很强的假设，应当作为基本原则被法院适用。只有在特征履行地与合同没有任何实质联系的特殊情况下才适用最密切联系原则。这个态度在"新纸业协会案"（Société Nouvelle des Papéteries

---

[1] Definitely Maybe（Touring）Ltd. v. Marek Lieberberg Konzertagentur GmbH [2001] 1 WLR 1745.

de l'Aa SA v. BV Machinefabriek BOA）中被印证。[1]

荷兰公司向法国公司销售造纸机。谈判在法国进行，合同语言为法语，支付货币为法郎，货物在法国交付和组装，合同成立地在荷兰。买方未付款，荷兰公司在荷兰提起违约之诉。

按照特征履行原则，荷兰公司是特征义务履行人，应当适用荷兰法律。但是，合同明显和法国的联系最为密切。在考虑是否适用最密切联系原则时，荷兰法官认为，除非特征履行人的营业地和合同没有任何实际联系，否则特征履行原则作为确定准据法最重要的原则，不能轻易被最密切联系原则取代。由于荷兰卖方在其营业地从事与该合同相关的业务，而且合同在荷兰签订，荷兰并非与合同没有实际联系。因此，即使法国的联系明显更为密切，法院依然需要适用特征履行原则。这便是特征履行的"强假设"模式。

这两种模式可能在实践中带来截然不同的结果。"弱假设"模式要求法院试图寻找与合同联系最密切的国家，当这个国家无法确定时才采用特征履行假设。合同的特征履行地在判断最密切联系地时被赋予了极大权重。法院倾向认为特征履行地就是最密切联系地，如果该地与特征履行人营业地不一致，法院当然适用密切联系原则。"弱假设"模式大大降低了特征履行原则的作用，使之在很多情况下沦为虚设。"强假设"模式则要求尽量适用特征履行原则，只有在特征履行人所在地与合同缺乏实际联系时，才能利用最密切联系原则。这种做法有可能导致很多合同受到与合同没有密切联系的法律管辖。

欧盟法院后来对这个问题做了一些澄清。欧盟法院认为，立法者试图在特征履行原则带来的确定性，和最密切联系原则带来的灵活性之间达到平衡。在缺乏意思自治的前提下，合同适用与之最密切联系的法律。但是特征履行原则是寻找该法律的有力假设。因此，法院通常需要首先适用特征履行原则；当考虑所有相关因素之后，发现合同明显与另一个国家联系更密切时，法院便应当适用最密切联系原则。[2] 这就是第三种"居中"模式。这个态度也体现到替代《罗马公约》的《罗马Ⅰ条例》中。新的《罗马Ⅰ条例》第4条第3款特别说明，只有当其它国家与合同有"明显"更紧密的联系时，特征履行原则才不适用。事实上，何为"明显"更紧密，何为更适合的法律，何为确定性和灵活性的平衡，仍然

---

[1] Société Nouvelle des Papéteries de l'Aa SA v. BV Machinefabriek BOA 1992 Nederlandse Jurisprudentie No 750.

[2] Case C-133/08 Intercontainer Intergrigo SC（ICF）v. Balkenende Oosthuizen BV [2009] ECR Ⅰ-09687.

依靠法官的灵活裁量。因此，即使在《罗马Ⅰ条例》框架下，不确定性仍然存在。

（三）中国立法

在《涉外民事关系法律适用法》实施前，《最高人民法院关于审理涉外民事或商事合同纠纷案件法律适用若干问题的规定》第5条对特征履行原则和最密切联系原则的关系进行了说明。该条第1、2款规定："当事人未选择合同争议应适用的法律的，适用与合同有最密切联系的国家或者地区的法律。人民法院根据最密切联系原则确定合同争议应适用的法律时，应根据合同的特殊性质，以及某一方当事人履行的义务最能体现合同的本质特性等因素，确定与合同有最密切联系的国家或者地区的法律作为合同的准据法。"换言之，特征履行原则是确定最密切联系原则的因素之一。根据特征履行原则和其他原则，最高法院对十七类合同确定了硬性连结点。其中十一种合同的连结点直接根据特征履行原则确定。解释同时规定，"如果上述合同明显与另一国家或者地区有更密切联系的，适用该另一国家或地区的法律。"也就是说，法官首先适用特征履行原则，在例外情况下才适用最密切联系原则。

但是《涉外民事关系法律适用法》并没有完全沿用该司法解释的规定。该法第41条规定："……当事人没有选择的，适用履行义务最能体现该合同特征的一方当事人经常居所地法律或者其他与该合同有最密切联系的法律。""或者"一词有几种解释。第一个观点认为，按照字面解释，"或者"意味着法官有选择权。法官可以自由决定适用特征履行原则还是最密切联系原则。这个解释在实践上难以立足。法律的作用，不止是协助法官判决案件、解决争端，还包括帮助当事人预测行为后果，从而有意识地改变自己的行为，规避风险。如果法官可以自由决定适用哪个原则确定准据法，而当事人无法猜测到法官的选择，当事人在商事活动中将会面临巨大的风险。同时，双方当事人均不知道哪个原则可能被适用，他们可能按照不同的原则确定的法律规则履行合同。双方的不同预期和不同的行为标准将会导致争端的发生。这个解释明显不符合法治的要求。

第二种观点认为，由于特征履行原则是确定最密切联系的一种方法，而且最密切联系原则已经被《涉外民事关系法律适用法》第2条列为一般性原则，法院应当优先适用最密切联系原则。只有最密切联系原则无法适用时，才应当适用特征履行原则。但是我国并非普通法系国家，直接适用最密切联系原则对于很多法官而言可能存在难度，不同的衡量标准也容易导致"类案不同判"的结果。

第三种观点认为，由于特征履行原则在第41条的行文上放在最密切联系原则的前面，"或者"的意思应当是法官需要首先适用特征履行原则。当特征履行原则无法适用，特征履行原则将导致不合理结果，或者另一国与合同的关系较特征履行人惯常居所地更密切时，法院才应当适用最密切联系原则。这个观点和原司法解释一脉相承。虽然在《涉外民事关系法律适用法》实施后，原司法解释失去了效力，但是司法解释体现的原则仍然可以被采纳用于解释《涉外民事关系法律适用法》中的规则。特别是原司法解释和《涉外民事关系法律适用法》在文义和目的上并无冲突。而且在实践上，有的法官在适用《涉外民事关系法律适用法》第41条时的确仍然采用原司法解释的做法。借鉴欧盟经验，采取此观点代表的"居中"模式应当是更加合适的做法。法院应当首先适用特征履行原则，满足法的确定性；若特征履行原则无法适用，或者合同整体上和另一个国家的联系"明显"更紧密，则应当适用最密切联系原则，满足法的灵活性。这就是所谓的"确定性与灵活性相结合"。

第三节 强制性规则

一、强制性规则概述

虽然大多情况下，法院需要根据上述冲突规范确定准据法，但是有一类法律不受冲突规范的限制，可以由法院在相关案件中直接适用。此类法律称为强制性规则。强制性规则是不需经过冲突规范指引而可以直接适用的规则。强制性规则独立于冲突规范。在涉外民商事活动中，如果案件与强制性规则有关，则法院不再适用冲突规范寻找准据法，也不再在确定了准据法之后用公共政策排除其适用，而是直接适用强制性规则。[1]

强制性规则反映的通常是关乎公共政策的内容。换言之，强制性规则将公共政策成文化。但是强制性规则对外国法不作价值评判，仅以案件所涉问题和本国重大公共利益相关为理由，要求本国法直接得到适用。公共政策的功能是否定的、负面的，而强制性规则的功能是肯定的、正面的。[2] 适用强制性规则可以达到和公共政策同样的结果，同时避免了对外国法和外国主权造成损害，符合国际礼让。正因为如此，强制性规则逐渐取代了公共政策，越来越多地被各国法院在实践中适用。

要理解什么是公共政策、强制性规则，以及其他类型的法律规则，我们可以简单直观地画一个图。各国的法律体系就像一个金字塔。它的基石是一个国家和社会根深蒂固的习俗、秩序、道德观念，以及建立在此之上的原则。这是社会成

---

[1] Jonathan Hill & Maire Ni Shuilleabhain, Clarkson & Hill's Conflict of Laws, 5th ed., Oxford University Press, 2016, p. 198.

[2] Jonathan Hill & Maire Ni Shuilleabhain, Clarkson & Hill's Conflict of Laws, 5th ed., Oxford University Press, 2016, p. 203.

员共同守卫的规则，不论有没有通过国家机关形成法律，也不容任何社会成员违反。打个比方，我国广大农村地区存在大量类似的规则。这种规则有着极其强大的稳定性和延续性。国家法律如果和此类规则发生冲突，是难以在当地推行下去的。此类规则又是模糊的，大多情况下并不存在一本详细全面记载这些规则的书或者册子。如果询问当地居民当地是否存在什么规则，他往往难以回答出个所以然来。但是这些规则又是实实在在存在的。一旦进入相应的场景，每个人都会自觉地统一行为，保证不会"逾矩"。此类规则如果存在于国家范围内，便是国际私法中的公共政策。

但是，公共利益并非全是不成文的规则，因为国家已经将部分传统习俗、社会秩序、道德准则通过立法程序制定为成文法。这些法律通常是国家对于"公问题"的立法规范。公问题指的是不仅关系双方当事人，还关系到当事人之外的不确定的第三方的问题，不允许当事人自行解决，而要求国家公权力介入治理。公权力介入规制公问题的法律属于强制性规则。中国《最高人民法院关于适用〈中华人民共和国涉外民事关系法律适用法〉若干问题的解释（一）》将强制性规则定义为："……涉及中华人民共和国社会公共利益、当事人不能通过约定排除适用、无需通过冲突规范指引而直接适用于涉外民事关系的法律、行政法规的规定……"[1] 欧盟《罗马Ⅰ条例》第9条第1款将强制性规则定义为："一国认为对维护其公共利益（例如其政治、社会或经济组织）至关重要的规定。"

强制性规则虽然是成文法，但是其反映的是国家对公共利益的维护。中国最高人民法院的司法解释将强制性规则分为几大类，包括涉及劳动者权益保护的，涉及食品或公共卫生安全的，涉及环境安全的，涉及外汇管制等金融安全的，涉及反垄断、反倾销的，以及其他情形。[2] 其他情形应当还包括涉及涉外经济管理和经济秩序的法律，如进出口管制；保护社会管理秩序的法律，如反洗钱、反剥削、反贿赂；保护国家文化和道德准则的法律，如禁止赌博、禁止卖淫、禁止重婚的法律等。基本上刑法、行政法、社会法调整范围内的规定都属于强制性规则。

在经济活动越来越复杂的今天，还出现了既涉及公共利益，又涉及私人权利的问题，也就是纯粹公问题和纯粹私问题之间的灰色地带。比如消费者保护问题，既涉及消费者和商家之间签订的合同，又涉及公权力对弱者的保护。此类规则需要通过审查立法语言来判断它们是否属于国际私法意义上的强制性规则。如

---

[1]《最高人民法院关于适用〈中华人民共和国涉外民事关系法律适用法〉若干问题的解释（一）》第8条。

[2]《最高人民法院关于适用〈中华人民共和国涉外民事关系法律适用法〉若干问题的解释（一）》第8条。

果某规则清楚地表明:"不论合同准据法是哪国法律,本规则一律适用","所有涉外行为均适用本规则",或者"本规则的适用不得被冲突法排除",那么该规则属于强制性规则。但是,大多时候立法并未明文规定此类法律有超越冲突规则的性质。这些规则仅在它们所属的国内法体系里有强制力,不容许当事人合意排除。在涉外案件中,一旦冲突规范要求法院适用外国法,这些规则便不再适用。它们被称为"国内强制性规则"(domestic mandatory rules)。本章所讨论的"强制性规则"不包括此类"国内强制性规则"。

最简单的是纯粹私问题,可以完全由意思自治决定。有的与私问题有关的法律,明确地表明其不具有强制性。如《民法典》第493条规定:"当事人采用合同书形式订立合同的,最后签名、盖章或者按指印的地点为合同成立的地点,但是当事人另有约定的除外。""另有约定的除外""当事人未约定的"此类语言表明,该法律规则仅在当事人没有约定时填补合同空缺,随时可以被当事人合意排除,属于非强制性规则。

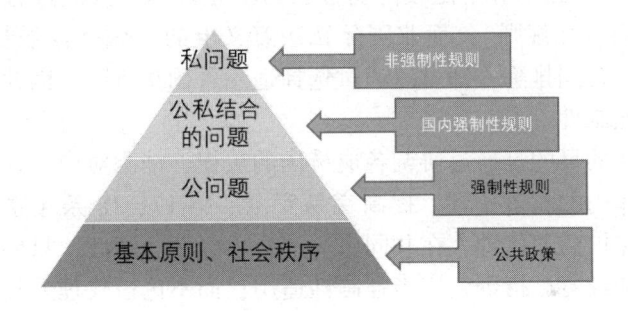

法律位阶图

二、法院地的强制性规则

在案件涉及法院地的强制性规则时,法院将直接适用本国的强制性规则,不适用冲突规范确定准据法。中国《涉外民事关系法律适用法》第4条规定:"中华人民共和国法律对涉外民事关系有强制性规定的,直接适用该强制性规定。"欧盟《罗马Ⅰ条例》第9条第1款规定:不论合同的准据法是哪国法律,强制性规则适用于任何在其范围内的案件。根据大多数国家和地区的立法,适用法院地强制性规则不需要有任何前提条件。

此外,法院适用法院地强制性规则也不存在自由裁量权。换言之,只要法院地有与案件相关的强制性规则,且案件事实属于强制性规则规范的范围,法院地强制性规则必须适用。但是很多规则的强制适用性以及适用范围并不清晰。在司法实践中,法院仍然需要根据文义和立法目的对强制性规则做出解释,判断该规则是否属于强制性规则,在具体个案中是否适用。例如欧盟法院判决的"英格玛诉伊顿案"(Ingmar v. Eaton)。[1]

英格玛是英格兰公司,伊顿是美国加州公司。二者签订合同,伊顿任命英格玛为其在英国的商业代理。合同含法律选择条款,当事人选择加利福尼亚州法律为准据法。7年后,伊顿终止合同。英格玛要求伊顿支付佣金,并按照欧盟《关于协调成员国有关自雇商业代理人法律的第86/653号理事会指令》支付赔偿金。该指令统一各成员国关于商业代理人的国内法。指令第17、18条规定,商业代理人在合同终止时有权获得因终止代理关系而遭受损害的赔偿。当事人就该指令中的赔偿规定是否为强制性规则发生分歧。

共同体法院认为,该指令的赔偿规定是强制性规则。第一,指令第19条规定,为了保护代理人的利益,当事人不得在合同到期前通过合同条款排除指令关于赔偿的规定。[2] 这个理由比较薄弱,因为不允许当事人通过合同排除的规则可能是"国内强行性规则",而非国际私法意义上的"国际性强制性规则"。前者虽然不能通过合同排除,却可以通过选择适用外国法排除,因此只在其所属的法律体系中有强制性。

第二,指令的目的是通过协调各成员国的法律,消除对商业代理人活动的限制,统一共同体内的竞争条件,提高交易安全。第17、18条建立的强制性赔偿制度目的在于保护商业代理人在共同市场的自由经营。因此,只要商业代理人在共同市场运作和经营,指令就应当强制性适用,而不论被代理人是否在成员国内部,或者合同的准据法是哪国法律。[3] 这个理由通过立法的目的,说明指令必须对在共同市场经营的代理人强制适用。在确定指令强制性规则的性质的同时,也将适用指令的范围缩小到共同市场经营的代理人,而非所有的代理合同。如果欧盟被代理人和非欧盟代理人签订合同开拓海外市场,以保护被代理人为目的的指令将不适用。

三、第三国的强制性规则

(一) 适用第三国强制性规则的原因

法院能否适用第三国的强制性规则存在争议。第三国指的是非准据法地、非法院地的其他与合同有密切联系的国家。允许法院适用第三国强制性规则有以下

---

[1] Case C-381/98 Ingmar v. Eaton [2000] ECR I-09305.
[2] Case C-381/98 Ingmar v. Eaton [2000] ECR I-09305, Paras 21-22.
[3] Paras 23-24.

理由。第一，这是国际礼让的要求。[1] 如合同当事人选择适用日本法，在中国法院解决争端，但是整个合同在美国履行。如果完全不考虑美国法，合同的履行虽然可能符合准据法和法院地法，却会在美国这个合同直接产生社会效应的地方造成负面社会影响，违反当地政府希望保护的重要利益和社会秩序。只有允许法院在必要的时候适用美国的强制性规则，或者承认美国强制性规则的效力，才符合国际礼让原则。

第二，适用第三国强制性规则是对等原则的需要。[2] 各国均有利益规制和本国有紧密联系的行为，防止特定的行为侵犯国家试图保护的根本利益。如果在中国履行的合同发生纠纷，当事人到美国法院解决纠纷，合意选择日本法，则中国希望美国法院可以考虑协助维护中国的根本利益，承认中国强制性规则的效力。由于各国均有相同需要，各国均可能出于对等互惠的考虑，适用第三国的强制性规则。

第三，适用第三国的强制性规则有利于实现判决的一致性，防止当事人挑选法院。[3] 如果法院均不适用第三国的强制性规则，仅适用准据法和法院地的强制性规则，不同的法院对相同的案件很可能做出不同甚至相反的判决。原告可以根据法院地法挑选法院，以规避和合同有密切联系国家的强制性规则。基于此，有的国家或地区立法允许法院在特定情形下适用第三国强制性规则。普通法系国家虽然没有相关立法，法院在实践上也会考虑礼让和外国政府利益，间接承认外国强制性规则的效力。

（二）通过礼让适用第三国强制性规则

适用第三国强制性规则，在国际上并不鲜见。英国法院在许多 20 世纪早期的案例中，已经出于礼让等原因对国际合同适用过第三国的法律。例如"威士忌案"（Foster v. Driscoll）。[4]

> 一群英国人在美国执行禁酒令期间成立合伙。合同中载明合伙经营的目的是从苏格兰将威士忌出口给加拿大买主。事实上，当事人将最后利用别的方式将威士忌卖到美国。合同约定适用英国法。在合同尚未履行时，当事人

---

[1] Adeline Chong, "The Public Policy and Mandatory Rules of Third Countries in International Contracts" Journal of Private International Law, vol. 2, 2006, p. 27, pp. 37–38.

[2] Adeline Chong, "The Public Policy and Mandatory Rules of Third Countries in International Contracts" Journal of Private International Law, vol. 2, 2006, p. 27, pp. 37–38.

[3] Adeline Chong, "The Public Policy and Mandatory Rules of Third Countries in International Contracts", Journal of Private International Law, vol. 2, 2006, p. 27, 38–40.

[4] Foster v. Driscoll [1929] 1 KB 470.

因关系破裂而散伙。原告起诉到英国法院,要求被告赔偿未履行合同造成的损失。

英国法官并没有适用既是准据法又是法院地法的英国法确定违约责任。英国法官认为适用英国法会鼓励当事人违反美国禁酒令,这将导致美国政府的不满,也不符合国际礼让义务和公共道德观念。英国法院没有直接适用美国禁酒令,而是认为国际礼让是英国的公共政策,并以违反公共政策为由,拒绝适用英国法执行合同。这种做法间接地承认了与合同有密切联系的第三国美国的强制性规则的法律效力。

另一个非常典型的案例是"黄麻案"(Regazzoni v. Sethia)。[1]

当事人签订买卖合同,将印度产的黄麻出口至意大利。当事人都清楚,这个合同的目的并非将黄麻卖往意大利,这批货物的最终目的地是南非,也就是买方收到货物后准备将其再出口到南非。当时由于印度禁止出口黄麻到南非,导致南非黄麻价格暴涨,合同双方试图从中盈利。双方约定英国法院有管辖权,且合同适用英国法。买方在没有收到货物后起诉卖方违约。

虽然合同表面并未违反印度法律,但是英国法院仍然采取了推究合同真意的方法,认为合同的最终目的旨在违反印度强制性规则。根据英国的公共政策,如果合同的履行会违反其它友好邻邦的法律,英国法院不能履行该合同。

这两个案例反映了几个重要的法律原则。第一,第三国的强制性规则通常属于公法性质的法律,如刑法、出口管制法、外汇管制法等。这样的法律由于"公法禁忌",无法在外国法院的民商事案件中作为准据法被直接适用。因此,法院对于外国公法,通常只能承认其负面"效果",也就是使合同无效,而非直接适用外国刑事或者行政法律,惩罚违法当事人。第二,以上合同表面上看均未违反合同履行地的法律,但是合同载明的履行地和合同真实目的地不同。当事人希望利用起草合同的技巧,巧妙规避合同真实目的地的法律。英国法院并不拘泥于合同的形式,而是直接探究合同的真实意愿,如果合同违反其真实目的地的强制性规则,合同无效。第三,英国法院虽然没有直接适用第三国强制性规则,但是法官采用了间接方法,利用国际礼让这一公共政策保护第三国的社会秩序。出于国际礼让,法院不会鼓励发生在外国领土上的违法行为;出于对等,每个国家都不

---

[1] Regazzoni v. Sethia [1958] AC 301.

希望外国法院执行违反本国法律的合同。[1]

自由裁量权的行使与强制性规则的性质有关。如果外国强制性规则并非刑事法律，而是具有域外效力的经济管制法律，那么该外国法得到承认的可能性便较低。典型案例如"利比亚阿拉伯银行案"（Libyan Arab Foreign Bank v. Bankers Trust）（简称"美国制裁案"）。[2]

利比亚银行在美国信孚银行的纽约和伦敦支行均有账户。按照约定，每日美国账户中的盈余将自动转到伦敦账户。1986年美国总统签署冻结美国主体控制的利比亚资产的行政命令。根据此命令，信孚银行的纽约支行停止往伦敦账户转移总价值约1.31亿美金的资金。利比亚银行在英国起诉违约。信孚银行辩称履行合同将造成其违反美国管制法。

英国法院没有认可违法行为抗辩。英国高等法院对境外违法行为进行了限缩解释，指出英国法院不鼓励违反"行为地"法律的行为。按照英国法，债务人有义务到债权人所在地履行债务，因此支付行为的发生地应当在债权人所在地。信孚银行纽约支行的付款行为地并非在纽约而是在伦敦，因此纽约支行的付款行为不会违反行为地法。因为履行合同不存在鼓励违反行为地法律的情况，英国不认为其公共政策会要求法院出于国际礼让给予美国制裁法效力。

另一个类似的案件是"克莱因沃特诉温加里什案"（Kleinwort v. Ungarische (1939)）（简称"外汇管制案"）。[3]

匈牙利公司和英国银行签订合同，将给银行支付一笔英镑。合同签订时在匈牙利和英国均属合法。但是在履行给付义务前夕，匈牙利通过了外汇管制法，使得没有得到匈牙利国家银行批准的外汇支付均违法。匈牙利公司拒绝履行合同，并提出违法行为抗辩，也就是履行合同会违反匈牙利的强制性规则。

英国法院认为匈牙利公司无法依靠违法行为抗辩拒绝履行合同，因为支付行为的发生地是在债权人所在的英国，而非匈牙利。所以履行合同不违反行为地法律，无需适用公共政策例外承认匈牙利强制性规则的效力。

---

[1] Adeline Chong, "The Public Policy and Mandatory Rules of Third Countries in International Contracts", Journal of Private International Law, vol. 2, 2006, pp. 27-70.

[2] Libyan Arab Foreign Bank v. Bankers Trust [1989] QB 728.

[3] Kleinwort v. Ungarische [1939] 2 KB 678.

虽然以上四个案例从技术上说均没有违反合同履行地法律，但是法官却作出了不同的判决。将"美国制裁案"和"外汇管制案"与"黄麻案"以及"威士忌案"对比，可以发现几个重要区别。第一，"黄麻案"和"威士忌案"的当事人出于违法目订立合同。换句话说，合同的目的便是通过违法行为获利，本质便有恶意。而"美国制裁案"和"外汇管制案"的当事人并没有计划实施违法行为，而是因为合同订立后的情势变更，所以履约行为可能触犯相关国家的法律。前者公然挑战已有的法律；后者被动地成为新法的受害者。第二，"黄麻案"和"威士忌案"触及刑法。而"美国制裁案"中涉嫌违反的法律是美国的制裁法。该制裁法的域外效力涉嫌违反国际法原则，已经被很多国家批评。换句话说，该案涉及的强制性规则的效力很多国家不予承认。

（三）欧盟《罗马Ⅰ条例》

欧盟《罗马公约》首次以立法的形式允许成员国法院行使自由裁量权，适用第三国的强制性规则。《罗马公约》第7条第1款表明，法院在适用准据法时可以考虑适用"与合同有密切联系的另一国的强制性规则"。[1] 由于该条的适用条件模糊、可能会造成较大的不确定性，英国、爱尔兰、德国、拉脱维亚、卢森堡、葡萄牙和斯洛文尼亚对该条作了保留。[2] 欧盟在替代《罗马公约》的《罗马Ⅰ条例》中保留了适用第三国强制性规则的条款，但是限制了该条款的适用范围。该条例第9条第3款规定，当合同的履行构成履行地的违法行为时，成员国的法院有权忽视准据法而适用合同履行地的强制性规则。该条款将第三国严格限定在合同义务的履行地，且仅当合同履行属于履行地的违法行为时才适用履行地的强制性规则。

在决定是否是适用第三国强制性规则时，成员国法院需要考虑第三国强制性规则的"性质、目的，以及适用和不适用的后果"。[3] 根据成员国法院的判例，法院通常会承认违反合同履行地强制性规则的合同无效，即使强制性规则保护的利益和法院地利益不同，例如法国法院在"穆勒·马士基案"（Muller Maersk）中的判决。[4]

冷冻肉销售商委托货运代理将货物从法国运往加纳。货运代理委托丹麦

---

[1] Convention 80/934/EEC on the Law Applicable to the Contractual Obligations, Art 7 (1).

[2] Michael Hellner, "Third Country Overriding Mandatory Rules in the Rome I Regulation: Old Wine in New Bottles?", Journal of Private International Law, vol. 5, 2009, pp. 447, 450.

[3] 《罗马Ⅰ条例》第9条第3款。

[4] 5 Cour de cassation, Chambre commerciale, financière et économique, Arrêt n° 330 du 16 mars 2010 (08-21.511).

承运人马士基公司运输。然而,加纳在"疯牛"危机期间对法国原产肉类实行禁运。承运人将易腐烂的产品退回卖方,货物被紧急出售。卖方要求货运代理和承运人赔偿因未交付货物而造成的损失。承运人根据《法国民法典》提出运输合同无效,因为根据加纳法律,合同标的物是非法货物。

法国昂热上诉法院认为,由于法国法是准据法,加纳法律对当事人没有强制性效力,被告违约成立。但是法国最高法院认为应当审查《罗马公约》第7条第1款对第三国强制性规则的规定。即使第三国法律保护的利益和法国利益相左,法院仍然要考虑第三国法律的性质和对当事人造成的后果。案件发回普瓦捷上诉法院重审。重审法院认为加纳进口管制法是包含公共健康的强制性规则。由于收货人位于加纳,加纳是合同履行地,禁运使得合同履行变得不可能。法院应当给予加纳强制性规则效力,由于合同目的无法实现,合同无效,被告无需担负违约责任。[1]

但是,如果第三国强制性规则违反了国际法或者欧盟的经济利益,欧盟法院将拒绝适用第三国的强制性规则。特别是欧盟通过第2271/96条例阻断美国对古巴、伊朗等国采取的次级制裁在欧盟发生效力。[2]《欧盟阻断法》明文要求欧盟自然人和法人不得遵守被阻断的美国对外制裁法,以及根据这些被阻断法作出的任何决定、判决或裁决。《欧盟阻断法》生效后,欧盟成员国在数个案件中拒绝确认美国制裁法有效。因为如果第三国强制性规则和准据法或者法院地强制性规则发生冲突,则准据法或法院地强制性规则优先。[3]

但是,上述规则也存在例外。美国法院可能根据"外国主权强制"原则,允许当事人适用第三国强制性规则而违反美国强制性规则。外国主权强制也称"政府强制"或"主权强制",一般指外国被告以外国政府强行要求其违反相关法律为由寻求责任的免除。[4]在"泛美炼油公司诉德士古马拉开波"(Interamerican Ref. Corp. v. Texaco Maracaibo)案中,美国法院认为确认外国政府强制行为的

---

[1] Cour d'appel de Poitiers, Chambre civile, 29 novembre 2011, No 10/03500.

[2] Council Regulation (EC) No 2271/96 of 22 November 1996 protecting against the effects of the extra-territorial application of legislation adopted by a third country, and actions based thereon or resulting therefrom, [1996] OJ L 309/1, as amended by Regulation (EU) No 37/2014 of the European Parliament and of the Council of 15 January 2014, [2014] OJ L 18/1, and by Commission Delegated Regulation (EU) 2018/1100 of 6 June 2018, [2008] OJ L 199/1), which amended the Annex to Regulation No 2271/96.

[3] Payesh Gostaran Pishro Ltd. v. Pipe Survey International CV and P&L Pipe Survey (Case No C/10/572099/HA ZA 19-352, decided Apr. 1, 2020).

[4] See Henry C. Pitney, "Sovereign Compulsion and International Antitrust: Conflicting Laws and Separating Powers", Columbia Journal of Transnational Law, Vol. 25, 1987, p. 403.

存在，需要审查相关的外国法律义务、惩罚措施、及其严厉程度。[1] 在此案中，被告拒绝与原告进行石油交易，并声称其行为是委内瑞拉政府要求的联合抵制行为。特拉华州联邦地区法院怀特法官采纳了被告的抗辩。法官认为，当一个国家提出强制性贸易措施时，本国企业"别无选择，只能遵守"，企业的商业行为变成了主权行为，不应当对主观没有过错的当事人进行惩罚。当然，外国政府的强制必须存在，而行为人完全不能选择。在"美国诉布罗迪案"（United States v. Brodie）中，[2] 被告被控参与了对古巴的贸易，从而违反了美国对古巴的制裁法。被告声称加拿大、英国和欧盟阻断法可能将他们遵守相关美国法律的行为定为犯罪。美国宾夕法尼亚东区联邦地区法院麦克劳克林法官指出，被告援引的外国阻断法均未"强制"被告与古巴进行交易，被告受阻断法制裁的危险并不存在，因而外国主权强制抗辩不能成立。

虽然强制性规则希望采用技术性更强、更明确直接的方法适用法律，减轻公共政策的模糊性、政策性、政治性，但是在适用第三国强制性规则的时候，法官不可避免地需要考虑公共政策的问题。法院地的公共政策，包括对基本道德的维护、对国际礼让的考量，决定了法院是否承认第三国强制性规则的效力、将其置于准据法和法院地法之上。强制性规则在国际私法层面，属于技术性较弱而政策性较强的法律。虽然法院的工作是通过技术性的法律进行公平审判，并独立于政治，但是法官在考虑问题时，很难完全脱离国家的政治文化背景。政治和文化构成了国际私法中公共利益的灵魂，同时使得国际私法呈现出了不同于其它法律部门的公私相融的独特魅力。

---

[1] Interamerican Ref. Corp. v. Texaco Maracaibo, Inc., 307 F. Supp. 1291, 1298（D. Del. 1970）.
[2] United States v. Brodie, 174 F. Supp. 2d 294（E. D. Pa. 2001）.

第十三章 涉外消费合同

第一节 国际私法与弱者权利保护

一、保护性国际私法概述

和国际私法漫长的历史相比,利用国际私法保护合同中的弱者是一个很新的做法。国际私法传统上是价值中立的"技术法",依靠技术性的连结点将涉外争端联系到一个国家的法律体系。至于保护当事人权利,特别是实体权利,则留给各国的国内法解决。在很长一段时间,国际私法对于合同中的弱者并没有专门的保护。直到二战后,人权保护成为欧洲大陆国家法律制度的重要议题。欧洲一些国家将弱者保护扩大到国际私法领域。德国、奥地利等国家率先在消费信贷领域建立了保护性管辖权规则。欧共体1968年签订关于管辖权和判决承认执行的《布鲁塞尔公约》时,将保护性管辖权纳入共同体的统一管辖权规则。但是1968年的《布鲁塞尔公约》的保护性管辖适用范围较窄,仅包括某些保险合同以及分期销售和贷款合同。[1] 1978年丹麦、爱尔兰和英国加入欧共体时,《布鲁塞尔公约》得到修订,将保护性管辖扩展到"消费合同"。这也是第一次使得"消费合同"在国际私法上成为一类特殊的合同。1980年,欧洲共同体制定《国际合同义务法律适用罗马公约》。该公约对消费合同和劳动合同采纳了保护性法律适用规则。[2] 至此,欧共体已经在涉外消费合同中建立了完整的保护性国际私法规则。

随着《布鲁塞尔公约》和《罗马公约》分别被《布鲁塞尔Ⅰ条例》和《罗

---

[1] 1968 Brussels Convention on jurisdiction and the enforcement of judgments in civil and commercial matters [1972] OJ L 299/32, Sec 3-4.

[2] Council Convention 78/884/EEC on the accession of the Kingdom of Denmark, Ireland and the United Kingdom of Great Britain and North Ireland to the Convention on jurisdiction and the enforcement of judgments in civil and commercial matters and to the protocol on its interpretation by the Court of Justice, [1978] OJ L 304/1, Sec 3-4.

马条例》取代,欧盟的保护性国际私法得到进一步发展和完善,并对许多非欧盟国家造成了重要的影响。我国的《涉外民事关系法律适用法》就对涉外消费合同适用了特殊的保护性法律适用法。在消费合同领域,国际私法形成了两大模式:保护模式和中立模式。保护模式主张,包括消费者在内的涉外合同中的弱者需要国际私法专门立法保护,不能仅依赖国际私法做技术性的指引。中立模式坚持国际私法中立和市场自由原则,将传统价值无涉的国际私法规则适用于消费合同。如果弱者需要保护,完全可以利用传统的强制性规则和公共政策。正因为在消费合同领域的巨大分歧,国际统一规则难以达成,包括海牙2005年《法院选择协议公约》、2019年《外国民商事判决承认和执行公约》、2015年《国际商事合同法律选择原则》等一系列国际私法的立法活动均排除了消费合同。涉外消费合同的国际私法问题也就成为国际私法争议最大的问题之一。

二、保护性国际私法的理由

欧洲立法者创建保护性国际私法,主要理由是传统国际私法适用于消费合同领域并不合适。第一,虽然意思自治已经成为涉外合同最重要的确定管辖权和准据法的原则,但是意思自治在当事人实力不平等时可能会对弱者不利。消费者在涉外商事活动中处于弱势地位。消费者签订合同的议价能力相对较弱,他们面对的通常是由另一方拟定的格式合同。消费者通常不会阅读合同,即使阅读了合同,他们很多时候并没有足够的知识理解每个合同条款的内容及其后果。此外,消费者通常没有机会针对格式合同的内容讨价还价(take it or leave it)。而另一方完全有可能利用己方的谈判优势,将不利于消费者的条款写入合同,包括法院选择和法律选择条款。大多数公司选择将本国法院和本国法律适用于所有跨国消费合同。即使这种选择并无恶意,仅出于提供商业活动的确定性以及降低商事风险的目的,但是对于经济实力较弱的消费者而言,域外诉讼将造成巨大的经济负担。而另一方当事人通常是公司,以他们的经济实力和专业能力,域外诉讼不会造成同等程度的困难。[1]

第二,在没有意思自治的情况下,传统国际私法仍然不利于消费者。首先管辖权的重要原则是允许被告在其住所地或者惯常居所地被起诉。在跨国消费合同中,消费者通常在合同成立前已经付款,因此消费者成为被告的案例很少。大多情况下是消费者起诉公司,也就是消费者必须到公司所在地起诉。虽然可以通过客观联系确定管辖权,但是合同签订地、合同履行地很多时候和公司所在地重

---

[1] Zheng Sophia Tang, Electronic Consumer Contracts in the Conflict of Laws, 2nd ed., Hart Publishing, 2015, p.9.

合。[1] 在法律适用领域，根据特征履行原则，公司通常是特征履行方，因此公司的惯常居所地的法律将得到适用。虽然最密切联系原则可能成为特征履行原则的例外，但是消费者所在地通常与合同并没有明显更密切的联系。因此，在没有意思自治的情况下，传统国际私法往往导致对公司更加有利的结果。

第三，我们能否利用公共秩序和强制性规则保护弱者权利呢？事实上，公共秩序和强制性规则虽然涉及了对公平正义等价值的维护，但是它们对涉外消费者的保护远远不够。消费合同虽然涉及弱者，但也是私人主体之间正常的民商事活动。弱者权利保护需要和合同自由达到平衡，而非直接动用国家力量全面管控实现。因此大多保护消费者的立法并未进入国际性强制性规则的范畴，充其量只是国内强制性规则，可以被外国准据法排除。公共秩序也是如此。虽然违背公平正义，利用胁迫欺诈等手段签订合同违反了公共秩序，但是涉外消费合同中的意思自治条款很多时候并未涉及欺诈胁迫等严重违反公序良俗的情况。格式合同符合商事习惯，不可能完全禁止，商家甚至根本没有剥夺消费者权利的动机，而仅仅出于保护自身利益和商事安全选择本国法院和法律。这些选择虽然可能对消费者不利，但远远达不到违反公共政策的程度。[2] 基于以上理由，欧盟立法者认为需要改革国际私法，对消费者提供更大程度的保护。保护的方式是直接改变消费合同的管辖权和适用的准据法，使得消费者有权利用本国法院和本国法律寻求救济。

第二节 定义消费者

一、合同当事人

欧盟制定了专门保护消费者的保护性国际私法。适用保护性国际私法的前提是合同的一方当事人必须是"消费者"。但是"消费者"这一概念并没有国际统一的清晰的定义。欧盟《布鲁塞尔Ⅰ修正条例》和《罗马Ⅰ条例》将消费者定义为："非出于商业或专业目的，与另一从事其行业或专业的人士订立合同的自然人。"成立消费合同的首要条件是当事人之间存在实力差别。因此合同当事人一方必须为非专业人士（消费者），另一方为专业人士。在双方都是专业人士的情况下订立的合同为普通商业合同。如果双方都不是专业人士，任何一方都不能作为消费者获得专门的保护。如一个人通过二手交易平台出售闲置物品，则双方的

---

[1] Zheng Sophia Tang, Electronic Consumer Contracts in the Conflict of Laws, 2nd ed., Hart Publishing, 2015, pp. 9-10.

[2] Zheng Sophia Tang, Electronic Consumer Contracts in the Conflict of Laws, 2nd ed., Hart Publishing, 2015, pp. 11-12.

力量对比相当,二者都不是消费者。

二、合同目的

(一)身份还是目的

确定消费合同的关键是"目的"而非"身份"。当事人签订合同时是否拥有专业身份在所不问。如"意大利牙具公司"(Benincasa v. Dentalkit Srl)案。[1]

一个德国人和意大利公司签订特许经营合同。签订合同时,这个德国自然人并不是一个商人。但是他签订合同的目的不是自己或者家人使用牙具产品,而是获得特许经营权,并在慕尼黑设立公司独家经销该品牌的牙具产品。合同中包含选择意大利法院解决争议的条款。争议发生后,德国人在德国起诉,认为因为他签订合同时并未从事商业行为,因此属于消费者,法院选择条款无效。

欧洲法院采取了"目的说",认为保护性管辖只保护以消费为目的的最终私人消费者,而不是以未来商业经营为目的的合同当事人。后者即使现在的身份并非专业人士,但是签订合同之后便会成为商务人士,而非消费者。

(二)非商业目的

什么目的属于"非商业目的"?有的国家对消费者签订合同的目的作正面定义。例如中国《消费者权益保护法》定义为消费者"为生活消费需要购买、使用商品或者接受服务"。[2]"非商业目的"涵盖的范围远大于"生活消费目的"。如一个人将自己的二手车卖给车行,买方是专业人士,卖方是非专业人士。卖方订立合同的目的属于"非商业目的",符合欧盟法中消费者的定义。但是卖方出售二手车的目的并非个人生活消费。在这个案件中,卖方能否获得国际私法对消费者的特殊保护?从"消费者"的字面意思上看,消费者必须存在"消费"行为。消费意味着购买,而非出卖。将消费者的定义扩大到卖方,显然不符合消费者的语义。

如果一个人是普通投资者,接受银行或者证券公司投资顾问的建议购买理财产品,这个人是否属于消费者?接受服务并购买产品的当事人并非专业投资者,他签订合同的目的并非商业或专业目的。按照欧盟定义,此人应当属于消费者。但是个人购买理财产品的目的并非"生活消费",而是投资并获得受益。个人投

---

[1] Case C-269/95 Benincasa v. Dentalkit Srl [1997] ECR I-03767, paras 15-18.

[2] 《消费者权益保护法》第2条。相同的定义也被国际标准化组织、《俄罗斯消费者权利保护法》等采纳。

资者能否获得消费者的保护呢？这个问题在"彼得鲁乔娃诉FIBO集团控股公司"（Petruchová v. FIBO Group Holdings）案中获得了解答。[1]

  原告是捷克居民，被告是一家根据塞浦路斯法律成立的证券经纪公司。2014年，双方远程签订金融差价合同，目的是使原告可以通过被告的在线交易平台在国际外汇市场进行交易，并在基础货币相对于报价货币的购买和销售汇率差额中获利。原告下单以固定汇率兑换日元。由于被告交易系统繁忙，延迟16秒执行原告订单，在此期间，外汇市场美元兑日元汇率发生波动，被告购买的美元汇率与原告确认订单时接受的汇率不同。原告认为如果她的订单按时执行，她将获得三倍的利润。原告在捷克共和国法院起诉被告，要求归还不当得利。

欧盟法院认为，根据立法的文义解释，如果买方在商业行为之外签订合同，则属于消费者，买方在金融工具领域拥有任何知识或者专长在所不论。欧盟总检察长提议，消费合同不适用于大额投资的情况。但是欧盟法院拒绝了这个建议。欧盟法院认为，由于立法没有设立交易门槛，投资者无法判断哪种程度的投资可以获得法律保护，这将违反法律的预测性原则。即使投资行为可能出现重大风险，这和合同能否被定义为消费合同无关。因此，私人投资者也属于国际私法中的消费者。

（三）同时具有消费和商业目的的合同

如果购买商品或服务同时具有消费和商业目的，买方能否被视为消费者呢？这个问题在"古伯诉北瓦"（Gruber v. Bay Wa）案中得到了解答。[2]

  买方古伯是一个拥有大农庄的奥地利农民。农庄有12个房间用于自己和家人居住，其它的空间用来养猪和存放农具。居住空间大约占总面积的60%。为了整修农庄的屋顶，古伯向德国北瓦公司购买了瓦片和建材。就瓦片颜色发生争议后，古伯希望适用保护性管辖规则在奥地利起诉德国北瓦公司。然而北瓦公司辩称，古伯并非消费者，因为其农庄有商业用途。

古伯的农庄并非全商用或者全私用，而是结合商业和生活用途。这种情况下，古伯能否作为消费者受到管辖权上的优待呢？欧洲法院认为，保护性国际私

---

[1] Case C-208/18, Petruchova v. FIBO Group Holdings Ltd. [2019] ECLI 825.

[2] Case C-464/01, Gruber v. Bay Wa AG [2005] ECR I-00439.

法的目的，是保护经济实力较弱且法律事务经验不足的一方当事人，不会因为必须到域外诉讼而放弃诉权。如果购买者签订合同的目的涉及商事活动，即使商事活动并非全部目的，也足以推翻购买者则处于弱势地位的假设，无需给予购买者特别保护。

那么，什么样的目的能被称为商业目的呢？诚然，如果合同的标的就是商业活动的直接对象，比如购买商品再转售，合同的目的是商业目的。但是很多时候，"商业目的"的定义是模糊的。如果买方购买商品的目的是职业需要，比如工人购买安全帽、医生购买防护服，购买商品的目的是个人使用，但是使用的目的是从事专业或行业行为，这个目的是否可以视为商业目的？如果将此类合同作为商业合同处理，我们可能会遇到另一个棘手的问题。有的商品可以同时满足职业需要和个人使用需要。比如律师购买公文包，这个公文包可以用于装法律文件，也可以用于旅游购物；教授购买手提电脑，除了科研写作也可以上网玩游戏；演员购买口红，不但用于演出也可以日常使用。对于很多物品，它的职业和非职业用途难以区分。是否仅因为商品被用于职业场合而否认买方为消费者？在这种情况下，应当适用"古伯诉北瓦"案建立的第二个原则：若商业目的过于轻微而可以忽略不计，那么出于多种目的签订的合同仍然可以作为消费合同处理。在购买的物品不属于买方商事行为的"标的"时，即使相关商品适用于职业场合，也应当认为商业目的过于轻微，而不宜剥夺买方的消费者地位。

三、当事人的实际力量对比

法律之所以保护消费者，是因为消费者是合同中的弱者。但是，如果个别消费者有强大的经济和专业实力，合同当事人的实际力量对比倒置，我们是否仍需要给予这个消费者特别保护？举个非常简单的例子，如果美国前总统、地产大亨特朗普在网上购物，购买了我国浙江一个小个体户在 eBay 上出售的商品，我们是否能拒绝给予特朗普国际私法上的保护，因为他在合同中并非相对弱势。换句话说，法律应当假设消费者是一个弱势的整体并加以保护，还是根据保护性国际私法的目的，保护合同中的"真正弱者"？

虽然保护性国际私法旨在保护合同中的弱势一方，但是大陆法系的立法通常不会要求法官在个案中判断每个合同中当事人的力量对比。如果需要考察个案中的实力对比，立法者大可以不必制定保护消费者这一特定群体的国际私法，而是仅仅要求法官在每个案件中保护实力更弱的当事人。个案考察会增加案件的不确定性，也为当事人判断商事风险制造了困难。法律能做的，只能是将"消费者"作为一个集合概念，并假设每个属于这一集团的人都是相对弱者。基于这个假设，法律将给予这个集团保护，而非真的着眼于个人。同理，消费者的知识、技能、专业素养都是无关因素。[1] 其次，格式合同由另一方制定，消费者没有机会谈判，由于信息不对称，消费者只能依赖商家单方面提供信息。消费者的弱势，不仅指其经济实力，而是他们作为整体在签订消费合同这一民事行为中处于结构性的弱势。因此，定义消费合同不需要考虑双方事实上的经济实力对比。

四、合同已经成立

保护性国际私法保护的是合同关系中的消费者。换言之，消费合同必须成立。在一些特殊情形下，公司试图通过不正当的商业手段误导消费者签订消费合同，如果合同最终未能成立，则消费者不能利用保护性国际私法获得管辖权和准据法上的保护，如"恩格勒诉雅纳斯·维桑德有限公司案"（Engler v. Janus Versand Gmbh）。[2]

  原告是奥地利的自然人，被告是成立于德国的邮购公司。原告在其居所收到来自被告的信件，让其误以为中奖。信中载有一份"付款通知"的确认函，以粗体字打印中奖号码，收件人和受益人的姓名和地址和原告相符，并附有"个人—不可转让"字样。付款通知以粗体字表明中奖金额，下方以字母表示中奖数额，并附有公司代表人签署的确认书，证明"所述奖金金额正确无误"，并附有"经认证和宣誓的专家庭和办公室"字样。付款通知要求原告在附件上签名盖章并寄回以兑奖。信中还有一份公司的销售商品目录，表明中奖者可以选择商品"试用"，实则要求付款。原告签名并归还附件，但是未选择"试用"商品。被告拒绝支付奖金。原告根据消费合同保护性管辖规则，在奥地利起诉被告。

  欧盟法院认为保护性管辖规则不适用，欧盟保护性管辖规则清楚地要求合同已经成立，但是本案中并不存在消费合同。虽然被告向原告提供销售商品目录，试图通过虚假的中奖信息诱导原告购买商品，但是原告并未签订任何买卖商品的合同。至于兑奖行为，原告也没有对被告承担任何责任，因此不存在消费合同。在另一个案件"加百列案"（Gabriel）中，原告加百列同样收到被告的"中奖通知"和订货单，原告返还兑奖文件的同时订购了一些商品。欧盟法院认为虽然原告的诉因并非消费合同本身，而是虚假广告，但是因为双方已经成立了消费合同，原告可以根据保护性管辖起诉被告。[3]

---

[1] Case C-208/18, Petruchova v. FIBO Group Holdings Ltd.［2019］ECLI 825.

[2] Case C-27/02, Engler v. Janus Versand GmbH［2005］ECR I-481.

[3] Case C-96/00, Gabriel［2002］ECR I-6367.

第三节 受保护消费合同的范围

消费者保护并非仅关注消费者的利益，而需要考虑利益平衡。也就是说，保护性国际私法不能给商业主体增加太大的负担。法律需要合理地平衡不同主体之间的利益冲突，在充分保护消费者的同时，也要保证商家可以很好地控制风险。因此，保护性国际私法不适用于所有的涉外消费合同。商家必须合理预测哪个国家的法院可能会有管辖权、哪个国家的法律可能适用，从而正确进行商事决策、选择市场、规避风险。换言之，实现利益平衡的办法，是采用合理的原则，使得保护性管辖权和准据法符合当事人的预期。

一、主动与被动标准

欧共体在早期的《布鲁塞尔公约》和《罗马公约》中，采用"主动"标准保护可预测性。这两个公约一致要求买卖合同或者服务合同的商品或者服务提供商在签订合同之前向消费者的住所地发送邀请或广告，且消费者在该国采取了订立合同的必要步骤。[1] 这种做法实际上将商家区分为主动和被动两类。主动型商家必须针对消费者住所地发送信息，试图诱导消费者签订合同，主动和消费者住所地建立了联系，接受该地法律体系的管辖。

被动型商家仅在自己的国内经营，并未主动将自己置于外国法律体系的监管范围内，无法预测将和哪些特定国家建立商事联系，不应对其适用保护性国际私法。如法国巴黎一家咖啡馆可能服务来自世界各地的游客，但是老板无法在询问每个客人的身份之后再确定能否提供服务，唯一可行的经营模式是按照当地的法律和标准运营，对于每个客人不论身份一视同仁。对于这种被动的商事行为，就不能适用保护性国际私法。

二、电子商务时代"从事或指向"原则

主动与被动标准，在电子商务出现后不再符合商事活动的需要。区分商家主动进入国际市场还是被动接受涉外合同，在电子商务的语境下变得十分困难。商家不再需要上门推销，或者向消费者住址投递邮件，而是将信息放在互联网上，由消费者通过引擎搜索或者主动输入网址签订合同。如果适用传统主动和被动标准，则互联网中的消费者参与涉外交易主动性更强。此外，消费者签订合同的地点也不再重要，因为消费者可能在世界任何角落浏览同一个商事网站并签订合同。

因为以上原因，欧盟立法者更改了保护性国际私法的适用范围。《布鲁塞尔 I

---

[1]《布鲁塞尔公约》第13条；《罗马公约》第5条。

条例》和《罗马I条例》提出了"从事或指向"（pursue in or direct to）原则。如果商业行为人在消费者住所地从事商事行为，或者将商事行为指向包括消费者住所地的国家，保护性国际私法应当适用。[1] "从事"意味着系统性的、长期性的商事活动。"指向"是指偶然的商事行为，但是这个行为的性质和相关因素足以表示商业行为人有意识地将消费者住所地纳入其市场范围，或者有意识地接收来自这个国家的利润。如果商业行为人有意地使消费者住所地成为商业行为目标国，则适用保护性国际私法不会违反可预见性。[2]

但是在实践中，确定"从事或指向"并不容易。互联网允许公司通过运营电子商务网站，利用互联网国际联通的特征，直接接触多个国家的潜在客户。有的网站是互动性网站，消费者可以直接在网上下订单、付款、签订合同。当商品属于无形电子产品时，交易可以自动在线完成，而无需进行有形货物的投递。商家在不知道消费者所在何处的情况下，即可在线完成合同的签订和履行。在这种情况下，我们能否认为商家已知目标消费者住所地，并可以"预测"潜在的管辖法院和准据法将在这个国家？

这个问题在国际私法上尚未达成共识。学者们提出了多种判断标准，包括域名、货币、语言等客观连结点，网站的被动、主动、互动性质，消费者是否需要提供包括住所地等相关信息，以及商业行为人是否采用"围栏策略"（ring-fencing）。[3] 围栏策略要求商家为自己服务的市场建一个围栏，拒绝给围栏外的消费者提供服务。比如商家使用技术手段，阻挡一定地域之外的消费者浏览网站或者签订合同。如果商家没有建立"围栏"，则应当被视为将所有国家作为目标市场。如果商家已经尽力建了"围栏"而消费者通过旅行或者使用软件等方式"翻墙"，商家不应当承担不利后果。当然，"围栏"需要有效。如果商家仅仅在冗长的格式合同条款中表明有限的几个目标市场，而放任其他国家的消费者签订合同，我们应当认为该商家没有建立有效围栏，应当对这些国家的消费者进行保护。

欧盟法院也在数个案例中给"从事或指向原则"提供指导。但是大多指导都要求法院综合考虑和案件相关的所有因素，进行灵活判断，并没有达到欧盟立法者希望达到的确定性。例如"帕默诉里德雷卡尔史吕特有限公司案"（Pammer v. Reederei Karl Schluter GmbH）案和"阿尔卑斯霍夫格斯布赫酒店诉海勒案"

---

[1] Brussels I Regulation, Art 15（1）（c）（now Brussels I Recast, Art 17（1）（c））; Rome I Regulation, Art 6（1）.

[2] Jonathan Hill, *Cross-Border Consumer Contracts*, Oxford University Press, 2008, p. 90.

[3] Zheng Sophia Tang, *Electronic Consumer Contracts in the Conflict of Laws*, 2nd ed., Hart Publishing, 2015, pp. 52-55.

(Hotel Alpenhof GesmbH v. Heller) 的联合判决。[1]

居住在奥地利的帕默通过德国邮轮公司的德国代理商的网站和邮轮公司签订邮轮旅游合同。网站对邮轮的设施和服务进行了详细的介绍。帕默发现邮轮实际情况和描述不相符，拒绝登船并在奥地利起诉邮轮公司。被告辩称该公司并未在奥地利从事商业行为，也未将商业行为指向奥地利。

德国居民海勒在奥地利酒店的网站上搜索酒店的信息。之后通过邮件预定了多间客房，为期1周，并收到了邮件确认。在入住后，海勒认为酒店服务有瑕疵，拒绝支付费用。酒店在奥地利提起违约之诉，但是海勒认为酒店的商业行为指向德国，因此只有消费者住所地德国法院对此消费合同有管辖权。

欧盟法院认为商业行为人必须表明其有意和某个国家的消费者建立商业关系。因此，在当前合同成立之前，必须有证据表明商业行为人有和该国消费者进行交易的意愿。下列证据无法证明商业行为"指向"消费者住所地。第一，由于互联网信息共享的特点，仅因为网站可以在某个国家访问，并不能认为商业行为"指向"这个国家。第二，商业行为人在网站上提供联系方式，包括电子邮件、地址、没有国际区号的电话号码。因为这些信息是行为人与本国消费者联系的必要信息，无法证明行为人将其活动指向其他国家。第三，将网站分为互动网站和被动网站，认为前者的商事行为指向其他国家的做法是不准确的。虽然网站性质可以作为考虑因素之一，但不是决定性因素。

而下列证据可能证明商事行为指向消费者住所地。第一，网站或者任何广告明确无误地表示产品或服务符合某国消费者的习惯或传统。如果生产者出售电器，电器插座适用英式接头，就是一个很明确的针对英国市场的证据。第二，商业行为人明确表示为某个国家提供商品或服务，或者向搜索引擎服务提供商支付费用以便某个特定国家的消费者可以在使用搜索引擎时搜索到该公司的信息。第三，与其他证据相互结合，共同证明商业行为指向消费者住所地。例如提供带有国际域名的电话号码；使用公司所在地之外的外国域名或者顶级域名；提及由多个包括消费者住所地的成员国客户组成的国际客户群，特别是使用这些客户写的用户反馈作为产品广告。第四，如果网站允许消费者使用和商业行为人住所地不同的语言或货币，其也可能成为商业行为人针对其他国家的证据。

---

[1] Case C-585/08 Pammer v. Reederei Karl Schluter GmbH and Case C-144/09 Hotel Alpenhof GesmbH v. Heller [2010] ECR I-12527.

第四节 保护性国际私法规则

一、保护性管辖权

符合条件的消费合同将适用保护性国际私法规则。在管辖问题上，很明显消费者所在地，也就是消费者的"家"的法院是更有利于保护消费者的。因为跨境诉讼对任何人而言均是额外负担。因此，保护性管辖只需要保证消费者在"家"诉讼的权利不被剥夺即可。《布鲁塞尔 I 条例》第 18 条规定，如果商业行为人起诉消费者，仅消费者住所地法院有管辖权；如果消费者起诉商业行为人，消费者可以选择在被告住所地或者消费者住所地起诉。

此外，消费合同中的法院选择条款通常没有效力。但是条例第 19 条提供了三个例外。第一，法院选择条款在争议发生后达成。这是因为争议发生后消费者已经不再面临"接受或被拒绝"的困境。消费者也会认真审查商业行为人提出的争议解决的建议，而不会在不阅读标准条款的前提下签订任何协议。如果消费者在争议发生后签订协议，协议通常反映了消费者的真实意图。第二，如果协议扩大了消费者的权利，如允许消费者在被告所在地和消费者住所地之外的法院起诉，因为消费者的实质权利没有受到损害，所以协议也可以得到执行。第三，如果协议选择双方当事人签订合同时的共同住所地或者共同惯常居所地管辖争议，即使事后一方当事人改变其住所或者惯常居所，也不影响协议的效力。因为当事人在签订协议时的合理预期应当受到保护。

二、保护性准据法

相比管辖权，确定保护性准据法比较困难。虽然消费者所在国的法律被消费者熟知，但并不代表这个国家的法律一定会对消费者提供更高标准的保护。如果商业行为人所在地提供的保护标准更高，禁止意思自治而一律适用消费者所在国法律，既损害了消费者的实际利益，又妨害了商家降低商业风险的意图。

保护性准据法可以分为以下几类。[1] 第一，适用弱者所在地的法律。这种模型仅保证适用弱者更加熟悉的法律，而不考虑法律的实际内容。这种做法至少可以保证跨国消费者获得与本国境内消费者同等的保护，而且在程序上更加简便，容易实施。例如 1987 年《瑞士联邦国际私法》第 120 条第 2 款就采用了此种做法。

第二，欧盟《罗马 I 条例》采取的"更高级别保护模式"。这个模式在一定

---

[1] Zheng Tang, "Parties' Choice of Law in E-Consumer Contracts", Journal of Private International Law, vol. 3, 2007, p. 113.

程度上允许意思自治,但是选择的法律不得比消费者本国提供的保护更低。[1]也就是说,商家可以选择更高保护水平的法律。对于商家而言,如果选择的法律保护水平太低,就意味着对多个域外市场销售同样的产品可能需要满足各个消费者所在地的法律。如果商家主动选择最高保护标准的法律,则可以将同一个法律适用于所有的销售合同。这个模式可以鼓励商家竞相提高消费者保护标准(race to the top)。

但是,比较不同国家的法律对消费者的保护水平并不容易。很多国家的消费者保护水平类似。比如德国和奥地利,哪个国家的国内法对消费者保护的水平更高,事实上很难判断。实践中可以判断的,是一个具体的法律条文中的保护标准。比如,中国法律允许消费者在网购后有7日无理由退货权;[2]欧盟的《消费者权益指令》则给予了远程签订合同的消费者14天的退货权。在这个问题上,欧盟法律的保护标准较我国高。但是比较具体问题的保护水平可能出现另一个难题。同一个国家的法律,对有的问题可能提供更高水平的保护,对另一些问题提供的保护水平却较低。在这种情况下,采取欧盟"更高级别保护模式"意味着将两个国家法律中保护水平更高的条款拼接起来,适用于涉外消费合同。如A国给予消费者14天冷静期,退货后货款需要在7天内返还;B国给予消费者28天冷静期,退货后货款在28天内返还。比较两国法律,我们会发现B国在冷静期问题上给予消费者更高保护,但是A国在退款时间上给予消费者更高保护。二者结合,消费者将会得到28天的冷静期和7天的退款期。但是,这种做法是否真的科学,值得商榷。一个国家的法律通常是一个有机整体,对消费者和商家利益的保护需要达到平衡。有的条款给予消费者更大保护,便会另有条款适当限制消费者的权利,防止给予商家不适当的负担。如果我们机械比较单个条款,人为分割拼凑,可能会违背两个国家的立法目的。同时,这种做法使得涉外合同中的消费者获得比任一国家国内消费者更高的保护标准。欧盟立法者希望涉外消费者可以获得和国内消费者同等的保护,这样可以鼓励消费者积极进入欧盟共同市场,有利于共同市场的建立和发展。但是,给予涉外消费者相较国内消费者更好的保护,则意味着鼓励消费者更多地跨境购物而放弃国内市场。这个结果并不符合欧盟立法者的初衷。[3]

第三,中国《涉外民事关系法律适用法》对涉外消费合同采取单方面选择模式。也就是涉外消费合同原则上适用消费者所在地法;但是消费者也可以单方

---

[1]《罗马 I 条例》第6条第2款。

[2]《消费者权益保护法》第25条。

[3] Zheng Tang, "Parties' Choice of Law in E-consumer Contracts", Journal of Private International Law, vol. 3, 2007, p. 113, pp. 121-127.

面选择商品、服务提供地法。[1] 立法者假设消费者是理性的，他们知道本国法和外国法的内容，并可以做出正确的比较和评价。当消费者认为外国法提供的保护标准更高时，他们可以理性地选择外国法。但是，这种假设并不真实。消费合同通常标的较小，并不值得聘请专业律师。大多数消费者不了解法律，包括本国的法律，更别说外国法。他们不清楚自己的权利和义务，也无法做出比较。他们对外国法的判断很多时候基于"新闻"和"故事"。比如，他们听过美国老太太在麦当劳被热咖啡烫伤并获得巨额赔偿的故事，以此判断出美国法律可以给予更高额的赔偿。但是他们并不会知道故事中的"产品责任"与消费"合同责任"之间的区别，也不知道巨额赔偿的获得需要赴美国进行陪审团诉讼。简言之，消费者并不能正确预知法律后果。

此外，单方面选择模式并不利于商家防控风险。商家通过网络向多个国家出售商品。同时遵守多个国家的法律对商家而言意味着极高的成本，也使得跨国营销变得不可行。很多商家因此在格式合同中加入了法律选择条款，选择营业地法律。这并非出于剥夺消费者权利的恶意，而是出于减少商事风险、提高确定性的考虑。现在这种简单的风险防控机制不再有效，使得商家难以判断最终的潜在法律风险。

第五节 保护性国际私法的功能

保护性国际私法旨在保护消费者在跨国诉讼中的权利。在欧盟采纳保护性模式之后，立法者惊讶地发现，欧盟内部的跨境消费诉讼并未增加。换言之，保护性国际私法并没有从实践上鼓励消费者利用司法系统维护自己在涉外合同中的权利。这是因为消费合同标的较小，即使消费者可以在本国起诉，并适用保护水平更高的法律，诉讼费用和合同标的相比仍不合理。从成本收益角度看，诉讼不是解决消费合同纠纷的合理选择。[2]

那么，保护性国际私法是否真的没有什么实用价值，而只能作为一个华丽的装饰呢？对这个问题存在几种不同的看法。第一种认为，保护性国际私法给商业主体增添了不合理的负担。商业主体必须针对不同国家的市场修改自己的合同条款和服务标准。他们无法利用同一个商业网站进入多个国家的市场。他们要面对在多个外国法院应诉的潜在危险。这些都增加了商业成本。商业主体不得不将这些外部成本计入商品价格，最终导致商品价格上涨，成本还是被转嫁给了消费

---

[1] 《涉外民事关系法律适用法》第42条。
[2] Jonathan Hill, Cross-Border Consumer Contracts, Oxford University Press, 2008, pp. 9-10.

者。此外，商业主体可能采用其他手段，人为地限缩市场范围，最终限缩消费者在市场上的选择权。因此保护性国际私法的社会效益是负面的。[1]

　　第二种认为，保护性国际私法是必要的，因为不存在更有效的方式防止跨国商业主体利用优势地位损害消费者的权利。即使商业主体不存在恶意，要求消费者跨境诉讼或者适用外国法本身就是对消费者不利的因素。虽然这些保护性法律在实践上很少得到适用，但是这些法律的存在意味着相关国家有着保护弱者权利、维护公平正义的文化。此外，即使消费者不会真正使用保护性国际私法进行诉讼，商业主体仍然被要求遵守这些法律，在"法律的阴影"（shadow of the law）下进行商业行为，有助于形成保护消费者的市场氛围，督促商业主体按照更高的保护标准给消费者提供更高水平的服务。[2]

---

　　[1] Zheng Tang, "Parties' Choice of Law in E-Consumer Contracts", Journal of Private International Law, vol. 3, 2007, p. 113, pp. 125-127.

　　[2] Zheng Sophia Tang, "Private International Law in Consumer Contracts: A European Perspective", Journal of Private International Law, vol. 6, 2010, p. 225, pp. 237-239.

第十四章 跨国侵权的准据法

第一节 侵权准据法概述

跨国侵权的法律适用问题存在很多争议。侵权涉及的是行为人对他人的责任。该责任不是行为人自愿承诺的,而是国家强制要求的。虽然侵权法调整的是私人之间违反注意义务造成损害的问题,但是侵权法律的制定表达了国家对于安全、自由等公共利益的维护。每个国家的侵权责任法,特别是产品责任、环境保护、雇主责任、交通事故等,都有很明显的公法特征。很多国家对于侵权行为的惩罚,根据损害的严重程度,不但包含对受害者个人的赔偿,还包括国家对违法行为的处罚,如惩罚性赔偿。[1] 侵权处于私法和公法之间的交界处。很多时候侵权和犯罪的区别仅在于主观恶意大小、社会危害程度、损害结果的严重性。国家对于相同的行为根据不同的严重程度规定不同的惩罚措施。[2] 相比合同,侵权体现更强的国家意志。涉外侵权可能涉及多个国家意志的冲突,因此各国确定侵权的法律适用时,相比体现个人意志的合同会更为谨慎。

一、双重可诉原则

对涉外侵权法律的审慎处理体现在涉外侵权的法律适用上。如英国早期在"菲利普斯诉艾尔"(Phillips v. Eyre)案中确立了"双重可诉"原则(double actionability)。[3]

> 艾尔是英国驻牙买加总督,武力镇压了牙买加人民反抗英国的运动,制造了"莫兰湾惨案"。艾尔主导牙买加议会通过法律,赦免所有授权、领导、参与武力镇压的人在将来可能面对的一切刑事或者民事责任。菲利普斯

---

[1] 王利明:《惩罚性赔偿研究》,载《中国社会科学》2000 年第 4 期。
[2] 周雪梅:《刑事犯罪与民事侵权比较研究》,西南财经大学 2009 年博士学位论文。
[3] Phillips v. Eyre (1870) LR 6 QB 1.

在镇压中被捕入狱，在艾尔卸去总督之职回到英国后，菲利普斯在英国法院起诉艾尔，要求其承担在镇压牙买加叛乱中实施非法监禁、人身伤害等行为的侵权责任。虽然涉诉的行为发生在境外，但是由于牙买加法律赦免了相关行为，艾尔按照行为地法不承担责任，菲利普斯试图说服英国法院适用英国法。

英国是牙买加的宗主国，是艾尔的国籍国，也是艾尔镇压叛乱的受益国。但是该案涉及的是艾尔在牙买加居住时在牙买加实施的、针对牙买加居民的侵权行为。换言之，除了被告国籍，这个案子甚至可以说是一个牙买加的国内案件。但是英国法官认为，对于涉外侵权，首先应该考虑的，是该行为如果发生在英国的领土上是否非法。如果某行为在英国属于合法行为，但是英国法院适用外国法惩罚了当事人，英国国民将无法理解或认同法院的决定。这个理由现在看来相当牵强，因为法院适用外国法处理涉外案件属于常态。唯一的解释是，当时的英国法院看重侵权责任的公法性质，也就是"惩罚性"，而非解决纯粹私人纠纷的法律。英国法院不愿意作为外国政府的代理人，协助外国政府执行外国惩罚性法律。只有在行为违反了英国本地法律的前提下，英国法院才考虑行为是否还违反了侵权行为地的法律。当行为在法院地和侵权行为地均属违法时，被告才承担侵权责任。这就是著名的"双重可诉"原则。

"双重可诉"原则现在看来相当不合理。从原理上看，该原则对受害人并不友好。当受害人按照侵权行为地的法律理应接受赔偿时，加害人却可能因为一个不相干的国家的法律规定不同而逃避惩罚。当然，法院地不能说和案件完全不相干。一个国家要成为法院地必须和被告或者案件建立一定的联系。即便如此，法院地与域外侵权的联系很多时候是因为诉讼方便，而非与侵权行为有实质关联。

其次，"双重可诉原则"带有明显的地方保护主义和反国际化倾向。法院地对发生在外国的行为强行适用本国法，将侵权行为地的规范置于本国法之下，并完全无视其他与侵权行为可能有联系的国家的法律。这种不论对于什么案件均从本国出发的做法过于狭隘，缺乏全球化的认识高度。随着全球化的发展，双重可诉原则最终被大多国家摒弃。英国也通过 1995 年的侵权国际私法改革，将双重可诉原则的适用范围压缩到诽谤等几个特殊的领域。[1]

二、侵权行为地原则

（一）侵权行为地的理论基础

各国在侵权领域逐渐摒弃了狭隘的法院地法。但是由于侵权问题涉及相互对

---

[1] Private International Law (Miscellaneous Provisions) Act 1995.

立的利益，出于不同的价值取向，各国的侵权法律适用规则也出现了较大的差别，主要表现在侵权行为发生地和损害结果发生地的分野。侵权行为发生的地方，通常与侵权责任关系最密切，当地的社会经济利益也受行为的影响最大。西方有法谚："身在罗马，就像罗马人一样行事。"（When in Rome, do as the Romans Do.）中国也有成语"入乡随俗"，讲的都是"场所支配行为"这一古老原则。行为人选择在一国领土内为一行为，就应当遵守当地的法律规范，不能因为自己是外国人而继续按照外国标准行事。因此很多国家都要求涉外侵权适用侵权行为地法（lex loci delicti）。

（二）侵权行为地

涉外侵权可能会出现行为和结果相分离的情况。也就是侵权行为发生在一个国家，损害结果却发生在另一个国家。比如工厂在法国向莱茵河排放化学废料，莱茵河水流经荷兰，损坏了荷兰农民的农作物；[1] 报社在德国的网站上发表文章，损害了居住在美国公民的名誉；行为人站在德克萨斯边境枪击了一个墨西哥人；一个诈骗犯身处马来西亚，利用电信手段骗取了中国居民的财产。在这些情形下，行为人可能认为根据"场所支配行为"，行为的合法性应当适用行为实施地的法律（lex loci delicti commissi）。受害人可能认为适用侵权行为实施地法不利于保护他们的利益，而要求适用本国法，也就是损害结果发生地法（lex loci damni）。

历史上很多国家曾采用侵权行为实施地原则，如法国、德国、意大利等欧洲大陆国家。[2] 侵权行为实施地原则有较高的确定性，特别是对行为人而言，行为人根据行为实施地的法律实施行为，可以确保行为合法。但是，侵权法的目的是保护结果发生地的社会秩序和人身经济安全，从这个意义上说侵权和结果发生地的联系更加符合侵权法的社会经济目的。因此很多国家逐渐出现了由侵权行为实施地向侵权结果发生地的转变。如欧盟《罗马Ⅱ条例》将侵权结果发生地原则作为侵权准据法的基本原则。该条例第4条规定："除非本条例另有规定，侵权引起的非合同义务应适用损害发生地的法律，不论造成损害的事件发生在哪个国家，也不论该事件的间接后果发生在哪个或哪些国家"。

但是侵权的情况是千变万化的。有的时候，侵权行为人有预谋地进行一些行为，他们应该可以预测行为的损害结果将发生在什么地方，甚至有意地针对那些国家的个人或组织实施侵权。如上面提到的诈骗、诽谤行为就是有针对有预谋

---

[1] 这是 Case 21/76 Bier BV v. Mines 的真实案情。

[2] 陈卫佐：《比较国际私法：涉外民事关系法律适用法的立法、规则和原理的比较研究》，法律出版社2012年版，第404页；邹国勇译注：《外国国际私法立法精选》，中国政法大学出版社2011年版，第109页。

的。此时适用结果发生地法不会给行为人造成太大的意外和预想不到的负担。但是，有时侵权行为人无法预测损害的发生地。比如产品责任案件。一个公司生产的产品仅在德国销售，但是消费者购买产品之后赠予美国朋友，这名朋友在美国使用产品时受伤。在这个案件中适用美国法并不合理，因为该公司无法预测产品将会在美国造成损害，也无法事先采取行动预防损害结果在美国发生。另一个例子是网络侵权。由于互联网有着全球性、无国界等特点，一个人在网上发布言论批评一个国际知名人士，该言论可以通过互联网传播到所有可能浏览到网站内容的国家。适用结果发生地法将造成这个人必须根据所有国家的法律审查自己的言论，否则将要承担诽谤责任。在以上案件中，适用结果发生地法便造成了不确定性，不利于行为人规范自己的行为。现代侵权冲突法通常采用类型化方法，对这些特殊侵权制定特殊的冲突法规范。

因为以上原因，有的国家并不愿意在侵权行为实施地和结果发生地之间作出选择，而是希望采取更加灵活的方法确定涉外侵权行为准据法。第一种方法允许法院自由选择。在中国《涉外民事关系法律适用法》实施前，《最高人民法院关于贯彻执行〈中华人民共和国民法通则〉若干问题的意见（试行）》认为侵权行为地既包括侵权行为实施地，又包括侵权结果发生地，法院可以择一适用。[1]如果行为人无法预见结果发生地，法院更可能适用行为实施地法律。

第二种方法采取"对受害人有利"的原则。如前南斯拉夫的法律规定，法院可以在侵权行为实施地和结果发生地之间，选择对受害人最有利的法律作为侵权行为准据法。[2] 对被告更有利原则如何适用其实并不清楚。例如，对被告更有利是从实体利益角度判断，还是从预期利益角度判断。根据前者，法院应当审查两地法律，寻找出实体上对被告更有利的法律。但是这个法律不一定是双方当事人均可预见的法律。此外，法院通常在确定准据法之后再查明外国法。这种方法要求法院必须先查明相关外国法再进行全面比较，无疑影响诉讼程序的效率。根据预期利益，法院应当适用受害人可以预测的法律。但是如果受害人对两地法律均可以预测，选择准据法将仍然困难。此外，行为人是法律责任的承担者，而"有利于受害人"原则完全不考虑行为人的主观预期。

第三种方法是采用类型化的立法模式，对大多侵权适用损害发生地或者行为实施地法律，但是对于特殊类型的侵权则制定专门的侵权冲突法规范。欧盟《罗马 II 条例》采取这种模式。在采纳损害发生地原则为基本原则的同时，对产品

---

〔1〕《最高人民法院关于贯彻执行〈中华人民共和国民法通则〉若干问题的意见（试行）》第 187 条。

〔2〕 前南斯拉夫 1981 年《关于解决在某些关系中同别国法规的法律冲突法》第 28 条。

责任、不正当竞争、环境污染、侵犯知识产权、罢工相关的侵权等五类侵权制定了特殊的冲突法规则。[1] 美国《第二次冲突法重述》在总则之外，对人身损害、有形物损害、欺诈及虚假陈述、诽谤、伤害性虚假陈述、侵犯隐私权、干涉婚姻关系、滥用法律程序等八类特殊侵权提供了专门的冲突规则。[2] 类型化也成为当今侵权冲突法的立法趋势之一，将在第二节详细讲解。

三、最密切联系原则

（一）美国最密切联系原则

因为涉外侵权类型多样，机械地套用一个确定的法律适用公式是不合适的。普通法系国家倾向允许法院灵活适用自由裁量权，针对案件具体情况确定侵权准据法。最具代表性的是美国学者提出的最密切联系原则，始于"贝科克诉杰克逊"（Babcock v. Jackson）案。[3]

一对居住在纽约州的美国夫妻邀请同城朋友贝科克小姐到加拿大度假。在加拿大安大略省，杰克逊先生驾车失控，发生交通事故，导致贝科克小姐身受重伤。贝科克在美国起诉杰克逊过失侵权。根据加拿大安大略省法律，如果驾驶员不以盈利为目的让乘客免费乘坐交通工具，则对车内乘客的人身伤害不负责任。

纽约上诉法院福德（Furd）法官认为，虽然侵权行为（驾车疏忽）和损害后果（人身伤害）均发生在加拿大，但是当事人都是美国纽约居民。侵权发生后，双方要回到纽约继续生活，并在纽约承受侵权的后果，如医疗费用、伤痛费用、工资损失、工作能力损失、养老金损失、长期看护费用等。如果适用加拿大安大略省法律，反而不符合双方的心理预期，偏离了双方权利义务关系的中心。福德法官将重力中心地理论和连接因素聚集地理论用于侵权冲突案件，认为纽约州是案件的"重力中心"，此时适用美国法更加适宜。

根据"贝科克案"判决，美国学者里斯教授提出最密切联系原则。[4] 最密切联系和重力中心主义相似，根据案件所有相关因素，寻找和案件关系最为密切的国家。《第二次冲突法重述》第6条在里斯理论的基础上将最密切联系原则纳为整个冲突法体系的基本原则，第145条将其采纳为侵权冲突法的指导性原则。

---

[1]《罗马Ⅱ条例》第5-9条。

[2] 美国《第二次冲突法重述》第7章。

[3] Babcock v. Jackson, 191 N. E. 2d 279, 12 N. Y. 2d 473 (N. Y. 1963).

[4] Wills Reese, "Comments on Babcock v. Jackson: A Recent Development in Conflict of Laws", Columbia Law Review, vol. 63, 1963, pp. 1253-1256.

适用最密切联系原则需要考虑的联系因素包括：损害发生地；侵权行为实施地；当事人的住所、居所、国籍、公司成立地和营业地；当事人之间联系最集中的地方。除此之外还要考虑：国际体系的需要；法院地政策；其他利害关系国的政策和相关利益；对当事人正当期望的保护；特定领域法律所依据的政策；结果的确定性、可预见性和一致性；准据法是否容易查明并适用。可见，重述提出的最密切联系原则除了考虑客观密切联系，也结合了政府利益分析说。[1]

（二）英国侵权行为自体法

英国传统的"双重侵权原则"受到了广泛批评。为了对侵权冲突法进行改良，英国学者莫里斯提出了侵权行为自体法的概念，[2] 主张在确定涉外侵权适用法时，应当考虑案件所有的因素，寻找和案件联系最为密切或者最合适的法律。自体法实际上也是一种和最密切联系原则类似的法律适用方法。

自体法理论和方法在英国案件"博伊斯诉查普林案"（Boys v. Chaplin）中被法院接受。[3]

> 当事人都是英国派驻马耳他的军人，共同居所地在英国，但是在马耳他一方因驾驶事故造成另一方人身伤害。

英国法院拒绝适用严格的"双重可诉原则"，认为根据案件具体情况可以给予"双重可诉原则"例外。初审判决中，丹尼勋爵（Lord Danning）认为："我支持侵权自体法的观点，即应当适用与当事人及其行为具有最密切联系国家的法律。"[4] 由于英国和案件关系最为密切，法院认为英国法是唯一准据法。

但是"博伊斯案"中，英国终审法院上议院并未完全接受"侵权自体法"这个极大依赖法官自由裁量权的方法。哈德森勋爵（Lord Hodson）认为"侵权自体法"很容易使得涉外侵权的权利义务关系丧失确定性、预见性和结果的一致性。而且很多时候，侵权自体法难以认定，案件结果依赖法官个人的价值判断。[5] 比如，在涉外网络诽谤案件中，法官可能出于保护言论自由的考虑，决定适用侵权行为地法，因为此地往往是侵权人所在地；另一个法官却可能出于保护受害人人格权的考虑，决定适用损害结果发生地，也就是受害人住所地的法

---

[1] Brainerd Currie, "Comments on Babcock v. Jackson: A Recent Development in Conflict of Laws", Columbia Law Review, vol. 63, 1963, p. 1233.

[2] J. H. C Morris, "The Proper Law of a Tort", Harvard Law Review, vol. 64, 1951, p. 881.

[3] Boys v. Chaplin [1971] AC 356.

[4] [1968] 2 Q. B. 1.

[5] [1971] AC 356, 373-380.

律。在涉外产品责任案件中，有的法官可能偏向于保护朝阳产业的创新，决定适用产品生产地的法律；另有法官却更倾向于保护消费者而适用损害发生地法律。侵权行为大都涉及利益冲突和价值判断，因此侵权自体法的裁量结果会因人而异。

虽然采纳侵权自体法理论在实践上存在阻碍，但是英国侵权冲突法的改革以及1995年对侵权冲突法的成文立法《国际私法（杂项规定）法》第12节采纳了自体法理论（最密切联系原则）作为硬性连结点的替代规则。如果与侵权有最重要联系的国家并非一般连结点指向的国家，侵权行为应当适用最密切联系国家的法律。

（三）欧洲大陆法系立法

值得注意的是最密切联系原则也进入了欧洲大陆法系的侵权冲突法。奥地利、保加利亚等国将最密切联系原则作为冲突法最根本的原则；土耳其、比利时等国家将最密切联系原则作为侵权行为准据法的基本原则。[1]

欧盟《罗马Ⅱ条例》采纳最密切联系原则作为一般侵权和产品责任的例外规则。该条例第4条第3款和第5条第2款均提出："如果从案件所有情况中可以清楚地看出侵权行为与（前述冲突法指向的）国家以外的国家有明显更密切的联系，则应当适用该另一国的法律。与另一个明显更密切的联系可能特别基于当事人之间先前存在的关系，例如与有关侵权行为密切相关的合同。"在条例中纳入最密切联系原则存在争议。在什么情况下，侵权和另一个国家关系更加密切？需要密切到什么程度才能排除当事人共同属人法或者结果发生地法的适用？如果只要案件与另一个国家的联系更紧密则可以适用最密切联系原则，那么共同属人法和结果发生地法会被立即架空，因为法院无需考虑这些规则直接适用最密切联系原则便可。立法者假设共同属人法和结果发生地法是涉外侵权最合适的法律，但是担心硬性的规范在某些不可预期的情况下会带来不公正的结果，于是利用最密切联系原则弥补僵化性的缺点。这样的组合难以避免地引起了立法上的模糊性和不确定性。

为了减轻上述不确定性，欧盟《罗马Ⅱ条例》对最密切联系原则进行了技术上的处理。首先，该原则只能在存在"明显更密切的联系"时得以适用。换言之，根据传统连结点确定的准据法只有在极少数情况下才允许被最密切联系国的法律替代。其次，欧盟提出，明显最密切的联系可能基于当事人之间已经存在的法律关系，例如合同。戴西、莫里斯和柯林斯提出，除此之外法院还可以考虑侵权行为实施地、直接或间接损害发生地、为造成损害的事件做准备的地点、当

---

[1] 邹国勇译注：《外国单行国际私法立法选译》，武汉大学出版社2022年版，第213页。

事人的国籍以及其他相关的个人联系，以及与有关事件中涉及的其他人和事物的联系。[1] 例如"欧文诉加尔盖"（Owen v. Galgey）案。[2]

英国原告在法国租用度假屋，失足跌进空游泳池遭受人身伤害。度假屋的所有人在英国有居所和惯常住所，和原告之间存在共同属人法。但是侵权行为发生在法国，伤害或直接损害发生在法国，度假屋所有人和法国有长期紧密的联系，游泳池的工程由一家法国公司根据法国法管辖的合同进行，度假村的保险公司是法国公司，保险合同受法国法管辖。原告起诉所有被告，包括所有人、工程公司、保险公司。

法院认为，虽然不动产所有人和原告有共同属人法，但是本案和法国有明显更加密切的联系，且存在多个被告的案件，若其他被告和原告没有共同属人法，共同属人法与案件的联系将被减弱。因此，原告和所有人之间的侵权行为应当适用最密切联系原则确定的法国法。

四、当事人共同属人法

如果侵权人和受害人有共同居住地，而侵权发生在外国，当事人是熟人甚至亲人，则他们习惯适用共同属人法规制他们之间的关系，也预期他们之间的关系将一直适用相同的法律。适用共同属人法有利于保障当事人之间法律责任的稳定性。相比当事人共同住所地或惯常居所地，侵权行为地与当事人之间责任义务的联系反而比较疏远，而且有一定的偶然性。在上文所述美国"贝科克案"和英国"博伊斯案"中，最密切联系原则均导致了当事人共同属人法的适用。[3] 欧洲一些国家的晚近立法直接将当事人的共同属人法作为侵权行为准据法之一，如德国、瑞士、奥地利、俄罗斯和白俄罗斯。[4] 欧盟《罗马Ⅱ条例》第4条第2款规定，如果侵权行为人和受害人在损害发生时有共同惯常居所，则该国法律适用于侵权行为。

五、意思自治

意思自治是基于合同自由产生的原则，传统上仅运用于合同领域。但是近年来，意思自治的适用范围有扩大的趋势，很多国家和地区已经允许在侵权领域适用意思自治原则。在侵权领域适用意思自治有两个障碍。第一是现实障碍。侵权

---

[1] Dicey, Morris & Collins on the Conflict of Laws 16th ed., para 35-033.
[2] Owen v. Galgey, [2021] I. L. Pr. 7.
[3] 柯泽东：《国际私法新境界—国际私法专论》，元照出版有限公司2006年版，第198页。
[4] 邹国勇译注：《外国国际私法立法选译》，武汉大学出版社2017年版，第37、104、119、163、404页。

不是双方通过协商有计划地建立民事法律关系，而通常是因为"事故"或者单方面的"恶意"侵犯了另外一方的权利。在这种没有预先设计的情况下，当事人很少会提前预知并合意选择适用法律。但是法律选择在以下情况是有可能出现的。一是当事人在侵权行为发生后进行谈判，并在谈判过程中选择法律。虽然有批评认为，侵权的当事人无法像合同一样实现双赢，事后合意并不现实。但是如果当事人确有合意，法律并无理由阻止。二是侵权在合同履行过程中产生，合同选择了适用于当事人所有民事关系的准据法。这样的准据法条款包含基于合同的侵权行为。此时也应当尊重当事人的合意。[1]

第二个障碍则是实质性的，也就是在侵权领域是否可以允许当事人自由选择准据法。传统的侵权法有惩罚性质，反映了国家对于某些行为的限制。由于侵权责任是国家强加给行为人的义务，并非当事人自愿选择的义务，当事人不能自由地处理侵权责任。但是，侵权法作为私法，处理的是当事人之间的私权利关系，而私权利可以被权利人自由地放弃或调整。因此，现代侵权法表现出来的并非是惩罚，更多体现的是给予受害人的补偿。侵权受害人因此也可以自由处理其私人权利。

反对者认为，侵权毕竟不同于合同。侵权的特殊性在于，有的行为可能给社会造成重大影响，这种行为的后果就不应当由当事人自由决定，而需要公共机关参与监督。允许甚至鼓励大多数个体私下解决侵权责任问题，可能会引起大规模的暗中侵权行为。[2] 此外，相比合同，侵权责任更可能出现当事人力量悬殊的状况，比如跨国公司的劣质产品危害个人健康。如果将处理权利义务的选择权全权交给当事方，受侵害的个人面对庞大的组织，很容易被置于不利地位。有时，侵权行为的当事人也可能达成损害第三人利益的协定。比如交通事故的当事人选择赔偿额度更高的法律来计算损害赔偿，而最终由保险公司承担赔偿义务。最后，如果侵权出现在消费者合同或者雇佣合同中，允许合同中的法律选择条款适用于侵权则可能对消费者或劳动者不利。因为此类合同多为格式合同，而处于弱势地位的当事人并不能真正参与谈判，强势方可以利用强势地位选择对消费者和劳动者保护较弱的法律。

因此，即使很多国家原则上允许将意思自治扩展到侵权领域，但是对于意思自治的成立条件和适用范围仍有许多限制。比如，欧盟要求侵权当事人在侵权行为发生后选择准据法，而事先选择的准据法只有在势均力敌的商事关系中才能适

---

[1]《罗马Ⅱ条例》第 14 条第 1 款。

[2] Christopher J Robinette, "Party Autonomy in Tort Theory and Reform", Journal of Tort Law, vol. 6, 2013, p. 173.

用于侵权,也就是排除了消费合同或者雇佣合同这种双方力量不对等的合同。[1]我国《涉外民事关系法律适用法》在侵权问题上也仅允许事后选择法律。[2] 此外,公共政策和强制性规则也会作为恶意选择外国法的最后防御手段。

第二节 涉外侵权准据法立法趋势

一、组合型立法

很多国家并非采用"侵权自体法"或者"最密切联系原则"来确定涉外侵权的准据法。各国最新的涉外侵权法律适用法,反映了几个重要趋势。

第一个趋势是组合型立法。也就是将多种适用法原则按照不同优先顺序、层次等级组合起来,形成一个准据法矩阵(matrix)。例如,中国《涉外民事关系法律适用法》第44条规定:"侵权责任,适用侵权行为地法律,但当事人有共同经常居所地的,适用共同经常居所地法律。侵权行为发生后,当事人协议选择适用法律的,按照其协议。"这就是一个典型的组合型立法。我国法院确定侵权责任准据法需要经历三个步骤。第一,如果当事人事后协议选择法律,根据意思自治原则,该协议应当被尊重,合意选择的法律是准据法。第二,如果没有协议,当事人的共同经常居所地是当事人关系的中心,此地的法律应当优先适用。第三,在其它情况下,侵权行为地法应当适用。值得注意的是,中国法律语境中的"侵权行为地"通常做扩大理解,既包括"行为实施地"又包括"结果发生地"。《涉外民事关系法律适用法》并未表明到底何地为"侵权行为地",这不能不说是一个不小的缺陷。

欧盟《罗马II规则》的立法则更加细致复杂。《罗马II规则》要求确定侵权责任首先看双方有没有合法的选择法律协议,并给予意思自治最高位阶的优先权。[3] 在不存在协议的情况下,如果双方有共同习惯住所地,则适用该国法律;如果双方没有共同习惯住所地,则适用损害结果发生地的法律;但是,如果有另一个国家和侵权的联系明显更为紧密,则可能排除双方共同习惯住所地或者损害结果发生地的法律,而适用与侵权最密切联系国家的法律。[4] 欧盟的立法结合了意思自治、共同属人法、侵权结果发生地法、最密切联系原则这一系列的法律适用规则,试图用欧陆法系的成文立法模式达到"侵权行为自体法"效果。

基于硬性连结点的规则十分僵化,难以适应千变万化的实际情况。组合型立

---

[1]《罗马II条例》第14条第1款。
[2]《涉外民事关系法律适用法》第44条。
[3]《罗马II条例》第14条。
[4]《罗马II条例》第4条。

法一定程度上缓解了这个弱点。组合型立法预设一般侵权中可能出现的不同情形，并针对这些情形设计不同的冲突法原则。虽然预设的情形难以考虑到所有可能出现的实际情况，但是组合型立法通常也会给予法院一定程度的自由裁量权，如欧盟"最密切联系原则"例外。除了一般侵权领域，特殊侵权领域往往也适用组合型立法，给予法律适用一定的灵活性。

二、类型化立法

第二个趋势是类型化立法。侵权行为多种多样，不同类型的侵权涉及的利益冲突不同，需要考虑的价值也不同。因此，在制定了普遍性的适用法律规则之后，立法者往往会针对一些特殊的侵权行为单独立法。这些特殊侵权包括产品责任、不正当竞争、环境侵权、侵犯知识产权、侵犯人格权等。我国《涉外民事关系法律适用法》和欧盟《罗马 II 规则》均针对几类特殊侵权单独制定了法律适用规则。类型化立法是一个比较科学的方法。但是立法者对于每一个类型的涉外侵权应当如何制定法律适用规则仍然大费脑筋。

（一）产品责任

供应链全球化，意味着一个产品的生产销售涉及零件生产、进口、组装、出口、销售等一系列环节，这个链条上的每个实体，包括零部件供应商、经销商、组装工厂、进出口商和零售商都可能对产品质量问题承担责任。而销售渠道的全球化意味着一个产品可以销往多个国家，而且制造商和消费者之间可能有多级销售渠道，导致制造商无法预测产品的最终去向。若产品因为质量问题造成消费者或最终用户人身伤害或者财产损失，制造商可能被要求在无法预测的最终用户市场承担责任。由于各国生产力发展水平不平衡以及经济政策千差万别，各国产品责任法存在巨大差异。发展中国家正在经历工业化，以保护国家的新兴产业为战略，产品责任立法自然不会过分严格；而已经完成工业化的发达国家开始以保护个人健康权为目标，对公司的治理便更为严格。国内立法的区别在全球化的市场中必然导致不合理的后果。发展中国家不希望加之本国新兴工业过重负担，然而如果这些国家公司的产品造成发达国家消费者人身伤害，外国法院可能要求适用受害人所在地的法律，依然无法达到发展中国家保护新兴工业的目的。而发达国家的公司如果发现适用本国法律成本过于高昂，可能试图在国际市场上利用发展中国家较低保护水平的国内法逃避本国的严格规定。

1973 年海牙国际私法会议制定《产品责任法律适用公约》，试图在国际层面统一产品责任法律适用规则。该公约于 1977 年生效，但是成员国仅有法国、荷兰、挪威、南斯拉夫、比利时、意大利、卢森堡和葡萄牙八个国家。这个公约并不成功，主要原因在于公约制定的法律适用规则过于复杂，缺乏一目了然的实用性。欧盟 2007《罗马 II 条例》在欧盟内部统一了产品责任法律适用规则。虽然欧盟规则相比海牙公约有了一定程度的简化，但是具体规则仍然复杂。

产品责任法律适用最困难的是达到受害者和生产者的利益平衡。站在受害者的角度，受害者首先应当受到其住所地法律的保护，以保证其购买外国产品得到的保护不低于购买本国产品；其次是受害人购买产品国家的法律，因为受害人对适用该国法律有一定的预期；再次是损害发生地国家的法律，因为这里通常是受害人的惯常居所地。站在生产者的角度，和生产者联系最密切的法律是产品的成产地；其次，生产者通常可以合理预见产品在其销售地造成伤害，生产者通常不反对产品责任适用产品销售地的法律。

欧盟立法者试图把生产者和受害者的预期结合起来。当消费者可能预期的国家同时也是产品的销售地时，该国的法律应当得以适用。欧盟立法者因此制定了一个位阶性的产品责任法律适用法，要求生产者和消费者的预期同时指向一个国家。《罗马Ⅱ条例》规定，因产品造成的损害而产生非合同义务所适用的法律应当是：①受害人的惯常居所地国的法律，如果产品在该国市场上销售；如果此条件不具备，则为②受害者获得产品的国家的法律，如果产品在该国市场上销售；如果此条件不具备，则为③损害发生地国的法律，如果产品在该国市场上销售。[1]

即便如此，立法者还考虑到生产者可能无法预测到每一个产品的潜在销售地。如果生产者和最终经销商之间还有几级销售渠道，或者生产者没有和某地经销商订立排他经销合同，产品最终的销售市场可能无法预见。因此，欧盟立法者又增加了一个排除条款。如果责任人无法合理预见到该产品或同类产品会在以上国家市场上销售，则适用责任人习惯居住地的法律。[2] 最后，欧盟立法者按惯例添加了最密切联系原则例外，要求当法院按照以上规则确定准据法之后，进一步考虑案件是否和其他国家有非常明显的更密切的联系，如果存在另一个明显有更密切联系的国家，则使用该国法律。[3]

欧盟的产品责任法律适用规则很难说是完美的立法。从结构上看，它过于复杂，一共包括六个连结点，三个双重连接点规则，三个位阶性规则，两个例外性规则。从功能上看，虽然立法试图达到利益平衡，但是最终仍然倾向保护生产者的可预测性。最后，最密切联系例外再度出现，而自由裁量权的运用，使人怀疑欧盟规则是否真的可以达成判决的统一。

（二）侵犯人格权

因为文化差异导致各国对于隐私权、名誉权等人格权的理解、内涵和保护不

---

〔1〕《罗马Ⅱ条例》第5条第1款。

〔2〕《罗马Ⅱ条例》第5条第1款。

〔3〕《罗马Ⅱ条例》第5条第2款。

同，侵犯人格权成为跨国侵权冲突法中的难题。对于受害者而言，由于人格权存在其生活共同体文化基础上，和共同体成员对受害者的认识、评价密切相关，适用受害者的属人法保护其人格权符合受害人的合理预期。但是由于传播的国际化，行为人可能以符合行为地法的公开言论，通过远程传播媒介造成外国受害人的人格权的损害。行为地的法律秩序，特别是对言论的保护，与外国对人格权的保护，容易形成难以调和的冲突。

跨国侵犯人格权的难题在互联网时代更加明显。互联网的性质造成了网上言论可能出现不成比例的全球扩散，使得损害结果发生地出现在受害者为人所知的世界任何角落。如果适用损害发生地法，则会出现行为人的一个行为受到多个国家法律规制的现象，不利于行为人预测行为后果。而适用行为地法可能造成行为人挑选行为地的情况，不利于保护受害人的利益。

因为跨国侵犯人格权是一个涉及法律、政策、文化等一系列因素的敏感问题，欧盟成员国在《罗马Ⅱ条例》谈判中无法达成共识，最终只能将人格权排除在条例的适用范围之外。[1] 因此，即使在国际私法合作非常成功的欧盟内部，人格权法律适用也难以得到统一。

国际上存在的人格权法律适用规则可以分成以下几种类型。第一种以保护行为人的行为自由为核心。例如美国的"单一出版地规则"对任何跨州跨国分发传播的出版物，适用出版物发行地法。[2] 英国在1995年侵权冲突法立法过程中，为了保证英国媒体不受外国人格权法律的规制，专门排除了人格权，目的是继续适用地方保护主义很强的"双重可诉原则"。[3] 第二，很多国家出于保护受害人的目的，对侵犯人格权适用受害人的属人法，如中国和日本要求对侵犯人格权的案件适用受害人经常居所地法。[4] 第三，还有的国家基于保护受害人的初衷，允许受害人在以下法律中任意选择准据法：①受害人住所地、经济活动所在地或惯常居所地国法；②损害结果发生地法；③行为人的住所地、经济活动所在地或惯常居所地国法。[5] 第四，有的国家适用组合型立法，以保护受害人为主要原则，同时保护行为人的可预见性，允许受害人选择适用加害人应当预见的受害人惯常居所地的法律，侵权行为人的营业地或惯常居所地国的法律，或加害人应当预见的损害结果发生地法律。[6]

---

〔1〕《罗马Ⅱ条例》第1条第2款g项。

〔2〕 Russell J. Weintraub, Commentary on the Conflict of Laws 15th ed., Foundation Press, 2005, 461.

〔3〕 英国1995年《国际私法（杂项规定）法》第13节。

〔4〕 中国《涉外民事关系法律适用法》第46条；日本2006年《法律适用通则法》第19条。

〔5〕 立陶宛2001《民法典》第1.45条；摩尔多瓦《民法典》第1616条。

〔6〕 比利时2004年《国际私法典》第99条第2款第2项。

第十五章 不当得利和无因管理

第一节 不当得利

在合同和侵权之外,还有一类特殊的债权,包括不当得利和无因管理。严格来讲,它们并不能被识别为合同或侵权,而是自成一体的独立请求权。但是它们与合同或侵权又有着密切的联系,以至有的国家直接将其比照合同或者侵权之债处理。对于这一类债权,学术界讨论较少,由此导致这样一种误解:这类债权在实践上并不重要,仅作为合同或侵权法律无法适用时的辅助请求权。事实上,此类债权在我们生活中非常常见,只是它们的出现常常混杂着合同或侵权问题,导致它们被遮蔽在合同和侵权的阴影之下。因此,本章专门将它们作为独立债权,从合同和侵权中分割出来,单独讨论。

一、不当得利的概念

关于不当得利,流传最广的一个故事有关罗马帝国公主的一个艺人巴瑞斯。此人以为自己是奴隶,于是辛勤劳作积攒了一笔钱赎身获得自由。事实上巴瑞斯并不是奴隶。换言之公主并没有任何法定权利获得他的赎身款。法庭判决公主归还巴瑞斯赎身款。这大概是 2000 年前发生的不当得利第一案。[1]

不当得利这个概念在大陆法系和普通法系均存在。大陆法系国家将不当得利定义为"无合法原因"而受益,导致他人损害,受益人有义务返还利益。普通法系定义为被告获得利益,使得原告利益受损,且被告保有该利益有不正当性。可见大多国家的国内法虽然存在不当得利这一债权,但是不当得利的定义和构成要件却不同。换言之,一个争议事实在甲国可能被视为不当得利,需要担负返还义务,在乙国却可能并不构成不当得利。在涉外情形中,不当得利也会面临法律适用问题。

---

[1] 霍政欣:《不当得利的国际私法问题》,武汉大学 2005 年博士学位论文。

二、识别

(一) 不当得利和原因关系之界分

确定准据法要求法院首先确定案件性质,究竟是合同、侵权、物权还是不当得利问题,再适用相对应的冲突法规则确定准据法。对于识别问题,大多数国家适用法院地法。这个问题上文已经讨论过,不再赘述。[1]

不当得利的识别是一个复杂的问题。首先,不当得利与合同、侵权、甚至物权都可能产生竞合。如果合同无效或者可撤销,原告起诉要求法院确定合同无效或者请求撤销合同,同时要求被告返还基于无效或被撤销合同取得的利益,这个请求权应当如何识别?第一个观点是应当采取整体论将整个案件识别为合同,返还请求权仅是合同无效或被撤销的救济。[2] 如果原告的诉求是合同无效或撤销合同,而法院支持这一诉求,就不存合法有效的合同。但是认定合同无效或可撤销的请求,属于合同本身的问题。基于此,"合同"的定义广泛,不但包括合同的法律问题,也包括合法合同不存在时与合同相关的法律问题。那么,当合同被认定为无效或者可撤销,相关的法律问题包括救济都应当被涵盖在"合同"的范围内。

另一个观点是,请求宣布合同无效或撤销合同和返还请求权,是两个不同性质的权利。因此,应当分割这两个问题,将前者识别为合同,后者识别为不当得利,分别适用不同准据法。虽然适用分割法识别在学理上没有问题,但是分割法可能导致基于同一个事实原因的两个诉求分别适用不同法律,引起内在逻辑冲突。毕竟不当得利以合同无效或被撤销为前提。合同无效构成不当得利的法律要件之一。适用不同法律体系分别判断合同无效和返还利益,将会强行切割了原因事实和法律救济之间的关系。例如,根据 A 国法律合同无效,构成不当得利;根据 B 国法律,合同有效,不构成不当得利。在两个法律体系中,合同效力问题和不当得利难以分割、紧密相连、互为因果,形成一个整体。

不当得利的原因关系也可能是侵权。如 A 公司侵犯 B 公司专利,A 公司构成侵权。但是 A 公司因为出售侵权产品获得利润,同时构成不当得利。B 公司可以起诉 A 公司侵权,并要求损害赔偿;或者要求返还不当获得之利益。此时法院通常允许原告做选择,也就是区分侵权责任和不当得利两个诉因,并适用两个不同的准据法。[3] 但是需要注意的是,当事人选择不当得利返还请求权,不代表着法院将不考虑侵权问题。因为侵权成立是不当得利成立的前提,法院必须首先判

---

[1] 见第 11 章第 2 节。

[2] Lawrence Collins with specialist editors, Dicey & Morris The Conflict of Laws, 13th ed., London: Sweet & Maxwell, 1999, pp. 1493-1494.

[3] Banque Cantonale de Geneve v. Polevent Ltd., [2016] Q. B. 394.

断侵权是否存在，然后审查返还请求。

此外，不当得利和物权也可能发生竞合。如当事人的合同无效，但是出卖人已经交付了特定物，物的所有权发生了转移。如果德国法为准据法，基于物权行为无因性，即使合同无效，买受人也已经获得物之所有权，成为合法所有权人。因此，原所有权人无法行使物上返还请求权，只能适用不当得利。但是，基于不当得利的返还请求权仅要求返还所得的"利益"。换言之，买受人可以以价款补偿，而非返还原物。如果以中国法为准据法，由于中国法不承认物权行为无因性，出卖人可以行使所有物返还请求权，或者不当得利请求权。[1] 不论如何，在此情形下，合同无效是不当得利请求权的前提。这又回到了我们前面讲到的识别难题。

（二）识别难题的解决方法

由于不当得利和原因关系紧密联系，不当得利的认定依赖于原因关系的认定，因此在识别阶段很难直接把诉因识别为不当得利。普通法系尝试摈弃识别问题，直接通过普遍适用的"自体法"理论或者最密切联系原则，确定案件的准据法。例如英国法院直接将合同中的法律选择条款适用于基于无效合同的不当得利返还请求。[2] 但是，大陆法系仍然为不当得利、合同、侵权分别创设准据法规范，因此识别仍然是需要的。为了解决识别难题，欧盟《罗马Ⅱ条例》对不当得利适用原因关系准据法。换言之，不当得利和原因关系之间的界限划分在实践上已经不再重要。不论不当得利返还请求权单独识别，还是作为原因关系的附带问题，对于实体问题的准据法没有任何影响。

欧盟法院在判决中也对识别问题表明了态度，认为应当区分独立的不当得利和有原因关系的不当得利。前者可以直接识别，后者可以和原因关系共同识别或者单独识别，因此有原因关系的不当得利不论如何识别均不会导致准据法的不一致。在一个案件中，克罗地亚商事法庭判决克罗地亚公司偿还德国公司债务。克罗地亚公司付款后，克罗地亚最高法院认定判决无效。克罗地亚公司对德国公司提起不当得利之诉。这个案件中的不当得利没有原因关系，并不存在当事人之间的侵权或者合同问题。因此这是一个独立的不当得利之诉。欧盟法院认为这个诉因是应当区别于合同和侵权的独立诉因，不适用侵权或者合同的冲突法规则。但是如果不当得利有原因关系，例如不当得利是因为合同不成立或者无效而发生的，则可以适用原因行为的冲突法规则。[3]

---

[1]《民法典》第157条。

[2] Banca Intesa Sanpaolo SpA v. Comune di Venezia, [2022] EWHC 2586 (Comm).

[3] C-242/20, Hrvatske Sume doo Zagreb v. BP Europa SE, EU: C: 2021: 985.

三、不当得利的法律适用

(一) 事实发生地

不同国家对不当得利制定了不同的法律适用规则。例如，根据场所支配行为的传统理论，有的国家适用"不当得利事实发生地"法律。但是不当得利事实通常包括多个行为，如引起不当得利的行为、引起对方损害的行为、获得利益的行为。如当事人签订一个合同而合同无效，无效合同本身并没有引起不当得利。引起不当得利的行为是一方当事人误认为合同有效而基于合同事实进行交付或给付。这个行为直接导致了当事人利益的损害和另一方利益的发生。因此，如果按照场所支配行为理论，直接引起不当得利的行为是法律关系的核心行为，应当适用该行为发生地的法律。但是不当得利并不同于侵权，它并不考虑行为人行为的过失，而主要考虑不当得利后果。因此，行为人无需根据行为地法律获得行为后果的"可预见性"。此外，引起不当得利的行为可能是不当得利人或受损失者做出的，但也可能是第三方的行为。而第三方在不当得利请求中并不承担责任，因此其行为地和请求权没有实质联系。

损害发生地将不当得利类比为侵权。受损害的一方有权要求另一方返还不当得利，弥补己方受到的损失。但是不当得利制度的功能并非补偿损失，而是纠正民事行为中的"不公平"。此外，如果得利方的利益远大于受损害方的损失，不当得利要求得利方归还所得的利益，而不是仅要求其补偿损失。例如在专利侵权纠纷中，侵权方适用侵犯的专利获得巨大的利益，但是专利持有人是非实施实体，因此侵权并未直接造成专利持有人市场份额的下降。持有人的损失仅是专利使用费率。如果持有人提起不当得利之诉，着眼点将是侵权人获取的"利益"，而非损失的补偿。

利益发生地也许和不当得利有更加实质性的联系，毕竟不当得利本是"返还请求权"发展来的，其本质在于取消被告"不正当"的利益。但是利益发生地很多时候并不容易确定。如果被告在甲国有惯常居所，但是在乙国持有银行账户，账户里的资金定期转到甲国的账户，供其日常生活消费。如果银行错误地向其账户中转了一笔钱，那么不当得利的发生地是资金转入地乙国，还是最终使用地甲国？[1] 当然，如果考虑另一方的预期以及利益发生和原因行为的关系，适用资金转入地更为合理。但是如果考虑到返还利益对得利人的影响，那么最终使用地将更为合理，因为在这里返还利益行为将发生最大影响。因此，利益发生地也有很多不确定性。

---

[1] 霍政欣：《不当得利的国际私法问题》，武汉大学 2005 年博士学位论文。

(二) 原因关系准据法

由于不当得利通常基于一定原因关系产生，很多国家使用原因关系准据法为不当得利准据法。例如欧盟《罗马Ⅱ条例》第 10 条第 1 款规定，如果不当得利基于当事人已有的合同或侵权关系产生，则应当适用原因关系的准据法。

上文谈到不当得利的识别问题。原告通常同时提出原因关系和不当得利之诉。适用原因关系准据法有助于同一个法律解决所有相关问题，也不容易出现判决内部的逻辑冲突。此外，有学者认为不当得利请求权以原因关系的非正当性为基础。只有在合同出现瑕疵、侵权行为存在、物权的债权基础不合法等情况下，才会出现不当得利之诉。因此原因关系是产生不当得利的基础和根本原因。其次，不当得利通常被视为"准合同"或者"准侵权"，也就是说它被认为是原因关系派生出来的债权。适用原因关系准据法可以更好地体现不当得利与合同和侵权之间的关系，体现不当得利的特点。[1] 但是需要注意的是，并非所有不当得利都存在既有的原因关系。有的不当得利之债仅由事实行为引发，例如添附、占有等，原因关系准据法不能适用。

(三) 当事人共同属人法

由于不当得利属于债权，而债权的重要特点是它的相对性。债权仅约束特定的当事人，不涉及第三人。债权也具有对人性，不直接作用于财产。简言之，债权的本质是债务人对债权人这两个特定的主体之间的权利和义务。基于这个原因，如果当事人有共同的属人法，当事人之间的义务关系即使有涉外因素，也仍然可以视为和双方当事人有共同属人关系的国家联系最为密切。当事人均对于适用本国法处理民事权利义务问题有合理期待。因此，当事人的共同属人法应当适用。此规则也被欧盟《罗马Ⅱ条例》采用。[2]

(四) 自体法理论与最密切联系原则

普通法系适用灵活的"自体法"或者最密切联系原则确定不当得利的准据法。戴西与莫里斯曾经归纳不当得利的自体法如下：如果债务产生与合同有关，则适用合同自体法；如果债务产生于不动产交易，则适用不动产所在地法；如果在其他情况下产生，则适用利益产生地国法。[3] 换言之，不当得利存在的不同情况各有其最合适的法律。

而美国法院认定最密切联系则需要考虑所有相关的因素，包括当事人关系集中的地方、得利地、给予利益行为完成地、与当事人有属人联系的地方、与不当

---

[1] 金彭年：《涉外民事关系法律适用法中的不当得利规则》，载《中国法学》2012 年第 2 期。

[2] Rome II Regulation, Art 10 (2).

[3] Dicey, Morris & Collins Conflict of Laws, para 36.008.

得利相关之物之所在地。[1] 最密切联系原则的优势在于，首先，它的适用不需要识别，也不会受到识别不同的影响；其次，它可以适用于各种类型的不当得利，而不会受到不同原因关系的影响。

（五）意思自治

国际私法新近的发展趋势是意思自治适用范围的扩大。意思自治是合同领域最重要的规则，而其在非合同领域的适用一直存在争议。但是欧盟和中国均将意思自治的适用范围扩大到了非合同领域。这种扩大通常遵循同一个立法逻辑，那就是立法者不应当考虑在特定的私法领域当事人是否容易达成合意，而应当考虑是否允许当事人达成合意。换言之，如果当事人达成了合意，法律是否应当保护当事人的选择。因为不当得利是私人关系，通常不涉及公共利益，当事人自愿解决私人权利义务问题，法律不应当干涉。从这个角度看，即便在非合同领域，如果不当得利通常不存在双方当事人事先计划并合意选择准据法，那么一旦当事人在事后达成协议，或者当事人之间已经存在的合同关系中为规范双方所有的关系选择了准据法，法律就应当尊重当事人的选择。[2] 中国《涉外民事关系法律适用法》便允许当事人选择不当得利的准据法。[3]

四、混合型立法

现实情况是千变万化的，"规约总不能概括世事的万变"。当今的立法技术相比过去已经高度发达，立法者意识到很多传统法律适用规则无可避免地有各式各样的缺陷，无法有效适用于所有可能发生的事实。但是大陆法系的立法者并不希望通过过于原则性的规定，给予法官太大的自由裁量权并减损法律的确定性。因此，很多立法者开始尝试一个"不可能的任务"，就是将各种法律适用规则有机组合成一个系统，并期待这个系统可以最大地提升法律对现实变化的应变能力，同时提高法律的确定性。

这个法律适用"系统"的典型例子是欧盟《罗马Ⅱ公约》。该公约对不当得利法律适用的规定，就是将这四个法律适用规则按照优先级排列组合，形成一个互相补充的有机体系。欧盟将不当得利分为有原因关系的和没有原因关系的两类。有原因关系的不当得利，例如基于无效合同的返还请求，基于侵犯财产利益的返还请求等，适用原因关系准据法。没有原因关系的，例如原告错误地将账户里的资金转到他人账户，适用当事人共同属人法；当事人没有共同属人法的，适用不当得利发生地的法律。最后，如果基于不当得利的债权和其他国家有显著的

---

[1] 金彭年、张明珠：《国际私法上的不当得利冲突规则研究》，载《法学家》2005年第2期。

[2] 例如，郭津明、郭津强等与汇裕环球（香港）有限公司不当得利纠纷一审民事判决书，江苏省高级人民法院（2015）苏商外初字第00009号，当事人选择对合同关系和不当得利均适用中国法。

[3] 《涉外民事关系法律适用法》第47条。

更为密切的联系，则适用最密切联系原则。[1]

欧盟法律的制定，可以看出欧盟立法者尽力在法律适用的灵活性和确定性之间寻找平衡，并希望法律可以适用于所有将来可能发生的事实。立法究竟能否达到这个效果，还是需要画一个问号。首先，在有的情况下，使合同无效的法律和合同的准据法并不相同。例如合同因为一方当事人无行为能力而无效。确定当事人行为能力的法律是该当事人的属人法，该法也应当适用于合同无效造成的法律后果。[2] 但是，合同的准据法可能是别国法律，如当事人合意选择的准据法、特征履行当事人惯常居所地的法律，或者与合同有最密切联系的法律，导致不同的法律适用于不当得利。[3] 第二，基于最密切联系原则的例外条款，为该系统增加了不确定性。例外条款究竟在什么情况下可能被激活，依靠法官的自由裁量。而不同国家，甚至同一国家不同法院或不同个人，都可能会有不同的标准。欧盟立法者为例外条款增加了"显著性"要求，目的是减少例外条款的适用。但是英国的法官相比欧洲大陆国家的法官，更愿意适用例外条款。如"贝普乐和雅各布森有限公司案"（OJSC TNK-BP Holding v. Beppler & Jacobson Ltd.）。[4]

> 原告是俄罗斯TNK-BP集团的控股公司，集团主要资产在俄罗斯。被告之一是集团的俄罗斯雇员，于2003至2012年间在集团的另一家公司工作。原告诉称该雇员利用在集团的职务之便，向与集团有业务往来的三家公司索贿，并与包括其妻子在内的三个俄罗斯人在外国组建了数个公司，将贿赂所得资金投资于黑山。原告一并起诉十三个被告，包括雇员、其妻子、参与欺诈的其他个人、相关的所有公司，请求返还不当得利。

> 法院认为，被告的非法利益获得于黑山，但是本案和俄罗斯明显有更加紧密的联系，因为被起诉的被告虽然包括在黑山成立的公司，但是这些公司全由俄罗斯人实际控制，而被违反的诚信义务是该雇员对俄罗斯集团的义务，该义务应当在俄罗斯履行。因此俄罗斯法通过最密切联系原则得以适用。

这个案件有几个要点值得讨论。第一，不当利益的发生和该俄罗斯雇员违反员工诚信义务有关，为什么对不当得利请求权不能适用原因行为准据法，也就是俄罗斯法。此外，被告中的自然人都是俄罗斯公民，而原告是俄罗斯公司，俄罗

---

[1]《罗马II条例》第10条。

[2] Baring Bros & Co. Ltd. v. Cunninghame DC [1997] CLC 108.

[3] Dicey, Morris & Collins Conflict of Laws (16th ed.) para 36-029.

[4] OJSC TNK-BP Holding v. Beppler & Jacobson Ltd. (In Provisional Liquidation) [2012] EWHC 3286 (Ch).

斯法作为当事人的共同属人法也可能得到适用。主要原因是，虽然该雇员是侵权行为的实施者，但并非本案中的不正当利益的获得者。不当得利返还之诉，要求的是获利者返还不正当的利益。而本案中利益最终归属者是雇员伙同他人组建的公司。虽然该雇员对外国公司有实际控制权，但是基于法人独立人格原则，公司获得的财产属于公司。因此，本案的重点并非要求雇员归还利益，而是要求这些在黑山建立的公司归还利益。这些公司和原告之间没有既存法律关系，也没有共同属人法。因此，本案应当首先适用不当得利发生地的法律，之后再考虑例外条款。

第二，英国法院适用例外条款的门槛比较低。这和英国法院历史上倾向适用自体法或最密切联系原则这种依赖法官自由裁量权以保个案公正的做法相关。虽然英国加入欧盟后必须适用欧盟统一国际私法条例，但是英国法院对于欧陆法系较为机械的法律选择方法并不推崇。在多个案例中，英国法院显示出希望适用依赖自由裁量权的传统法律适用原则的倾向。但是欧陆法系国家，特别是荷兰和法国，支持仅在适用硬性冲突法规则明显不当的情况下才适用例外条款。在本案中，虽然俄罗斯和案件有重要的联系，但是黑山是多个被告的住所地，也是不当得利发生地，对返还利益适用黑山法律并非明显不当。因此，如果欧洲大陆国家法院审判同一个案件，可能会做出不同判决。

中国《涉外民事关系法律适用法》也采取了组合型立法，将三个法律适用规则按照一定的优先级组合到一起。与欧盟不同，中国没有采用"原因关系准据法"规则，而是采取了意思自治。此外，中国也没有采用"最密切联系原则"或任何其他例外条款。因此相比欧盟立法，中国的法律缺乏灵活性。根据《涉外民事关系法律适用法》第 47 条，对于不当得利，首先适用当事人选择的法律；没有选择的，适用当事人共同经常居所地法律；没有共同经常居所地的，适用不当得利发生地法律。由于不当得利案件中合意选择法律的比较少，很多时候当事人也没有共同居所地，因此大多不当得利案件适用的将是不当得利发生地法律。

第二节　无因管理

一、无因管理概述

无因管理是在未经他人授权且无法律义务的情况下，为他人的利益而自愿为他人管理事务或提供服务的行为。例如外国人在我国拥有房产，房屋年久失修，被当地土地房屋管理部门认定是危房，要求立即修缮。由于所有权人在外国，难以及时联系,邻居对房屋修缮之后,有权根据无因管理请求返还修缮支出的费用。[1] 外资公司经营不善无力偿还工人工资,物业出租方经政府协调为了维护社会稳定、安定工人情绪,为该公司垫付工资,形成无因管理。[2] 以上均为涉外案件,涉及法律适用问题。

相比不当得利,学术界和实务界对无因管理的关注更少。而且无因管理和不当得利同为"非合同、非侵权"之债,或者"准合同、准侵权"之债,很多上文讨论过的不当得利的法律问题也同时出现于无因管理。因此很多国家在法律适用问题上对无因管理比照不当得利处理。[3] 但是无因管理和不当得利不同。首先,无因管理之债和本人获益大小无关,请求权的范围是无因管理行为付出的成本。其次,无因管理涉及道德意义上的互助,是法律应当保护和鼓励的行为。

二、无因管理法律适用

(一) 识别

法国将无因管理和不当得利并列,共为"准契约"之债,作为合同的附带问题处理。在不当得利理论非常发达的德国,无因管理很长时间内并没有作为一个单独的债权,而是作为类似于委托合同的一种合同之债。英美法系更是没有对无因管理设立单独的法律规则,因为英美法系中的个人主义和拒绝将道德义务法律化的传统,其并不鼓励或倡导私人见义勇为。无因管理人支付的费用只有得到受益人认可之后才能比照委托合同要求返还。[4] 但是日本、意大利、中国等国家仍然将无因管理作为独立之债,与合同、侵权、不当得利并列。[5] 因此,区分无因管理和原因关系的识别难题同样存在。

无因管理之诉包括两类。第一类是管理人要求本人返还管理费用的返还请求之诉。另一类是管理人在管理过程中造成本人损失的赔偿之诉。[6] 对于第一类请求,可能出现无因管理和合同的竞合。广义的合同法律关系包括存在合法合同时当事人之间的关系,也包括任何与合同有关的问题,如无效合同或者合同撤销的法律后果。有的国家比照委托合同,要求本人对无因管理债务确认,之后可以

---

[1] 林穗文蔡懋堂无因管理纠纷,广东省广州市中级人民法院(2020)粤01民终10412号。
[2] 东莞市樟木头镇石新股份经济联合社诉东莞樟木头宏叶手袋制品厂等无因管理纠纷案,广东省东莞市第三人民法院(2015)东三法樟民一初字第89号。
[3] 如欧盟《罗马II条例》第11条;中国《涉外民事关系法律适用法》第47条。
[4] Jowitt's Dictionary of English Law 5th Ed.
[5] 张建良、霍政欣:《"无因管理的法律适用"的立法设计与论证》,载《武汉大学学报(哲学社会科学版)》2005年第5期。
[6] 金彭年、章晓科:《国际私法上无因管理法律适用新探》,载《浙江大学学报(人文社会科学版)》2001年第2期。

按照委托合同规则支付管理产生的费用。[1] 在这种体系中，无因管理和合同之诉是互斥的。无因管理事实被识别为合同问题，而不产生独立的无因管理之债。此外，无因管理和不当得利也有关系。如管理人在没有义务的情况下，为本人利益提供服务、承担费用；同时，本人在没有法定原因的情况下，获得他人管理而产生的利益。管理人可能根据不当得利要求返还利益，或者无因管理要求返还费用。

对于第二类请求，无因管理和侵权可能发生竞合。无因管理人由于管理方法不当，虽然保护了管理人试图保护的本人的利益，但是造成了其他利益的损害。例如本人的房屋年久失修大雨天部分屋顶被掀翻。管理人为了避免更大损失上房顶整修，但是由于方法不当，使得屋顶垮塌。本人可能选择无因管理费用返还之诉，或者侵权损害赔偿之诉。在本人进行侵权之诉时，管理人可能用无因管理进行抗辩。

（二）无因管理准据法

法国、西班牙等大陆法系国家对无因管理多适用事务管理地法。根据"场所支配行为"的传统理论，无因管理之债产生的基础是管理人管理本人事务，是基于行为产生的债权债务，管理发生地与管理行为和随之产生的债务均有属地联系。其次无因管理为他人谋利，是一种值得赞扬和保护的行为，关系行为发生地的利益，因此适用该地法律更加合适。[2] 如果出现行为人在多个国家实施管理行为的情况，法院需要考虑这些行为是否造成了多个独立的诉因，因此适用多个行为地法律。

有的国家直接适用委托合同准据法解决无因管理之债，例如瑞士《联邦国际私法》。普通法系国家也多采用这种方法。英国普通法中没有无因管理概念，对于无因管理特别是代理人超越权限为本人利益实施的行为，英国将此称为"必要代理人"（agent of necessity），比照适用委托合同法。[3] 因为无因管理和合同有本质区别，无因管理并无约定，属于典型法定之债，大多学者认为对无因管理适用合同准据法不合法理。[4]

一个近现代被很多国家采纳的方法是适用无因管理起因法律关系准据法。这个冲突法规则可以达到结果的一致性。例如上文提到无因管理和委托合同关系存

---

〔1〕 张建良、霍政欣：《"无因管理的法律适用"的立法设计与论证》，载《武汉大学学报（哲学社会科学版）》2005 年第 5 期。

〔2〕 李双元：《国际私法（冲突法篇）》，武汉大学出版社 2001 年版，第 619 页。

〔3〕 Dicey, Morris & Collins on the Conflict of Laws, 16th ed., para 36-113.

〔4〕 张建良、霍政欣：《"无因管理的法律适用"的立法设计与论证》，载《武汉大学学报（哲学社会科学版）》2005 年第 5 期。

在本质区别。那么无权代理应当识别为代理合同还是无因管理？如果代理合同和无因管理分别适用不同的准据法，会出现因为识别不同造成不同的结果。适用原因关系准据法则可以很好地解决这个问题。由于无权代理的原因关系是代理合同，所以不论无权代理被识别为合同还是无因管理，代理合同准据法都可适用。此外，起因法律关系导致了无因管理之债。无因管理和起因关系的准据法存在密切联系，符合准据法的可预测性。[1]

近现代非合同之债的立法趋势同样体现在无因管理上。中国《涉外民事关系法律适用法》和欧盟《罗马Ⅱ条例》采用了和不当得利一样的组合型立法。此处不赘述。

---

〔1〕张建良、霍政欣：《"无因管理的法律适用"的立法设计与论证》，载《武汉大学学报（哲学社会科学版）》2005年第5期。

第十六章 物权

第一节 物的识别与定性

一、物的识别

物被分为动产和不动产。这个分类对国际私法非常重要。因为国际私法上关于不动产物权的所有问题均适用物之所在地的法律,而动产物权法律问题则要考虑不同的连结因素确定准据法。不动产与动产的区分,对于继承而言同样重要。因为传统上很多国家对于不动产的继承,适用物之所在地法;对于动产的继承,则适用被继承人的属人法。[1]

物的识别是一个法律问题。虽然大多数情况下,物属于动产还是不动产和事实上与物能否移动相关,但是对于很多情形则需要法律拟制,例如物上的权利、无形的物、出卖不动产获得的收益等。即使可以移动的"物",有时也被拟制为不动产。例如,历史上牙买加将奴隶视作附着于土地上的不动产。[2] 法国法认为为不动产的利用所设置的物,例如农具、家禽、蜂巢中的蜜蜂、地里的庄稼均为不动产。[3] 此外,有的物是从不动产上分离出来的,例如圆明园海晏堂外喷泉雕像被盗的十二兽首、敦煌莫高窟被挖走的壁画,在它们和原不动产分离之后虽然可以移动,但是性质是否变为动产则存在争议。因此,物的识别不能简单根据物的物理特征确定。

二、识别的准据法

因为物的识别是个法律问题,所以存在法律适用的问题。对于普通问题的识

---

[1] Anton's Private International Law, 3rd ed. para 21.01.

[2] Dicey, Morris & Collins on the Conflict of Laws, 16th ed., para 23-003.

[3] 吕岩峰:《论国际物权关系的适当法——物之所在地法原则之理析》,载《吉林大学社会科学学报》2007年第1期。

别，大多国家适用法院地法。[1] 但是对于物的识别，物之所在地法则可能是一个更为合适的准则。因为对于物而言，特别是不动产，一旦法院判决与物之所在地法律发生冲突，对物享有实际控制的国家将拥有事实上的、绝对的优先权。此外，由于大多国家对本国识别为不动产之物的物权问题享有排他管辖权，如果外国法院按照法院地法将此物识别为动产而进行管辖，将被视为对物之所在地主权的侵犯，判决不能得到承认。只有适用物之所在地法进行识别，才能有效避免这些问题。英国最高法院（原上议院）在"马克当纳案"（Macdonald v. Macdonald）中确认物权识别适用物之所在地而非法院地法。[2]

> 该案是继承案件。被继承人马克当纳的住所地在苏格兰，1911年去世时遗产位于加拿大。被继承人通过遗嘱将所有的遗产留给妻子，但是要求妻子使用这些财产维持子女的生活，直到子女可以自立为止。1930年，被继承人成年的女儿在苏格兰对其母提起诉讼，要求从死者遗产中分得她的合法份额，同时要求将死者生前在加拿大拥有的土地价值都计算在可供子女分配的遗产中。根据苏格兰法律，遗嘱处分不得变更为子女保留的特留份额。女儿要求继承的土地的价值，属于女儿的特留份继承权，是动产，应当按照被继承人死亡时的住所地法，也就是苏格兰法进行继承。

英国最高法院拒绝了这一做法，认为物的定性应当适用物之所在地法也就是加拿大法。加拿大并不存在特留份制度，且将土地及附着物都识别为不动产。因此，土地不能计算在子女可以请求分得份额的动产中。

三、识别与转致

国家对物之所在地法的看重，也表现在转致问题上。虽然现代国际私法很大程度上摒弃了转致，但是在英国转致仍然适用于物的识别问题。[3] 如果物之所在地的法律要求适用法院地法给物定性，那么英国法院将接受转致，转而适用英国法。这样的做法唯一的目的就是使得法院的判决尽可能和物之所在地的法院一致，避免不动产物权问题上的判决冲突。

---

[1] 如《涉外民事关系法律适用法》第8条。
[2] Macdonald v. Macdonald, 1932 S. C. (HL) 79.
[3] Re Duke of Wellington [1947] Ch. 506, affd [1948] Ch. 118.

第二节 物之所在地

一、不动产

物之所在地是一个非常重要的概念，是整个物权国际私法的基石。对于不动产而言，物之所在地通常容易确定，就是不动产物理意义上存在的地点。但是也有例外。第一，有形物上可以附着权利，比如房屋的租赁权、土地承包经营权、动产质押权、不动产抵押权等。虽然权利不同于物，但是有形物上的权利附着于物，不能分割，也应当视为不动产，位于有形物的所在地。第二，拟制为不动产的可以移动的物，例如用于土地的农具、耕牛，如果根据准据法被定性为不动产，即使耕牛被盗，物理上出现于另一个国家，法律上物之所在地仍然应当是其附着的土地所在地。第三，从不动产上分离出来的物，如中国圆明园被盗的兽首，如果按照准据法被定义为不动产，即使位于法国进行拍卖，仍应当按照其附着的不动产之主体部分，认为物之所在地是中国。

二、有形动产

相对不动产而言，动产的所在地可能会经常变化。以确定准据法为目的，法律只能给予动产一个有效的物之所在地。因此动产所在地和确定准据法的相关时间点紧密相连。换言之，法律只能确定在某一个时间点上动产的具体位置。这个时间点的确定和要解决的法律问题相关。如果需要确定当事人是否享有动产的所有权，则物之所在地是当事人声称获得所有权的行为发生时，也就是所有权状态可能发生变动时该有形动产的物理位置。在国际货物买卖中，很多物在运输途中被买卖并发生所有权的转移，而买卖时物之所在地可能无法确定，即使可以确定，和物的联系也只是偶然的、暂时的，还可能位于公海这样的不受主权管辖和支配之地。因此确定运输途中的物之所在地通常需要法律拟制，可能是运输的目的地、发运地或者与所有人有属人联系的国家。[1] 但是这一系列连结点都存在缺陷。运输目的地虽然被大多国家采用作为运输中的物的连结点，但是这个地点在买卖在途货物的情况下可能经常发生变动。发运地虽然容易确定，但是如果货物已经到达了目的国境内，运输即将结束，此时发生物权变动，则再使用数月前的发运地不再适合。所有人的属人法并不适宜用作物的准据法，何况对物诉讼的一个重要事由是确定所有权人。

---

[1] 吕岩峰：《论国际物权关系的适当法——物之所在地法原则之理析》，载《吉林大学社会科学学报》2007年第1期。

三、无形物

更加复杂的是无形物上的权利,如票据权利、股权、债权、特许权等。无形物因为看不见摸不着,并无物理上"移动"的概念。因此,用动产还是不动产定义无形物并不合适。但是物权的法律适用已成体系,立法者认为没有必要为无形物创制一个新的法律适用体系,而是尝试套用既存的规则。这种做法必须对无形物是动产还是不动产这一问题进行法律拟制。当今国际私法通常把无形物视作动产的一种类别,同时为这种特殊动产人为设定物之所在地。戴西、莫里斯和科林斯认为,对无形财产人为设立物之所在地完全违背了物权问题适用物之所在地法律的初衷。适用物之所在地法律是因为物之所在地容易确定,也容易帮助第三人确定物权状态。其次,物之所在地对物有直接的控制,便于判决的执行。为无形财产拟制的所在地则无法满足这些初衷。[1]

一些常见的无形财产的物之所在地在哪里呢?英国认为债权所在地是债权可以得到实现的地方。由于债务人所在地的法院可以对债务人行使对人管辖权以实现债权,因此债权的所在地是债务人的所在地。但是基于执行而确定的债权所在地有很多缺陷。当今各国法院对涉外管辖权均有拓展,允许法院对域外债务人行使管辖权,是否可以认为债权存在于所有有管辖权的法院地?此外,未到期的债权并无实现的问题,法院也不会行使管辖权,是否意味着未到期的债权没有物之所在地?[2] 最后,实现债权可能需要冻结债务人的银行账户,或者拍卖债务人的财产,而债务人的账户或财产可能和债务人所在地不一致。[3] 因此,基于债的实现而确定债的所在地在学理上并无较强的说服力。另一个解释是,因为债是由债务人负责履行的、依附于债务人存在的金钱,因此债依附于债务人而存在,和债务人的住所地相同。[4] 这个解释事实上类似于中世纪至19世纪的"动产随人"原则。但是随着国际活动日益频繁,个体资产的数量和种类激增,跨国投资等行为使得动产不再附着于所有者,而发生跨国流动。动产所在国有利益控制本国动产,和所有者所在国的政府利益发生冲突。出于实际控制的考虑,动产随人原则逐渐退出历史舞台。

英格兰法院认为公司股份所在地是公司成立的地方。[5] 这也是出于有效控制的考虑。公司注册地的法院对于公司股份所有权的争议通常有排他管辖权,并

---

[1] Dicey, Morris & Collins on the Conflict of Laws (16th ed.) para 23.025.

[2] Re Helbert Wagg & Co. Ltd., [1956] Ch. 323.

[3] P. J Rogerson, "The Situs of Debts in the Conflict of Laws – Illogical, Unnecessary and Misleading", Cambridge Law Journal, vol. 49, 1990, pp. 441, 442.

[4] Commissioners of Stamps v. Hope, [1891] A.C. 476 at 481.

[5] MacMillan Inc v. Bishopsgate Investment Trust plc (No 3) (1996) 1 ALL ER 585.

有权裁决更正登记,并通过属人管辖使得法院命令得到执行。[1] 登记发行的股票则被视为位于其发行地,如"卡特克利夫案"(Re Cutcliffe's Will Trusts)。[2]

> 被继承人的住所地在加拿大安大略省,去世时拥有出卖房产再投资的股权。这是英格兰法的特有制度,如果房产所有人出卖房产,并将收益再投资,则可以免征资本利得税。

争议焦点是股权属于不动产还是动产。如果属于动产,则适用被继承人住所地法,也就是安大略省法律;如果属于不动产,则适用物之所在地英格兰法。由于股票在英国发行,法院认为英国是物之所在地,适用英国法将出卖房产再投资的股权识别为不动产,因为该股权属于不动产产生的收益。

法院也可能根据不同的目的为股权拟定所在地,如加拿大案件"布朗诉加拿大保管机构案"(Braun v. Custodian)。[3]

> 美国公民布朗于1919年在德国从一个德国公民手中购买了加拿大太平洋铁路公司的股权。一战期间加拿大制定了《与敌国贸易法》,禁止与敌国公民进行证券交易。加拿大法院将布朗购买的股份收归国有,由加拿大保管机构保管。布朗诉称,加拿大太平洋铁路公司的股票在美国登记发行,股权所在地是美国而非加拿大。加拿大法院无权没收位于境外的财产。因此,布朗而非加拿大保管机构拥有股权。

加拿大法院认为,股权所在地和争讼的目的有关。如果争议的目的是股权继承、股份的可转让性,股权位于登记地;如果争议的目的是征收股权,由于公司住所地法院可以命令公司对股份进行变更,股权位于公司所在地。

第三节 不动产物权的准据法

对于不动产物权的法律适用几乎全世界都没有太多争议。一言以蔽之:"不动产物权,适用不动产所在地法律。"[4]

---

[1] Stefan Lo, "Application of the lex creationis to cross-border transactions in shares and indirectly held securities", Asia Pacific Law Review, vol. 12, 2004, p. 95.

[2] Re Cutcliffe's Will Trusts, [1940] Ch. 565.

[3] Braun v. Custodian [1944] 4 DLR 209.

[4] 《涉外民事关系法律适用法》第36条。

不动产所在地法律的适用范围包括物权的实质问题,例如所有权、使用权、用益权、抵押权、质权等,以及物权变动的形式要件,例如登记。有的国家甚至将不动产所在地法律的范围扩大到当事人的行为能力问题。[1]这是因为不动产物权通常是土地或者土地的附着物,如房屋、林木。土地属于国家领土,和主权紧密联系,不可分割。每个国家对于本国领土的权属问题均有排他地适用本国法律的要求。出于对不动产所在国利益的尊重,有学者甚至提出对于不动产物权适用转致,[2]也就是尽量保持法院判决与不动产所在地法院一致。

但是法院通常对外国不动产物权并无管辖权,也就不存在适用外国不动产所在地法律的问题,更谈不上转致。法院可能有管辖权的,是关于处置外国不动产的合同争议。合同的准据法可能并非物之所在地法。此时,法院可能得出合同有效,被告需要按照合同约定转移所有权的结论。但是由于不动产位于国外,如果根据不动产所在地的法律所有权无法转移,很多法院将不会要求被告强制履行,而是直接判决损害赔偿,或者拒绝原告的诉讼请求。如"非洲银行诉可汉案"(Bank of Africa Ltd. v. Cohen)。[3]

> 英国银行和英国被告在英国签订合同,以被告在南非持有的房产为其丈夫所借贷款做抵押。被告违约后,英国银行请求法院强制被告履行合同,将南非的房产所有权转移给原告。但是南非法律原则上禁止妇女为其丈夫的债务提供担保。

英国法院认为,被告是否具有签署抵押担保合同的行为能力,由不动产物所在地法确定。根据南非法,该合同无效,法院拒绝了银行的诉讼请求。有学者对本案提出批评,认为并无理由对签订合同的行为能力适用不动产所在地法。因为合同争议和物权争议是独立的。如果对行为能力适用合同自体法,那么合同联系最密切的国家是英国。根据英国法被告有完全行为能力,合同有效。即使这样,也不代表法院将会同意强制履行请求,因为这意味着法院对外国不动产行使权利,且执行将存在难度。因此,法院很可能拒绝强制履行请求,而适用损害赔偿。[4]

---

[1] Bank of Africa Ltd v Cohen [1909] 2 Ch 129.

[2] Jonathan Hill & Maire Ni Shuilleabhain, Clarkson & Hill's Conflict of Laws, 5th ed., Oxford University Press, 2016, p. 474.

[3] Bank of Africa Ltd v Cohen [1909] 2 Ch 129.

[4] Jonathan Hill & Maire Ni Shuilleabhain, Clarkson & Hill's Conflict of Laws, 5th ed., Oxford University Press, 2016, p. 475.

第四节　动产物权的准据法

一、物之所在地法

相对不动产，动产物权的法律适用存在些许争议。首先，动产与国家的联系较不动产要弱得多。动产在一个国家的出现可能是临时的、偶然的。其次，动产对于国家的重要性也较不动产弱，特别是动产和领土主权没有联系。但是这并不代表动产所在地对于动产没有任何利益。国家对于本国领域内的动产仍然存在实际控制的权力。物权是一国所有制的根本体现，国家有利益用本国法律支配本国境内的财产。因此，物之所在地法仍然是动产物权的主要法律适用原则。

当然，由于动产经常移动，对于动产适用的法律大多是法律事实发生时或者法律关系可能变动时物之所在地的法律。这就弱化了适用物之所在地法的理由。如果法律事实发生时动产在德国，物权争议发生时动产在法国，那么虽然法国法院对物有直接支配权和实际控制权，但要适用德国法。对于运输中的动产更是如此。例如动产从中国经铁路运往德国，在争议发生时火车正穿越俄罗斯。此时俄罗斯对物有实际控制权，但是根据中国法律，运输中的物之所在地拟制为目的地，因此适用德国法而非俄罗斯法。

此外，造成物权变动的法律事实在不同国家也有区别。如果动产经买卖转移所有权，根据中国法，所有权经交付转移；根据英国法，买卖动产，所有权自合同成立时转移。假设当事人在英国签订买卖合同，彼时标的物位于中国。合同成立后，标的物被带往英国交付。由于物权问题包括所有权转移的时间，所以物权准据法也就是物之所在地法将被用以确定可能引起物权变动的法律事实何时发生。但是我们需要这个时间点来确定物之所在地。此时便出现逻辑循环。出于实用性考虑，法院可能将所有权转移的时间识别为合同问题，适用合同准据法。如前例中，若英国法适用于合同，则相关法律事实发生于合同成立时。由于合同成立时物位于中国，适用中国法，物权需要经交付转移，交付前不发生物权变动。

对动产物权适用法律事实变化时的物之所在地法可能会出现当事人规避法律的问题。著名的"温克沃斯诉克里斯汀·曼森和伍兹有限公司案"（Winkworth v Christie, Manson & Woods Ltd.）就是和出售偷盗艺术品相关的案件。[1]

原告的艺术品在英国被盗，在意大利出售给善意买家。买家之后将画交给克里斯汀艺术品拍卖公司在伦敦拍卖，被原告察觉。原告在伦敦提起诉

---

[1]　Winkworth v. Christie, Manson & Woods Ltd. [1980] Ch 496.

讼，要求英国法院宣布原告为名画的合法所有权人。

英国法对于被盗财物不适用善意取得制度；而根据意大利法，善意买受人取得被盗物品的所有权。由于法律事实变化时标的物位于意大利，法院适用意大利法，承认了善意买受人的所有权。

当然，英国法院认为适用物之所在地法并非绝对。第一，对于位置未知的运输中的物，应当适用自体法；第二，如果适用物之所在地法违反法院地的公共政策，例如该外国法给予恶意买受人被盗物的所有权，该法将不适用；第三，如果物之所在地法和法院地强制性规则发生冲突，该法将不得适用。即便如此，公共政策并不能推翻善意买受人根据外国法获得的所有权。

二、意思自治

为了提高动产物权准据法的可确定性，中国《涉外民事关系法律适用法》对动产物权的法律适用采用了意思自治原则。该法第37条规定："当事人可以协议选择动产物权适用的法律。当事人没有选择的，适用法律事实发生时动产所在地法律。"第38条规定："当事人可以协议选择运输中动产物权发生变更适用的法律。当事人没有选择的，适用运输目的地法律。"很明显，意思自治成为确定动产物权准据法的首要原则。

对于动产物权设立意思自治原则是一个创新，但是也带来了风险。虽然动产物权和合同紧密相关，但是大多国家并不赞成将合同准据法适用于物权。究其原因，除了合同是有别于物权的独立争议之外，最重要的是物权是对世的权利，其效力及于第三人。举一个简单的例子，善意第三人购买被盗动产。争议往往发生在原所有权人和善意买受人之间。此时买卖合同的准据法，特别是意思自治，不适宜作为确定买受人所有权的准据法。从另一个角度看，物权争议也有可能产生于合同当事人之间。此时适用当事人自主选择的法律则并无不合理之处。因此有学者建议将动产物权区分为当事人之间的争议和涉及第三人的争议，意思自治原则只能适用于前者。[1]

此外，还存在实际操作的问题。当事人如果在合同中选择适用准据法，如何推断当事人的真实意思是将选择的法律适用于合同争议还是物权问题。在很多时候，合同中的法律适用条款将比较简单，很少有当事人会直接说明被选择的法律将适用与当事人之间的物权争端。《涉外民事关系法律适用法》的第37条和第38条，可能在实践上造成一个误解，导致法官只要看到合同中存在法律选择条款就将其适用于动产物权，其实并不符合当事人的真实意愿。

---

[1] 宋晓：《意思自治与物权冲突法》，载《环球法律评论》2012年第1期。

第五节 债的让与

一、债的让与之法律问题

无形资产的跨国转让面临更多困难的法律问题。如果债务人与债权人之间存在合同之债，该合同由 A 国法律管辖。债权人将债权转让给受让人，债权让予合同由 B 国法律管辖。这个简单的债的让与关系由于存在涉外因素，将产生特殊的法律问题：债的可转让性适用哪个国家的法律？债权转让通知的行为主体和法律要件由哪国法律确定？债务人与受让人之间有何权利义务关系？债权多重转让有何优先顺位规则？这些问题并非合同问题，因为债务人和受让人并无合同关系。因此，这些问题在国际私法上被定性为独立的问题，或者"准物权"问题，比照物权处理。有的国家甚至认为债为无形动产，或者可诉性动产，直接将这些问题识别为物权问题，适用动产物权的法律适用规则。如英国为包括债权在内的无形动产拟定物之所在地，认为债权可以实现的国家就是债的所在地，而这些国家主要是债务人所在地。在"科沃克诉遗产税专员案"（Kwok v. Estate Duty Commissioners）中，法院认为利比亚公司给香港居民出具的期票是一个可以支付的债权，债权位于利比亚，也就是债务人所在地。[1]

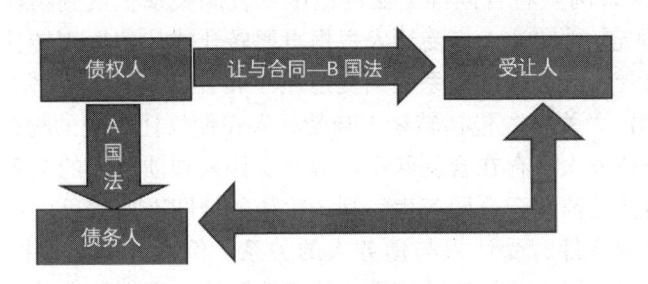

跨国债权让与图

但是也有学者主张跨国之债的让与中，物权关系应当适用让与合同的准据法。特别是银行处置不良资产，有时会将各种债权打包转让。此时，债务人可能位于不同的国家，逐一适用债务人住所地的法律对受让人造成不便。最合适的方法是允许债权人和受让人合意为债权让与中的物权问题选择准据法。[2] 这个主张在实践上很少适用。因为债权让与不仅影响让与人和受让人之间的关系，更重

---

[1] Kwok v. Estate Duty Commissioners [1988] 1 WLR 1035 (PR).

[2] Pippa Rogerson, Coller's Conflict of Laws (4th ed., CUP, 2014) 400.

要的是它对债务人产生影响。如果债务人根据原合同关系准据法认为债权不能转让，债权人和受让人将不能通过合意改变债权的属性，并影响第三人（债务人）的利益。

另有观点认为，原债权关系合同准据法可以适用于债权让与中的物权问题。首先，债权让与处分了无形动产"债权"。而债权经由原合同关系产生，原合同关系准据法决定债权的可转让性。其次，债权让与如果对第三人发生影响，这个第三人就是债务人。而债务人的付款义务由原合同确定。适用相同的准据法确定让与人和受让人的通知义务、债务人在债权让与之后的付款义务，不会给债务人带来不可预知的风险。最后，虽然受让人不是原合同的当事人，但是受让人受让债权时，对原合同权利义务应当知情，适用原合同准据法不会给受让人带来不确定性。

二、欧盟《罗马 I 条例》中债的让与法律适用规则

欧盟《罗马 I 条例》将债的让与分为三个问题：①让与人与受让人的关系；②受让人与债务人的关系；③第三方的物权，包括让与人的债权人的权利，多个受让人的权利，受让人的债权人的权利等。条例仅为第一和第二个问题设置了法律适用规则，排除了第三个问题。

债权让与人与受让人之间存在两组关系，第一组是合同关系，第二组是物权关系。《罗马 I 条例》将合同准据法的范围从合同关系扩展到物权关系。条例第14条第1款规定："转让人与受让人根据自愿转让或代位原则转让对债务人的债权，转让人与受让人之间的关系应当受适用于转让合同的准据法管辖。"条例序言第38条指出，"关系"包括转让人和受让人在债权让与中的物权关系。

受让人与债务人不存在合同联系，因此受让人和债务人的关系适用债之准据法。如果被转让之债基于合同产生，则产生债的合同准据法可以确定债的可转让性、转让债权的条件、受让人与债务人的关系。例如甲和乙根据德国法签订合同，甲获得债权。甲将债权转让给丙，约定法国法为准据法。此时，法国法将确定让与合同的有效性、甲和丙的权利义务、甲和丙是否违约，以及对于违约的补救措施。德国法确定丙能否对乙主张权利，包括债权让与是否存在限制，乙能否对丙行使对甲的抗辩权，乙能否对丙行使其他抗辩权，丙主张权利的条件等。

第十七章　跨国婚姻

人口跨国流动已经有数千年的历史。人口的自由流动也带来了跨国婚姻。封建社会的跨国婚姻有着浓重的政治色彩，多是欧洲诸国王室之间相互联姻，或是因贸易往来出现的通婚。随着全球化的进一步加深，跨国婚姻也变得越来越常见。虽然跨国婚姻是一个古老的问题，但是在文化传统日益多样化的今天，跨国婚姻面临的法律冲突并未减少，反而日益凸显。婚姻和各个国家的风俗习惯、宗教信仰息息相关，有着强烈的地域性、民族性的特点，无法达成统一，因此跨国婚姻中的种种问题均需要依靠冲突法来解决。

第一节　跨国婚姻概述

婚姻是一个合同，婚姻的成立需要当事人自愿达成合意。但是婚姻又是一个非常特殊的合同。首先，婚姻不是仅靠当事人达成合意就可以成立，还需要国家授权的公共机构经过正规的程序和形式予以确认。其次，婚姻给予了当事人一定的权利和义务，但是违反婚姻义务通常不能给予对方解除合同或者要求损害赔偿的权利。再次，婚姻的解除也不是依靠当事人合意或者合同履行完毕便可完成，而需要经过国家公共机构的正规程序。此外，婚姻给予当事人的，并不是合同责任，而是特定的身份，以及此种身份带来的特定权利和义务。这种身份不但对婚姻当事人，而且对当事人所属的小共同体，如亲属和家族，产生直接的影响。人类通过婚姻组成家庭。家庭是最小的社会组织，家庭的稳定关系到社会的稳定。因此，婚姻不仅反映当事人的合意，也反映社会文化、传统道德、善良风俗、公共秩序等一系列不成文的准则和价值。

跨国婚姻的首要问题是婚姻的有效性。各国基于宗教、风俗、习惯等原因，对缔结婚姻的形式和实质要求各不相同。当事人可能在婚姻缔结地合法结婚，但是婚姻效力是否能被与当事人有属人关系的国家承认，或者被第三国承认，却存在不确定性。跨国婚姻的有效性不但涉及婚姻当事人的身份关系，也涉及更广泛的家庭关系。抚养、赡养、收养、继承、确定儿童的住所和国籍等，都可能以婚姻有效性作为先决问题。婚姻有效性甚至出现在非家庭法领域，例如确定人身保险合同中的保险利益、确定刑法中重婚罪的成立、确定社会保险和福利等。判断婚姻的有效性需要考虑几个问题：①结婚的形式要件；②结婚的实质要件和结婚行为能力；③公共政策问题。

第二节 结婚的形式要件

一、形式要件与实质要件的识别

结婚的形式是指结婚双方和国家授权的机关为成立合法婚姻履行的外部行为，包括结婚的仪式、时间和地点、证婚人、民事登记程序等。如有的国家允许通过宗教仪式结婚；有的要求当事人在行政机关登记；还有的国家承认事实婚姻。[1] 这些都涉及婚姻的形式问题。婚姻的实质要件则包括形式要件外的所有问题，例如法定婚龄、自由意愿、结婚行为能力等。如有的国家不允许有亲缘关系的人结婚；有的对此不做限制。有的国家不允许未成年人结婚；有的允许达到一定年龄的未成年人获得监护人的同意而结婚；有的国家法定婚龄高于成年的年龄。

形式要件和实质要件的区分乍一看似乎很容易，但是在实践上却并非完全没有异议。有的要件如宗教仪式，通常被认为是结婚的形式要件。但是某些国家要求本国人结婚必须经过宗教仪式，这是法律对婚姻合法性的内在要求，已经超越形式意义成为结婚的实质要件。[2] 由于识别是一个法律问题，法院通常适用法院地法进行识别和定性。上文提到的"欧各登案"（Ogden v. Ogden）就是一个典型例子。[3] 该案涉及一个19岁法国男子在英国结婚的问题。根据法国法律，25岁以下结婚需要监护人同意，而英国法律无此要求。虽然大多数国家包括法国将"未成年人结婚需要经法定代表人同意"识别为结婚实质要件中的结婚行为能力问题，但英国将其识别为结婚形式要件。相应地，法国法院判决婚姻有效性时适用法国法将其识别为结婚行为能力问题；英国法院判决婚姻有效性时适用英国法将其识别为结婚形式问题。

二、婚姻缔结地法

根据"场所支配行为"这一传统理论，结婚的形式要件适用婚姻缔结地的法律。若当事人选择在住所地之外的国家结婚，则已经通过行为将婚姻的缔结置

---

[1] 如冰岛、苏格兰、奥地利等国承认事实婚姻。
[2] 焦燕：《婚姻冲突法问题研究》，武汉大学2005年博士学位论文。
[3] Ogden v. Ogden [1908] P 83.

于婚姻缔结地的法律体系之下。对于婚姻缔结地的公共机关而言，即使结婚一方或双方是外国人，有关机构仍然应根据本国法规定的程序完成婚姻的缔结和登记，不对外国人添加歧视性条件，也不考虑本国结婚的形式是否符合当事人属人法的要求。但是，由于大多国家采取一夫一妻制，为了避免为已经在外国结婚且在婚姻存续期内的人登记结婚，有的国家在外国人结婚时要求外国人提供无配偶的证明。例如，中国民政部颁布的《婚姻登记工作规范》要求外国人在中国办理结婚登记时提供所在国公证机关出具的、经中国驻该国使领馆认证或该国驻华使领馆认证的本人无配偶证明，或者所在国驻华使领出具的本人无配偶证明。但这个证明并不能算作结婚的形式要件，因为证明并不是缔结婚姻的要件，而是用于证明婚姻实质不违反法律的要求。

对于非婚姻缔结地国家，域外婚姻的形式合法性通常也适用婚姻缔结地的法律审查。在通常情况下，按照婚姻缔结地规定的法律程序或仪式缔结的域外婚姻，在任何国家，包括当事人各自或共同的国籍国和住所地，以及任何第三国，都是合法有效的。当事人的国籍国或者住所地通常不会因为当事人在域外结婚，没有遵守本国结婚程序和形式规定，而判决婚姻无效。但是这条原则也有缺陷。如果当事人有共同属人法，在外国暂居时根据共同属人法认可的方式结婚，结婚的形式不符合婚姻缔结地法。如果严格按照婚姻缔结地法原则，则这个婚姻在婚姻缔结地和当事人的国籍国或住所地均属无效婚姻。这个结果不符合当事人的合理预期，也很难说符合当事人共同国籍国或住所地的利益。[1]

婚姻缔结地通常容易确定，但是并不是绝对不存在争议。如一个身在英国的男性通过电话婚礼和一个身在孟加拉的女性结婚，此时确定婚姻缔结地便是一个难题。当事人究竟在男方所在地、女方所在地、还是注册仪式的专业人员的所在地缔结了婚姻？这个问题暂时并没有确定的答案。另外，有的国家承认代理婚姻，也就是结婚当事人并不出席仪式，而由代理人代表当事人在仪式上宣誓并表达同意结婚的意愿。在"艾普特案"（Apt v. Apt）中，一个阿根廷男子和一个英国女子在阿根廷进行代理婚姻。英国法院认为婚姻在阿根廷缔结，因为虽然当事人没有到场，但是阿根廷是代理仪式的举行地，并以此判决婚姻形式符合阿根廷法律婚姻有效。[2] 在"麦卡比案"（McCabe v. McCabe）中，一个爱尔兰男子和一个加纳女子在英国共同生活。[3] 他们通过加纳阿坎部族习俗结婚。该男子将一瓶杜松子酒和一些钱交给人带回加纳举行结婚仪式。英国法院认为加纳是婚姻

---

[1] Anton's Private International Law (3rd ed) para 15.09.

[2] Apt v. Apt [1994] 1 FLR 410.

[3] McCabe v. McCabe [1994] 1 F. L. R. 410 (CA).

缔结地并承认结婚合法。然而，虽然仪式在加纳举行，但是当事人都不在加纳，且在英国表达结婚意愿并同意举行婚礼。在这种特殊情况下，能否认为英国才是婚姻缔结地？这个问题虽然在过去出现得较少，但是由于2020年开始的全球疫情造成了国际交通的中断，通过电话和网络方式跨国缔结婚姻的数量上升。可以预见，远程婚姻的缔结地在未来很可能需要得到司法解答。

三、婚姻缔结地法的例外

结婚形式有效性适用婚姻缔结地法是大多国家采用的基本冲突法规则。但是这个规则的适用也有例外情况。第一，如果当事人适用婚姻缔结地的程序或者仪式结婚将遇到"不可逾越的困难"，当事人也可以适用共同属人法规定的方式结婚。例如"瑞丁诉史密斯案"（Ruding v. Smith）。[1] 当事人在好望角结婚，但是当地婚姻法要求结婚获得双方监护人的同意。男方的监护人在英国，而女方的父亲去世后没有指定新的监护人。当事人无法满足婚姻缔结地的形式要求，便按照属人法的基督教仪式举行婚礼。婚姻有效性得到当事人的住所地承认。在"胡什曼德诉加斯梅扎德甘案"（Hooshmand v. Ghasmezadegan）中，[2] 当事人在伊朗按照巴哈伊宗教仪式举办婚礼。按照伊朗法律，只有基督教、犹太教和穆斯林的宗教婚礼才被承认，且伊朗没有世俗婚姻登记制度。由于当事人无法满足伊朗结婚的仪式要求，当事人结婚违反婚姻缔结地的形式要件。但是婚姻的有效性被当事人的住所地承认。

第二，在战时被占领地缔结的婚姻，可以不适用婚姻缔结地法律。当第二次世界大战接近尾声时，很多居住在波兰和东欧国家的天主教徒和犹太人在德国和意大利通过宗教仪式结婚。这些婚姻缔结的形式在当地均无效。例如"塔扎诺夫斯卡案"（Taczanowska v. Taczanowski）。[3]

> 两个波兰人在意大利天主教堂举行基督教婚礼。这个仪式根据婚姻缔结地法——意大利法，和当事人共同属人法——波兰法，均不符合结婚的形式要件。二人婚后移居英国，身份关系争议发生时已经获得英国住所。

英国法院认为，丈夫是波兰军官，他来到意大利并非自由选择服从当地的法律制度，而是执行命令，因此本案中的结婚合法性属于例外情况，可以不适用婚姻缔结地法。虽然当事人婚礼也不符合共同属人法的形式要求，但是当事人如今

---

[1] Ruding v. Smith（1821）2 Hag Con 371.
[2] Hooshmand v. Ghasmezadegan（2000）FLC 93-044（Family Court of Western Australia）.
[3] Taczanowska v. Taczanowski［1957］P 301.

在英国有共同住所地。此外，如果行为地法不能适用，英国法院通常将适用法院地法。出于使婚姻合法的目的，英国法院适用英国法承认了结婚的形式合法。

第三，有的国家对于本国公民仅承认宗教婚姻仪式，此时婚姻也许符合婚姻缔结地国的形式要求，却不符合一方或双方当事人的属人法的要求。这就造成了事实上的跛脚婚姻。有的国家会考虑到这种情况，允许外国当事人在本国领土上按照其属人法的规定结婚，但是这个婚姻如果要在婚姻缔结地或者第三国得到承认，通常仍然需要满足婚姻缔结地法律的要求。例如，按照中国法律，国籍相同的外国人在中国可以按照宗教仪式结婚，但是婚姻必须按照中国法律登记，在中国才有法律效力。[1] 在"贝蒂奥姆诉达斯图斯案"（Berthiaume v. Dastous），住所在加拿大魁北克的男女双方在法国的罗马天主教堂举行宗教结婚仪式。纯宗教仪式在魁北克有效，但是在法国无效。虽然婚姻形式符合当事人的属人法，但是不符合婚姻缔结地法。英国法院适用婚姻缔结地法，判决婚姻无效。[2]

第四，如果结婚双方有相同的属人法，则存在互惠协议，且该国与婚姻缔结地当事人可以按照其共同属人法缔结婚姻，常见的有领事婚姻。在驻在国同意的前提下，结婚双方可以在本国外驻的使领馆登记结婚。但是领事婚姻是否需要符合驻在国的形式要求？对此，中国没有明确规定。但是英国法院在"杜卡丽诉拉姆尼"（Dukali v. Lamrani）案中认为，在摩纳哥驻伦敦领事馆举行的符合摩纳哥法律的婚姻无效，因为结婚不符合英国的形式要求。[3]

四、使婚姻合法有效的原则

为了提高婚姻的有效性，有的国家认为形式要件只要符合婚姻缔结地法律或者当事人任意一方的属人法，婚姻即为有效。例如中国《涉外民事关系法律适用法》第22条规定："结婚手续，符合婚姻缔结地法律、一方当事人经常居所地法律或者国籍国法律的，均为有效。"英国适用推定有效制。如果难以证明结婚是否符合婚姻缔结地的形式要件，英国法院将推定婚姻有效，而不论真实情况如何。这一推定主要适用于双方同居多年且"已婚"状态得到社会公认，但是没有证据证明海外的仪式足以满足结婚形式要求的情况。[4] 但是，对于结婚形式要件的宽松态度并不适用于所有情形。例如代理婚姻和习俗婚姻在有的国家有效，在其他国家却可能被视为违反了结婚形式要件的根本功能——公示和证明，甚至被认为违反了国际人权。《联合国关于婚姻之同意、结婚最低年龄及婚姻登

---

〔1〕《中华人民共和国境内外国人宗教活动管理规定实施细则》第10条。
〔2〕 Berthiaume v. Dastous［1930］AC 79.
〔3〕 Dukali v. Lamrani［2012］2 FLR 1099.
〔4〕 Jonathan Hill & Maire Ni Shuilleabhain, Clarkson & Hill's Conflict of Laws, 5th ed., Oxford University Press, 2016, p. 360.

记之公约》要求,结婚当事人必须"经适当之通告后,在主管婚姻之当局及证人前,亲自表示之","婚姻应由主管当局在适当之正式登记册上予以登录"。[1]

第三节 结婚行为能力

一、婚姻缔结地法律

结婚实质要件最重要的内容是结婚的行为能力。对于结婚行为能力的法律适用存在不同的理论。虽然婚姻缔结地法仍是可供选择的法律之一,特别是由于结婚双方将在婚姻缔结地共同生活,但是如果当事人婚后在另一个国家组建家庭,或者当事人选择在与自己生活重心毫无关联的国家结婚,那么适用婚姻缔结地法律确定当事人的结婚行为能力将不再合适。此外,适用婚姻缔结地法给予行为人规避法律的可能。因此,在结婚的实质合法性上,婚姻缔结地法的重要性大大降低。

二、双重属人法

由于行为能力属于自然人的人身权利,适用自然人的属人法更加合适。自然人的住所或者经常居住地,体现的是人对国家和社区事实上和心理上的"归属",自愿通过相关国家的法律受到人身权利的保护和限制。但是,结婚这一法律行为并非仅涉及一个自然人,而是两个自然人之间的关系。双方当事人均应当有结婚行为能力。自然人自身的行为能力不但影响自己的身份权利,也影响与之结婚的对方当事人的身份权利。因此,英国法上出现了"双重属人法理论",也就是若要婚姻有效,双方当事人按照各自及对方的属人法均要有行为能力。[2]例如,男女双方是表兄妹,男方住所地在日本,女方住所地在韩国。根据日本法律,婚姻有效;但是韩国法律不允许表兄妹通婚。因此,适用双重住所地理论,婚姻无效。"皮尤案"(Pugh v. Pugh)就是适用"双重属人法"的真实案例。[3]

> 一个英国军人在驻扎奥地利期间和一个 15 岁的匈牙利少女结婚。按照英国法律,少女没到法定婚龄;但是按照奥地利法律,双方都拥有结婚行为能力;按照匈牙利法律,虽然女方没有到法定婚龄,但是如果女方 17 岁前没有申请撤销婚姻,则婚姻有效。

---

[1] 《联合国关于婚姻之同意、结婚最低年龄及婚姻登记之公约》第 1 条、第 3 条。
[2] Jonathan Hill & Maire Ni Shuilleabhain, Clarkson & Hill's Conflict of Laws, 5th ed., Oxford University Press, 2016, p. 365.
[3] Pugh v. Pugh [1951] P 482.

结婚行为能力属于结婚的实质有效性，不适用婚姻缔结地法。行为能力与当事人的身份密切相关，适用当事人的属人法。但是对于婚姻而言，英国法院要求双方当事人均有缔结婚姻的能力和资格。虽然按照匈牙利法律，双方的婚姻只要没有被女方撤销即有效，但是按照英国法律女方没到法定婚龄。因此，英国法院适用"双重属人法"，判决婚姻无效。

由于双方在结婚时的属人法较容易确定，"双重属人法"有较强的可预测性。但是，也有学者指出，当事人婚后的住所地比婚前各自的住所地对于婚姻而言更为重要。如果一个人根据婚前属人法可以结婚，但是婚后的住所地认为此人没有结婚行为能力，承认婚姻有效的事实会影响婚后当事人所在社区的公序良俗。此外，双重适用两个国家的法律提高了婚姻无效的可能性，不符合尽量尊重当事人意愿使婚姻有效的原则。

三、婚后家庭所在地

由于婚姻和经由婚姻组成的家庭所在国家的公共政策和社会道德紧密相连，对于婚姻的实质有效性适用婚后家庭所在地的法律也许更合适。换言之，不论当事人按照婚前住所地法律有无结婚行为能力，如果根据婚后家庭所在地的法律当事人有行为能力，婚姻即为有效。这是因为婚后家庭所在地和婚姻的实质有效性存在密切的联系。当事人结婚的行为能力只有符合当地的法律，才不会对社会造成冲击。例如"梅特案"（Mettee v. Mettee）。[1]

> 英国男子在德国法兰克福和其过世妻子同父异母的妹妹结婚，计划婚后定居英国。根据结婚时的德国法，婚姻有效。但是英国法禁止亲属之间的婚姻。

英国法院没有适用婚姻缔结地法。因为婚后这对夫妻将要居住在英国，婚姻和英国将存在更紧密的联系。而在英国公序良俗中，与妻子的妹妹结婚不符合英国的社会道德与文化秩序。英国法院适用了婚后家庭住所地法，认为婚姻无效。但是在这个案件中，即使不适用婚后家庭住所地法，根据"双重属人法"婚姻也应当无效。

虽然婚后家庭所在地和婚姻联系最为密切，但是在结婚时婚后家庭所在地并不存在。因此，该原则只能溯及既往地适用。结婚时当事人能提供的只有家庭生活的"计划"，但是计划不一定会成为现实，在结婚时的计划也较难证实。其次，当事人婚后可能会移居多个国家，哪个国家才能作为婚后家庭所在地？最

---

[1] Mettee v. Mettee (1859) 1 Sw & Tr 416.

后，结婚行为能力制度很多时候是国家为了本国的弱势群体如未成年人、精神病人而制定的，立法初衷并不能因为受保护者计划婚后到外国生活而改变，法律还应当特别地防止弱势群体因为强迫或者欺诈赴外国结婚并生活。婚后家庭住所地法的特殊性在"拉德万案"（Radwan v. Radwan）中得到了体现。[1]

  1951年，一个英国女士和一个埃及男士在巴黎的埃及领事馆按照穆斯林法结婚。结婚时，该埃及男士在埃及有配偶，但是埃及承认一夫多妻。双方计划婚后在埃及居住。婚后第二年，丈夫通过"塔拉格（Talaq）"与第一任妻子离婚。1959年二人决定在英国定居并获得英国住所。1980年，双方在法院要求判决离婚。

  英国法院对于婚姻的形式合法性问题适用婚姻缔结地法，同时根据尽量使婚姻形式合法的原则，判决除非可以证明宗教婚姻违反法国法律，否则婚姻形式有效。但是对于实质合法性问题，也就是双方是否有权利缔结"一夫多妻"婚姻，法院适用婚后家庭所在地法。当事人结婚时计划在埃及组建家庭，以及婚后的确定居埃及，使得埃及成为婚后家庭所在地。根据埃及法，婚姻有效。虽然二人之后移居英国，但是此时男方已经和第一任配偶离婚，该婚姻不再是"一夫多妻"婚姻，因此也不违反英国法的婚姻实质有效性。

  另外，在一些"权益婚姻"（marriage of convenience）中，当事人并没有共同生活的计划，也不会在婚后真正组建家庭。"弗瓦克诉史密斯案"（Vervaeke v. Smith）就是一个典型的权益婚姻案件。[2]

  男方是住所地在英格兰的英国人。女方是住所地在比利时的比利时人。男方酗酒且无业。女方希望取得英国国籍并取得英国永居权，以50英镑以及一张去南非旅游的机票的价格，使男方同意结婚。双方婚后没有共同生活，每年因为女方申请英国国籍和护照而见面一到两次。女方后来在意大利和男二号结婚。男二号在结婚当天死亡，在英格兰遗留了巨额财产。女方如果要获得遗产必须证明第二次婚姻有效。女方申请英格兰法院宣布第一次婚姻无效。

  第一次婚姻的有效性涉及实质合法性问题。双方都有结婚行为能力，但是结

---

[1] Radwan v. Radwan (No. 2) [1973] Fam 35.
[2] Vervaeke v. Smith [1983] 1 AC 145, 166.

婚以"权益"为目的。根据女方结婚时的国籍国和住所地法，也就是比利时法，假结婚自始无效。根据英国法，只要双方明知自己将要在法律上缔结婚姻，不论婚姻目的为何，婚后是否真正共同生活，婚姻均有效。婚姻的实质有效性需要根据准据法判断。结婚双方无意组建家庭，既无计划中的家庭，亦无事实上的家庭，并没有婚后家庭所在地。英国法院于是适用结婚"自体法"，也就是和婚姻有最密切联系的国家的法律（英国法）确定婚姻的实质合法性，承认第一次婚姻有效。女方第二次结婚时已经获得英国住所和国籍，结婚行为能力由属人法英国法确定。根据英国法，女方属于重婚，第二次婚姻是无效婚姻。[1]

四、当事人婚前各自属人法

苏格兰适用当事人婚前各自属人法确定结婚行为能力。相比英格兰的"双重属人法"，婚前各自属人法可以解决两个法律叠加适用容易导致婚姻无效的问题。此外当事人婚前各自的属人法和当事人关系密切，且有稳定性强、可预测性强的特点。

但是适用当事人婚前各自属人法，可能导致的问题是同一个婚姻双方结婚行为能力的适用标准不一致。如果A国禁止重婚，B国允许重婚。A国的甲未婚而B国的乙已婚，二人计划在A国结婚，婚后乙将和所有配偶移居A国生活。按照当事人各自的属人法，甲和乙都有结婚行为能力，婚姻有效。但是如此必然引起A国的社会道德规范问题。因此，采取这个原则的国家大多会增加一些例外。例如苏格兰法规定，如果苏格兰是婚姻缔结地，当事人的属人法不得违反苏格兰法律的禁止性规定：违背苏格兰公共政策的婚姻无效。[2]

适用当事人婚前属人法确定结婚行为能力中常见的情形是法律禁止当事人再婚。有的国家在法定期间（主要是离婚判决最终生效前）禁止离婚的当事人再婚，避免出现重婚的问题。法定禁止结婚也属于结婚行为能力要件。如苏格兰法院的"马丁诉伯瑞特案"（Martin v. Buret）判决。[3]

> 一个法国妇女在法国离婚后在土耳其和一个英国人结婚。根据法国法，离婚判决在一段时间后才最终生效并登记。当事人在此之后可以再婚。苏格兰法无此规定。

---

〔1〕 该案的后续是，女方在比利时法院申请宣告第一段婚姻无效，之后申请英国法院承认和执行比利时法院判决。但是英国法院拒绝了申请。第一，比利时法院的判决与英国法官针对同一事由的判决冲突。第二，婚姻有效性涉及法院地的公共政策，法院不予承认外国相反的判决。

〔2〕 Anton's Private International Law (3rd ed.) para 15.21–15.22.

〔3〕 Martin v. Buret 1938 S. L. T. 479.

由于该妇女在离婚判决尚未最终生效前再婚,根据法国法,婚姻无效。根据苏格兰法,婚姻有效。但是法院适用当事人婚前的属人法判断结婚行为能力,认为第二段婚姻无效。另一个有趣的案件是澳大利亚"米勒诉特勒案"(Miller v. Teale)。[1]

特勒太太的家在南澳吉尔伯顿(Gilberton),当地法院以女方5年内不得再婚为条件准许离婚。离婚后女方移居新南威尔士,在此取得新住所,并于5年内与当地居民米勒先生再婚。结婚二十多年后,米勒先生请求法院宣布婚姻无效,因为女方结婚时无结婚行为能力。

法院认为,婚姻当事人的结婚行为能力应当适用结婚时的属人法,也就是住所地法。新南威尔士的法律要求当事人按照婚姻解除地的法律有权再婚。根据女方原住所地的法律,当事人没有再婚自由,因此该妇女没有结婚行为能力,第二段婚姻无效。

历史上有的国家为了惩罚离婚过错方,会禁止过错方和共同责任人(婚内出轨对象)结婚,或者禁止过错方和任何人再婚。这个禁令有时是终身的,有时可在无过错方再婚或者死亡之后解除。有的国家在一段时间内禁止离婚妇女再婚,目的是防止离婚后生下的孩子的生父不明。[2] 即使适用当事人属人法判断结婚行为能力,如果禁止结婚的目的是限制女性再婚,或者惩罚离婚过错方,那么这个法律可能会因为具有歧视性和惩罚性被外国法院的公共政策排除。例如"斯各特案"(Scott v. Attorney General)。[3]

夫妻均是爱尔兰人,在爱尔兰结婚并共同生活。之后他们搬到英国殖民地开普(现在的南非),决定在此定居。在开普居住的第五年,丈夫因妻子出轨一个英格兰人而离婚。根据开普法律,因为出轨而离婚的过错方在另一方再婚前不得再结婚。女方离婚后来到英格兰,和出轨对象结婚。

结婚行为能力适用当事人的属人法,对于女方而言是开普法律。根据开普法律,女方无再结婚行为能力。但是英国法官认为,禁止再婚的判决是惩罚性和歧视性的,违反了法院地的公共政策。英国法院仅承认开普离婚的法律效力,并根

---

[1] Miller v. Teale (1954) 92 C. L. R. 406.
[2] Lundgren v. O'Brien (No. 2) [1921] V. L. R. 361.
[3] Scott v. Attorney General (1886) 11 P. D. 128.

据英国法,承认女方有权再婚。因此,第二次婚姻有效。

第四节 结婚意思表示

一方当事人缺乏真实意愿的婚姻属于可撤销婚姻。缺乏真实意愿可能是胁迫、错误、心智不健全等因素导致的。但是各国法律对于胁迫、错误等导致意思表示瑕疵的判断标准不同。例如苏格兰传统上适用比较严格的标准。当事人心智不全或者有一定程度的精神障碍,对另一方社会地位、经济状况的错误认识,女方欺骗男方是孩子的父亲等情况,都不能当然证明结婚的意思表示不真实。因此,意思表示是否真实需要适用相关国家的实体法加以认定。

一、婚姻缔结地法

传统婚姻缔结需要仪式,当事人要在仪式上表达同意结婚的意愿。婚姻缔结地也是作出同意的地点,和意思表示的真实性有最密切的联系。有学者建议婚姻中的意思表示应当比照合同处理。合同成立地与合同的成立和有效性关系最为密切,而婚姻的缔结地和结婚意思表示关系最为密切。结婚意思表示的真实性和法律后果应当适用婚姻缔结地的法律。

但是,婚姻缔结地和当事人的关系可能是临时的、偶然的。如果当事人均是法国公民,在法国有共同住所地,一方将另一方诱骗到外国结婚,适用婚姻缔结地的法律并不能很好地保护受害人的利益,并可能造成加害人通过选择结婚地规避法律。[1] 此外,通过电话或者网络远程结婚,婚姻缔结地和当事人进行意思表示的地方不一定发生重合。又如代理人婚姻,虽然代理人在婚姻缔结地代表当事人进行同意结婚的意思表示,但是当事人在其他国家将结婚意愿传达给代理人。因此婚姻缔结地不一定和结婚意思表示存在最密切的联系。

二、法院地法

适用法院地法的理由是,结婚是否存在当事人的同意通常是一个"事实"问题而非法律问题,因此不存在适用外国法的问题,只需要根据法院地的标准查明事实即可。但是这个主张有以下缺陷。第一,即使当事人是否同意结婚是一个事实,但是缺乏同意带来的后果和救济却是法律问题,需要适用包括外国在内法的准据法进行裁判,而不是一律适用法院地法。第二,缺乏真实意思表示本身并非完全是事实问题。如一方当事人是否存在欺诈,对对方身份的认识错误(如对方是否未婚、是否有结婚行为能力)、对对方经济状况的认识错误、对仪式的性质和作用的认识错误是否构成意思表示不真实。对于这些问题,各国法律区别很

---

[1] Dicey, Morris & Collins on the Conflict of Laws (16th ed.) para 17-116.

大,需要适用冲突法规范解决法律适用问题。

但是,法院地法依然有其重要性。结婚意思表示不真实很多时候涉及国家的公共政策问题。如妇女违背自身意愿被强迫结婚。因为包办婚姻在有的国家仍然有效,即使外国法作为准据法适用,法院仍然可能根据法院地的公共政策拒绝承认婚姻效力。

三、弱势方的法律

如果当事人婚前在不同的国家有住所,一方提出结婚缺乏真实意愿,法院有可能适用保护弱势方的原则确定准据法。如"威斯敏斯特市政府案"(Westminster City Council v. C)。[1]

> 一个身在英国的男性通过电话婚礼和一个身在孟加拉的女性结婚。该男性有认知障碍,在英国没有结婚的行为能力,但是根据孟加拉法律可以结婚。

虽然该案涉及结婚行为能力问题,根据当事人婚前各自属人法,或者"双重属人法"均可以拒绝承认婚姻实质有效性,但是英国上诉法院还考虑了结婚的意思表示问题。换言之,认知障碍的男性没有表达结婚真实意愿的能力,如果婚后有任何身体上的亲密接触,女方将涉嫌强奸或性侵。法官有义务保护该男子免受侵犯。出于保护弱势方的目的,英国法院适用弱势方住所地的法律也就是英国法,认为这个婚姻属于可撤销婚姻。

第五节 多配偶婚姻

一、婚姻性质的确定

有的国家或民族,因为宗教习俗等原因允许多配偶婚姻,如一夫多妻或者一妻多夫(如尼泊尔)。由于后者比较少见,本节主要讨论一夫多妻的问题,但是相关法律原理可以适用于所有多配偶制婚姻。

如何确定婚姻是否是多配偶婚姻呢?如果一方已经有了一个合法配偶,在婚姻存续期间和另一个人结婚,这就是事实上的多配偶婚姻。难以判断的是双方当事人结婚时都没有正在存续的婚姻,但是一方根据其属人法有与多个配偶结婚的可能,这个婚姻能否作为多配偶婚姻处理?大多国家直接考虑婚姻的事实状态(de facto),如果不存在事实上的多配偶则认定为单配偶婚姻。但是英国法院却

---

[1] Westminster City Council v. C [2009] Fam 11.

采取法定婚姻性质（de jure）的做法，认为婚姻性质的识别存在准据法问题。如果婚姻的准据法承认多配偶，即使事实上当事人并未同时与多个女性结婚，法院也将此婚姻认为是多配偶婚姻，因为存在一夫多妻的可能，或者"潜在的"一夫多妻。

适用准据法判断婚姻性质需要遵循几个步骤。第一，考虑当事人的婚姻缔结地是否承认多配偶。如果多配偶制是婚姻缔结地唯一的婚姻形式，那么这个婚姻就是多配偶婚姻。即使当事人结婚时并无其他配偶，且并无重婚意愿，或者公开表明不会重婚，婚姻性质也不受影响。

第二，如果当事人的婚姻缔结地的法律既承认单配偶，又承认多配偶，那么就需要考虑结婚的形式。如果当事人采取的结婚仪式是允许多配偶的仪式，那么这个婚姻就是多配偶婚姻。如有的国家允许当事人通过宗教仪式缔结多配偶婚姻，而通过到政府部门登记则是单配偶，那么采取宗教仪式结婚的婚姻则被视为多配偶婚姻。例如1866年著名的"海德案"（Hyde v. Hyde）。[1]

> 海德先生是一个英国人，皈依了摩门教，并认识了同为摩门教徒的霍金斯小姐。之后二人在美国犹他州按照摩门教的仪式结婚，并在当地组建家庭。3年后，海德先生离开犹他州，并宣布脱离摩门教。之后犹他州宣布将他逐出教会，并宣布其妻子有权再婚。其妻几年后和另一个摩门教徒在犹他州结婚。

英国法院认为，海德先生和霍金斯小姐的婚姻是多配偶婚姻。虽然他们结婚时并未事实上拥有多个配偶，但是犹他州承认一夫多妻，且二人结婚时均是摩门教徒，按照摩门教仪式结婚，存在一夫多妻的可能性。不论一夫多妻是否最终实现，都无法改变婚姻的多配偶性质。

第三，如果婚姻缔结地的法律允许多配偶，但是当事人的属人法均不允许当事人拥有多个配偶，那么该婚姻属于单配偶婚姻。例如"侯赛因案"（Hussain v. Hussain）。[2]

> 男方是英国人，女方是巴基斯坦人，二人都是穆斯林。当事人在巴基斯坦通过伊斯兰宗教仪式结婚。巴基斯坦适用伊斯兰法，承认一夫多妻。

---

[1] Hyde v. Hyde (1866) L. P. 1 P. & D. 130.

[2] Hussain v. Hussain [1983] Fam. 26 (CA).

在判断婚姻性质时，英国法律考虑当事人的属人法。虽然婚姻缔结地法承认一夫多妻，但是男方的属人法禁止多配偶制婚姻。女方的属人法虽然允许一夫多妻，但是禁止一妻多夫。双方在各自的属人法下均不得同时拥有多个配偶，因此英国法院认为这个婚姻是单配偶婚姻。

二、多配偶婚姻的效力

在上文讨论的"海德案"中，法官认为，如果根据婚姻缔结地和当事人属人法，多配偶婚姻均有效，那么英国法院也承认此类婚姻的有效性。有观点认为，法院应当将多配偶婚姻分为首次婚姻和随后的婚姻，仅承认首次婚姻的合法性。这个观点被法院拒绝。[1] 此外，如果男方的属人法允许男方仅娶一个妻子，但是拥有多个妾，英国法仍旧将此婚姻视作"一夫多妻"的多配偶婚姻，而且"妾"的地位与妻平等，同被法律认可。[2]

中国法明确规定一夫一妻制。对于在婚姻缔结地合法有效的一夫多妻婚姻，中国法律并没有明确规定是否承认其合法性。中国《涉外民事关系法律适用法》第21条规定："结婚条件，适用当事人共同经常居住地法律；没有共同经常居所地的，适用共同国籍国法律；没有共同国籍，在一方当事人经常居所地或者国籍国缔结婚姻的，适用婚姻缔结地法律。"第23条规定："夫妻人身关系，适用共同经常居所地法律；没有共同经常居所地的，适用共同国籍国法律。"适用以上规定，意味着根据当事人共同经常居所地、共同国籍国或婚姻缔结地法律有效的多配偶婚姻，可能被中国法院认可。

然而《涉外民事关系法律适用法》第5条规定了公共政策例外。我国学者通常认为，承认外国缔结的多配偶婚姻可能违反我国公共政策和道德习俗，应当拒绝。如果在外国按照外国宗教仪式缔结多配偶婚姻，之后当事人在中国长期居住，我国成为多配偶家庭的活动中心，多配偶家庭会对我国的社会秩序和社会道德习惯产生冲击，可以适用公共政策例外不予认可。但是，我国的婚姻法在少数民族地区也有变通规定，比如1981年《西藏自治区施行〈中华人民共和国婚姻法〉的变通条例》第2条规定："废除一夫多妻，一妻多夫等封建婚姻，对实行本条例之前形成的上述婚姻关系，凡不主动提出解除婚姻关系者，准予维持。"根据该条体现的法律精神，维持外国人在外国缔结的多配偶婚姻不一定违反我国的公共秩序。此外，如果多配偶家庭和我国的关系并不密切，因为遗产继承等财产分割问题需要我国认可外国的多配偶婚姻，我国法院是否应当一律适用公共政策予以拒绝？完全拒绝承认此类婚姻合法性是否会影响外国婚姻的稳定性？这些

---

[1] Hyde v. Hyde (1866) L. P. 1 P. & D. 130.

[2] Dicey, Morris and Collins on the Conflict of Laws (16th ed) para 17-126.

问题尚未得到解答。

此外，为了防止本国人到允许一夫多妻的国家和多个配偶结婚，很多国家对多配偶婚姻的认可，叠加适用婚姻缔结地法和当事人的属人法。但是当事人的属人法在这个问题上有特殊的确定方法。有的国家法律整体上采取单配偶制度，但是这些国家个别宗教和民族社区在人身问题上适用自己传统的习俗和法律。这些宗教和民族习惯法可能会承认多配偶制，并被本国法律认可。在这个情况下，确定外国人是否根据其属人法有权同时缔结多个婚姻，需要对"属人法"进行特殊认定。也就是说，仅仅考虑国家法并不足以解决问题。法院需要首先确定当事人的住所；如果当事人的住所地国承认本国特殊的宗教或民族法，那么法院将继续确定当事人所属的社区，从而确定当事人的属人法。[1] 如上文所述"海德案"，当事人的属人法并非美国法，而是当事人所属社区的特殊宗教法——摩门教法。

第六节 同性婚姻

世界各国对于同性婚姻大约有四种态度。第一类伊斯兰教国家对同性婚姻持严格禁止的立场，在阿富汗、伊朗、巴基斯坦、沙特阿拉伯等国家，同性关系当事人会被判处死刑。第二类大多数国家并不承认同性婚姻，但是将同性关系视为不被保护的民事关系而没有施加公法惩罚。第三类包括匈牙利、克罗地亚、塞浦路斯、希腊、意大利等欧洲国家，虽然不承认同性婚姻，但是承认同性伴侣的身份关系，允许同性伴侣到政法部门登记，并享受部分或全部配偶权益。第四类则是取消了婚姻法上对于配偶性别的限制，同性伴侣可以通过与异性伴侣一样的形式结婚，并享有和异性婚姻相同的配偶权益。荷兰、比利时、西班牙、丹麦、英国、法国、德国等欧洲国家，加拿大、美国、阿根廷、巴西等美洲国家，南非、澳大利亚、新西兰和我国的台湾地区等共31个国家和地区承认了同性婚姻。[2] 由于承认同性婚姻的国家采取传统婚姻和非婚姻合法伴侣两种模式，本节将"婚姻"作广义理解，讨论所有被法律认可并赋予配偶权益的伴侣模式。

一、同性婚姻的成立

同性婚姻属于婚姻的实质合法性的问题。因此，可以比照异性婚姻适用相关准据法。有的国家在婚姻之外为同性伴侣创造出了"法定伴侣"模式，例如英

---

[1] Dicey, Morris & Collins on the Conflict of Laws (16th ed.) para 17-129.

[2] David E. Newton, Same-Sex Marriage: A Reference Handbook, 2nd ed., Santa Barbara: ABC-Clio, 2016 Ch. 1.

国的《民事伴侣法》以及德国的《生活伴侣登记法》。这种做法虽然有意识地将同性关系和传统"婚姻"区别开，但是因为法定伴侣模式仍然赋予了登记伴侣类比于婚姻的身份关系和配偶权益，因此也可以比照婚姻适用相关准据法。有学者提出，由于注册伴侣更加重视当事人之间的合意，而法律的强制性规则要少很多，因此可以比照合同适用合同准据法。但是注册伴侣仍然是一种法定身份关系，且需要行政机关介入的行政确认行为，因此并不类似于普通民事合同，适用合同准据法并不合适。[1]

对于婚姻实质合法性，很多国家适用婚姻缔结地法，不叠加适用当事人的属人法，或者不需要当事人一方或双方和本国有属人联系。有的允许同性婚姻的国家采取了开放式做法，最大程度保证婚姻有效。例如比利时允许所有居住在比利时的同性伴侣注册伴侣关系，不因当事人的外国国籍和住所对同性伴侣产生歧视。此外，比利时对同性婚姻的准据法结合了最密切联系原则和使婚姻有效的原则。如果婚姻关系与另一个国家有最密切联系，则适用另一国法律；如果该国法律禁止同性婚姻，则适用婚姻缔结地的法律，也就是比利时法。

但是鉴于同性婚姻和其他婚姻实质合法性的区别，很多承认同性婚姻的国家对于同性婚姻创立了与异性婚姻不同的法律适用规则。例如要求结婚双方至少有一方和本国有属人联系，例如荷兰、西班牙、丹麦。在这种情况下，居住在这些国家的同性居民，如果双方或一方不符合居住国属人联系的要求，就无法在当地结婚。有的国家对"属人联系"的要求非常宽松。如英国《民事伴侣法》仅要求同性伴侣在登记机关地区居住7天以上，便可仅依据英国本地法注册同性伴侣。这个要求非常容易达到。[2] 但是有的国家则要求当事人拥有本地国籍、住所或惯常居所，这便为同性婚姻造成了一定程度的障碍。例如，荷兰《国际私法（结婚）法》第2条规定："同性伴侣当事人必须符合荷兰结婚的要件且至少一方拥有荷兰国籍或惯常居所，才能在荷兰举行结婚仪式。"如果一对中国同性伴侣移居荷兰，则在没有获得荷兰国籍或惯常居所前，他们无法在荷兰结婚。但是这个障碍是暂时的，因为如果当事人在荷兰居住达到法定期限，一般可以获得当地的国籍或惯常居所。要求结婚当事人的属人联系有利于避免外国人为了规避本国法律而旅行结婚。

二、外国同性婚姻的承认

外国同性婚姻的承认，存在三种情况。第一，允许同性婚姻的国家通常会承认在外国缔结的、按照婚姻缔结地合法有效的同性婚姻的效力。但是，如果东道

---

[1] 龙湘元：《同性婚姻若干法律问题比较研究》，武汉大学2015年博士学位论文。

[2] UK Civil Partnership Act, Sec. 8（1）（b）.

国承认同性婚姻,而当事人在外国注册为同性伴侣,这个关系能否被东道国承认?如果本国没有同性伴侣制度,在外国注册的同性伴侣的身份关系应当如何认定?同性婚姻合法化的国家,对涉外同性婚姻以及以其他方式进行民事结合的关系通常无歧视地平等对待,因此很多国家比照本国同性婚姻制度,将外国同性伴侣关系等同于本国的同性婚姻。[1]

第二,如果东道国仅承认同性伴侣,而当事人在外国注册结婚,这个婚姻能否被东道国承认?很多国家严格区分同性伴侣和婚姻,认为根据宗教、社会习俗和道德观念,婚姻仅能存在于异性之间。出于人权保护等原因,这些国家在婚姻外另设"民事伴侣"制度,也就是说这些国家不承认同性的结合可以识别为婚姻。出于这个原因,对于在域外结婚的同性伴侣,即使结合性质在缔结地属于"婚姻",但是东道国出于公共政策的原因,不能将此作为婚姻看待,而仅能根据东道国自己的法律,将外国同性婚姻作为"民事伴侣"处理。[2]

第三,如果东道国不承认同性关系,当事人在外国结婚或注册成同性伴侣,这个关系能否被东道国承认?这个问题又可以分为以下几个情况。首先,居住在不承认同性婚姻国家的当事人为了规避本国法律到外国"旅行结婚"。此类同性婚姻很可能因为违反法律规避理论和公共政策而无效。例如《最高人民法院关于适用〈涉外民事关系法律适用法〉若干问题的解释(一)》指出,如果当事人人为制造涉外民事关系的连结点,规避中国法律、行政法规的强制性规定,不发生适用外国法的效力。[3] 同性伴侣如果为了结婚,旅行到允许同性结婚且对属人连结点要求很低的国家,通过短暂居住制造连结点而结婚,部分符合法律规避的特征。可能存在争议的是,同性结婚是否违反我国强制性规定。我国虽然不允许同性登记结婚,但是法律和行政法规并未明令禁止同性婚姻。换言之,同性婚姻在我国无法登记,不当然代表我国法律对此强行禁止,适用法律规避似乎并不妥当。那么承认同性"旅行结婚"的效力是否违反我国公共政策?"旅行结婚"的当事人通常在中国惯常居住,和中国建立了长期稳定的关系,社会生活的重心在中国。在这种情况下,婚姻和中国有最密切的联系,对当事人婚后所处的社区、家庭等小共同体将产生影响。这个影响究竟属于什么性质,是否一定违反了社会公共秩序,则是关于社会对同性婚姻的接纳程度的问题。此外,如果承认同性婚姻的效力,可能会鼓励本地同性居民旅行结婚,对社会产生连锁效应。由于公共政策和社会基本习惯、价值、伦理、道德相关,中国法院很可能因为公共政

---

[1] Jonathan Herring, *Family Law: A Very Short Introduction*, Oxford University Press, 2014, p. 89.
[2] 龙湘元:《同性婚姻若干法律问题比较研究》,武汉大学 2015 年博士学位论文。
[3] 《最高人民法院关于适用〈涉外民事关系法律适用法〉若干问题的解释(一)》第 9 条。

策原因，拒绝承认在海外缔结的同性婚姻的法律效力。

其次，同性当事人结婚时与东道国没有紧密的属人联系，也没有婚后在东道国长期生活的计划。但是婚后由于工作变动、求学等原因，来到了不承认同性婚姻的国家。这种情况自然不属于法律规避的问题。那么，承认同性婚姻的效力是否违反法院地的公共政策呢？这就在于法院地如何定义其公共政策。公共政策是一个模糊且有弹性的概念。如果法院认为同性婚姻不存在规避法律的主观故意、既成事实，且当事人与本国的社会联系并非十分紧密，对社会基本习俗的冲击不大，则可能承认同性婚姻。但是对于出于宗教等原因严格禁止同性关系的国家而言，此类同性婚姻也不可能得到承认。

再次，同性当事人与东道国没有紧密的属人联系，但是由于继承、扶养等其他问题，由于有财产位于东道国境内，需要东道国认定当事人的婚姻身份来确定财产归属。在这种情况下，法律规避问题和社会影响均不大。即使法院承认了当事人的同性婚姻关系，给予其配偶权益，但是当事人并非在法院地以配偶的身份长期居住，对当地社区普遍认可的婚姻关系和家庭观念不会造成很大的冲击。对于此类情形，法院应当承认外国缔结的同性婚姻。

第十八章 涉外离婚

离婚是婚姻当事人的自由，但是这个自由直到近代才逐渐被大多数国家接受。古代很多国家的法律，包括古罗马的十二表法、古印度的摩奴法典、古巴比伦的汉谟拉比法典、犹太教摩西法典以及中国封建社会律法，仅给予丈夫单方离婚的权利。[1] 欧洲中世纪禁止离婚，直到 16 世纪婚姻世俗化改革，才逐渐变为离婚过错主义，仅允许无过错方在对方犯有重婚、强奸、遗弃、虐待、企图杀害自己等过错时才允许离婚。[2] 之后，很多国家开始承认无责离婚，也就是因为生理缺陷、重大疾病、失踪、分居等原因致使婚姻目的无法实现时，可以允许双方离婚。

20 世纪 60 年代以来，大多数国家采取了无责离婚，并采取了破裂原则，婚姻破裂的任何一方均可申请离婚。但是，还有少数国家对离婚采取了原则上禁止的态度。例如爱尔兰直到 1996 年才允许离婚，但是需要双方就财产和责任达成完善的协议。换言之，爱尔兰仅允许协议离婚。如果一方当事人不同意离婚，协议无法达成，法院并不会就当事人单方面的申请判决离婚。

因为离婚被视为和国家社会道德和公序良俗相关，跨国离婚问题是一个国际私法上较为棘手的问题。国际私法对于离婚的管辖权和法律适用，与该国对离婚的基本原则紧密相关。如果国家接受离婚自由原则，认为解除婚姻是自然人的基本权利，那么这个国家将采取有利于离婚的原则，设计相关的司法管辖制度和法律适用规则。

---

〔1〕 夏吟兰：《论离婚自由及其限制——以自由与正义的衡平为线索》，中国政法大学 2006 年博士学位论文。

〔2〕 夏吟兰：《论离婚自由及其限制——以自由与正义的衡平为线索》，中国政法大学 2006 年博士学位论文。

第一节 协议离婚的国际私法问题

一、协议离婚的管辖权

非诉讼离婚主要包括协议离婚和宗教离婚。协议离婚是婚姻关系双方对离婚以及离婚后包括子女抚养、财产分割等事项达成合意,并经国家机关认可而解除婚姻关系的离婚方式。与协议离婚的管辖权问题相关的探讨很少,因为协议离婚并不涉及法院诉讼。但是这并不代表协议离婚不涉及任何管辖权的问题。涉外婚姻当事人的离婚协议如果需要发生法律效力,通常要得到权力机关的认可或者经其登记。但是婚姻登记机关并不能为所有涉外离婚提供登记公示服务。

根据中国《婚姻登记条例》,涉外婚姻一方为中国公民,双方在中国内地或中国驻外使领馆登记结婚,双方可以到中国公民常住户口所在地的婚姻登记机关办理离婚登记。[1] 但是,如果双方均为外籍,双方在外国结婚,双方结婚后中国内地一方转外籍,或当事人在中国的户籍已注销,中国婚姻登记机关将不受理协议离婚登记申请。双方只能采用诉讼方式离婚。

二、协议离婚的法律适用

协议离婚的法律适用面临更多问题。并非所有的国家都允许协议离婚,如德国、意大利、瑞典仅承认诉讼是离婚的唯一方式;允许协议离婚的国家,有的要求离婚协议通过行政程序登记生效,有的要求协议经法院审批或裁决;有的国家要求协议离婚不适用于有未成年子女的家庭。[2] 因此涉外协议离婚可能带来激烈的法律冲突问题,协议离婚效力是否可以被其他国家承认存在很大的不确定性。

协议离婚包括协议和公权力确认两个行为。前者是当事人就离婚改变身份关系,并对附带的财产分割和子女抚养问题达成协议,可以笼统概括为合同关系。但是,仅有合同并不能产生离婚的法律效力,还需要有权的行政机关或者法院对协议效力认定,进行登记或裁判。[3]

因此,协议离婚应当区分合同行为和公权力行为,分别选择准据法。合同行为指的是双方当事人签订的协议,包括双方当事人同意离婚以及由此产生的身份关系的改变,以及对于包括财产分割、夫妻扶养、子女抚养的权利义务安排。如

---

[1]《婚姻登记条例》第10条。
[2] 许凯:《我国涉外协议离婚法律适用规则的规范修正与适法边界》,载《华东政法大学学报》2021年第2期。
[3] 许凯:《我国涉外协议离婚法律适用规则的规范修正与适法边界》,载《华东政法大学学报》2021年第2期。

果当事人婚后对协议的内容和履行发生分歧，当事人有权提起违约之诉，对于协议内容的解释和协议的履行可以比照合同，采用合同法律适用规则确定准据法。当然，比照合同不完全等同于合同，因为身份关系和普通商事关系不同，身份关系的意思自治通常涉及社会、伦理、宗教等无法自由选择或放弃的问题。和当事人存在属人联系的国家，如国籍国、住所地、惯常居所地，特别是家庭所在地也就是当事人的共同惯常居所地或住所地，可能有意愿对离婚的条件和附带问题进行限制。

但是合同准据法并不能约束审查登记并确认离婚效力的行政或司法机关。公权力机关当然适用本国公法审查离婚的法定要求，并不因为离婚协议在外国法下是有效合同而确认婚姻关系的解除。因此对于确认协议离婚效力的公权力行为，无例外地适用权力机关所在地的法律。

我国《涉外民事关系法律适用法》第 26 条规定："协议离婚，当事人可以协议选择适用一方当事人经常居所地法律或者国籍国法律。当事人没有选择的，适用共同经常居所地法律；没有共同经常居所地的，适用共同国籍国法律；没有共同国籍的，适用办理离婚手续机构所在地法律。"基于以上分析，该条应当解释为仅适用于离婚协议这一合同关系。

三、外国协议离婚的效力

大多协议离婚经过民事机关登记生效，并未经过法院确认，协议离婚并不是法院判决或裁决，而是行政性质的确认行为。有的国家如爱尔兰仅承认外国离婚判决，而不承认外国行政机关所作出的离婚确认的效力。但是有的国家并不区分协议离婚还是判决离婚，只要是离婚地国家承认的、有权确认离婚的权力机关的文件，均可以获得承认。如加拿大"威尔森诉科瓦列夫案"（Wilson v. Kovalev）。[1]

> 当事人在佩鲁结婚，之后移居到加拿大。到达加拿大 6 个月后，当事人在佩鲁协议离婚，获得了公证，并在佩鲁公共机关登记离婚信息。

根据加拿大离婚法，如果离婚决定是有管辖权的国家的法庭或者权力机关作出的，加拿大法院将予以认可。[2] 外国是否有管辖权需要达到两个标准：第一，外国机关在当地法下有管辖权；第二，离婚被申请人在该国有惯常居所，或者在离婚前至少在该国居住了 1 年。法院于是承认了当事人在佩鲁登记的协议离婚的

---

[1] Wilson v. Kovalev 2016 ONSC 163.

[2] Divorce Act, sec 22.

效力。而英国法院将外国离婚分为经由官方程序离婚和无官方程序的离婚。官方程序包括诉讼离婚和行政机关参与的登记离婚。因此，协议离婚和诉讼离婚一样可以在英国获得承认。

第二节 宗教离婚

宗教离婚的典型例子是伊斯兰"塔拉格"（Talaq），也就是丈夫说三遍："塔拉格"（类似于"我休了你"），双方即正式离婚。传统宗教"塔拉格"无需丈夫提供任何理由，甚至无需妻子在场或者收到通知。这个离婚形式在克什米尔、巴林、迪拜等东非或阿拉伯国家仍然存在。[1] 在犹太教中，夫妻可以合意离婚，之后丈夫在犹太法庭出具"休书"，法庭将休书传达给妻子，妻子收到休书后正式离婚。

很多承认宗教离婚的国家为宗教离婚制定了一些额外的法定程序。例如，埃及和阿拉伯联合酋长国要求宗教离婚需要到行政机关登记，虽然登记并非离婚有效的必要条件。在巴基斯坦和摩洛哥，伊斯兰"塔拉格"需要经过一段"冷静期"才会生效。北非一些国家为"塔拉格"增加了司法监督程序。[2] 新加坡虽然不是伊斯兰国家，但是新加坡承认"塔拉格"离婚。新加坡"塔拉格"需要遵循如下法定程序：首先，双方必须参加婚姻辅导和育儿计划；之后，当事人可以申请到伊斯兰法院进行离婚登记。法院将对"塔拉格"进行形式和实质有效性审查，通过审查的将完成离婚。

外国宗教离婚的效力存在很多争议。例如，英国将离婚分为经由正式程序的离婚和未经程序的离婚，仅对前者的效力予以承认。英国法院在"夸兹案"（Quazi v. Quazi）承认了巴基斯坦"塔拉格"离婚的效力。[3] 巴基斯坦的"塔拉格"需要结合一定的行政程序。当丈夫声明三次离婚后，需要向行政部门发送通知。行政部门将建立一个"仲裁理事会"试图调和。在90日内，如果丈夫不撤回通知，则离婚生效。英国法院认为，任何官方程序都可以视为英国法认可的离婚程序。英国承认经过外国合法程序的离婚。同理，犹太教经过法庭传达"休书"，黎巴嫩要求塔拉克在伊斯兰教法庭（Sharia court）登记，沙特阿拉伯要求将塔拉克离婚进行民事登记也属于法院认可的程序。但是，没有经过官方正式程序的离婚，如传统"塔拉格"在英国是无效的。在"乔杜立案"（Chaudhary

---

[1] Dicey, Morris & Collins on the Conflict of Laws (16th ed) para 19-128.

[2] Dicey, Morris & Collins on the Conflict of Laws (16th ed) para 19-128.

[3] Quazi v. Quazi, [1980] AC 744.

v. Chaudhary）中，居住在英格兰境内的巴基斯坦国籍的丈夫，在克什米尔穆斯林教堂口头宣布三声离婚，有两个证人做了见证。但是英国法院认为离婚没有经过正式程序，最终没有予以承认。[1]

第三节 诉讼离婚的国际私法问题

一、管辖权

离婚是关于身份的案件，因此大多国家承认当事人的"家"有离婚案件的管辖权。"家"可能包括国籍、住所或者惯常居所，这一点在第五章已经讲过，此处不赘述。由于各国适用不同的属人连结点，且适用不同的规则确定这些属人连结点，离婚的管辖权规则多种多样。同一个婚姻可能涉及多个国家，因此不止一个国家的法院可能会有管辖权。欧盟《布鲁塞尔 II 修正条例》可以说是对离婚管辖连结点的总结。条例第 3 条第 1 款提供给离婚的原告六个可供选择的法院，包括：①夫妻的共同惯常居所；②夫妻的最后一个惯常居所，如果一方仍在此居住；③被申请人的惯常居所；④共同申请时任意一方的惯常居所；⑤申请人的惯常居所，如果申请人在申请离婚前在此居住 1 年以上；或者⑥申请人的惯常居所，如果申请人在请求离婚前在此居住 6 个月以上，且申请人有该国的国籍或者在该国有住所。

在离婚案中，大多当事人结婚并共同生活，因此有共同住所或者共同的惯常居所。这个共同的归属地，通常也是和夫妻婚姻有最密切联系的国家。所以双方共同的归属地，如共同住所和惯常居所，对离婚案件可以有管辖权。但是也有夫妻在离婚前分居多年，或者在"权益婚姻"中，双方本无共同生活的意愿，此时夫妻没有共同的归属地。在此情况下，欧盟采取了以被告惯常居所地为主，原告惯常居所地为辅的方法。申请人如果希望在自己的惯常居所地起诉离婚，必须证明自己已经和这个国家建立紧密的联系，例如居住长达一定期限，或者与该国有其他联系。值得一提的是，虽然法国以及原法国殖民地仍然将国籍作为重要的属人连结点，但是以当事人国籍建立离婚法院管辖权已经不再是国际上的通例。即使在很多情况下，一方在婚后会取得另一方的国籍，也形成了婚姻当事人的共同国籍，但是当事人有时并非在其国籍国共同生活。结婚和离婚对于当事人国籍国的影响已经越来越小。因此，大多国家并未给予当事人国籍国的法院对于离婚的管辖权。

欧盟立法的管辖权规则反映了现代社会对于离婚持有的自由主义原则。立法

---

[1] Chaudhary v. Chaudhary [1985] Fam 19.

并未要求申请人必须到某个法院申请离婚,而是给予了申请人选择的权利。申请人可以到与婚姻有实际联系的国家或被告所在地申请离婚,也可以在本人所在的国家申请离婚,这就给予了申请人较大的便利和自由。为了平衡当事人的利益,法律对于申请人惯常居所地的管辖权设置了一些限制性条件,避免原告过于轻易地择地诉讼,但是这些条件并不难满足。此外,法院管辖权再无其他限制性条件,例如该国是否是婚姻缔结地并不重要,一国法院有权解除在另一国法院经由国家机关登记成立的婚姻。因此,在欧盟法框架下提起跨国离婚诉讼有着相当的便利性。

中国《民事诉讼法》涉外编并不包含涉外婚姻家庭的管辖权问题,但是《最高人民法院关于适用〈中华人民共和国民事诉讼法〉的解释》中对离婚管辖权作了较详尽的规定。中国法院以被告住所地为基本原则行使管辖权。[1] 如果被告在中国没有住所,也可以由原告住所地管辖。换言之,如果中国公民一方居住在国外,另一方在国内,任何一方都可以到国内这一方的住所地起诉离婚。[2] 此外,中国还采取了"必要管辖"原则,也就是尽量避免与中国当事人包括华侨相关的离婚案件管辖权的消极冲突。对于在国内结婚并定居国外的华侨,通常应当由定居国管辖离婚诉讼。但是如果定居国采取的不是当事人住所或惯常居所地原则,而是婚姻缔结地原则,要求离婚诉讼由婚姻缔结地管辖,中国法院将有管辖权,由婚姻缔结地或者一方在国内的最后居住地法院行使。[3] 如果有中国国籍的人在外国结婚并定居国外,而定居国采取国籍主义,要求当事人的国籍所属国管辖离婚案件,中国法院作为当事人的国籍国可以行使管辖权,由一方原住所地或者国内最后住所地法院管辖。[4] 如果当事人中国公民双方在国外但未定居,一方向人民法院起诉离婚的,应由原告或者被告原住所地人民法院管辖。[5]

二、法律适用

诉讼离婚的法律适用规范也多种多样,可以概括为:法院地法、属人法、离婚自体法三种方法。法院地法有便利性的优势,但是在离婚问题上适用法院地法,更多出于对于法院地公序良俗的保护,因为传统上社会婚姻制度体现的是法院地最根本的社会秩序、宗教信仰、伦理观念。很多国家对离婚有各式各样的限制,有的离婚问题甚至和刑法相关,本质上代表着国家以法律的形式维护婚姻代表的社会公序。因此,法院将不情愿适用外国法判决离婚。

---

[1]《民事诉讼法》第22条。
[2]《最高人民法院关于适用〈中华人民共和国民事诉讼法〉的解释》第15条。
[3]《最高人民法院关于适用〈中华人民共和国民事诉讼法〉的解释》第13条。
[4]《最高人民法院关于适用〈中华人民共和国民事诉讼法〉的解释》第14条。
[5]《最高人民法院关于适用〈中华人民共和国民事诉讼法〉的解释》第16条。

另有国家认为离婚属于身份问题，应当适用属人法。这些国家禁止当事人为了离婚挑选法院，要求基于当事人的属人关系适用法律。这个做法同样是将婚姻视作国家基本社会道德问题，要求凡是使自己服从国家制度的人不论身在何处必须遵守国家关于离婚的法律规范。

以上两种法律适用规则虽然曾是国际上的主流做法，特别是法院地法现在还被很多国家采用，但是由于各国对于离婚态度从限制转向自由，越来越多的国家对于离婚的法律适用问题也开始了新的探索。例如，欧盟《罗马Ⅲ条例》一改传统的法院地法和属人法的规则，给予了婚姻双方更大的自由，使得离婚目的更加容易实现。[1] 该条例引入意思自治，允许当事人选择共同惯常居所地、夫妻一方仍在居住的原共同惯常居所地、任一方当事人国籍国或者法院地国的法律。[2] 欧盟承认离婚自由，当事人可以为了实现离婚自由合意选择与婚姻或任一方当事人相关的法律。但是，欧盟同时也确认离婚是一个涉及国家利益的问题，因此当事人不能在世界范围内选择法律，而只能在法院地以及相关属人法中综合选择。欧盟试图在自由离婚和社会利益中寻找一个平衡点，因此设立了"有限的意思自治原则"。

如果当事人没有对离婚适用的法律进行选择，欧盟要求法院根据顺序，适用以下可供选择的法律：法院应当优先适用当事人的共同习惯居所地法；如果当事人不存在共同习惯居所地，则适用一方当事人仍在居住的原当事人共同习惯居所地法；如果这个连结点仍然不存在，则适用当事人的共同国籍国法；如果当事人不存在共同国籍，则适用法院地法。[3] 此外，欧盟引入了有利于离婚原则。上述条例第10条规定，如果以上方法确定的准据法不允许离婚或者没有给予双方平等提出离婚的权利，法院地法将得到适用。换句话说，如果准据法禁止女性提出离婚，那么希望离婚的女方可以到欧盟成员国挑选法院，按照法院地法的要求离婚。

三、外国离婚判决的承认

如果当事人在法院地合法离婚，但是离婚效力不被其他国家承认，可能在实践上造成一系列的困难。例如当事人如果离婚后再婚，之后移居其他国家，可能被认为重婚。因此，对于外国离婚的承认，大多数国家并不设置过高的障碍。以中国为例。虽然中国对于外国判决的承认要求以存在互惠关系为前提，但是对外

---

[1] 《关于在离婚与司法别居的法律适用领域实施强化合作的第1259/2010号（欧盟）条例》。
[2] 《罗马Ⅲ条例》第5条第1款。
[3] 《罗马Ⅲ条例》第8条。

国离婚的承认却没有互惠要求。[1] 1970年海牙国际私法会议制定《承认离婚和分居公约》已有20个成员国。公约要求成员国在原审国法院满足公约列举的间接管辖权的前提下,原则上承认原审国的离婚判决。间接管辖权包括:被申请人在原审国有惯常居所或住所;申请人在该国有惯常居所或者住所,且在离婚程序启动前居住1年以上,或者该国是夫妻最后共同居住地或共同住所地;夫妻都是该国国民;申请人是该国国民,并在该国有惯常居所或住所,在该国居住联系1年,并在启动程序前2年内有不分时间居住在该国;申请人是该国国民并在启动程序之日在该国境内,或者夫妻最后的惯常共同居所地或住所地没有关于离婚的法律规定。[2] 出于尽量承认外国离婚效力的原则,公约规定的间接管辖权很广泛。一旦原审法院和被申请人或者申请人建立了实质性的联系,被申请国的法院均不得以管辖权不合法为由拒绝承认离婚判决。但是,被申请国的法院仍然可以在一些特殊的情况下拒绝承认离婚判决。该公约的缔约国并不多,所以在国际上的影响并不大。在欧盟内部,成员国根据《布鲁塞尔II修正条例》相互承认离婚判决。拒绝承认判决的理由和海牙公约类似。[3] 此外,我国最高法院关于承认外国离婚判决的规定中也有类似的拒绝承认的理由。在此一并分析。

第一,如果双方均为被申请国的国民且无其他国籍,被申请国不允许离婚,被申请国的法院可以拒绝承认外国离婚判决。在此情况下,被申请国对当事人有基于国籍的属人管辖权,且与当事人的婚姻有紧密的联系。允许离婚可能违背被申请国禁止性强制性法律。[4]

第二,大多法律均允许法院在外国程序违反了程序合法性时拒绝承认外国离婚判决。例如被申请人没有收到合理的通知,或没有机会进行陈述。由于被告的正当程序权利被侵犯,原审程序可以认定为违反了自然正义原则。[5] 如"阿绍尔诉拉亚斯案"(Ashoor v. Lavass)。[6]

> 当事人婚后的惯常居所地是埃及。二人来英国旅行时,妻子在英国法院提出离婚。法院认为妻子和英国尚未建立应有的属人联系,拒绝行使管辖权。同时,丈夫在没有告知妻子的情况下在埃及进行了单方面的"塔拉格"

---

[1]《最高人民法院关于适用〈中华人民共和国民事诉讼法〉的解释》第542条;《最高人民法院关于中国公民申请承认外国法院离婚判决程序问题的规定》第1条。

[2]《承认离婚和分居公约》第2条、第3条。

[3] Brussels II bis Recast Regulation, Art 22.

[4]《承认离婚和分居公约》第7条。

[5]《承认离婚和分居公约》第8条;《布鲁塞尔II修正条例》第22条b款;《最高人民法院关于中国公民申请承认外国法院离婚判决程序问题的规定》第12条第3项。

[6] Ashoor v. Layass [2010] 2 F. L. R. 1418.

离婚。英国法院对丈夫在埃及的离婚程序发出了禁令。待妻子取得英国住所后，英国法院决定对妻子的离婚诉讼行使管辖权。丈夫声称双方在埃及已经合法离婚了 11 个月。

英国法院认为，虽然埃及的宗教离婚属于有法定程序的离婚，但是丈夫发起的离婚程序剥夺了妻子的正当程序权利。妻子开始并不知道丈夫在埃及进行"塔拉格"离婚，后来因为英国法院发出禁令，基于相信丈夫会执行禁令的认识，妻子没有想到埃及的离婚程序会继续进行。因此妻子没有在埃及程序中进行陈述和答辩，被剥夺了正当程序权利。英国法院不能承认埃及离婚的效力。

第三，如果离婚判决和被请求承认国先前作出的或者承认的判决相矛盾，法院可以拒绝承认判决。[1]

第四，如果承认离婚违反公共政策，被请求承认国可以拒绝承认。[2] 例如"肯戴尔案"（Kendall v. Kendall）。[3]

婚后因为丈夫的工作原因，夫妻暂住玻利维亚。丈夫工作合同结束前，妻子带孩子回到英格兰。临行前，丈夫要求妻子签署一些文件，并告知这是玻利维亚离境必须的文件。出于信任，妻子在未认真阅读文件内容的情况下签署了文件。直到丈夫回到英国，妻子才得知自己签署的是律师委托书。丈夫已经用此委托书请律师代理妻子在玻利维亚法院取得离婚判决。

英国法院认为，由于离婚判决因欺骗而作出，承认离婚判决将严重违反公共政策，因此认定离婚无效。

第四节　后婚姻义务

一、概述

后婚姻义务主要指离婚后经济强势的一方对于另一方支付赡养费的义务。各国后婚姻义务差别巨大。有的国家和地区采取过错主义。例如我国台湾地区规定，夫妻无过失的一方，因判决离婚而陷于生活困难，他方纵无过失，亦应给予

---

〔1〕《承认离婚和分居公约》第 9 条；《布鲁塞尔 II 修正条例》第 22 条 c 款和 d 款；《最高人民法院关于中国公民申请承认外国法院离婚判决程序问题的规定》第 12 条第 4 项。

〔2〕《承认离婚和分居公约》第 10 条；《布鲁塞尔 II 修正条例》第 22 条 a 款；《最高人民法院关于中国公民申请承认外国法院离婚判决程序问题的规定》第 12 条第 5 项。

〔3〕 Kendall v. Kendall [1977] Fam. 208.

相当之赡养费。[1] 更多国家认为离婚后一方有保护另一方基本生活的道义责任。

对于后婚姻义务的内容，各国规定不同。英国法院有较大权力，可以要求经济强势的一方通过定期支付生活费、出售房产、提供安置等方式，对离婚时弱势一方（主要是女方）给予经济上的扶助。离婚赡养费的额度通常和婚姻存续期间家庭生活水平有关，确保弱势一方离婚后生活水平不低于婚姻期间。受领方再婚时，扶养义务终止。[2] 美国扶养费分为很多种，有诉讼期间支付的临时扶养费；补偿一方为另一方获得技能或事业发展所作贡献的补偿性扶养费；帮助生活困难或者需要照顾年幼子女而暂时无法工作的一方的恢复性扶养费；以及一方无法实现经济独立时的永久性扶养费。[3] 中国《民法典》第1090条规定："离婚时，如果一方生活困难，有负担能力的另一方应当给予适当帮助。具体办法由双方协议；协议不成的，由人民法院判决。"《最高人民法院关于适用〈中华人民共和国婚姻法〉若干问题的解释（一）》第27条作出解释："婚姻法第四十二条所称'一方生活困难'，是指依靠个人财产和离婚时分得的财产无法维持当地基本生活水平。一方离婚后没有住处的，属于生活困难。离婚时，一方以个人财产中的住房对生活困难者进行帮助的形式，可以是房屋的居住权或者房屋的所有权。"

二、管辖权

法院通常在进行离婚判决时行使离婚扶养的管辖权。但是，在涉外离婚案件中，如果外国法院没有给本国当事人提供足够的赡养费，有的法院可以针对后婚姻义务独立行使管辖权。例如，英国法院允许任何一方当事人在英国提起独立的后婚姻义务之诉，包括弱势方要求提高扶养费用，以及强势方要求降低扶养费用或终止支付。但是法院必须和案件建立实质性的联系：当事人一方必须在英国有属人联系，包括住所、惯常居所或者被告一方在起诉时的居所。英国法院还要考虑方便法院原则，包括比较双方当事人和英国的联系，以及与离婚原审法院的联系，申请人通过协议可能获得的扶养费用，被申请人在英国的财产状况，执行英国扶养令的可能性，以及申请和离婚的间隔时间。此外，出于对弱势方的保护和成员国之间的互信原则，根据欧盟《扶养之债条例》第8条第1款，如果原扶养判决由受领方经常居所地的成员国法院作出，那么支付人不得在其他成员国法院申请更改扶养安排。

中国对涉外离婚采取两分法，仅承认外国离婚判决对人身关系的处理。对非

---

[1] 2010年"台湾地区民法典"第1057条。

[2] 石雷：《英国现代离婚制度研究》，西南政法大学2014年博士学位论文。

[3] 蔡林珊：《后婚姻义务研究》，四川师范大学2022年硕士学位论文。

人身关系问题，均要求当事人在中国另行起诉。但是中国《民事诉讼法》及其解释均未对离婚扶养的管辖权作出规定。考虑到离婚扶养问题应当属于离婚的附属问题，我国应当比照离婚管辖权的规定，对离婚主程序有管辖权的法院对独立的扶养之诉应当有管辖权。

三、法律适用

扶养是不对等法律关系，也就是不论过错、不论意愿，由法律出于保护弱者和人道主义的目的设定的、离婚后强势方对另一方的义务。这个义务是从婚姻存续期间的扶养关系衍生出来的。大多数国家后婚姻义务较婚姻内义务为轻，目的是维持受领人的生活达到当地基本水平，因此离婚后扶养通常适用被扶养人经常居住地的法律。如海牙2007年《扶养义务议定书》提出，扶养义务适用被扶养人惯常居所地的法律。如果被扶养人改变惯常居所，则应当适用新惯常居所地的法律。[1]

虽然适用被扶养人惯常居住地的法律为原则，但是如果被扶养人在离婚后移居到扶养义务人无法预测的、生活水平极高的国家，要求扶养义务人按照更高的标准支付扶养费则显失公平。针对此种情形，海牙《扶养义务议定书》制定了例外规则。如果当事人一方拒绝依据被扶养人惯常居所地标准支付，且另一国和婚姻有更密切的联系，特别是当事人在婚姻期间最后的家庭惯常居所地，则适用与婚姻联系最密切的法律。[2]

此外，海牙议定书也承认当事人在婚后扶养问题上的意思自治。当事人可以选择适用任何一方国籍国、惯常居所地、适用于当事人财产或当事人离婚实体问题的法律。[3] 为了保护弱势方，议定书对后婚姻义务中的意思自治设置了较多限制性条件，例如选择法律必须以书面形式达成，当事人不得未满18岁或者无完全行为能力，受领人能否放弃扶养权利只能适用受领人的惯常居所地法律，除非双方充分告知并明白后果，否则不得适用对任一方显失公平的法律。

由于我国后婚姻责任制度不发达，中国《涉外民事关系法律适用法》里面对离婚后扶养没有专门规定。第29条对于扶养采取了最有利于被扶养人的原则，法院需要适用一方当事人经常居所地、国籍国、主要财产所在地法律中最有利于被扶养人的法律。考虑该条的立法原则和实体法"离婚经济帮助"制度差别很大，而冲突规范和相应实体规范通常遵守相同原则，可以认为立法者并无意将该条款适用于离婚扶养问题。

---

[1] 如海牙2007年《法律适用议定书》第3条。
[2] 海牙2007年《法律适用议定书》第5条。
[3] 海牙2007年《法律适用议定书》第8条。

第十九章 继 承

第一节 法定继承

一、法定继承的理论

法定继承的法律适用在国际上存在两种做法。第一种是单一制，是指在涉外继承中，对死者遗产不区分动产或不动产，统一适用死者死亡时的属人法。第二种是分割制或区别制，是指将死者遗产分为动产和不动产，对动产适用死者死亡时的属人法，对不动产适用不动产所在地法。我国采取的是分割制。《涉外民事关系法律适用法》第31条规定："法定继承，适用被继承人死亡时经常居所地法律，但不动产法定继承，适用不动产所在地法律。"

采取分割制在实用性上有一定的合理之处。因为不动产继承不但涉及继承权利，也涉及不动产物权。而不动产物权的取得均属于不动产所在地主权范围内的事项。如果适用外国法律，容易被不动产所在地法院认为侵犯了本国主权，难以获得承认和执行。值得注意的是，继承并非纯粹的物权问题，而是属人法和物权法结合的问题。人身关系是获得继承资格的前提，在此基础上才谈得上物权的取得。换言之，人身关系才是继承的实质内涵，而物权关系仅是继承的外在表现。即使出于实践需要，区别制在理论上仍受到批评。[1]

二、不动产法定继承

根据区别制，不动产法定继承适用物之所在地法。准据法将确定继承人的范围、继承顺序、继承遗产的份额、继承程序。虽然实用主义认为适用不动产所在地法有利于执行，但是并非完全不存在困难。在一个爱尔兰案件中，死者在爱尔兰有住所，在爱尔兰和维多利亚两地分别有不动产。根据爱尔兰和维多利亚的继承法，被继承人配偶的继承上限分别是500英镑和1000英镑。但是由于法院对

---

[1] 陈国军：《正本清源：我国法定继承准据法确定的完善之道》，载《政治与法律》2019年第6期。

于不动产继承需要分别适用不动产所在地法律,导致被继承人配偶最终获得1500英镑,超过两个国家的继承上限。[1]同样的判决也出现在英国"考伦斯案"(Re Collens)中。[2]

> 被继承人去世时在特立尼达和多巴哥有住所,在特立尼达、多巴哥、巴巴多斯、位于英国有遗产,英国的遗产包括不动产。根据被继承人住所地法,被继承人的配偶可以获得所有遗产的三分之一,本案中共计一百万美金。根据英国法,被继承人配偶可以优先继承法定遗产5000英镑。

英国法院采取区别制。即使其他继承人认为被继承人属人法对遗产的计算已经包含了英国不动产的价值,但是由于遗孀在特立尼达和多巴哥继承的遗产(所有遗产价值三分之一的货币)被识别为动产,因此英国法院准许被继承人遗孀同时获得根据被继承人属人法继承的财产份额,以及根据英国法获得的不动产份额。

值得一提的是,继承的管辖权可以形成不动产排他管辖权的例外。换言之,虽然不动产所在地法院对不动产物权有排他管辖权,但是如果是因为继承涉及外国不动产,法院仍然有可能对外国不动产行使管辖权。中国《民事诉讼法》第34条第3项规定:"因继承遗产纠纷提起的诉讼,由被继承人死亡时住所地和主要遗产所在地人民法院管辖。"且该管辖权也属于排他管辖权。如果一个中国人死亡时有不动产在日本,则中国法院可以行使管辖权判决日本不动产的继承问题。

这里我们可以看到一个悖论。主张分割制的理由是分割制有利于判决执行。但同时,法院对继承不动产并没有根据不动产所在地确定管辖权。如果我们将不动产继承视作物权问题,允许外国法院判决本地不动产归属,不论适用何种法律,仍可能被视为对主权的侵犯。如果我们将不动产继承视为身份问题,国家允许外国法院基于死者住所行使管辖权,那么也不会介意对基于身份关系的继承适用外国法。虽然被继承人住所地法院适用不动产所在地法的判决结果将和不动产所在地法院一致,[3]但是并不能否认适用分割制的法律适用方法和基于不动产所在地的管辖权规则,在理论上无法达到逻辑自洽。

---

[1] Re Rea [1902] 1 IR 451.
[2] Re Collens [1986] Ch 505.
[3] 宋晓:《同一制与区别制的对立及解释》,载《中国法学》2011年第6期。

三、动产继承

动产继承适用被继承人去世时的属人法。如果被继承人在甲国有住所或永久居所,去世时动产在乙国,则甲国法院可能适用甲国法律,确定乙国动产的继承人、继承顺序、财产份额。

如果根据被继承人的属人法,不存在合法继承人,则无人继承的遗产归国家所有。若被继承人住所地法院根据本国法将被继承人的动产收归国有,动产所在地法院通常会承认该判决。[1]

第二节 遗嘱继承

遗嘱和合同类似,表示了当事人处分合法财物的真实意思。因此遗嘱中很多问题可以比照合同确定准据法。与合同类似,遗嘱也有行为人权利能力、形式合法性、实质合法性等问题。

一、行为能力

遗嘱设立人需要有相应的行为能力。例如未成年人、无完全行为能力的精神病人设立的遗嘱无效。设立人的行为能力由当事人属人法确定。但是遗嘱通常在设立后经多年才生效。在此期间,当事人可能变更属人法,比如离开原住所地在另一个国家定居或者更换国籍。行为能力应当由设立遗嘱时的属人法还是遗嘱生效(设立人去世)时的属人法确定?这个问题的实例不多。但是适用设立遗嘱时的属人法更具合理性。因为行为发生时当事人的属人法与当事人的行为联系更为密切,更适宜在行为发生时对行为人进行规制。

二、遗嘱形式合法性

遗嘱的形式很重要。根据中国法,自书遗嘱需要亲笔书写、签名、注明年月日;代书遗嘱需要两个以上见证人,被继承人、代书人和其他见证人签名,注明年月日;打印遗嘱要两个以上见证人见证,遗嘱人和见证人在每一页签名,注明年月日;录音录像遗嘱要求两个以上见证人,遗嘱人和见证人在录音录像中记录姓名或肖像,以及年月日;口头遗嘱仅能在危急情况下订立,应有两个以上见证人,且危急消除后可以其他方式重立遗嘱的,口头遗嘱无效;公证遗嘱需要经公证机构办理。[2] 由于立遗嘱人在遗嘱生效时已经去世,实体法律对遗嘱的形式通常有较高的要求,以保证遗嘱的真实性。

如果立遗嘱人按照其住所地法律的要求制定遗嘱,去世时在外国有财产,需

---

[1] Cheshire, North and Fawcett Private International Law, 15th ed., Oxford University Press, p. 1339.
[2] 《民法典》第1134~1139条。

要在外国执行遗嘱,那么外国法院应当根据什么法律确定遗嘱的形式有效性呢?如果对遗嘱的形式有效性根据法院地法或者财产所在地法确定,由于各国法律要求不同,可能因为遗嘱不符合形式要求导致遗嘱无效,违反立遗嘱人的真实意愿。此外,有的遗嘱人在多国有财产,适用财产所在地法将要求一个遗嘱满足多个国家法律的形式要件,可能导致遗嘱失去其应有的实践价值,不利于财产关系的稳定。因此国际上多采用"使遗嘱有效"的原则。例如 1961 年海牙《遗嘱处分方式法律冲突公约》规定,只要遗嘱形式符合遗嘱人立遗嘱时所在地、遗嘱人立遗嘱时或死亡时国籍国、遗嘱人立遗嘱时或死亡时住所地、遗嘱人立遗嘱时或死亡时的惯常居所地、不动产财产所在地其中任一国法律,遗嘱形式即有效。[1] 中国不是公约的缔约国,但是也采取了类似的原则。《涉外民事关系法律适用法》第 32 条规定:"遗嘱方式,符合遗嘱人立遗嘱时或者死亡时经常居所地法律、国籍国法律或者遗嘱行为地法律的,遗嘱均为成立。"

三、遗嘱实质有效性

遗嘱的实质有效性包括几个不同性质的问题,应当区别对待。首先,法律对立遗嘱人亲属的保护可能导致遗嘱无效。例如,中国法律要求为缺乏劳动能力又没有生活来源的继承人保留必要的遗产份额;[2] 法国法律要求遗嘱处分不得变更特留份继承人的继承权。[3] 由于特留份制度旨在保护与遗嘱人有特定关系的亲属,和遗嘱人的身份关系紧密相连,相应的适用法应当为遗嘱人去世时的属人法,因为该法与遗嘱人在去世时的身份关系最为密切。

其次,遗嘱可能违反公共政策。例如遗嘱处分国家规定不得转让的财产,或者遗嘱违反社会公德。在"四川泸州遗产案"中,死者临终前立下书面遗嘱将财产赠与婚外情人。法院认定遗嘱的目的和内容违反公序良俗、损害社会公德,该遗嘱当属无效法律行为。[4] 公共政策关注的是遗嘱对财产的处分,也就是财产的归属。因此公共政策导致遗嘱实质违法,应当适用物之所在地法。

再次,遗嘱可能因为意思表示不真实而无效。如果遗嘱人在受胁迫、欺诈的情况下订立遗嘱,那么遗嘱当然无效。立遗嘱时的行为地与行为的真实意思联系最为密切,应当以遗嘱行为地法作为确定遗嘱人是否具有真实意思及其法律后果的准据法。

但是,中国《涉外民事关系法律适用法》对涉外遗嘱效力的规定过于简单,

---

[1] Hague Convention on the Conflict of Laws Relating to the Form of Testamentary Dispositions of 1961, section 1.
[2] 《民法典》第 1141 条。
[3] 《法国民法典》第 2 编第 3 章。
[4] (2001) 纳溪民初字第 561 号;(2001) 沪民一终字第 621 号。

且并不清晰。该法第 33 条规定:"遗嘱效力,适用遗嘱人立遗嘱时或者死亡时经常居所地法律或者国籍国法律。"第一,遗嘱人的属人法可能能够确定遗嘱人的行为能力以及对遗嘱人亲属份额的保护问题,但是和公共政策、真实意思表示并无紧密联系。由于导致遗嘱实质无效的法律多种多样,笼统的属人法无法解决所有问题。第二,该条提供了可供选择的准据法,但是未明确选择的依据。何时适用立遗嘱时的属人法,何时适用死亡时的属人法?何时适用经常居所地法,何时适用国籍国法?选择法律适用尽量使遗嘱有效的原则,还是最密切联系原则?以上问题均没有得到清楚的回答,可能为实践造成困难。

四、遗嘱的变更与撤销

遗嘱可能由遗嘱人在生前任何时候变更或撤销。如果遗嘱人在 A 国长期居住时立了遗嘱,之后在 B 国长期居住时立了新遗嘱,新遗嘱是否有撤销旧遗嘱的效果?这里的核心问题就是新遗嘱的有效性和遗嘱解释的问题。有效性上文已经讨论过。遗嘱的解释通常由遗嘱人立遗嘱时的属人法确定。

遗嘱也可能通过行为撤销。例如澳大利亚新南威尔士州法律规定,结婚、离婚、烧毁或撕毁遗嘱,都可能造成遗嘱被撤销。[1] 由于行为通常和行为地关系最为密切,行为地法应当是确定行为效果的可供选择的法律之一。如果遗嘱人在中国立遗嘱,之后在新南威尔士州撕毁遗嘱,那么可以根据新南威尔士州的法律,认定遗嘱是否被撤销。也有学者建议对于行为效果可以适用当事人行为发生时的属人法,因为遗嘱属于和当事人人身关系有关的行为。

五、遗嘱不动产继承

虽然我们比照合同分析了遗嘱的法律适用,但是如果遗嘱处分的是不动产,而采取区别制的国家对不动产继承严格遵守物权法的不动产所在地法则,处分不动产的遗嘱是否也需要遵守不动产所在地的法律呢?

英国著名学者戚希尔、诺斯和福斯特认为,遗嘱处分不动产的,出于实际控制和执行的考虑,遗嘱人的行为能力、遗嘱的实质合法性,均需要满足不动产所在地法。因为如果不动产所在地认为立遗嘱人在立遗嘱时没有行为能力,或者对不动产的处分违反了不动产所在地的强制性规则或公共秩序,可以拒绝执行。但是,由于海牙《遗嘱处分方式法律冲突公约》对遗嘱的形式要件进行了松动性处理,即使遗嘱处分不动产,其形式有效性也应当遵循使遗嘱有效原则。

---

[1] 新南威尔士州《继承法》第 11 条。

第三节 无人继承遗产的归属

如果被继承人没有法定继承人，或者被继承人的遗嘱继承人放弃继承，那么遗产就成为无人继承的遗产。如果遗产无人继承，被继承人的债务也无人继承，将对商事活动带来风险。由于大多国家将无人继承的遗产收归国有，无人继承遗产和国家利益便存在紧密的联系。在实践上，对于无人继承的遗产，形成了"继承说"和"先占说"两种学说。"继承说"认为，国家属于特殊继承人，在被继承人不存在法定继承人时，国家通过人身关系，继承被继承人的财产，同时也继承债权。如《德国民法典》便规定了"国库法定继承权"。[1] 采取继承说的国家对涉外无人继承财产归属适用被继承人的属人法。瑞士、意大利、西班牙等国即采取该做法。

"先占说"认为国家基于控制，占有位于本国境内的遗产。采取先占说的国家对无人继承财产归属适用物之所在地法。先占说并不认为国家取得无人继承遗产的行为是继承，所以也不存在继承两分法上对于动产和不动产的区别。法国、土耳其、英国、奥地利等国采取此做法。[2]

如果与被继承人有属人联系的国家适用继承说，财产所在地适用先占说，冲突就产生了。例如著名的"马多纳多案"（Re Maldonado's Estate）。[3]

> 被继承人住所地在西班牙，去世时在英国有动产，且没有法定继承人。根据西班牙法律，西班牙有权作为此人的特别继承人继承位于英国的遗产，而根据英国法律，英国有权根据先占直接取得位于英国境内的无主财产。

由于财产位于英国境内，英国法院完全有理由直接适用先占主义，判决财产归英国所有。如果西班牙法院适用属人法作出判决，要求取得死者在英国境内的财产，那么这个判决意味着外国试图获得英国的国家财产，英国法院可以因为判决违反了英国公共政策而拒绝承认。如果此类冲突出现，英国作为物之所在地，对物有实际控制权，在实践上也就有了优先权。

但是本案中英国法院并未如此处理。英国法院未根据法院地法将无人继承财产识别为无主物，而是适用有可能作为案件准据法的国家——西班牙的国内法，

---

[1]《德国民法典》第 1936 条。
[2] 诸仁义：《论涉外无人继承遗产归属的法律适用》，华中师范大学 2022 年硕士学位论文。
[3] Re Maldonado's Estate [1954] P 223.

将无人继承财产识别为动产继承。动产继承适用被继承人的属人法，于是适用西班牙法确定所有的继承问题。如果被继承人住所地法认为国家是法定继承人，则为被继承人住所地国继承；如果被继承人住所地国认为遗产是"无主物"，则收归英国国库所有。[1] 但是，如果被继承的遗产是不动产，情况就大相径庭。英国法院即使适用西班牙法将案件识别为继承，根据不动产继承适用不动产所在地法的原则，英国法院也应当适用英国法处理不动产归属。根据英国法，无人继承的遗产应当收归英国国库。

第四节 继承的转致与先决问题

一、继承的转致

由于区别制的理论根源是尊重物之所在地对不动产的控制，大多采取区别制的国家对不动产继承均承认转致或反致，将不动产所在地的法律体系视为一个整体，得出和不动产所在地法院审判案件相同的结果。如果被继承人的住所地在英国，在德国有不动产，而根据德国国际私法，不动产继承适用被继承人的住所地法，英国法院将适用英国法而非德国法做出判决。如法国著名案件"福尔果案"（Forgo）。[2]

> 福尔果是1801年出生于德国巴伐利亚的非婚生子，有德国国籍。5岁随母亲移居法国直到去世。去世时，福尔果的惯常居所在法国，但是其住所地仍然在巴伐利亚。福尔果去世时没有子女，其母亲、妻子也已经死亡。他在法国有遗产。根据法国法，非婚生子女的亲属除兄弟姐妹外无法定继承权，因此福尔果没有法定继承人。根据德国巴伐利亚法律，非婚生子女的旁系亲属有继承权。

福尔果母亲在德国的旁系亲属请求法国法院根据巴伐利亚法律判决遗产归属。该案几经重审，最后法国最高法院认为遗产继承人的范围应当适用被继承人的属人法，也就是巴伐利亚法律。但是巴伐利亚冲突规范规定"无遗嘱动产的继承，依事实住所地法"。法国法院适用反致，根据法国法认定福尔果的遗产是无人继承的遗产。由于遗产位于法国境内，法国法院根据先占说，将遗产收归

---

[1] Cheshire, North and Fawcett Private International Law, 15th ed., Oxford University Press, 2017, p. 1339.

[2] Forgo (Cass Civ 1878 S 1878).

国库。

二、先决问题

继承是基于身份关系的财产分配，实践上容易出现先决问题：继承人和被继承人之间有没有合法的身份关系。法院通常适用主体问题准据法确定先决问题,[1]例如英国的"强生案"（Re Johnson）。[2]

> 被继承人去世时在马耳他有不动产。根据马耳他法律，被继承人的直系亲属有权继承遗产，但是直系亲属只有在被继承人是婚生子女时才存在。被继承人并非出生于合法婚姻，但是出生后其生父母结婚。按照马耳他法律，被继承人是婚生子女；按照英国法律，被继承人不是婚生子女。

被继承人是否是婚生子女是继承的先决问题。英国法院适用不动产继承准据法，也就是马耳他法，解决了这个先决问题，认为被继承人在马耳他存在继承人。

---

[1] Jonathan Hill & Maire Ni Shuilleabhain, Clarkson & Hill's Conflict of Laws, 5th ed., Oxford University Press, 2016, p. 506.

[2] Re Johnson [1903] 1 Ch 821.

第二十章 儿 童

第一节 跨国儿童诱拐

跨国儿童诱拐和我们日常生活中说的拐骗儿童不同。跨国儿童诱拐是一个产生于"家庭"的特殊概念,指的是当婚姻双方感情破裂后,一方侵犯另一方的监护权,在未经对方同意的情况下单方面将儿童带出国界,或者在行使己方监护权时将儿童非法滞留。例如,夫妻双方在争夺监护权的过程中,一方将儿童带到外国;法院已经对儿童监护问题做出安排,但是另一方拒不执行,为逃避判决将儿童带到外国;双方对共同监护权达成协议,儿童6个月与父亲在法国居住,6个月与母亲在德国居住,但是与父亲居住的6个月结束后父亲拒绝送儿童去法国。虽然跨国儿童诱拐可能出现在任何婚姻中,但是在跨国婚姻中更加常见。

一、保护的法益

跨国儿童诱拐侵犯了两个权益。第一是另一方当事人的监护权,第二是儿童身体自由权。虽然诱拐本身触犯了法益,但是诱拐者的动机很多时候并非伤害儿童。有时诱拐者因为本国的文化传统,并未意识到诱拐的非法性。有时因为在儿童抚养问题上安排给了父母一方监护权,丧失监护权的另一方产生对无法参与子女成长的无力感,和对子女成长状况的担忧,因而容易产生诱拐子女的动机。此外,丧失监护权的一方也可能产生对当地司法系统的不信任,特别是当自己婚后移居到另一方的国籍国或者住所地,另一方有更强的经济实力,或者当地法律在儿童监护权问题上对婚姻双方存在性别上的歧视。此时,丧失监护权的一方可能成为诱拐者,依靠自力救济带走儿童。诱拐虽然是成年人之间的博弈,但是也往往包含爱的因素。正是因为这个原因,很多国家对于儿童诱拐的态度非常模糊。

处理儿童诱拐面临的一个直接问题是:法律要保护的是儿童的利益,还是权益被侵犯的一方父母的利益。显然,保护儿童利益在法理上更有说服力。禁止跨国儿童诱拐的立法者往往基于一个假设:儿童诱拐最终伤害儿童利益。因为儿童会因为生活的突然不稳定而沮丧,为失去与抚养自己的一方父母的联系而悲伤,因为要融入一个陌生的语言和文化环境感到苦恼。但是很多儿童诱拐工作者发现，并非所有的诱拐都不利于儿童，特别是如果直接抚养儿童的一方父母有行为、性格上的缺陷，或者实际上并无能力独自抚养儿童，将儿童带离曾经糟糕的生活环境未尝不是一件好事。此外，诱拐儿童的诱因很多时候和我们当今并不完善的监护法相关。虽然大多国家声称对儿童抚养和监护的安排以"儿童最大利益"为宗旨，但是实践上仍然遵循古老的传统，偏向某一个性别、歧视一定的职业、歧视过错方等。换言之，一方当事人可能是婚姻破裂的过错方，但并不代表着他（她）无法更好地承担监护责任。

此外"儿童最大利益"也是一个模糊的概念。法律要考虑的是儿童眼前的最大利益，还是长远的最大利益？上述"儿童诱拐伤害儿童"的假设，着眼点均为眼前最大利益。换言之，立法者关注的是诱拐造成的突然的环境变化对儿童暂时造成的影响，并非儿童的最终利益。但是，儿童长远的利益是难以预测的，以儿童长久利益为执法准绳，则可能造成更大的不确定性。因此，很多关于儿童诱拐的法律，直接适用的原则是：保护被侵犯一方父母的权利为主，儿童利益最大化为辅。因为儿童利益难以确定，但是另一方父母的合法权利实实在在被侵犯了。因此，防止跨国儿童诱拐的立法均要求被诱拐的儿童及时返还原惯常居所地。如果儿童的父母双方存在监护权争议，也须由儿童原惯常居所地的法院进行判决。法律从根本上反对跨国儿童诱拐，而不论诱拐儿童出于何种目的、何种理由。儿童的利益仅在特殊情况下可以作为拒绝返还的例外提出。

二、海牙《国际儿童诱拐公约》

由于跨国儿童诱拐涉及儿童原惯常居所地国和儿童现在居住地国两个国家，根据执法管辖地域性的原则，跨国儿童返还需要两个国家进行司法和执法合作。1980年海牙国际私法会议通过的《国际儿童诱拐公约》是该组织制定的最为成功的国际私法公约之一。公约有103个签字国，为归还被诱拐的儿童提供了良好的国际合作框架。但是中国并未加入该公约。究其原因，主要是因为公权力不介入"家事"的传统观念。中国往往认为父母一方擅自将孩子带离惯常居所是家庭内部矛盾，由当事人自行协商解决。我国法律并没有系统地对父亲或母亲单方面带走、滞留、隐匿子女进行规定，更未将其入刑。由于我国涉外婚姻增长很快，随之而来的是涉外离婚数量的增加，以及更多的跨国儿童诱拐问题。我国涉外婚姻常见的模式是：作为中国公民的女方，与外国男性结婚之后，移居外国。在婚姻破裂后，女方或女方的家属在没有法院授权或者男方同意的情况下，将子女带回中国。由于中国不是海牙《国际儿童诱拐公约》的缔约国，且父母诱拐子女在中国很少动用公权力解决，产生了实践上的难题。

海牙《国际儿童诱拐公约》建立了一个独特的快速返还机制。申请人可以向儿童惯常居所地国或者其他缔约国的中央机关提出申请，收到申请的中央机关在有理由相信儿童在另一缔约国时，应将申请直接传递到该缔约国。[1] 儿童所在国的中央机关应利用调解等非诉讼方式促使被申请人自愿返还儿童。[2] 如果被申请人不同意自愿返还，儿童所在国的司法或行政机关将作出决定，将儿童强制返还原惯常居所地国。判断是否强制返还儿童需要满足以下条件：[3] 第一，存在国际诱拐行为；第二，非法迁居或滞留距返还请求之日不满1年。因此如果儿童已经在新住所地生活1年，且已经适应了新的环境，强行要求返还儿童则可能对儿童造成二次伤害，违反儿童利益最大化原则。但是这个1年时间并非机械适用，而要结合儿童对新环境的适应程度。如果儿童在现居住地居住满1年，但是并未完全安定下来，比如没有入学、没有融入当地社区、不适应当地语言文化，则仍可以强制返还儿童。

此外，该公约为返还儿童建立了几个例外。[4] 第一，如果申请人在儿童诱拐行为发生时并未实际行使监护权，或者在诱拐发生后默认诱拐行为，则不再返还儿童。这个例外主要考虑的是返还儿童的目的是保护另一方当事人的监护权不受侵犯，但是如果当事人主动放弃监护权，则不存在侵权问题，也就无所谓救济。但是实际行使监护权并不需要监护人本人亲自照料儿童。如果监护人将儿童托付给祖父母照料，该委托行为可以视作监护人行使了监护权。[5] 如果申请人知道诱拐发生，有能力采取行动却没有行动，则可以形成默认，丧失要求强制返还儿童的权利。[6] 在一个案件中，美国父亲同意母亲将儿子带回英国。母亲将儿子交由姨母照管并通知了父亲。父亲收到通知后表示同意这个暂时的安排。之后对法院的儿童生活安排命令没有表示反对。英国法院认为，父亲的行为构成了默认。[7]

第二，如果返还儿童会使得儿童遭受生理或心理上的伤害，或者将儿童置于不堪忍受的境地，则可拒绝返还儿童。但是，究竟什么类型、什么程度的伤害可以视为重大危险或者不堪忍受，则属于主管机关自由裁量的问题。有的国家对于重大风险持宽松解释，如美国明尼苏达州地方法院作出的"斯尔曼案"（Silverman v. Silverman）判决，认为以色列当时局势动荡，相比美国，可能会使返回的

---

[1] 《国际儿童诱拐公约》第8条。
[2] 《国际儿童诱拐公约》第10条。
[3] 《国际儿童诱拐公约》第12条。
[4] 《国际儿童诱拐公约》第13条。
[5] Director General, Department of Community Services Central Authority v. Crowe, (1996) FLC 92-717.
[6] Re A. Z. (A Minor) (Abduction: Acquiescence), [1993] 1 FLR 682.
[7] Ibid.

儿童面临社会面的伤害风险，因此拒绝返还。[1] 在"布隆丁诉杜伯伊斯案"（Blondin v. Dubois）中，美国法院认为法国当局的社会服务制度对儿童的保护不足，因此拒绝返还。[2] 这两个案件的判决都体现了一定程度的大国沙文主义。美国法院认为本国的制度、社会环境优于别的国家，居住在美国最有利于保护儿童利益，但是没有考虑儿童在特定监护人监护下的家庭生活是否对儿童有利。美国法院对其他国家表现出来的优越感违反了国际礼让原则，容易造成"经济更发达地区的居民从经济欠发达国家诱拐儿童对儿童成长更加有利"这样的歧视性观念，违背防止国际儿童诱拐法律的初衷。但是，对美国相关判决的批评并不代表惯常居所地的社会安全状况不是一个考虑因素。如果惯常居所地正处战乱、饥荒、瘟疫等极端情况，返还的儿童无法正常接收教育，甚至生存都可能存在问题，应该构成重大风险例外。

如果申请人存在家庭暴力行为，主管机关也可能认定返还儿童可能面临重大风险。家暴针对的对象不但可以是儿童，也可以是诱拐者。例如在一个案例中，诱拐者证明申请人多次对其实施家庭暴力，导致孩子受到心理伤害和惊吓。加拿大法院认定儿童回到原惯常居所地存在重大风险，拒绝返还儿童。[3] 但是对于针对配偶的家暴是否可以成为拒绝返还儿童的条件，各国法院并未达成共识。英国法院曾在一个类似的案件中，认为针对配偶而非儿童的家暴不足以说明儿童在返回原惯常居所地之后将面临重大风险。[4] 即使家暴的对象是儿童，但是零星、轻微的暴力行为，例如吼叫、揪耳朵、打屁股、罚站等，均无法达到重大风险的程度。

申请人的恶习，例如酗酒、吸毒，或者精神疾病，如抑郁症、焦虑症、精神分裂症，也可能被视返还儿童可能面临的重大风险。但是考察的重点是申请人的恶习和精神状况对儿童的影响，而非对申请人自己的影响。如果申请人吸食大麻，但是不在儿童面前吸食，且吸食大麻后不会达到无法辨认自己行为的程度，法院将仍然决定返还儿童。

第三，如果儿童已经达到一定的年龄和心智上的成熟，并且拒绝返还，主管机关将尊重儿童的意见。对于成熟与否，各国均未给予一个机械的年龄分界，而是综合考虑儿童的年龄、理解能力、智力水平、表达能力、逻辑分析能力。但是因为《国际儿童诱拐公约》并没有强制性要求儿童对是否返还发表意见，导致有的儿童发表意见的权利并未得到真正的保护。在一个案件中，诱拐者同意送还

---

[1] Silverman v. Silverman, WL 971808 (2002).

[2] Blondin v. Dubois, 238 F. 3d 153 (2d Cir. 2001).

[3] Achakzad v. Zemaryalai, ONCJ 318 (2010).

[4] W v. W, (2004) EWHC 1247.

两个孩子，且并未将孩子们的反对意见告知法官，以至孩子在返回原惯常居所地的航班上强烈要求回到英国，并试图逃走。[1] 此外，现有案例法表明，儿童必须有效反对返回原惯常居住地，而非表示愿意继续与诱拐者共同生活，或者不愿意申请人行使监护和抚养的权利。因为该公约的目的不是审批监护权，而是确定儿童是否返回原惯常居所地。

最后，《国际儿童诱拐公约》允许主管机关以保护人权和基本自由的理由拒绝返还儿童。[2] 这一条相当于"公共秩序"例外，但是比公共秩序的范围更窄，要求更高。至于什么情形属于基本人权例外，则没有更多的解释。可以推测的是，如果儿童的原惯常居所地的家庭法存在严重歧视，返还儿童无法保证公正的监护权判决，同时可能会对儿童或者诱拐者带来危险，则儿童所在国的主管机关可以拒绝返还。

第二节 跨国代孕

一、概述

代孕是指有生育能力的女性借助人类辅助生殖技术，接受意向父母委托为其妊娠、分娩婴儿的行为。[3] 支持代孕者认为代孕保护当事人的生育权、《公民及政治权利国际公约》中的尊重隐私和家庭权以及组建家庭权、对于想要组建家庭的同性恋者的平等和非歧视的权利以及代孕母亲的身体支配权。[4] 反对代孕者则指出代孕是对妇女身体的商品化、对婴儿的商品化、对贫穷妇女的剥削。对于代孕的合法性众说纷纭，并没有国际共识。因此代孕的合法性以及代孕儿童的法律地位也成为一个开放性的问题，由各国根据自身的历史、文化状况决定。

由于代孕涉及社会伦理、道德规范等一系列问题，很多国家禁止代孕，有的国家如法国、德国、奥地利、意大利等甚至规定代孕构成犯罪。有的国家如英国、比利时、匈牙利允许利他主义代孕。美国加利福尼亚、印度、俄罗斯、乌克兰等国或地区则允许商业代孕。而更多的国家法律上并没有明文规定代孕问题，如日本和中国。允许代孕的国家或地区，有的通过立法对代孕程序、孕母权利保护、医疗卫生标准等一系列问题制定规范，如英国和美国加州，有的则没有具体

---

[1] Re M (A Minor) (Child Abduction) [1994] 1 FLR 190.
[2] 《国际儿童诱拐公约》第20条。
[3] 汪金兰：《跨国代孕儿童身份权的保护：以亲子关系确立为中心》，载《中国青年社会科学》2021年第5期。
[4] 薛家琪：《生殖正义：论跨国代孕在国际人权法下的正当性》，南京师范大学2019年硕士学位论文。

立法，仅根据"法无禁止则许可"的原则允许代孕，例如比利时和荷兰。有的国家仅认同本国国民或者居民的代孕为合法，如英国、以色列、葡萄牙、印度和泰国，有的国家或地区则允许任何人到本国进行代孕，如美国一些州、加拿大、乌克兰和希腊。[1]

各国代孕法律各不相同，加上跨国交通的便利和出入境手续的简化，催生了跨国代孕。跨国代孕通常是惯常居所地在禁止代孕国家的意向父母和允许代孕国家的代孕母亲签订协议，由后者通过生殖辅助技术为其妊娠、分娩婴儿，再由意向父母将婴儿带回原惯常居所地。不过也有允许代孕国家的居民因为更高的成功率、更低的价格、允许选择性别、可能进行基因编辑等原因选择跨国代孕。由于跨国代孕涉及两个国家的不同法律，产生了包括亲子关系认定、儿童国籍、合同履行在内的一系列复杂的法律问题。

二、亲子关系的认定

代孕儿童亲子关系认定，国际上存在三种做法。第一种是生物母亲说，也就是认定生理上分娩婴儿者是婴儿法律意义上的母亲。爱尔兰的《儿童和家庭关系法案》明确使用这种做法，承认代孕母亲是孩子的母亲。其他的国家，包括德国、英国、荷兰、西班牙、瑞士、澳大利亚也采取此种做法。[2] 第二种是基因父母说，也就是承认提供精子和卵子的基因意义上的父母是孩子的法定父母。例如美国加利福尼亚州高等法院在"约翰逊诉卡威特案"（Johnson v. Calvert）中的判决。[3] 第三是契约说，也就是承认代孕协议，如果意向父母委托代孕母亲为其代孕，并在婴儿娩出后交还，则意向父母为孩子的法定父母，例如希腊相关规定。

由于各国做法不同，跨国代孕儿童亲子关系的认定可能出现一系列的法律冲突。如果代孕行为发生地国家采取契约说，承认意向父母为合法父母，但是意向父母的惯常居所地采用娩出说，只承认生物母亲，代孕生育婴儿的亲子关系应当适用哪个国家的法律？很多国家并没有针对代孕儿童设计专门的亲权冲突法规则，而是适用一般的儿童亲子关系认定的冲突法。例如澳大利亚、意大利、哥伦比亚均以儿童国籍国的法律确定亲权；西班牙适用儿童惯常居所地法，无法确定时适用儿童国籍国法，如仍无法确定则适用法院地法；瑞士适用子女习惯居所地国法，但是如果父母住所在子女惯常居住地，且父母子女有相同国籍的，适用共同国籍国法；中国适用父母子女共同经常居所地法，如果没有则适用一方当事人

---

[1] Noelia Igareda Gonzalez, "Legal and Ethical Issues in Cross-Border Gestational Surrogacy", Fertility and Sterility, vol. 113, 2020, pp. 916、917.

[2] 严红：《跨国代孕亲子关系认定的实践与发展》，载《时代法学》2017年第6期。

[3] Johnson v. Calvert, No. X633190, California Superior Court, 1990.

经常居所地法或者国籍国法中有利于保护弱者权益的法律。

适用一般亲子关系的冲突法规则有一些难点。第一，很多国家以儿童的属人联系为连结点，例如国籍、惯常居所地。但是婴儿的国籍在采用绝对出生地主义的国家之外，通常和父母的国籍相关。也就是说只有先确定了亲权关系，才能确定国籍。而代孕所生的婴儿的亲权关系本不确定。此外，婴儿的惯常居住地也难以确定。法国法院曾判决初生婴儿的惯常居住地是其出生时"家庭"的意向居住地。但是代孕所生的婴儿的"家庭"是意向父母还是代孕父母？换言之，如果婴儿的惯常居住地根据父母的意愿确定，仍然需要首先确定亲子关系。第二，各国确定儿童亲子关系的冲突法不同，不同的国家将对同一个问题给出不同的答案。代孕出生的婴儿在出生地可能被认为是意向父母的合法子女，但是在意向父母的惯常居所地却得不到承认。

三、婴儿出生后亲子关系和国籍的认定

笼统地比较研究各种确定亲子关系地冲突法规则解决不了任何实际问题。为了便于理解，我们还是尝试将问题带入场景中，在不同的场景中研究代孕的亲子关系问题。在代孕婴儿出生后，按照代孕合同的安排，意向父母需要将婴儿带回其惯常居住地，也就是需要获得护照或者旅行证件。如果出生地对国籍认定采取出生地主义，例如美国和加拿大，最快捷的方法是为婴儿申请出生地国的护照和目的地国的签证，到达目的地国后再请求法院确认婴儿的亲子关系和国籍。如果出生地对婴儿国籍并非采取出生地主义，而是根据父母国籍确认婴儿国籍，那么在出生地国取得护照仍需要确认婴儿法律上的父母。只有当出生地采取娩出说，确认代孕父母为婴儿父母，才能给予婴儿本国国籍并颁发护照。如果出生地采取的是契约说，意向父母被视作婴儿的合法父母，婴儿的国籍由意向父母的国籍确定，出生地国将无法给婴儿颁发护照。此时，意向父母需要向目的地国驻当地使领馆申请婴儿的护照或旅行证件。这个申请相对困难。有的目的地国采纳娩出说，认为代孕婴儿法律上与代孕父母有亲子关系，因此只有代孕父母声明同意放弃父母权利，或者目的地国的法院出具亲子关系判决才可以颁发本国护照。例如英格兰、澳大利亚均要求申请代孕所生婴儿国籍和护照的意向父母提供一系列的文件，包括代孕协议、出生证件、医疗证明、代孕父母签字放弃父母权利的文件，意向父母的国籍证明等。申请通常花费数月到1年。

此外，如果目的地国禁止代孕，使馆可能会拒绝为代孕所生的婴儿颁发护照，造成婴儿"无国籍"的状态。对于"无国籍"婴儿，可能通过"收养"临时解决。例如在"简·巴拉兹案"[Jan Balaz (S) v. Gujarat High Court]中，一对德国意向父母请印度代孕母亲生育一名儿童。印度承认契约说，不授予印度孕母所生的代孕儿童印度国籍，但是为了解决儿童回到意向父母惯常居所地的问

题，为儿童颁发一次性临时通行证，以便其离开印度。接收国德国虽然不承认意向父母与代孕儿童的亲子关系，但是允许意向父母通过收养的方式给儿童申请入境签证。最后儿童顺利返回德国。[1]

但是在有的情况下，收养也无法实现。例如著名的"曼吉案"（Baby Manji Yamada v. Union of India）。[2]

> 2007年，印度代孕母亲通过日本籍意向父亲的精子和捐赠的卵子怀孕并生下婴儿"曼吉"。印度和日本都采用父母国籍标准确定婴儿国籍。曼吉出生前意向父母离婚，意向母亲拒绝和婴儿有任何亲子关系。根据印度《2005年人工生殖技术指导》，儿童出生证应当写上基因父母的名字，儿童被视为意向父母的合法子女。

印度最高法院认定日本籍意向父亲是曼吉的父亲，而曼吉没有母亲。根据1955年《印度公民法》只有当父母一方持印度国籍，出生在印度的婴儿才能获得印度国籍。因为曼吉只有一个合法父亲，不存在母亲，曼吉不能获得印度国籍。而日本仅承认代孕母亲是婴儿的母亲，不承认意向父亲是合法父亲，儿童无法获得日本国籍。根据日本法律，单身男性无法收养女性儿童，因此意向父亲无法通过收养确定亲子关系。曼吉于是成为无国籍儿童。

实践上，同性伴侣或单身人士可能有更强的跨国代孕的需求。除了这些人士的国籍国或者惯常居所地不允许代孕这个障碍之外，他们的性别或婚姻状况也可能成为收养儿童的法律障碍。换言之，若他们的惯常居所地或者国籍国的法律不允许他们通过收养成为儿童的合法父母，代孕所生的儿童便会出现和曼吉一样的无国籍问题。

四、婴儿在接收国亲子关系的认定

在婴儿回到意向父母惯常居所地之后，将面临入学、就医、社保等一系列问题。意向父母希望将婴儿从法律上视作自己亲生的子女，但是可能有一系列法律障碍。很多婴儿虽然根据出生地主义获得出生地国的护照，或者由出生地国颁发临时出境许可以及接收地国颁发一次性入境签证，最终回到意向父母的惯常居所地，但是他们的亲子关系问题并没有解决。在回到接收国之后，需要再向政府机关或者法院申请认定亲子关系。

---

［1］ Jan Balaz (S) v. Gujarat High Court, Nov 11, 2009; Jan Balaz v Anand Municipality, AIR 2010 GUJ 21.

［2］ Baby Manji Yamada v. Union of India, [2008] 13 SCC 518. Sanoj Rajan, 'Ending International Surrogacy-Induced Statelessness', (2018) 58 Indian Journal of International Law 111, 116-117.

最简单的情况是接收国不考虑本国的适用法,直接认可出生地国的官方文件。如果出生地国认定意向父母为婴儿合法父母,在出生证中予以确认,接收国可能直接根据出生证明,认定婴儿与意向父母有亲子关系。或者出生地国的法院对亲子关系进行判决,再请求接收地法院承认。有的国家,如以色列、西班牙承认外国法院的亲子判决。[1] 但是,有的国家会以公共秩序为由拒绝承认外国亲子关系判决。例如,日本"向井亚纪案"中,日本夫妇委托美国代孕母亲代孕。婴儿出生后,美国内华达州法院确认意向父母与婴儿的亲子关系。但是意向父母在日本为儿童申报户口时遭到拒绝。日本最高法院认为,日本法律根据分娩说判断亲子关系。而亲子关系作为身份关系,由主权国家根据本国文化习俗确定,属于公共秩序问题。美国判决由于违反日本公共秩序而不能得到承认。[2]

当不存在外国亲子判决或者相关亲子关系证明时,接收地法院将适用本国的冲突法规范确定代孕子女的亲子关系。但是在以上传统的亲子关系适用法之外,由于代孕儿童的特殊性,有的国家对代孕儿童亲子关系的认定制定了特殊的标准,并采用"儿童利益最大化"原则。例如英国2008年《人类受精和胚胎学法案》规定,如果意向父母中任意一人和孩子有基因关系、双方申请人有长期稳定的伴侣关系、申请及时、申请时孩子和申请人共同居住且任一申请人的住所地在英国、申请人均年满18岁、孩子生理上的母亲同意该申请、代孕不是商业代孕等条件全部满足,法院可以认定代孕儿的亲权关系。在实践中,法院出于儿童利益最大化的考虑,对法定标准的解释比较宽松。例如,英国法院确认同性婚姻伴侣可以成为代孕婴儿的合法父母,[3] 新冠造成儿童无法和申请人团聚不影响亲权的认定,[4] 离婚后的意向父母单方或双方仍可以和代孕儿童建立亲子关系。[5] 即使是非常规的家庭关系,也不会妨碍亲子关系的认定。例如"同性伴侣代孕婴儿案"(X v. B)。[6]

> 甲和乙都在美国出生,他们形成了稳定的同性伴侣关系。甲同时有一个异性婚姻,其妻子和乙对对方的关系均知情。甲和其妻居住在英国,乙居住在美国。甲和乙决定在美国代孕一个儿童,并获得甲妻的支持。美国的代孕

---

[1] 严红:《跨国代孕亲子关系认定的实践与发展》,载《时代法学》2017年第6期。
[2] Trisha A. Wolf, 'Why Japan Should Legalize Surrogacy', (2014) 23 Pacific Rim Law & Policy Journal, 461-462.
[3] Y v. V, [2022] EWFC 120.
[4] Re Z (Parental Order: Child's Home), [2021] EWHC 29 (Fam).
[5] Re C (A Child) (Parental Order and Child Arrangements Order), [2020] EWHC 2141 (Fam).
[6] X v. B, [2022] EWFC 129.

母亲用乙的精子和捐赠的卵子成功生下一个儿童。这名儿童和甲与乙轮流居住，二人对儿童的抚养有共同的决定权，甲的妻子也和孩子建立了亲密的关系。数年后乙决定移居英国，让孩子在英国获得教育，并同时居住在两个家庭。

英国法院支持甲和乙对该名儿童亲子关系的申请。虽然甲和乙并没有生活在一起，但是二人维持稳定的伴侣关系15年，并有共同抚养儿童的意愿。因此，甲和乙的家庭关系虽然不是常规的，但是也是符合法律要求的并被允许的关系，符合亲权要件。

此外，如果有的条件没有满足，但是为了儿童最大利益，法院仍然可以认定亲子关系。例如同性伴侣在泰国进行商业代孕。虽然商业代孕在英国不合法，但是法院认为当事人支付的酬劳并没有高到压制代孕意愿，而且当事人从头到尾没有隐瞒和泰国中介的合同关系，说明他们并没有恶意规避法律。出于儿童利益考虑，法院仍然确认了亲子关系。[1]

出于儿童利益最大化原则的考量，英国法院不容易在代孕儿童亲子问题上适用公共政策。例如在一个外国代孕案中，一对英国夫妇在外国代孕，但是代孕母亲以及诊所均未告知意向父母当地代孕非法。[2] 意向父母带儿童回到英国后需要确定亲子关系，英国法院对亲子关系认定适用法院地法。根据2008年《人类受精和胚胎学法案》的标准，认定代孕儿亲权关系的条件有：意向父母一方与儿童有基因联系，儿童与意向父母共同生活，代孕母亲同意意向父母的申请，代孕不是商业性质，意向父母年满18岁且在英国有住所。本案中所有条件均满足。此外，法院也考虑了公共政策问题，因为代孕行为违反了行为地的法律。但是法院认为当事人并无违法故意，且儿童利益最大化原则高于外国违法问题，所以认定代孕儿童与申请人有亲子关系。

当然，以上案例中的公共政策是代孕违反行为发生地的法律而非英国法。在禁止代孕的国家里，有没有案例认为儿童利益高于本国禁止代孕的公共政策呢？事实上，《欧洲人权公约》第8条要求成员国保护自然人的私人和家庭权利，拒绝承认代孕儿童亲子关系将被视为违反公约的行为。如"美尼森诉法国案"（Mennesson v. Fance）。[3]

---

[1] Re F (Children) (Thai Surrogacy: Enduring Family Relationship), [2016] 4 W. L. R. 126.
[2] Re X, [2020] EWFC 81.
[3] Case 65192/11 Mennesson v. Fance [2014] ECHR 664.

美国代孕母亲生下两个美国籍儿童，意向父母是法国公民也是儿童的基因父母。美国出具的亲子关系证明将意向父母列为儿童父母。之后儿童和意向父母共同生活在法国。由于法国禁止代孕，法国政府拒绝承认美国颁发的亲子关系证明。

欧洲人权法院认为，虽然儿童与法国公民有基因关系，但是儿童与意向父母的亲子关系不被承认，使得儿童的身份长期处在一个不确定的状态，违反了《欧洲人权公约》第8条的规定。因此，即使法国国内法禁止代孕，也不代表法国不能承认已经出生的代孕儿童的亲子关系。

但是"美尼森诉法国案"中儿童和意向父母有基因联系。如果相关基因联系不存在，可能造成拒绝承认亲子关系的悲剧。"帕拉迪索诉意大利案"（Paradiso v. Italy）就是一个典型的例子。[1]

一对意大利夫妻通过俄罗斯公司进行代孕。孕母是俄罗斯人，使用的是意向父亲的精子。孩子出生后，孕母书面同意解除一切亲子关系，孩子的出生证明将意向父母列为孩子的父母。之后孩子获得旅行证回到意大利。但是俄罗斯公司很快发现诊所出了错误，意向父亲的精子被搞混了，孩子和这对意大利夫妻没有基因联系。但是根据俄罗斯的法律，法律上的父母并不需要和儿童有基因关系，因此俄罗斯出具的出生证明仍然合法。但是意大利认为，如果孩子和意大利夫妻没有基因关系，意大利夫妻则没有权利将他带回意大利。同时这对夫妻在外国实行代孕的行为违反了意大利的法律。因此，意大利拒绝承认亲子关系。由于这对夫妻违法带婴儿入境，他们失去收养资格，意大利政府将婴儿永久的与他们分离，并为婴儿寻找其他收养家庭。

欧洲人权法院以11比6的表决结果认为意大利的做法没有违反《欧洲人权公约》第8条，因为儿童和这对夫妻没有基因联系，也就不存在法律保护的私人和家庭生活。此外，意大利政府的做法也不违反儿童利益最大化原则，因为婴儿的年龄和心智在将他和意向父母分开后并不会遭受很大的创伤。

五、代孕合同的法律适用

代孕是一个合同关系，代孕母亲和意向父母之间的关系是通过合同建立的，双方有合同上的权利和义务。代孕合同关系有财产关系的特征，一方付出劳动（孕育并分娩婴儿）并交付劳动成果（婴儿），另一方支付报酬或者补偿。但是，

---

[1] Paradiso v. Italy（2017）65 E. H. R. R. 2.

代孕又是特殊的合同。婴儿不能简单的等同于"物",作为合同标的。代孕合同同时会对婴儿的亲权问题进行约定,也就是要求孕母放弃亲权而意向父母取得亲权,这是涉及身份关系的约定。但是身份关系属于法律强制规定的事项,合同约定仅在法律许可的范围内生效。换言之,如果法律只认定生育的妇女为母亲,那么即使当事人约定代孕妇女放弃亲权,也不能立即发生效力,而需要经过法院的亲权判决才能生效。

那么跨国代孕合同如果发生争议,应当如何确定合同的准据法?根据以上分析,建议代孕合同的内容分为财产关系和人身关系两类。财产关系包括意向父母支付医疗费用或者合理的补偿费用、提供健康生殖细胞并协助代孕手术、为代孕母亲购买保险;双方在实施手术前中止合同的权利;代孕母亲保护胎儿发育的义务,告知婚姻状况和健康状况的义务,定期产检的义务;以及发生妊娠期并发症、产检排畸发现风险等情况时的堕胎权利和合理补充问题。对于财产内容,可以比照普通合同,用合同法律适用规则确定准据法。首先,当事人可以合意选择准据法。在没有合意选择的情况下,适用特征履行原则或者最密切联系原则判断准据法,通常适用代孕发生地国的法律。

对于人身关系内容,包括孕母分娩后交付婴儿、意向父母接收婴儿并申请法院确认亲权等。由于人身关系通常涉及法律强制性规定,合同仅对当事人的权利义务做出要求,并无法确定法律后果。也就是说,孕母仅有义务交付婴儿,并无义务保证意向父母获得亲权。如果孕母拒绝交还婴儿,意向父母可以提起违约之诉。此时,除了按照普通商事合同确定准据法之外,法院也将考虑法院地的公共政策和强制性规则。如果法院地禁止代孕或者禁止商业代孕,代孕合同将因违反法院地公共政策或者禁止性法律而无效。